KB165783

당나라 뒷골목을 읊다

일러두기

1 지명은 한자 독음으로 표기하는 것을 원칙으로 했으나, 명백하게 현대 시점에서 장소를 가리킬 때는 중국어 발음으로 적었다.

2 인명은 청대까지의 인물은 우리 한자음으로 표기하고 그 이후 인물은 중국어 발음으로 표기했다.

3 설명 주는 각주로 배치하고, 본문에 인용된 당시 등의 출처와 원문은 미주에 수록했다. 별도의 표시가 없는 것은 옮긴이 주다.

마오샤오원
毛曉雯

唐詩風物志

김준연
하주연
옮김

당나라
뒷골목을
읊다

당시唐詩에서 건져낸
고대 중국의 풍속과 물정

글항아리

취한 채 흰 구름에 누워 한가로이 꿈에 드니 　　　醉臥白雲閑入夢

무엇이 내 몸인지 모르겠구나 　　　　　　　　　　不知何物是吾身

_소광문蘇廣文, 「상산의 은거지에 유숙하며自商山宿隱居」

"이십사사二十四史는 역사가 아니라 스물네 가지 성씨의 족보일 뿐"이라 했던 량치차오梁啓超의 말처럼 중국의 정사正史는 조정과 왕실의 기록에 지나지 않는다. 중국 향촌의 사회생활도 심각하게 무시를 당한 판국이라 절대다수를 차지하는 보통 사람의 심경 또는 습관의 변화는 말할 것도 없다. 고대에 정사를 쓰는 이들은 전쟁, 법 개정, 날씨 변화를 기록하는 데 바빴고, 각 고을의 통계 수치라는 바다에 빠져 있었다. 그들은 어느 해 곡물이 풍작이었는지에 대해서는 자세히 묘사할 수 있었으나, 그 당시 어느 떡 가게의 명성이 대단했는지나 어느 술집에서 빚은 술의 뒷맛이 가장 오래가는지는 알려주지 않는다. 그들은 여러 지도층 인사의 발언을 싫증도 내지 않고 꼼꼼히 기록하면서도, 그 당시 아이가 어째서 길거리에서 말다툼을 했는지, 어떤 어휘를 사용할 수 있었는지, 표정은 얼마나 분노에 차 있었는지는 알려주지 않는다. 시골 아낙이 어떻게 불을 피워 밥을 지었는지, 여러 해 동안 낙제한 서당 훈장에게는 또 어떤 꿈이 있었는지, 물가의 사람들이 자신의 배를 어느 여울목에 대고 싶어했는지, 다리 옆에 앉아서 꽃을 수놓던 소녀가 있었는지 없었는지…… 그만두자, 그들은 차라리 공주나 태자가 잔병치레를 몇 번 했는지 기록했을 테니.

시는 이와 달리 공식 입장이라는 게 없으니, 소위 국가 이미지를 생각해 망설이지 않아도 된다. 한목소리를 낼 필요도 없기에 시는 다른 눈으로 바라본 다른 이야기이고 여러 사람의 사적인 일기다. 시는 나라의 정책도 기록하고 아내와 아이들의 안색도 기록하며, 홍수에도 관심을 가지고, 찻잎을 우린 물에도 관심을 가진다. 이 사람 저 사람의 시 한 수, 이 사람 저 사람의 조그만 이야기, 이 사람 저 사람의 생활이 보태져야 비로소 가장 생동감 넘치는 한 시대의 실상이 되는 것이다.

내가 하고 싶은 작업은 바로 『전당시全唐詩』, 즉 당나라 사람이 쓴 그 5만 편가량의 일기를 이용해서 퍼즐 놀이를 하는 것이다. 가슴이 뛰고 호흡이 있고, 아프기도 하고 떠들썩하기도 하고, 생기 있고 요동쳤던 당나라라는 시대의 퍼즐을 맞춰보려고 한다. 시에서 당나라의 정책 혹은 전쟁이나 법령이 아닌 이야기들을 끄집어내고자 하는 것이다.

시에서 우리는 당나라 시대의 한밤중에 가장 빛났던 것이 하늘에서 타오르는 별도 아니요, 길가에서 흔들리는 등불도 아니라 높이 솟은 여인들의 쪽진머리라는 것을 알게 된다. 당나라 여인의 머리 장식을 노래한 시는 그야말로 '연편누독連篇累牘'●의 말로 이를 묘사하기 때문이다. 내가 적합하지 않은 어휘를 쓴다고 탓하기 전에, 시인

● '편에서 편으로 이어지는 글과 높이 쌓인 죽간'이라는 뜻으로, 쓸데없이 문장이 길고 복잡함을 비유한다.

들이 써내려간 내용을 들어보면 이 말과 큰 차이가 없음을 알게 될 것이다. 이를테면 왕건王建은 "옥 매미 장식과 금비녀를 삼 층으로 꽂았다"[1]고 했다. 옥 매미 장식과 금비녀는 모두 당나라 때 유행했던 머리 장식이다. 머리에 이 두 가지 장식품을 꽂으면 이미 풍성하기 그지없었을 텐데도, 당나라 여인들은 놀랍게도 이쪽저쪽 삼 층으로 꽂았으니 화려하고 눈부신 자태를 상상할 수 있으리라. 게다가 '삼'이라는 숫자도 허수虛數로서 옛날의 시詩와 사詞에서 흔히 수를 과장하여 나타낼 때 사용하던 것이니, 실제 수량은 아마도 '삼 층'에 그치지 않았을 것이다.

또 시견오施肩吾는 "등잔 앞에서 다시 청동거울을 보노라니, 괜스레 금비녀를 열두 개 꽂았구나"[2]라고 했다. 이는 한 여인이 화장을 지우는 모습이다. 곁에서 자신이 정성껏 꾸민 모습을 칭찬해줄 짝이 없기에 '괜스레 꽂았다'고 한 것이다. 그런데 다른 각도에서 보면, 당나라 여인은 봐줄 이가 없는 상황에서도 '금비녀 열두 개'를 꽂았던 것이니, 만일 칭찬해줄 지음知音이 있었다면 또 어떤 모습으로 단장했을지 모를 일이다.

그래서 정오鄭邀라는 이가 발끈하여 이렇듯 길게 탄식했다. "미녀가 머리 빗고 세수할 때, 머리 가득한 진주와 비취. 어찌 알겠는가, 두 갈래 쪽진 머리에 수많은 고을의 세금이 얹혀 있음을."[3] 양 갈래 쪽진 머리카락 사이사이로 찬란한 진주와 비취가 가득한데, 머리 장식품 하나가 몇몇 고을에서 거둔 세금과 맞먹는다는 것이다. 이 사치스러운 머리 장식이 빈민의 것이 아님은 물론이다. 그렇다, 시를 통해 지금 우리는 당나라 때 머리 장식품의 가격도 알 수 있게 되었다.

시를 통해 당나라 관원들의 출근 제도가 너그럽고 활달했던 당나라의 시대정신과 마찬가지로 지극히 인간적이었다는 것도 알게 된다. 백거이白居易는 「한유의 '궂은 비' 시에 화답하여」에서 이렇게 썼다. "게다가 조회를 쉰다는 소식이 밤에 들려와 잘못 거리로 나섰네."[4] 조정에서 비 때문에 조회를 쉰다는 소식을 전파했는데, 한유韓愈가 부주의해서 소식을 듣지 못하고 평상시처럼 아침 조회에 나섰다가 헛걸음을 했다는 말이다. 당나라 정부에서 악천후 때는 관원들을 쉬게 하기도 했다는 것을 알 수 있다. 사실 날씨가 아무리 궂어도 임금에게는 전혀 영향이 없다. 어쨌든 그분은 재택근무가 아닌가. 당나라의 최고 통치자가 마치 오늘날 기업이 부하 직원을 대하는 태도로 신료들을 대했다면, 틀림없이 대신들에게 '어떠한 핑계도 불가함'을 강조하며 우박이 쏟아지든 벼락이 치든 아침 조회를 하도록 했을 것이다. 그러나 당나라 통치자는 조회를 쉬어 부하 직원이 진흙탕 속에서 이리저리 분주히 뛰어다니는 난처함을 겪지 않게 했으니, 이렇게 자상한 리더에게는 확실히 부하 직원이 더 많은 것을 바칠 만하다.

당나라 조정의 근무 제도에는 매일 밤 한두 명의 관원이 당직을 서며 야근을 하는 일이 있었으니 이것이 '숙직'이다. 꼬박 밤을 새우려면 아주 힘들었을 텐데, 그렇다면 숙직을 묘사하는 시에서는 모두 이를 두고 죽을 맛이라고 했을까? 그건 아니다. 밤새 아무 일이 없을 때면 숙직하는 사람은 "등을 밝힌 궁궐 나무의 색깔과 차를 끓이는 궁궐 샘물의 향"[5]을 즐길 수도 있고, "내게는 아직 천상의 모임이 있고, 여전히 반나절 맛볼 술동이도 얻는"[6] 즐거움도 있으며, 또 "궁궐의 물시계 세 번 울려 한밤중임을 알겠거니와, 좋은 바람과 서늘한 달빛 가득한 소나무와 대나무"[7]를 누릴 수도 있었다. 샘물을 끓여

차를 우리고, 술동이로 술을 마시고, 여기에다 바람을 쐬고 달빛도 감상하니 풍류가 넘친다. 이로 미루어보아 당대의 숙직 제도에는 가혹한 요구가 전혀 없었고, 관원들은 일이 없을 때면 하고 싶은 대로 다 할 수 있어서 여느 야간활동처럼 다채로웠다는 것을 알 수 있다. 약간 다른 점이라면 야간활동의 주 무대가 자신의 집에서 왕궁으로 바뀌었다는 것뿐이다.

사실 당나라 정부는 관원들에게 과도한 요구를 할 수 있었고, 임금은 모든 이의 생사여탈권을 쥐고 있었으므로, 어느 누구의 사전에도 감히 '아니요'가 있을 수 없었다. 그러나 지도자들은 오히려 최대한 아랫사람들에게 마음 가볍고 여유로운 근무 환경을 마련해주었다. 아랫사람들이 대부분 "지금 막 숙직을 서면서, 그대 그리는 마음 깊어집니다"[8]와 같은 느낌을 갖게 했으니, 이런 것이야말로 진정한 너그러움과 대범함일 것이다. 현대의 기업을 보면 할 일이 없는데도 직원들을 꼼짝없이 자리에 앉아 있게 한다. 그 이유도 황당하기 짝이 없다. "내가 월급으로 당신의 시간과 노력을 모두 사들였다"는 것이다. 만약 그들의 손에 생사여탈권이 쥐여진다면, 아! 근무 시간에 화장실 가는 것조차 용서받지 못할 죄로 취급하지 않을까.

시에서 당나라의 부유한 집안에서는 이미 이른바 '숙녀 교육'이 있었음도 알 수 있다. "소 씨네 소녀의 이름은 간간簡簡인데, 연꽃 같은 뺨에 버드나무 잎 같은 눈. 열한 살에는 거울 쥐고 화장을 배우고, 열두 살에는 바늘 뽑아 치마에 수를 놓았다. 열세 살에는 앉으나 서나 악기를 다루며, 흐리멍덩하게 공연히 숨으려 하지는 않았다."[9] 이 간간이라는 아가씨는 열한 살에는 화장을 배우고, 열두 살에는 바느질을 배우며, 열세 살에는 몸가짐을 배우는 등 다년간 각고의 공부를 통해 마침내 "밝게 쪽진 머리는 생화의 모습, 바람에 하늘거리는 옷소매에는 장미의 향기"[10]와 같은 아름다움의 경지까지 수련한 것이다.

이상은李商隱의 붓끝에서 이름 모를 어떤 여인은 "여덟 살 때 몰래 거울을 보며 긴 눈썹 이미 그릴 수 있었고, 열 살 땐 답청을 나가느라 연꽃으로 치마를 만들었지요. 열두 살 땐 쟁 타는 법을 배워 은 깍지를 풀어본 적 없었어요"[11]라고 했다. 이 여인은 열 살 남짓한 나이에 이미 화장과 옷 입는 것에 관한 공부를 마쳤고, 열두 살부터는 집안에서 마련해준 대로 쟁 타는 법을 배웠다. 이러한 것들은 생활에 필요한 기술이나 생계 수단이 아니다. 단지 부모가 음악을 통해 그녀에게 초연한 기질을 심어주고자 한 것이다. 비록 시에서 제시한 수업 시간표를 보면 그 당시 '숙녀 교육'은 내용이 아직 풍부하지 않아 동시대 남성이 받았던 교육과 나란히 논할 수 없을 뿐 아니라 심지어 동시대 교방● 여성들이 배우던 복잡한 기예에도 비할 수 없었지만, 그래도 당나라 이전에 비하면 이미 크게 발전한 것이었다.

시로부터 당나라의 광고와 판촉 수단이 오늘날 못지않았음도 읽어낼 수 있다. 천 년 전에 밤새 꺼지지 않고 번쩍거리는 네온사인과 대형 광고판은 없었지만, 당나라 상점에는 등롱燈籠과 깃발이 있었다. "야시장의 수천 개 등불 푸른 구름을 비추고, 높은 누대 붉은 옷소매의 여인에게 손님이 넘친다"[12]고 한 것처럼 불빛은 곧장 하늘까지 솟구치고, 상가에 내걸린 등롱은 마치 네온사인과 광고판처럼 휘황찬란했다. "푸른 창문은 영롱하게 봄바람 머금고, 은색 글자 쓰인 채

● 궁궐에서 기녀들에게 가무를 가르쳤던 기구.

색 깃발이 손님을 맞이한다"[13]라든가, "번쩍번쩍하는 술집 깃발은 취객을 부르고, 짙게 녹음이 우거진 나무는 노래하는 꾀꼬리를 숨겨준다"[14]에서처럼 깃발은 불빛을 내지는 못하지만 오히려 색다른 모양과 화려한 색채 면에서 더 뛰어나다. 『전당시』에 각양각색의 술집 깃발과 휘장 등을 언급한 시가 80수나 되는 것으로 보아 깃발 광고가 광범위하게 쓰였음을 알 수 있다. 당나라 상점들이 채색 깃발을 주된 광고 수단으로 삼은 것은 상당히 현명한 선택이었다. 현대의 심리학 연구에 따르면 사람들은 대체로 움직이는 사물을 주목하고 정지해 있는 사물은 쉽게 지나치는 경향이 있기 때문이다. 크고 화려한 채색 깃발이 한시도 쉬지 않고 바람에 나부끼니, 얼마나 많은 사람의 눈길을 사로잡았겠는가?

같은 심리학 원리에 따라 당나라 상점들은 채색 깃발보다 더 펄럭이며 '움직이는' 광고를 만들어냈는데, 그것이 바로 예술 공연이다. "호희•가 봄 술을 파는 술집, 관현악 소리가 밤마다 우렁차다"[15]라든가, "금은 용문의 푸른 오동나무로 만든 것을 타고, 옥 단지의 맛난 술은 맑아서 없는 듯하다"[16]에서처럼 때때로 상점은 현악 연주회를 열기도 하고, "춤추는 나비 곁에서 응당 주흥이 돋고, 지저귀는 꾀꼬리 소리 들으면서 또한 취하리라"[17]에서와 같이 가무를 곁들인 사교 모임을 제공하기도 했다. 게다가 어떤 공연이나 모임을 막론하고 상점이 자발적으로 제공하는 것들은 언제나 공짜였다. 소비심리학 연구에 따르면, 고가 상품을 저가에 판매하는 판촉의 효과는 저가 상품을 공짜로 주는 판촉의 효과보다 현저히 떨어진다고 한다. 한마디

• '호희'는 당나라 장안(오늘날의 시안)의 주점에서 봉사하던 페르시아계 여성을 말한다.

로 말해서 공짜의 흡인력이 그만큼 치명적이라는 것이다. 당나라 상점들의 예술 공연은 동적인 데다 공짜이기까지 했으니, 그 흡인력이 당연히 기하급수적으로 커졌을 것이다.

당나라 상점들은 간판과 예술 공연으로 소비자를 문 앞까지 끌어들이는 것 외에도 홍보원을 파견하여 주도적으로 공세를 펼쳤다. "성안의 동시와 서시에서는 손님이라는 말에 차례로 맞이한다. 손님을 맞이하며 홍보도 겸하니 세를 과시하려 많은 재물을 쏟아붓는다"[18]라고 했듯이 손님이 왔다는 말을 들으면 홍보원들이 득달같이 출동해 목표로 삼을 손님을 정한 뒤 교묘한 말로 자신의 상점에서 돈을 쓰도록 부추겼다. 미국의 화장품 회사 메리케이●가 앉아서 손님이 오기를 기다리지 않고 큰길에서 주도적으로 손님들을 찾아가는 영업 방식을 취했는데, 알고 보니 당나라 때 벌써 고안되었던 것이다.

시에서 우리는 또 이런 것들을 알게 된다. "옛날을 회상하노니, 함양 저자에 상인들이 모여 산수화를 팔던 그때"[19]에서 보듯 당나라 때 어떤 그림들은 마치 무나 배추처럼 와자지껄한 시장에서 팔리기도 했다. 또 "장안 고관대작의 집에는 요염한 여인 셀 수 없이 많구나. 백 일을 공들여 만든 것도 오직 하루아침의 춤을 위함이라. 춤이 끝나면 다시 새 옷을 만드나니, 어찌 애쓰는 이의 수고를 생각하겠는가?"[20]에서 보듯 당나라 부호의 집에서 양성하던 기녀들은 마치 오늘날의 여자 연예인과 같았으며, 아무리 아름다운 옷이라도 공연에서 한 번 입었던 것은 다음에 같은 모습으로 다시 보이지 않았음

● 1963년 미국에서 메리 케이 애시Mary Kay Ash가 설립한 화장품 회사로, 창사 이후 줄곧 뷰티 컨설턴트에 의한 직접 판매 방식을 유지해오고 있다.

을 알 수 있다. 또 "푸른 홰나무 사이로 내달리는 길, 궁궐은 어쩌나 영롱하던지"[21]라든가, "열두 거리를 내려다보니, 푸른 홰나무 사이로 붉은 먼지"[22]•에서 보듯 당나라 장안성은 녹지 조성이 매우 잘되어 있었으며, 푸른 홰나무가 당시에 가장 보편적인 가로수였다. 또 "장안에서 여러 병에 걸려 살길이 막막한데, 한약방 의원은 마구 돈을 내놓으란다"[23]에서 보듯, 강대하던 당나라 제국에서도 병원 진료난의 문제가 똑같이 존재했으며, 의사들이 제멋대로 돈을 받는 전통은 적어도 천 년을 거슬러 올라간다. "경성에서 관리생활을 한 지 이십 년인데, 가난해서 안빈낙도할 곳이 없구나. 달팽이에게 집이 있는 것이 늘 부러울 뿐, 큰 쥐가 몸을 숨길 수 있는 것만 못하여라"[24]를 보자. 이 시는 백거이가 경성에서 관리로 지내며 세 들어 살 방을 구할 때 지은 것이다. 당나라 중앙 관리들이 모두 부동산을 보유한 것은 결코 아니라서 지금과는 매우 다르다는 사실을 증명한다. 조급해하지는 말자. 시는 아직도 매우 많고, 일기와 추억도 많으니 우리가 천천히 모으기만 하면 된다.

문득 내가 가장 좋아하는 존 바에즈Joan Baez••의 노래 「다이아몬드와 녹diamonds and rust」에서 그녀가 나지막하게 읊조리며 부르던 가사가 떠오른다. "우린 모두 추억이 무엇을 가져다주는지 알고 있어요. 바로 다이아몬드와 녹이죠."[25] 당시唐詩가 바로 당나라의 기억이 아니겠는가? 당시 안에서 우리는 그 시대의 영광과 포부를 찾아내며, 또한 그 시대의 분노와 나약함을 읽어낸다. 다이아몬드도 녹도 발견해

• '열두 거리'는 당나라 장안에 있던 길로, 남북으로 일곱 개, 동서로 다섯 개의 길이 나 있었다.
•• 1941~. 미국의 가수 겸 인권운동가.

내는 것이다. 나에겐 사치스러운 바람이 있는데, 이 책이 가져다줄 체험들이 당신의 기억 중 작은 다이아몬드가 되었으면 하는 것이다.

2013년 10월 26일
마오샤오원

차례

1장

자기 홍보

시와 입신양명

行卷

스스로 자못 빼어나다고 여겨서
곧장 중요한 지위에 올라
임금을 요순 위에 이르게 하고
다시 풍속을 순후하게 하고자 했습니다
_ 두보, 「위좌승 어른에게 올리다」

당신은 이런 문제를 들어본 적이 있는가? 새 한 마리가 산에서 노래를 불렀는데, 그 노래는 지금까지 새들이 부른 노래 가운데 가장 아름다운 것이었다. 그러나 새는 산의 숲속 가장 깊은 곳에 있었고, 그곳에는 그 새 말고 어떤 사람이나 생물, 심지어 작디작은 풍뎅이 한 마리조차도 없었다. 다시 말해서 그 노래를 아무도 듣지 못했던 것이다. 새는 노래를 마치고 날아가고 선율도 바람 따라 흩어졌다. 그렇다면 아무도 듣지 못한 이 노래는 과연 세상에 존재했던 것인가?

당나라 사람들은 이 문제를 들어보지 못했다. 단 이 문제에 대한 변형된 답으로 볼 수 있는 여러 관점을 가지고 있었다. 장구령張九齡은 "초목도 본성이 있거늘, 어찌 미인이 꺾기를 바라겠는가?"[1]라고 했으며, 왕유王維는 신이화辛夷花●가 "골짜기 적막하고 사람 아무도 없는 곳에서, 어지러이 피었다가 또 진다"[2]고 했다. 그 뜻은 빈산에 사람이 없어도 꽃은 여전히 자라며, 봐주는 사람이 있든 없든 개의치 않고 화초는 여전히 우거져 향기로우니 그것의 아름다움은 언제까지나 계속된다는 것이다. 군자도 마땅히 이러해야 하니, 옆에 사람이 있고 없음에 따라 자신의 행동거지가 변해서는 안 된다. 설령 당신이 혼자 있고 당신의 일거수일투족을 다른 사람이 영원히 알 길이 없다고 해도, 당연히 당신은 수많은 사람의 주목을 받는 것처럼 고상하게 행동해야 하는 것이다. 그들의 말에 따르면, 듣는 이 없는 깊은 숲속의 노래, 꺾어갈 이 없는 빈산의 꽃, 혼자 살아서 증명해줄 이 없는 군자의 행위라도 당연히 모두 존재한다는 것은 더 말할 나위 없는 진실이다. 그러나 그들이 어떤 말을 하는지 듣기보다 어떻게 행동하는지 본다면, 당신은 새의 노래에 관한 문제에 절대다수의 당나라 사람이 행동으로 보여주는 답안은 다음과 같다는 것을 알게 될 것이다. 남이 알아주지 않으면 존재하지 않는 것과 다를 바 없으니, 사람이 이 땅에 태어나면 이치상 널리 이름을 날려야 마땅하다.

자기 추천에 의존하여 '아침에는 평민이었다가 저녁에는 고관대작이 될 수 있었던' 전국 시대를 제외하면, 당대唐代는 중국 고대에서 자기 홍보가 가장 유행했던 시기였다. 당나라 인재들은 사방팔방으로 분주히 뛰어다니며 여러 사람에게 자신이 얼마나 우수한지 알렸다. 그들은 역량과 자원이 있는 사람들에게 전문적으로 자신의 작품을 바쳤으며, 그러한 역량과 자원을 통해 천하에 자신의 이름을 알리길 희망했다. 그들은 공적을 세워 세상에 깊고도 긴 흔적을 남기기를 갈망했고, 자신이 부르는 모든 노래를 사람들이 들어주기를 기도했다.

「고목유황도古木幽篁圖」, 예찬倪瓚, 원나라

화가의 제화시는 다음과 같다. "고목과 그윽한 대나무 쓸쓸한 물가, 얼룩덜룩 선명한 돌에 비취빛은 봄을 머금었다. 당시 사람들 눈에 들지 못함을 스스로 알아, 교계에 옛 은자를 그려넣었다."[3]
예로부터 문인들은 자신을 고결한 인격자로 자부하며 대부분 '제후에게 영달을 추구하지 않는' 모습을 취했다. 그러나 당나라의 재사才士들은 유난히 공명을 얻고 눈부신 업적을 달성하기를 희망했다.

돛을 올려 하늘의 바람에 기대다[4]

중국인들은 줄곧 겸손함을 최고의 미덕으로 여겨왔다. 모수毛遂• 같은 사람은 예로부터 별종에 속했으니, 그렇지 않았다면 사마천 또한 특별히 이 일을 휘황찬란한 대작『사기史記』에 기록하지 않았을 것이다. 자천하는 사람들이 얻는 사회적 평가는 통상 모수의 자천에 대한 평원군平原君의 답과 같았다. "선생께서 나의 문하에 계신 지 삼 년이 되었는데, 주변에 칭찬하는 자가 없고 내가 들은 바도 없으니 선생은 재능이 없는 듯하오." 만일 당신이 유능한 인재라면 자연히 당신을 칭찬하는 사람이 있기 마련이거늘, 들려오는 말이 없으니 그건 바로 당신이 재주가 없음을 대변하는 것이며, 다른 사람이 추천한 적이 없는데 오히려 스스로를 뽐낸다면 인품이 낮음을 미루어 알 수 있다는 얘기다.

이러한 논리는 당나라에서 송두리째 뽑혀나갔다. 당나라 사람들의 논리는 이렇다. "그 누구에게도 당신의 일거수일투족을 관찰하고, 당신의 글을 하나하나 수집해서 당신의 재능을 발굴하고, 당신의 꿈을 이루어줄 의무가 없다. 반드시 스스로 찾아야 한다. 당신이 재능이 있다면 그 재능을 사람들 앞에 낱낱이 펼쳐 보여야 한다. 이렇게 하는 것이 자신의 꿈을 책임지는 것이며, 이렇게 했을 때 당신은 일생을 헛되이 보내지 않게 될 것이다."

정보망이 낙후되어 형편없었던 고대에는 자신과 자신의 작품을 홍보하는 것이 매우 어려웠다. 그러나 당나라 사람들은 기발한 수를

• 전국 시대 조趙나라 사람. 평원군의 식객食客이었다.

많이 개발했다. 그 가운데 가장 전형적인 것으로 시판詩板을 들 수 있다. 당나라 사람들은 유동인구가 가장 많은 시장의 상점이나 명승고적, 역참, 사원 등지에서 한눈에 들어오는 벽을 골라 회칠을 한 뒤에 자신의 시를 벽 위에 쓰고, 나머지는 북적거리는 사람들에게 맡겼다. 그러나 벽은 유한하고 당나라 사람들의 시정詩情은 무한하여 벽이 금세 부족해졌다. 많은 지역에서 시인에게 나무 널빤지 하나를 제공하는 것으로 방식을 바꾸었고, 시인들은 거기에 좋은 시를 적어 벽에 걸었다. 이런 방법을 통해 벽에 걸 수 있는 시의 양이 늘어났고 새것으로 바꾸기도 매우 쉬워졌다. 이 작은 널빤지가 바로 시판이다. "명승지에는 옛날의 시판이 있을 터, 맑은 노래는 마을 연회 몇 군데서나 들릴까?"[5]라고 했으니, 명승지는 시판에 독자를 끌어들이고 시판은 명승지에 볼거리를 더했던 것이다.

시판은 진귀한 물건이 아니라서 번화한 곳 외에 여러 오래된 사원이나 외딴 역참에도 제공되었다. 시흥이 언제 솟아날지는 스스로 조절할 수 없는 것이어서 당나라 사람들은 곳곳에 시흥을 기록할 만한 것들을 마련해두었던 것이니, 참으로 인간적인 설계다. 시판을 쓰는 데 신분의 제약도 없었고 학력이 요구되지도 않았다. 누구든 원하기만 하면 언제나 자신의 대작을 온 천하에 잔뜩 걸어둘 수 있었다. 한족이나 이민족, 남녀노소 모두 시판 앞에서는 평등했다. 그러나 뛰어난 작품은 필시 매우 드물고 열등한 시판이 매우 많아지자 누군가 나서서 하늘을 대신해 정의를 행해야 했다. 유우석劉禹錫은 백제성白帝城을 떠날 때 시벽을 지나다가 엉망인 시가 무수한 것을 발견했다. 이에 그는 걸음을 옮기지 못하고 멈추어서 그대로 두 손과 열정만으로 수준에 미치지 못하는 시판 천여 개를 뜯어낸 뒤 겨

「중병회기도重屏會棋圖」, 주문구周文矩, 오대

이 그림은 남당의 중주中主 이경李璟과 여러 왕이 모여서 바둑을 두는 모습을 그린 것이다. 그림의 배경에 병풍이 서 있는데 병풍에는 당대 백거이의 시 「우면偶眠」의 내용이 그림으로 그려져 있다. 따라서 이 또한 또 다른 시 병풍이라고 할 수 있다. 시의 마지막 두 구에서 "바로 병풍의 모습이니, 어찌 옛 현인을 그리려고 애쓸 것인가?"[6] 라고 했으니, 이 병풍 그림 속 병풍에는 아름다운 산수가 그려져 있음을 알 수 있다.

우 몇 수의 걸작만 남겼다. 이것은 현대의 논단論壇과 꼭 닮았다. 사람들은 마음껏 작품을 발표할 수 있고, 또 마음껏 다른 사람의 작품을 조롱할 수도 있다. 다만 당나라의 '논단'이 더 뛰어났던 점이라면 여기에는 금지어●가 없었다는 것이다.

시판 외에 시표詩瓢라는 것도 있었다. 깊은 산이나 고요한 사원에 사는 사람은 평소 사람들과 마주칠 일이 극히 드물었다. 그래서 시를 써도 전파할 방법이 마땅찮았으므로 호리병박에 조심스럽게 자

● 중국에서는 인터넷 게시판 관리자가 사전에 사용자가 쓸 수 없는 어휘를 지정해두고는 한다. 중국에서 이를 '민감한 단어敏感字'라고 부른다.

신의 대작을 담아 작은 시내나 하천에 던졌다. 호리병박이 자신의 심혈을 하늘 끝까지 데려가도록 내맡긴 것이다. 당나라 승려 당구唐球는 시를 넣은 호리병박을 던진 후에 이런 시를 지었다. "이 글이 가라앉지 않는다면, 나의 고심을 알게 될 것이다."[7] 그는 일거에 명성을 얻기를 바란 것이 아니라 누군가가 영혼의 노래에 귀 기울여주기를 바란 것이다.

또 시 병풍詩屛이 있었다. 당나라 사람들은 자신이 지은 시를 병풍에 적어 집을 방문한 손님들이 모두 볼 수 있도록 했다. 하지만 다른 사람을 돕는 미덕을 잘 알았던 당나라 사람들이 선전하던 시가 반드시 자신의 작품인 것은 아니었다. 백거이가 자기 집 병풍에 원진元稹의 절구絕句● 백 수를 쓰자, 원진은 백거이의 시로 사원의 벽을 가득 메웠다. 이에 백거이는 이렇게 감탄했다. "그대는 내 시로 사원의 벽을 가득 채우고, 나는 그대의 시로 병풍을 채웠네. 그대와 서로 만날 곳 어딜까? 부평초 두 개가 큰 바다에 있는 꼴이니."[8] 원진과 백거이 두 사람의 시는 매우 평이한 까닭에 반복해서 여운을 음미할 여지가 적어 평소 내가 좋아했던 것은 아니다. 그러나 두 사람 사이의 세심한 우정은 트집 잡을 만한 것이 없다.

한가로운 삶 성덕에 부끄러워라[9]

시판이든 시 병풍이든 모두 목표 없이 임의로 하는 홍보였다. 그러나

● 4행으로 이루어진 한시.

간알干謁●은 이와 달리 목표가 명확한 홍보 수단이었다.

　당나라는 흥성하고 사방은 태평했다. 제국은 하루하루 강대해지고 번화했고, 그 안에서 살아가던 사람들은 날로 원대한 포부가 드세졌다. "차라리 백 명을 이끄는 대장을 하는 것이 일개 서생이 되는 것보다 낫다"[10]거나 "대장부가 나이 서른에 부귀를 얻지 못하고서, 어찌 종일 붓을 잡고 있을 수 있겠는가?"[11]라고 한 것이 그러하다. 끓어오르는 시대정신 가운데서 옛 서적에만 파묻혀 공자 왈 맹자 왈 하려는 사람은 더 이상 없었다. 결국 초당初唐과 성당盛唐의 지식인들은 자신의 수양만을 강조하던 육조六朝 시대의 방식을 버리고, 의기양양하게 서재에서 나와 소매를 걷어붙이고 천하를 경영하기를 꿈꾸었다. 그들이 서재에서 나오면서 뗀 첫걸음은 바로 자신의 회심작―문학작품 혹은 나랏일에 대한 제언―을 가지고 자신의 재능을 알아주고 등용해주기를 희망하며 정치, 문학, 군사 등 각 분야의 권위자에게 간알하는 것이었다. "재주가 있는데도 간알을 하지 않는다면, 몇 년을 헛되이 책을 읽는다 한들 무슨 소용인가?"[12]라고 한 것이 그러하다.

　당나라 이전이나 이후나 간알은 있었다. 그러나 어느 시대 사람의 간알이든 당나라 사람들의 것처럼 당당하고 호쾌하지는 않았다. 당나라 때 간알하던 사람은 이전 시대처럼 몸을 꼬며 살랑거리지 않았고, 노골적으로 공명의 바람을 드러내는 것을 부끄럽게 여기지 않았다. 공훈을 세울 수 없는 것이야말로 뜻있는 대장부의 치욕이었으므로 그들은 몇 번이고 거듭하여 "길게 탄식하며 승상께 여쭈나니, 동

● 지체가 높고 귀한 사람에게 뵙기를 청하는 일.

쪽 누각은 언제 열리는지?"[13]•라고 했다. "부귀는 내가 원하는 것이 아니니, 임금이 계신 곳 기대하지 않노라"[14]와 같은 도연명식 정신승리법••은 당나라 사람들에게는 받아들여지지 않았다.

당나라 때 간알하는 사람은 집권자에게 각양각색의 건의를 함으로써 가장 낮은 신분으로 가장 높은 계층의 정책에 참여하여 간접적으로나마 일국의 정사를 논의했다. 예를 들어 왕발王勃은 열네 살 때 재상인 유상도劉祥道에게 글을 바쳤는데, 이 글에서 자신을 이렇게 칭했다. "보잘것없는 서생일 뿐이라, 일찍이 종을 치고 솥에 밥을 먹는 영광이 없었으며, 남쪽 이웃과 북쪽의 누각에서 도와주지도 않았다."[15] 그러나 종을 치고 솥에 밥을 먹는 영광을 누리지 못했던, 보잘것없는 이 서생이 국가의 대사에 관해 네 가지를 제언했다. 네 가지 조항의 첫머리인 제1조는 바로 당나라의 고구려 정벌에 대한 반대였다. 정부가 이러한 침략 전쟁을 시작하는 것은 백성의 부담을 늘릴 뿐 아니라 제국의 영광에도 아무런 이익이 없다고 그는 거리낌 없이 지적했다.

만일 이러한 건의를 통해 집권자의 마음에 들 수 있다면 물론 좋은 일일 테지만, 마음을 얻지 못했다 해도 그들은 낙심하지 않았다. 국가의 흥망성쇠는 백성에게도 책임이 있으므로, 그들은 기꺼이 집권자를 위해 계책을 내놓았던 것이다. 제국이 흥기하는 역사 속에서 방관자가 되고 싶은 사람은 없었다.

• 동쪽 누각, 즉 동각東閣은 옛 재상들이 손님들을 불러 모아 잔치를 하던 곳이다.
•• 루쉰의 『아큐정전』에서 유래한 말이다. 주인공 '아큐'가 동네 깡패들에게 얻어맞고는 "나는 아들한테 맞은 격이다. 아들뻘 되는 녀석과는 싸울 필요가 없으니, 나는 정신적으로 패배하지 않은 것이다"라는 식으로 자위하는 것을 루쉰은 '정신승리법'이라고 풍자적으로 표현했다.

雲橫瀑布千藤霞綠輕綃
無數千峯憑見玉南海里借龍王
一障氣
晉昌唐寅爲
德翁鄺先生作詩意
圖

「낙하고목도落霞孤鶩圖」, 당인唐寅, 명나라

화가 자신이 "그림 기둥과 주렴은 물안개 속에 있고, 저녁노을의 외로운 따오기는 아득히 자취가 없구나. 천 년 동안 왕발을 보고 싶었거니, 일찍이 용왕에게 한바탕 바람을 빌렸다지"[16]라고 제화하여 「등왕각서滕王閣序」의 저자 왕발에게 흠모를 표했다. 왕발의 재능이 일찍 드러나 아직 성년이 되기도 전에 조산랑朝散郎으로 천거되었으니, 이는 소년이 뜻을 이룬 경우를 대표한다.

명나라 풍몽룡馮夢龍의 『고금담개古今譚槪』를 읽다보니 인상 깊은 이야기가 하나 있었다. 북제北齊 시대 한 사대부의 자제가 시를 짓는 것을 무척 좋아했는데 실력이 형편없었다. 그를 놀리느라고 많은 사람이 거짓 칭찬을 했지만, 그는 그것을 진짜로 믿고 늘 연회를 열 때마다 이런 '글 친구'들을 초대했다. 반면 사람을 볼 줄 알았던 그의 아내는 남편이 여기저기서 창피를 당하는 것을 알고 여러 차례 눈물로 남편을 말렸다. 그러자 이 사대부의 자제는 하늘을 보며 길게 탄식했다. "나의 뛰어난 재능을 아내도 받아들이지 못하는데 하물며 길 가는 사람들이야 어떻겠는가?" 이 이야기의 가장 훌륭한 부분은 '자신의 재능에 놀라다'라는 제목을 붙인 점이다. 스스로 자신의 재능이 뛰어난 데 놀라다니 이는 어떤 경지란 말인가? 풍몽룡이 우스운 이야기로 삼은 것도 이상한 일은 아니다.

당나라 때는 '자신의 재능에 놀라는' 사람들이 연신 나타났다. 당나라 때 간알하던 사람들은 간알이 사리사욕을 추구하는 것이라고 생각하지 않았다. 나라의 인재가 유실되는 것을 막기 위함이라고 여겼기에 자발적으로 뛰어나와 손을 흔들며 "나는 인재입니다. 내가 당나라 제국의 발전을 앞당길 수 있으니, 어서 나를 중용하시지요"라고 크게 외쳤다. 두보杜甫는 좌승상 위제韋濟에게 바친 간알 시에서 "스스로 자못 빼어나다고 여겨서 곧장 중요한 지위에 올라, 임금을 요순위에 이르게 하고 다시 풍속을 순후하게 하고자 했습니다"[17]라고 적나라하게 밝혔다. 자신감이 두보에 뒤지지 않았던 장초張楚도 "고위직과 요직을 맡길 만한 명망이 오래되었거니와, 작은 마을 외진 동네는 평범한 인물이 맡으면 된다"[18]고 했다. 대시인 두 사람의 말을 현대어로 옮긴다면, 두보는 '나의 재능이 출중하여 반드시 관직을 맡아야

「농호금도弄胡琴圖」, 왕수곡王樹穀, 청나라

그림에서 묘사하고 있는 것은 당나라 진자앙陳子昂의 이야기다. 진자앙은 여러 차례 행권行卷하여 스스로를 추천했으나 큰 효과를 거두지 못했고, 어쩔 도리가 없다는 마음으로 부득이 기이한 계책을 냈다. 진자앙은 가격이 백만 전이나 하는 호금胡琴을 사서 다음 날 어디로 자신의 연주를 들으러 오라고 사람들을 초대했다. 다음 날 사람들이 모이자 그는 사람들 앞에서 호금을 부숴버리고 자신의 작품을 뿌렸다. 악기를 부순 술수는 엄청난 선전 효과가 있었다.

하니, 이런 재능으로 왕을 보좌하여 요순시대의 아름다웠던 생활을 재현하고자 한다'고 말한 것이고, 장초는 '나의 총명함과 능력이 반드시 요직에서 발휘될 것이니, 그런 작은 마을이나 외진 동네의 깨알같이 작은 관직에는 아무 재능도 없는 평범한 사람을 보내야 한다'고 한 것이다. 간알의 이유는 당 왕조를 위해 작은 힘이나마 보탤 수 있다고 스스로 확신해서다. 만약 자신에게 능력이 있는데도 요직에 오르지 못한다면 그것은 나라에 커다란 손실이라는 논리다.

중국 역사상 어떤 호언장담이 나에게 가장 감동을 주었는지 묻는다면 나는 이렇게 대답할 것이다. 진秦나라 때의 진승陳勝과 오광吳廣이 '왕후장상의 씨가 따로 있겠는가?'라고 한 말은 아니다. 그들은 왕후장상을 경멸하면서 자신이 왕후장상이 되고자 했을 뿐이다. 금金나라 해릉왕 완안량完顔亮이 "서호에서 백만 병사 이끌고, 오산 제일봉에 말 타고 오르리라"[19]고 한 것도 아니다. 그는 다만 하나의 국가를 정복하여 중원을 발아래 두고자 했을 뿐이다. 한나라 진탕陳湯이 "한나라를 침범하는 자는 아무리 멀리 있더라도 반드시 베리라"고 한 것은 더더욱 아니다. 가만히 생각하면 이 말은 '하찮은 원한이라도 갚고야 만다'보다 결코 낫다고 할 수 없다. 가장 나를 감동시킨 것은 "임금을 요순 위에 이르게 하고 다시 풍속을 순후하게 하고자 했다"는 두보의 말이다. 오직 그의 이상만이 모든 사람을 행복하게 하려던 것이기 때문이다.

모두 '자신의 재능에 놀라는' 것이지만 풍몽룡의 글에서 북제의 사대부는 자신을 파악하는 명석함이 부족해 웃음거리로 전락했다. 그러나 당나라 사람들의 원대한 뜻과 보국에 대한 갈망은 사람들을 탄복하게 한다. 그들의 호언장담은 오늘날까지도 여전히 울림이 있다.

현대인에게는 단순하게 권력자의 이러한 면은 타당하지 않고 저러한 면은 공정하지 않다고 트집 잡으며 불평하는 것을 당연시하는 나쁜 습관이 있다. 마치 내 일이 아니라는 듯, 마치 모든 추악한 현상은 공직자의 책임이라는 듯, 우리 책임은 그저 공직자를 원망하는 것이라는 듯 말이다. 당나라 사람들의 방식은 훨씬 더 용감했다. 만일 정부가 잘못하면 곧바로 온 힘을 다해 정부의 잘못을 알리고, 만약 국가에 좋은 관료가 부족하면 스스로 나서서 좋은 관료가 되고자 하며, 혹 자신에게 사회를 한 뼘이라도 발전시킬 수 있는 능력이 있다면, 그 능력을 이용하여 이를 실현시켰다.

관직을 버리는 것이 고결하고, 관직을 부탁하는 것은 착살맞다고 누가 그랬는가? 서진西晉의 이밀李密이 무제武帝에게 올린 「진정표陳情表」는 조정에서 내린 관직을 완곡하게 거절하는 내용으로, 할머니가 자신을 키우며 고생했던 것을 서술하며 자신이 집에서 할머니를 모시기로 결심했음을 밝힌다. "신에게 할머니가 계시지 않았다면 지금에 이르지 못했을 것이며, 할머니에게 신이 없다면 여생을 마치지 못하십니다"라는 절절한 효심은 하늘과 땅을 감동시켰다. 당나라 원반천員半千이 고종高宗에게 쓴 「진정표陳情表」는 자신에게 관직을 내려주기를 조정에 요구하는 것인데, 그가 "전하는 어찌 옥 계단의 조그만 땅을 아끼시어 신으로 하여금 진심을 다하도록 하지 않으십니까?"라고 한 보국의 마음 또한 사람들의 탄성을 자아냈다. 그리고 원반천은 평생 청렴했으며, 백성을 돌보고 끝까지 진심을 다하겠다는 맹세를 저버리지 않았다.

당나라 때 간알했던 대부분의 사람―특히 초당·성당 시기에 간알했던 사람들―이 보기에 일개 백성이든 고관대작이든 모두 그들이 사랑하는 왕조를 위해 일하는 사람이었다. 이런 측면에서 본다면, 그들은 유명 인사와 전우관계로서 함께 제국의 흥성을 위해 힘을 합친 것이었다. 그래서 그들은 간알하려는 대상의 면전에서도 열등감을 느끼는 경우가 거의 없었다. 임화任華가 "당신이 만약 귀함을 믿고 교만한 기색이 있어 지난날의 관심을 끊고 위세가 족히 사물을 뒤덮어 예로 사람을 접대할 수 없다면, 공의 깊고 얕음이 여기서 드러날 것입니다"[20]라고 감히 사대부를 훈계한 것도 이런 연유에서다. 만약 당신 스스로 신분이 나보다 높다고 여겨 나와 같은 인재를 예로써 대하지 않는다면, 당신의 수양된 정도를 세상 사람들이 평가할 수 있을 것이라는 말이다. 그래서 왕영연王泠然은 이렇게 어사를 위협했다. "높은 분이 잊어버리는 게 많다면, 나라의 걸출한 인물을 기대하기 어려울 것입니다. 만일 제가 하루아침에 뜻밖에도 그대와 조정에서 어깨를 나란히 하게 되면 눈을 흘기며 바라볼 것입니다. 그대가 그제야 후회하며 제게 사과해도 제가 어찌 그대를 좋은 낯빛으로 대하겠습니까?"[21] 만약 당신이 높은 분은 잊는 게 많다고 해서 나를 발탁하지 않는다면, 내가 당신과 관직의 품계를 다툴 때가 되어서는 당신이 아무리 뉘우쳐도 소용이 없을 것이라는 말이다. 그래서 이백李白은 고위 관료인 한조종韓朝宗●을 찾아뵈면서 "높은 관에 칼을 차고" 치장하여 하늘을 받치고 우뚝 선 대장부의 모습으로 자신을 고정시키고자 했다.[22] 간알이 발탁되길 바라는 것일지라도 당나라 사람들에게는 아첨하여 환심을 사려는 모습이 전혀 없었던 것이다.

● 686~750. 당나라 때의 정치가. 형주장사荊州長史를 지냈다.

우여곡절 끝에 왕후를 뵙다[23]

각종 간알의 시도 중 가장 특수한 것은 행권行卷이다. 무엇을 행권이라 부를까? 이를 알기 위해서는 당나라 과거 제도부터 이야기를 시작해야 한다.

당나라 과거시험은 제과制科와 상과常科로 나뉘어져 있었다. 제과는 뛰어난 인재를 모집하기 위해 만들어진 것으로, 과목이 갖가지여서 눈이 어지러울 정도였다. 문사文辭, 경의經義, 치도治道, 군사軍事, 장재長才, 발취유재拔取遺才, 격려풍속激勵風俗 등 100여 가지나 되어, 가지고 있는 재주가 아무리 궁벽한 것이라도 당나라 정부에서는 나아갈 길을 제공해주었다. 상과는 이름에서 알 수 있듯이 비교적 통상적인 시험 과목으로, 여기서 가장 주요한 부분은 진사進士와 명경明經 두 과였다.

제과는 오늘날의 대학 입시에서 예술 특기자, 체육 특기자를 모집하는 것과 얼마간 비슷하다. 이것은 상설된 것이 아니라서 해마다 있을 수도 있고 없을 수도 있으며 모든 것이 황제의 마음에 달려 있었다. 그래서 제과의 과목이 수없이 다양해 마치 기회가 많은 것 같아도 절대다수의 수험생은 오히려 상과를 선택했다. 그런데 상과 중 진사과와 명경과가 보기에는 대등한 급수의 시험 같지만 실제로는 그 지위에 현격한 차이가 있었다.

명경과를 칠 때 급제 여부는 경서에 대한 수험생의 이해가 관건이라서 경문의 뜻을 외우기만 하면 급제할 수 있었다. 그런데 진사과를 칠 때는 시부詩賦가 시험의 내용에서 가장 중요했다. 수험생의 사고 능력과 문학적 소양이 승패를 좌우하는 열쇠였던 것이다. 수험생이 대들보에 매달아둔 송곳으로 허벅지를 찔러가며 시문詩文과 경의經義를 죽어라 외우더라도, 일필휘지로 아름다운 문장을 써내지 못한다면 진사과에서의 급제는 헛된 희망에 불과했다. 진사과에서 게임의 법칙은 "다만 공부를 열심히 하여 쇠 절굿공이를 갈아 바늘을 만든다"●는 식과는 줄곧 거리가 멀었다.

진사과는 명경과에 비해 급제하는 것이 매우 어려웠으며, 진사가 명경보다 진로가 훨씬 더 많았다. 죽어라 외우는 것도 재능이지만 문장을 짓는 순발력과 비교하면 결국 떨어지는 것이라는 점을 당나라 정부는 매우 분명하게 파악했다. 관직을 배정할 때도 보편적으로 진사가 명경에 비해 몇 계단 높은 위치에 올랐으며, 사회 각계각층에서도 진사에 대해 더 높은 평가와 기대를 보였으니, 이 또한 진사에게는 일종의 숨겨진 재산인 셈이었다.

이하李賀가 진사에 급제하고 명성이 날로 높아지자, 원진이 그의 재주를 흠모하여 교제하고자 하는 마음에 곧장 이하의 집으로 찾아갔다. 그러나 이하는 인정사정없이 원진을 문전박대했다. 이유인즉 '명경에 급제하신 분이 무슨 일로 날 만나러 오셨냐?'는 것이었다. 원진은 명경과에 급제한 사람인데 진사인 이하와 무엇 말을 섞을 게 있느냐는 뜻이다. 진사가 명경을 대할 때의 심리적인 우월감이란 아씨가 계집종을 대하는 것 못지않았다. 이 이야기는 아마도 당시 사람들이 지어낸 말이었을 것이다.●● 그러나 저 풍류재자를 숭배한 시

● 마저작침磨杵作針: 당나라 시인 이백이 어렸을 때는 열심히 공부하지 않고, 매일 나가 놀기를 좋아했다. 어느 날 흰머리가 성성한 노파가 쇠로 된 절굿공이를 돌에 문지르고 있는 모습을 보고 신기하여 무엇을 하고 계시냐고 묻자 노파가 '바늘을 만들 것'이라고 대답했다. 곰곰이 생각해보던 이백이 감동을 받아 그때부터 열심히 공부하여 대가가 되었다는 이야기에서 유래한 말이다.

대에 재주가 넘치는 진사와 책만 읽는 고지식한 명경이 사람들 마음 속에서 차지하는 위치가 천양지차였음을 다시금 증명해준다.

명경과를 통과해 부지런히 노력하여 결국 높은 지위에 오른 사례가 없지는 않지만 승리의 확률은 진사과에 비해 현저히 낮았다. 예를 들어 당나라 헌종憲宗부터 의종懿宗까지 일곱 조정에서 재상이 모두 133명 나왔는데, 그 가운데 104명이 진사 출신이었다. 이 때문에 출발선상에서 유리한 고지를 점하려면 진사과에 응시하지 않을 수 없었다. 다만 나는 당나라 사람들이 진사과에 응시하는 데 열중한 이유가 단지 전도가 유망했기 때문만은 절대 아니었다는 쪽이다. 시험의 주요 내용이 시부詩賦였던 진사과가 좋은 자극을 주는 도전 대상이었다는 생각을 한다. 이 부분에 대해서는 첸무錢穆●●● 선생보다 더 명확하게 말하기 어렵겠다. 첫째, 시부의 시제는 무궁무진하다. 살구꽃과 버들잎, 술집과 여관 등 이 세상 형형색색의 만물이 모두 시제가 될 수 있었다. 둘째, 시부는 사소한 일을 짧은 편폭에 담으면서 또 여러 운율상의 제약도 있는 터라, 응시자는 취향을 잘 알고 고서의 성어나 역사의 전고를 운용하면서 완곡하면서도 곡절 있게, 전혀 상관없는 제목에 대해서도 깊지도 얕지도 않게 마음속 포부를 표현했다. 국가 대사나 인생의 큰 논쟁을 막론하고 바람, 꽃, 눈, 달을 읊어내는 가운데 이를 모두 드러내야 했다. 이 때문에 재주가 있더라도 반드시 감정을 겸해야 하고, 학식이 있더라도 반드시 품덕을 겸해야

●● 당나라 사람 강변康駢이 지은 『극담록劇談錄』에 실려 전하는 이야기인데, 사실과 다르게 지어낸 것이다. 이하는 진사에 급제하지 못했을 뿐만 아니라, 원진이 명경과에 급제했을 때 고작 세 살에 불과했다.
●●● 1895~1990. 중국 현대의 저명한 역사학자이자 사상가, 교육가.

「두보시의도杜甫詩意圖」, 왕시민王時敏, 청나라

두보의 시에서 "초나라 강과 무협의 절반은 구름과 비, 맑은 대자리와 성긴 주렴에서 바둑 대국을 구경한다"[24]고 했듯이, 변화무쌍한 바둑의 형국이 당나라 사람들의 모험심과 진취적 정신을 만족시켰다.

하는 것이다. 만약 그렇지 않고 재주가 아무리 높고 학식이 아무리 넓어도 감정이 깊지 못하고 품덕이 깨끗하지 못하면 여전히 시부의 높은 경지에 이르지 못했다.

당나라 사람들은 바둑을 좋아했다. 바둑은 변화무쌍하여 매 한 판의 대국이 모두 참신한 모험의 연속이다. 겨우 181개의 검은 돌과 180개의 흰 돌이 가로세로 19줄의 선상에 형성된 361개 교차점만으로 "천고에 같은 대국이 없다"는 효과를 만들어낸다. 그러니 10만 개에 가까운 한자로는 얼마나 많은 조합을 만들어낼 수 있겠는가? 당나라 사람들의 일생이 끝나고, 모든 사람의 일생이 끝나도 문자의 가능성을 다 찾아내지는 못할 것이다. 이런 관점에서 볼 때, 문자는 바둑보다 훨씬 더 사람을 빠져들게 하는 유희이니 승부욕이 강했던 당나라 사람들의 말초신경을 자극하는 데 충분했을 터이다.

당나라 지식인들은 기를 쓰고 자신의 문학 창작 능력을 갈고닦았다. 그러나 진사과의 시부 시험은 오직 한 번뿐이니, 시험지로 보여줄 수 있는 재능은 털끝만큼에 불과했다. 더구나 진사과의 경쟁은 아주 치열해서 온 천하의 수많은 수험생 가운데 한 해 급제자가 기껏해야 30여 명이었다. 당나라 때에는 '진사과는 나이 쉰도 젊은 축'이라는 말이 있었는데, 해마다 진사 시험을 봐서 만약 쉰 살에 급제한다면 그것도 아주 젊은 나이로 친다는 뜻이다. 이로써 미루어보건대 진사에 급제하는 것은 하늘의 별 따기만큼 어려웠던 듯하다. 그래서 개인의 재주를 각 방면으로 드러내고 진사에 급제할 가능성을 높이기 위해 '행권'이 급부상했다.

이른바 '행권'은 진사과 시험에 앞서서 과거 응시자들이 자신의 높은 수준을 대표할 수 있는 작품을 공들여 골라 사회에서 명망과 지위가 있는 사람에게 바치는 것이다. 이런 사람들이 시험을 주관하는 관리에게 자신을 추천해주거나 혹은 문단에서 자신의 명성을 높여주기를 바라면서 말이다. 당나라 과거시험은 '실명제'를 채택했다. 다시 말해서 답안지의 이름을 가리지 않아서 어느 답안지가 어느 응시자의 것인지 한눈에 알 수 있었다. 시험을 주관하는 관리는 답안지에 대한 평가 외에도 자연스럽게 문단에서 응시자의 명성이나 다른 작품들을 참고할 수 있었다. 심지어는 시험장 밖에서의 명성과 작품이 오히려 승패를 좌지우지했다고 해야 할 정도다. 그 시험장 밖의 명성과 작품은 행권에서 나온 것이었다.

행권이 이처럼 중요하기에 이백은 화산華山의 낙안봉落雁峯을 노닐면서 또 이렇듯 절실하게 감탄했다. "이 산이 가장 높아 숨 쉬는 기운이 천제의 자리까지 통하리라 생각하니, 사조가 사람들을 놀라게 한 구절을 가져와 머리를 긁으며 푸른 하늘에 대해 물어보지 못하는 것이 한스럽구나."[25] 즉 이 산이 가장 높아 하늘과 통할 것 같은데 내가 사조謝朓●의 작품과 같은 뛰어난 시구를 가져와 천제께 행권하지 못하는 것이 아쉽다는 말이다. 이백은 몽상가였지만 유치하고 광적인 그의 몽상이 시에 담겨 당나라 사람들 마음속 행권의 무게감을 보여주고 있다.

당나라의 진사과 시험은 통상 정월에 있었지만, 행권 작업은 이미 시험이 있기 한 해 전 가을부터 활기차게 진행되었다. 각 시기에 응시자들은 온갖 노력을 다하여 가장 훌륭한 것을 이루어내려 했다. 종이는 반드시 좋은 것을 사용하고, 한 쪽에 몇 줄을 쓰고 한 줄에

● 464~499. 남조 제齊나라의 시인.

「청평조도淸平調圖」, 소육붕蘇六朋, 청나라

이 그림은 당 현종玄宗이 이백을 불러 '청평조淸平調'를 짓게 한 이야기를 그린 것이다. 이백은 다년간의 간알활동을 통해 '두루 제후에게 간알하고' '널리 공경들에게 귀의'하면서 많은 사람의 칭찬과 추천을 얻어 나중에는 마침내 현종의 귀에도 소문이 들어가게 되었다. 현종은 이백을 궁궐로 불러 '청평조'를 짓게 했으니, 이 또한 이백의 글재주를 인정한 것이다.

몇 글자를 쓸 것인지 피타고라스학파가 인체의 황금 비율을 계산하듯 했으며, 응시자들의 심도 있는 연구를 거쳐 가장 아름다운 종이 비율도 찾아냈다. 옷을 입을 때도 굉장히 신경 썼다. 아직 합격하지 못한 응시자는 높은 분을 뵐 때 겸손해 보이기 위해서 반드시 하얀 삼베옷을 입어야 했다. "세월이 얼마나 흘렀던가, 여전히 삼베옷 입고 과거 시험관을 기다리네"[26]라고 했듯이, 응시자의 이러한 공손함과 겸허함이 높은 분들의 측은지심을 불러일으키지 않았을까?

행권할 때 종이나 복장 모두 신경 써야겠지만 작품 자체가 제일 중요한 법이다. 응시자는 기왕에 각 방면에서 드러나길 바라니 한 작품만을 골라 행권할 수 없어 종종 각종 문체를 모두 준비했고 이 때문에 그 수량이 엄청났다. 응시자 수도 적지 않아 행권하는 작품이 이루 헤아릴 수 없이 많았으니, 지체 높으신 분들이 시간을 모두 쏟아부어 행권한 작품을 읽어도 다 읽기는 무리였다. 게다가 그분들이야 나랏일 보랴 음주가무 즐기랴 시간이 모자라니, 제한된 시간 안에 더욱 제한된 작품을 읽어볼 수밖에 없었다. 사정이 이렇다보니 첫 작품이 특히 관건이었다. 맨 앞의 작품이 독자를 사로잡지 못하면 뒤의 작품이 아무리 화려해도 소용없었기 때문이다. 그래서 행권의 제1원칙이 재미있는 내용은 반드시 앞에 두라는 것이었고, '재미있는 건 나중에'라는 건 있을 수 없었다.

당나라의 시인 최호崔顥는 위 원칙에서 그만 큰 실수를 저질렀다. 이옹李邕●은 당나라 때의 천재로 이름이 자자했다. 최호의 명성을 익히 들었던 그는 우상을 기다리는 심정으로 최호가 행권을 하러 찾

● 678~747. 당나라 때의 명사로 북해태수北海太守 등을 역임했다.

아오기를 기다렸다. 과연 최호가 찾아와 자기 작품을 내밀었는데, 제일 앞에 둔 작품이 풍류 넘치는 「왕 씨네 젊은 아낙王家少婦」이었다. 이옹은 지체 없이 최호의 행권을 열어 첫 구절 "15세에 왕창에게 시집가"²⁷를 읽더니, 버럭 화를 내며 즉시 최호를 경박한 부류로 선을 긋고 두 번 다시 만나주지 않았다. 어쩌면 그 뒤의 작품들이 자못 웅장했을지 모르지만, 첫머리가 퇴폐적이니 뒷부분이 아무리 웅장해도 묻혀버릴 수밖에 없었을 것이다.

　진영陳詠은 최호보다 현명했다. 그는 일부러 첫 부분에 "강 언덕 너머에서는 물소가 코만 내놓고 건너오고, 시내 근처 모래벌판의 물새는 고개를 끄덕이며 간다"²⁸와 같은 한 연聯의 시를 두었다. 두광정杜光庭●이 이 시를 읽고 나서 이렇게 물었다. "그대는 절구를 많이 지었는데 이 연을 골라 앞에 둔 까닭이 무엇인가?" 진영은 솔직하게 대답했다. "이 두 구절은 일찍이 대감들께서 좋아하셨으므로 특별히 앞에 두었습니다." 그 한 연이 그렇게 뛰어나지는 않지만 만약 진정한 수작으로 바꾸어놓았다면 대감들은 좋아하지 않았을 터이다. 즉, 지름길로 가려면 대감이 좋아할 만한 것을 눈에 띄는 데 둬야 하는 것이다.

강호에서 괴로이 읊조리는 선비²⁹

작품의 내용이 뛰어나지 않으면 다른 이를 이길 수가 없으니, 수많

● 850~933. 오대 때 전촉前蜀의 관리로 호부시랑戶部侍郎을 지냈다.

은 사람 가운데 두각을 나타내고자 한다면 행권의 첫 부분을 심혈을 기울여 배치하는 것 외에 일반 사람들이 한 적이 없는 말도 해야 했다. 그런데 이러한 점은 오히려 당나라 사람들의 성격과 맞아떨어졌다. 그들은 오래된 것을 바꾸어 새롭게 내놓기를 좋아했는데, 예를 들어 오랫동안 변함없던 견우와 직녀 이야기도 당나라 때 처음으로 개정판이 나왔다.

대략 기원전 1000년부터 선조들은 견우와 직녀의 전설을 언급하며, 1년에 한 번의 만남과 일생일대의 기다림을 이야기했다. 중국의 거의 모든 아이는 일찌감치 부모의 손가락을 따라 그 무수히 많은 별 가운데 가장 열렬한 사랑을 나타내는 두 개의 별을 찾아봤을 것이다. 그러나 이천 년 동안 전해져오던 전설과 만고불변의 서사는 마침내 당나라에 이르러 바뀌었는데, 이 이야기는 곽한郭翰이라고 불리는 서생으로부터 시작된다.

곽한은 밤에 정원에서 바람을 쐬고 있었다. 시원한 바람이 불면서 소녀 하나가 홀연 다가왔는데 절세미인이었다. 곽한이 놀라고 있을 때 소녀는 자신을 소개하기 시작했다. "저는 천상의 직녀입니다. 오랫동안 반려자 없이 견우와 1년에 고작 한 차례만 만날 수 있는데 기다리기가 과히 어렵습니다. 선생님의 풍모를 흠모한 나머지 조용히 만나 뵈려고 특별히 찾아왔습니다." 곽한은 매우 기뻐서 그로부터 늘 직녀와 만났다. 한번은 곽한이 참지 못하고 직녀에게 물었다. "견우는 어디 있습니까? 당신은 그에게 들킬까 두렵지 않으시오?" 직녀가 코웃음 치며 대답했다. "도도한 은하수 저 너머에 있어서 발견할 수 없으니 걱정하지 마세요."[30] 세부 묘사가 생생하여 야한 장면이 마치 우리 눈앞에서 펼쳐지는 듯하다. 직녀가 어디 이전마냥 "맑디맑은 물가에서 애절한 눈빛으로 말도 못 건네는"[31] 슬픈 여성인가? 그녀는 미국 드라마 「섹스 앤 더 시티Sex and the City」●의 자유분방한 여인들을 닮았다. 정절은 그녀의 신념이 아니며 그녀를 지배하는 것은 욕망이다.

당나라 사람들은 기발한 주장을 즐기는 성격을 시문에 드러내며 많은 번안飜案 문장을 지었다. 예를 들어 두목杜牧은 이렇게 말했다. "이기고 지는 것은 병가兵家에서도 기약할 수 없는 일이니, 수치심을 누르고 참아내는 자가 사내대장부다. 강동의 젊은이들 재주가 뛰어나니, 흙먼지 일으키며 다시 돌아왔다면 어찌 되었을까."[32] 항우項羽는 줄곧 비극적 영웅의 형상으로 나타났는데, 두목은 오히려 항우가 마지막에 오강烏江의 정자에서 스스로 목숨을 끊은 것은 영웅다운 모습이 아니라고 했다. 승패는 병가지상사兵家之常事이니 진정한 영웅이라면 기운을 크게 차려 옛 산하를 되찾으러 권토중래捲土重來해야 한다는 것이다. 또 예를 들어 피일휴皮日休는 이렇게 말했다. "수隋나라가 망한 것이 이 운하 때문이라는데, 지금은 천 리를 이것에 의지해 뱃길이 통하는구나. 만일 물의 궁전에서 뱃놀이하던 일만 없었다면, 우임금과 공을 논해도 뒤지지 않으리."[33] 폭군인 수나라 양제煬帝는 양주揚州에 가서 경화瓊花●●를 감상하기 위해 백성에게 대운하를 뚫도록 하여 줄곧 후인들의 비난을 받았다. 그런데 피일휴가 보기에는 수양제가 만약 운하를 따라 나랏돈으로 여행을 다닌 나쁜 짓만 하지 않았다면, 그가 운하를 연 공덕은 치수의 영웅인 우임금에 뒤

● 미국 HBO에서 1998년부터 2004년까지 여섯 시즌에 걸쳐 방영한 드라마. 뉴욕에 살고 있는 30~40대 전문직 여성 4명의 삶을 조명했다.
●● 중국 양주의 대표적 꽃나무로 우리나라에서는 백당나무라고 부르며, 접시꽃나무라고도 한다.

지지 않았을 것이라고 했다. 또 다른 예를 들면 유우석은 이렇게 말했다. "예로부터 가을 되면 쓸쓸함을 슬퍼한다지만, 나는 봄보다 가을이 더 좋구나. 푸른 하늘로 한 마리 학이 구름 밀쳐내고 올라가면, 사람의 시정詩情도 푸른 하늘에 닿으니."[34] 예로부터 사람들은 모두 슬픈 가을이라며 가을을 대표하는 것이 처량함과 쓸쓸함이라고 했다. 그러나 유우석은 반대로 가을이 봄보다 더욱 생기발랄하다고 했다. 흰 학이 푸른 하늘로 날면 시정 역시 푸른 하늘로 따라가 호탕하기 그지없다고 생각했던 것이다.

송나라 사람들은 당나라 사람들보다 번안을 더 좋아해서 번안시가 송나라 때 일대 성황을 이루었다. 산림을 묘사하며 전대 사람이 "매미가 우니 숲 더욱 조용하고, 새가 우니 산 더욱 고요하다"[35]고 한 것을 송나라 사람은 기어코 "초가집 처마를 마주하고 종일 앉아 있어도, 새 한 마리 울지 않으니 산 더욱 고요하다"[36]라고 했다. 이별을 묘사하며 이전 사람이 "그대에게 다시 한잔 술을 권하니, 서쪽으로 양관을 나서면 친구가 없다오"[37]라고 한 것을, 송나라 사람은 기어코 "온 세상이 모두 형제임을 안다면, 어디서 만난들 친구가 아니겠습니까?"[38]라고 했다. 왕소군王昭君이 변새로 나간 일을 묘사하며 이전 사람이 "천 년 전의 비파가 오랑캐 말소리를 내니, 분명한 원한이 가락 속에서 호소한다"[39]고 했는데, 송나라 사람은 기어코 "당시에 만약 오랑캐에게 시집가지 않았다면, 그저 궁중의 일개 무희였겠지"[40]라고 했다. 송나라 사람들은 마치 반항기 소년과 같아서 누가 뭐라든 그들의 대답은 분명 '아니요'였을 것이다.

옛것과 경전을 의심하는 사조는 송나라 사람으로 하여금 일체의 경전을 의심하게 만들었는데, 발전이 지나쳐서 그저 의심을 위한 의

심 또는 반대를 위한 반대를 낳았다. 그래서 그들의 번안시는 설령 같은 사람의 작품 몇 수라고 해도 일관된 원칙이나 가치관이 드물었다. 그들은 다만 파괴를 하고 싶었던 것이다. 그러나 송나라 사람들의 이런 고집스러움은 사랑스럽기도 하다. 그들이 번안을 할 때의 표정은 화가 난 것이었을까?

당나라 사람들은 달랐다. 그들은 전에 없이 유쾌한 일단의 시절에 생활했으며, 태평성세는 그들에게 커다란 기백을 가질 수 있게 했다. 사람이나 사건을 보는 관점도 이전처럼 좁고 비뚤어지지 않았으며, 누렇게 바랜 낡은 관념을 뒤집어엎는 쪽이었다. 이는 개인이 꾸며낸 것이 아니라 시대정신이 그들을 달리 생각하도록 만든 것이다. 그래서 당나라의 번안시는 서로 다른 사람의 작품이라도 동일한 성질을 띠는 경우가 많다. 이러한 성질이 있어야 강대한 제국이라고 부르는 것이다.

벼슬길의 앞날을 위해 당나라 사람들은 평범함에서 벗어나야 했기에 더욱 거리낌 없이 창의성을 발휘했다. 응시자들이 다투어 "시어가 다른 사람을 놀라게 하지 않으면 죽어도 쉬지 않음"[41]을 추구하자, 행권하는 작품에서도 어지러운 모양새가 속출했다. 게다가 자못 '어지러운 모양새'가 최후의 승리를 따내기도 했다.

노연양盧延讓의 행권은 당시唐詩의 통상적인 제재나 이미지를 뒤엎고 일부러 사람들을 놀라게 할 만한 시어를 사용했다. 게다가 그런 어휘는 그를 대신하여 행권의 작품들 속에서 혈로를 뚫고 지나갔다. 그는 "여우는 대로로 뛰어들어 지나가고, 개는 가게 문을 부딪쳐 연다"[42]로 장준張濬의 칭찬을 받고, "배고픈 고양이가 쥐 굴로 다가가고, 게걸스러운 개는 물고기를 손질하는 도마를 핥는다"[43]로 성예成汭의 찬사를 받았으며, "군밤이 튀어 융단을 태워먹고, 고양이가 뛰어오르다 솥을 쳐 엎었네"라고 하여 전촉前蜀의 개국 황제 왕건王建의 갈채를 받았던 것이다. 여우, 개, 고양이, 쥐도 주인공이 될 수 있다는 노연양의 수법은 천지개벽이었다. 과거에 급제한 후에 노연양은 이렇게 장탄식을 내뱉었다. "평생을 높은 분들을 찾아 간알했는데, 결국 고양이나 개 따위가 나에게 가장 많은 이득을 주었구나."

이창부李昌符는 오랫동안 진사에 합격하지 못하여 매우 애가 탔다. 어느 날 번뜩하여 「비복시婢僕詩」 50수를 지어 여러 권력자에게 행권했다. 모든 시가 "봄날의 아가씨는 주루酒樓에 오르기를 좋아하여, 귀가가 늦어져도 겁내지 않고 아무런 걱정이 없네. 뉘 집 아가씨가 누워 있다고 둘러대고, 잠시 남아서 머물게 하고 머리 단장할 때까지 기다릴까?"[44]와 비슷하다. 구절마다 계집종들이 쉬쉬하며 말하지 못한 것들을 꼬집었으니, 이전에 문인이 어찌 이런 일을 읊었겠는가? 이 50수는 순식간에 인기를 얻었고, 이 인기는 두 가지 결과를 만들어냈다. 첫째는 계집종들이 모두 단단히 벼르며 이창부의 따귀를 때려주겠다고 다짐한 것이고, 둘째는 그해에 이창부가 바로 급제한 것이다.

행권은 내용이 좋고 새로우면서 동시에 주요 인물의 이름, 국가, 재상, 시험관, 자기 집안의 금기어를 피해야 하고, 행권할 집안의 금기어 역시 피해야 했다. 만일 조심하지 않고 금기어를 범하면, 보잘것없는 사람으로서 치명적인 화를 초래하게 될 터였다.

저재褚載는 우연히 얻은 기회로 거물급 인사인 유자장劉子長과 육위陸威에게 동시에 행권할 수 있게 되자 뛸 듯이 기뻤다. 유자장과 육위 두 사람 집안의 금기어가 달랐기에 저재는 약간 다른 두 개의 작품을 준비했다. 그런데 운명의 장난인지, 저재는 흥분한 나머지 유자 장에게 가야 할 것을 육위에게 바치는 실수를 저지르고 말았다. 육 위는 작품을 읽으면서 도처에서 집안의 금기어를 발견하고는 곧바 로 얼굴색이 변했다. 저재는 그제야 자신이 저지른 실수를 깨닫고 즉 시 머리를 조아리며 잘못을 인정했고, 나중에 다시 육위에게 장문의 사과 편지를 써 보냈다. 편지의 내용 가운데 "조흥曹興의 그림이 비록 뛰어났어도 결국 잘못 놀린 붓에 부끄러워했고, 은호殷浩는 조심성이 지나쳐 도리어 빈 편지를 보냈다"는 문장을 보고 육위가 무릎을 치 며 칭찬을 했지만, 끝까지 저재가 금기어를 범한 것은 용서하지 않 았다. 저재는 이러한 잘못으로 인해 여생에서 '성공'과 평행선을 이룬 채 다시는 어떤 교차점도 만나지 못했다.

저재의 대련對聯에 등장하는 은호는 원래 동진東晉의 대신大臣이었 는데 어떤 사건으로 파면되었다. 나중에 환온桓溫이 은호를 복직시키 고자 편지를 써서 그의 의중을 물었다. 은호는 크게 기뻐하며 곧바 로 '그러고 싶다'는 답장을 보내려고 했다. 편지에서 실수라도 했을까 하며 은호는 수십 차례 편지를 봉했다 열었다 하며 반복해 살폈다. 그런데 지나치게 살핀 탓인지 결국 환온의 손에 도착한 것은 빈 봉 투뿐이었다. 저재가 행권을 잘못 보낸 것을 육위가 용서하지 않았듯 이, 환온 역시 빈 봉투를 보낸 은호를 용서하지 않았고 이 때문에 은 호는 철저히 추락했다. 저재의 흥분과 은호의 신중함을 생각할 때마 다 가슴이 아프다. 그런 권위자들은 어째서 한 번의 기회를 더 주지 않는 걸까? 지나치게 인색하다. 그들의 한순간 분노에 다른 사람은 일생을 잃는데 말이다.

단정하고 깨끗한 작품집과 수수하고 점잖은 하얀 삼베옷, 심혈을 기울여 선택한 행권 첫머리의 작품, 그리고 고치고 또 고친 내용 등 모든 것이 적절히 준비되면 이어서 마음을 사로잡는 과정이 시작된다.

매일 새벽이면 응시자들은 높은 분 관저의 문이 열리기도 전에 자신의 작품을 공손히 받들고 문밖에서 기다렸는데, 두보는 이런 세태를 두고 지극히 심란한 시 한 수를 지었다. "장안은 열흘 내린 가을비로 진흙탕이 되었는데, 우리는 말을 묶어두고 새벽닭 우는 소리 듣습니다. 높은 분 붉은 대문은 아직 열리지 않았는데, 우리는 당도해서 서로 어깨를 밀치고 있답니다."[45] 높은 분께서 접대를 시작하길 기다리며, 자신의 작품과 간알의 서신을 올리기에 바빴던 것이다. 그러나 응시자들은 이러한 과정을 남에게 부탁한다고 생각하지 않고, '지기를 구한다'고 일컬었다.

당나라 사람들이 존경받을 만한 점이 여기에 있다. 간알할 때의 태도는 겸손하고 간알하는 대상을 공경하기는 했으나, 인격 면에서는 결코 한 수 아래가 아니었다. 추천의 여부는 당신이 알아서 할 일이고, 나는 다만 내 작품을 알아줄 지기를 찾는다는 마음가짐이었다.

명나라 왕세정王世貞●은 『고불고록觚不觚錄』에 명나라 때 간알하던 사람들의 겸손함에 대해 기술했다. 예를 들어 정덕正德 연간에 한 대신은 환관 유근劉瑾에게 간알하며 자신을 '문하의 머슴'이라고 불렀고, 가정嘉靖 연간에는 한 의부랑儀部郎이 익국공翊國公에게 간알하며 자신을 '보잘것없는 소학생'이라고 불렀다 했다. 왕세정 시대에 와서

● 1526~1590. 명나라의 문인으로 남경형부상서南京刑部尙書 등을 역임했다.

는 간알하던 사람들이 자신을 낮추어 부르는 호칭이 더욱 다양해졌다. 무슨 '몸종'이라든지, '서신으로 우정을 맺은 젊은이' '뵌 적 없는 문하생' '문하의 은혜를 입은 자'처럼 낯간지러워져서 교양미 넘치는 왕세정마저 참지 못하고 "모두 토 나올 만큼 추잡하며, 배꼽 잡고 웃을 만하다"라고 평가했다. 옛날부터 지금까지 절대다수의 사람이 어떻게 간알했는지 보기만 하더라도 당나라 사람들의 자긍심이 얼마나 대단한 것인지 알게 된다.

그리고 또 하나 대단한 것은 당나라 높은 분들이 행권자를 대하던 방식이다. 행권자들이 자신을 추천해달라고 부탁하는 것이니 틀림없이 크고 작은 선물 보따리를 들고 잘 보이려 애썼을 거라고 생각하는가? 사실은 오히려 그 반대였다. 오랜 기간 과거시험에 뛰어들어 수입이 없던 대다수의 응시자는 도시에서 경제적으로 어려움을 겪었기에 오직 가정 형편이 부유한 소수의 응시자만이 그럴 수 있었다. 그뿐 아니라 장안의 물가가 매우 높아 보통의 응시자들로서는 설상가상이었다. 응시자들은 행권하기 위해 "아침에는 부잣집 문을 두들기고, 저녁에는 살진 말의 먼지를 따라다닌다"[46]고 했고, 기진맥진한 하루를 보내고 집으로 돌아와서는 "그들이 남긴 술과 고기, 가는 곳마다 남모를 슬픔과 쓸쓸함을 맛본다"[47]고 했다. 이 때문에 높은 분들은 행권자의 앞길을 밝혀줄 뿐만 아니라 경제적으로도 도움을 주었다. 전자가 단지 재능이 뛰어난 자에 해당되는 것이라면, 후자는 거의 모든 응시자에 해당되었다.

응시자들이 행권을 하기 위해 방문하면 문학적 재능이 좋고 나쁨을 떠나서 높은 분들은 모두 약간의 재물을 쥐여주었다. 재물이 많지 않더라도 응시자들의 빈곤한 생활에 조금이나마 보탬이 될 수 있

「청금도聽琴圖」, 장로張路, 명나라

이 그림이 표현하고자 한 것은 어쩌면 '유백아兪伯牙가 종자기鍾子期를 위해 금을 뜯는다'는 이야기일지도 모른다. 당나라 유생들은 사방에 자신의 작품을 선전하며 유백아와 같은 행운이 자신에게도 일어나길 바라고 종자기와 같은 지기를 구하고자 했다.

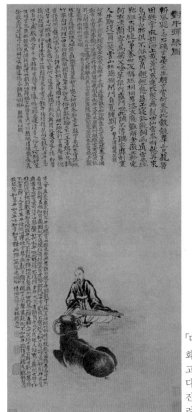

「대우탄금도對牛彈琴圖」, 석도石濤, 청나라

화가가 스스로 제화하여 "세상에서 거문고 소리가 모두 가짜라고 말하니, 이 소더러 진짜를 들으라고 함이 낫겠구나"[48]라고 했다. 이 세상에 지음이 없어 어쩔 수 없이 '소 우는 소리 한마디가 진정 뛰어난 해석'이라는 데 기탁한다는 말이다. 지기를 찾기 어려워 얼마나 많은 재자才子가 애간장을 태웠던가?

었다. 청탁을 하는 사람은 흔히 약자이고 그 대상은 보통 강자이기 마련이다. 사회가 병들면 강자의 비위를 맞추느라 약자는 얼마 되지 않는 능력을 사용하고, 강자는 온갖 궁리를 짜내 본디 자신에게 남아돌던 것까지 약자에게서 착취한다. 당나라 사회에는 분명 폐단이 없지 않았지만, 무척이나 훈훈하고 건강했던 행권 문화가 있었기에 그 시대를 동경하게 만든다. 약자가 강자의 비위를 맞추지 않았고, 강자는 자신의 역량을 흔쾌히 내어주며 약자가 강자로 바뀌도록 도왔다. 이런 규칙이 있었기에 당나라의 전염병을 역량이라 부르는 것이다.

강자가 약자를 돕는 것보다 더 대단한 점은 당나라에서 행권할 때 문인들이 서로 존중하던 풍조다. 역대로 문인들은 서로 깔보았고 수재들은 서로 무시했다. 어차피 문장에 대한 평가 기준이 하나는 아니니, 문인들은 제멋대로 평가를 내리는 데 심취해 이 몸의 문장이 천하제일이고 남의 것은 어디까지나 손색이 있다고 생각했다. 그런 행태가 어디 자기 것은 몽당비도 소중히 여긴다는 정도에서 그쳤겠는가? 그야말로 나 아니면 또 누가 있으랴 하는 것이었다. 가장 먼저 "문인들이 서로 경시하는 풍조는 예로부터 있었다"[49]는 관점을 제기한 조비曹조가 설명한 것이 전쟁이 끊이지 않던 삼국 시대의 일이기는 하지만, 문인들이 서로 깔보는 것은 언제나 그러했다.

그러나 당나라 문인들은 유례없이 마음이 넓어서 화목하고 사랑이 넘치는 이야기가 많다. 장적張籍은 자발적으로 주경여朱慶餘에게 26편의 작품을 졸라서 옷소매에 넣고 늘 몸에 지니고 다니면서 어디를 가든 주경여를 칭찬했다. 유종원柳宗元은 어떤 특별한 재주도 없는 행권자에게도 성심성의껏 회신을 보내 칭찬하고 격려해주었으며, 행권자에게 당신의 작품을 읽게 된 것을 무척 행운으로 생각한다며 열정적으로 답해주었다. 한유와 황보식皇甫湜은 우승유牛僧孺의 행권을 읽고 매우 놀라워하며 즉시 그를 위해 한바탕 쇼를 벌였다. 그들은 먼저 우승유를 번화가에 머물도록 하고 모월 모일에 그에게 답답하게 집에만 있지 말고 마음대로 산책을 하라고 분부했다. 그날이 되자 한유와 황보식은 화려한 마차를 타고 과시하듯 길거리를 지나 우승유가 머무는 곳에 도착한 후 문앞에 큰 글씨로 한유와 황보식이 함께 와 우승유를 만나보고자 했으나 안타깝게도 인연이 닿지 않아 만나지 못했다고 적었다. 이처럼 대서특필하여 우승유를 치켜세워주었으니 그가 뜨지 않기도 어려운 일이다.

아낌없이 칭찬해주는 것 말고도 문단의 선배들은 종종 신예들에게 온정을 베풀었다. 예를 들어 주경여는 과거시험 전에 장적에게 이런 시를 보냈다. "화장을 마치고 나지막이 남편께 묻노니, 눈썹 화장의 옅고 짙음이 유행에 맞나요?"[50] 겉보기에는 여자가 남편에게 자신의 눈썹 모양이 유행에 맞는지를 묻는 규방의 말 같지만, 사실은 주경여가 자신이 과거에 합격할 가능성이 있는지 함축적으로 물어본 것이다. 자상한 장적도 바로 회신을 보냈다. "제나라의 하얀 비단은 세상에 귀할 것이 없지만, 마름 노래 한 곡은 만금에 필적한다."[51] 겉으로는 화려하고 비싼 옷을 입은 여자는 아름다운 노래를 부르며 마름을 따는 아가씨와 비교할 수 없다고 이야기하지만, 사실은 주경여의 재능이 타인을 능가한다고 칭찬하며 합격은 문제없다고 말하고 있는 것이다. 일문일답에서 정의 깊이가 예사롭지 않으니, 한 사람이 부탁하고 다른 사람이 도와주는 것이 아니라 마치 사랑하는 연인이 이심전심으로 화답하는 것 같다.

「빙방도聘龐圖」, 예단倪端, 명나라

이 그림은 삼국 시기 형주자사荊州刺史 유표劉表가 직접 은거하는 곳까지 찾아가 정성껏 은자 방덕공龐德公을 초빙한 이야기를 그린 것으로, 한껏 유표를 칭찬하고 있다. 모든 왕조의 문인과 학자는 덕망 높고 어진 사람을 예의와 겸손으로 대하는 군주나 지도자를 만나길 희망했다.

물론 높은 분들이 모두 전심전력으로 응시자를 추천했던 것은 아니다. 그들 역시 각각 성격이 달랐기에 많은 행권자의 작품은 그들 손에서 폐지로 팔려나갔다. 그러나 행권이라는 이 풍습에서 가장 대단한 부분은 그것이 분명히 사회의 유명 인사들을 구속하고 있었다는 점이다. 어쩌면 수준 미달이어서 재능을 분간할 수 없거나 또 어쩌면 천성적으로 냉담하여 추천할 뜻이 없었는지 모르지만, 행권의 풍습은 그들을 좌지우지했다. 그래서 설령 재능이 부족한 사람을 추천하거나 대강대강 일을 처리한다 하더라도, 어쨌든 그들은 어떤 때에는 얼마간 추천을 해야만 했던 것이다. 행권의 풍습은 그들을 얽어매어 어찌 되었든 반드시 어떤 사람을 품평하는 법을 배워야 했다.

무명옷 삼베옷 입고 흰머리로 살리라[52]

시험을 치르고 2월에 결과를 발표하는데, 100명 중 한두 명 꼴이었던 당나라 진사과의 합격률에 따라 낙방한 사람이 언제나 대다수였다. 이들은 짐을 싸서 집으로 돌아가는 것이 아니라 계속 장안에 남아서 "내가 충절을 다 바쳐 현명한 임금께 보답하기를 기다렸다가, 그 후에 서로 손잡고 흰 구름에 누웁시다"[53]라는 이상을 품고 새로운 1년을 행권을 준비하며 보냈다.

낙방한 뒤의 무더운 여름날, 응시자들은 때로 절망하며 포기해야 할지 심각하게 고민하기도 했지만, 더 많은 시간을 장안성 안 어느 작은 공부방에서 비지땀을 흘리며 참신한 행권 작품을 준비했다. 이전에 지은 작품으로 행권한다면 어떻게 한 해 동안 일군 자신의 발전을 보여줄 수 있을까? 만약 조금 나아진다면 그 조금은 합격하는 데 충분한 것일까? 이런 생각 속에서 시간은 물처럼 졸졸 흘러, 소년은 점점 백발이 되고 기세등등하던 자세는 천천히 구부러졌다. 어떤 사람은 결국 승리를 거두고, 어떤 사람은 끝까지 그러지 못하기도 했다.

다만 그러한 승리자와 실패자 모두 내가 얼마나 그들의 지칠 줄 모르는 근면함에 감사해하는지 모를 것이다. 시험장에서의 승패와 무관하게, 바로 그들이 1년 또 1년 분투하면서 시부詩賦가 끊임없이 발전해 마침내 각종 아름다운 모습을 지니게 된 것이 나에게 끝없는 즐거움과 비통함을 가져다준다.

이상한 점은 왜 당나라가 진사과 시험에서 시부를 위주로 했을까 하는 것이다. 왜 한 나라에서 시 짓는 것을 인재 선발의 기준으로 삼았을까? 세계사를 보아도 이러한 기준은 특이하다고 할 만하다. 생각해보면 정말 진풍경이다. 방대하고 정밀한 국가 기구에서 위아래로 모두가 시인이다. 고위 관료들의 모임은 정치 모임이자 시 모임이며, 국가에서 가장 중요한 직무능력시험은 단지 당신에게 시를 읊으며 대구를 맞출 것을 요구한다. "노래가 끝나니 사람은 보이지 않고, 강 위에 수많은 봉우리만 푸르다."● 이렇게 그윽하고 몽롱한 구절로 성공하여 높은 지위에 오를 수 있다니…… 의심할 여지 없이 당나라는 시로 건설된 제국이다. 그런데 왜 시를 선택했단 말인가?

어떤 사람은 중국의 시교詩教 전통 때문이라고 한다. 옛사람들은

● 이 시는 당나라 시인 전기錢起가 진사과 시험을 치를 때 지은 「성시상령고슬省試湘靈鼓瑟」의 마지막 두 구절이다. 이 절묘한 결말은 전기의 시가 세상에 명성을 떨치게 했으며, 이 시로 전기는 순조롭게 급제했다.— 원주

「녹명지십도鹿鳴之什圖」, 마화지馬和之, 송나라
이 그림은 「시경도詩經圖」 시리즈의 하나로 공자가 추앙한 예절과 의식용 수레와 복장을 뚜렷이 나타내고 있다. 이것이 바로 중국 고대 정통 시학詩學의 장엄한 면모이자, 당나라 시인들의 광달한 풍류와는 취향을 달리하는 점이다.

시가 사회 교화에 대단히 뛰어난 역할을 한다고 믿었다. 시의 아름다운 음률과 장중한 리듬, 감미로운 시어들이 보통의 글에는 없는 커다란 힘을 갖게 한다고 했다. 마찬가지로 시를 통해 표현하는 방식이 훨씬 더 사람의 마음을 움직인다는 것이다. 그래서 「모시서毛詩序」에서는 이렇게 말했다. "고로 득과 실을 바로잡고, 천지를 움직이며 귀신을 감동시키는 데 시와 같은 것이 없다. 선왕이 이로써 부부의 도리를 바로잡고, 효도하고 공경하는 마음을 이루며, 인륜을 두텁게 하고, 교화를 아름답게 하고, 풍속을 바꾸어갔다."54 한마디로 시가 만병통치약이라는 것이다.

또 어떤 사람은 당나라 통치자가 소수 민족의 신분으로 북방에서 중원으로 들어왔기 때문이라고 한다. 그래서 있는 힘을 다해 자신이 정통임을 증명하고 한인漢人의 문화와 같은 선상에 있고자 했는데, 그 한인 문화라는 것 가운데 상당한 비중을 차지했던 측면이 시부詩賦의 숭상이었다는 것이다.

이런 관점들은 꽤 일리가 있고, 두 가지 모두 당나라에서 시부로 인재를 뽑는 데 중요한 이유가 되었다고 믿는다. 그러나 왜 시교詩敎의 전통하에서 모든 왕조가 다 시부로 인재를 뽑지는 않았던 것일까? 몽고족의 원나라와 만주족의 청나라도 중원에 들어온 뒤에 역시 수단과 방법을 가리지 않고 한인 문화와 통합을 시도했다. 그런데 그들은 왜 시를 위주로 하는 방식의 과거시험을 완전히 폐지했을까? 사실 내 생각에 당나라 사람들이 유달리 시부를 중시한 데는 이런저런 그럴듯한 이유도 필요없고, 단지 시를 좋아한 것이 가장 큰 이유인 것 같다.

그의 우상이 누구든지 그의 좌우명이 뭐든지 상관없이, 그저 한 개인이 어떤 일에 큰돈을 쓰는지만 보면 그가 진정으로 마음 깊이 좋아하는 것이 무엇인지 알 수 있으며 이 법칙은 대개 틀리는 법이 없다. 당나라 사람들은 시에 돈 쓰는 것을 아까워하지 않았고, 유명한 시인들은 시만 팔아도 멋지게 살 수 있었다.

백거이의 시 한 수는 거뜬히 100금을 넘겨 팔렸고, 명편인 「장한가長恨歌」는 기루妓樓에 물경 500금에 팔렸다. "곳곳에서 피리 부는 달 밝은 밤, 누가 칼에 의지해 흰 구름 낀 하늘에 있나."[55] 이처럼 아름다운 구절을 써냈던 이익李益의 시는 상품권이나 마찬가지였다. 술집이나 극장에 가거나 요리를 주문하고 가마를 탈 때 현금을 못 내도 걱정할 것 없이 이익의 시를 내밀기만 하면 그만이었다. 시를 파는 것이 듣기에 고상하지 못하다거나 시를 사는 것이 듣기에 모욕하는 것 같다고 말할 것 없다. 내가 보기에는 사람들이 의식주에는 물 쓰듯 돈을 쓰면서 찬란한 시에 돈 쓰기를 아까워하는 것이야말로 시인에게 가장 큰 모욕이다. 당나라 사람으로 말할 것 같으면 시에 거금을 지불하는 것은 단지 시를 사랑하는 가장 낮은 차원의 표현일 뿐이었다. 그들은 시를 몸에 새기고 싶어했으니 말이다.

당나라의 어느 현령이 범죄자인 이승李勝을 붙잡아 곤장 백 대를 내렸다. 형을 집행할 시간이 되어 이승이 옷을 벗었는데 전신에 가득히 당시 사람의 시가 새겨져 있었다. 현령은 바로 흥미를 느껴 형을 집행하지 않고 급히 가까이 다가가 이승의 피부에 새겨진 작품을 차례로 읽어나갔다. 찰나의 순간에 현령은 우연히 눈에 익은 칠언절구 한 수를 발견하고는 기억을 더듬어보았는데 바로 자신의 작품이 아닌가? 현령은 크게 감동을 받아 즉시 이승을 풀어주라 하고는 곤장 백 대의 형벌도 사면해주었다. 맞다. 이 현령은 원칙이 없고 법이 제모습이 아니니 계속 이런 식이라면 나라 꼴이 말이 아닐 것이다. 그런데 왜 나는 이 이야기의 결말을 읽고 뜻밖에 따뜻함을 느꼈을까? 나는 완전히 그 현령이 받은 감동을 이해하고 그와 같이 감동을 느꼈다.

형주荊州 사람 갈청葛淸은 백거이의 시에서 느껴지는 시정을 문신해 목과 어깨 아래의 전신을 채웠다. 예를 들어 한 그루의 나무에 비단이 걸려 있는 그림으로 "노랗게 염색하니 숲은 겨울에도 잎이 있다"[56]는 것을 나타내고, 또 한 사람이 술잔을 들고 국화 송이로 다가가는 것으로 "꽃 가운데 국화만 편애하는 것은 아니다"[57]를 표현했다고 한다. 그런데 사실 두 번째 시구는 백거이의 친구 원진의 작품

潯陽江頭夜送客 楓葉荻花秋瑟瑟 主人下馬客在船 舉酒欲飲無管絃 醉不成歡慘將別 別時茫茫江浸月 忽聞水上琵琶聲 主人忘歸客不發 尋聲暗問彈者誰 琵琶聲停欲語遲 移船相近邀相見 添酒回燈重開宴 千呼萬喚始出來 猶抱琵琶半遮面 轉軸撥絃三兩聲 未成曲調先有情 絃絃掩抑聲聲思 似訴平生不得志 低眉信手續續彈 說盡心中無限事 輕攏慢撚抹復挑 初為霓裳後六么 大絃嘈嘈如急雨 小絃切切如私語 嘈嘈切切錯雜彈 大珠小珠落玉盤 間關鶯語花底滑 幽咽泉流冰下難 冰泉冷澁絃凝絕 凝絕不通聲暫歇 別有幽愁暗恨生 此時無聲勝有聲 銀瓶乍破水漿迸 鐵騎突出刀槍鳴 曲終收撥當心畫 四絃一聲如裂帛 東船西舫悄無言 唯見江心秋月白 沈吟放撥插絃中 整頓衣裳起斂容 自言本是京城女 家在蝦蟆陵下住 十三學得琵琶成 名屬教坊第一部 曲罷曾教善才服 妝成每被秋娘妬 五陵年少爭纏頭 一曲紅綃不知數 鈿頭雲篦擊節碎 血色羅裙翻酒污 今年歡笑復明年 秋月春風等閒度 弟走從軍阿姨死 暮去朝來顔色故 門前冷落鞍馬稀 老大嫁作商人婦 商人重利輕別離 前月浮梁買茶去 去來江口守空船 繞船月明江水寒 夜深忽夢少年事 夢啼妝淚紅闌干 我聞琵琶已歎息 又聞此語重唧唧 同是天涯淪落人 相逢何必曾相識 我從去年辭帝京 謫居臥病潯陽城 潯陽地僻無音樂 終歲不聞絲竹聲 住近湓江地低濕 黃蘆苦竹繞宅生 其間旦暮聞何物 杜鵑啼血猿哀鳴 春江花朝秋月夜 往往取酒還獨傾 豈無山歌與村笛 嘔啞嘲哳難為聽 今夜聞君琵琶語 如聽仙樂耳暫明 莫辭更坐彈一曲 為君翻作琵琶行 感我此言良久立 卻坐促絃絃轉急 淒淒不似向前聲 滿座重聞皆掩泣 座中泣下誰最多 江州司馬青衫濕

「비파행도琵琶行圖」, 곽후郭詡,
명나라

이 그림은 백거이와 비파를 뜯는
여인을 그린 것으로, 「비파행琵琶
行」의 내용을 표현한 것이다. 당
나라 갈청이 백거이 시의 내용을
담아 몸에 새겼던 그림은 감상할
수 없기에 백거이의 시를 담은 다
른 그림을 통해 상상해볼 수밖에
없다.

으로, 이 이야기가 실린 『유양잡조西陽雜組』의 작자 단성식段成式이 착각한 것이다. 그러나 이 그림 또한 백거이의 시와도 교묘하게 맞아떨어지니 그것은 "술잔을 옮기니 바로 국화 송이로구나"[58]라는 구절이다. 30여 폭의 문신이 얼굴을 제외한 모든 피부를 덮고 있었다는 갈청은 부모로부터 받은 신체발부身體髮膚를 모두 깊이 사랑한 시인 백거이에게 공양한 것이다. 사람들이 그를 일컬어 '백사인행시도白舍人行詩圖'라고 했는데 이런 칭호를 그는 기꺼이 받아들였을 듯하다.

시를 목숨같이 좋아하던 시대에 이승과 갈청은 그저 평범한 사람이었다. 그들처럼 좋아하는 시를 피에 새기거나, 피부에 수놓는 젊은이들이 무척 많았다. 다만 어떤 사람은 왕유의 『망천집輞川集』을 새기기도 했고, 어떤 사람은 나은羅隱의 시 백 수를 새기는 등 각자의 기호는 있었다. 시정의 건달도 몸 가득 시를 새기는 것을 영광으로 여겼다. 만약 유명한 시인의 최신 역작을 새기면 몸값이 즉시 뛰어, 기루를 드나들 때에도 기녀들의 호감 어린 시선을 받을 수 있었다.

눈을 감고 이런 광경을 상상하면 이유 없이 코끝이 찡해진다. 그 시대에는 어린 건달이나 어린 기녀들조차 모두 시를 읽고 품평하며 사랑했다. 그런 황금시대가 다시 돌아올 수 있을까?

당나라 사람들은 스스로를 원점으로 삼아 간알이나 행권 등 자신을 추천하는 활동을 하며 자신만만하게 바깥세계로 뻗어나갔으며 자신만의 영역을 구축하겠노라고 맹세했다. 장구령과 왕유도 말은 고결하게 했어도, 역시 사방에 자신을 홍보했다. 그러니 "어찌 미인이 꺾어주기를 바랄까?"[59]와 같은 말은 실의에 빠졌을 때의 자기 위안에 불과할 뿐이다.

그러나 동서고금의 많고 많은 자기 위안의 말 가운데 어떤 구절이

『햄릿』에서의 대사와 비견할 만하겠는가? "내가 호두 껍데기 속에 갇혀도 나는 무한한 우주의 왕이라고 자처할 수 있네."[60] 교만함이 더도 덜도 없이 극에 달해 있다. 그러나 이 말을 당나라 사람에게 들려주면 그 말을 써서 이렇게 응답할 것이다. "호두 껍데기 속에 숨은 한 사람이 왕이 된다고? 만약 호두 껍데기 속에 갇혔다면 호두 껍데기를 깨고 밖으로 나와 만인이 바라보는 우주의 꼭대기에 올라야지."

빈산에서 노래하던 그 새의 가장 아름다웠던 노래가 공기 중으로 섞여 흔적도 없이 사라지는 모습을 무기력하게 바라보는 심정은 무척이나 외로우리라. 나는 늘 이것이 아주 가슴 아픈 명제라는 생각이 든다.

2장

연리지

혼례에서 이혼까지

連理

혼담을 넣고
사주를 물으며
길일을 택하고
예물을 보내
기일을 잡아
신부를 맞이한다

○
○

　나에겐 가슴속 깊이 새겨진 북유럽 신화가 하나 있다. 평화의 신이 사악한 신의 겨우살이 가지로 만든 화살에 맞아 죽는데, 평화의 신의 어머니인 사랑의 신이 그 사실을 알고 죽을 만큼 슬퍼했다. 그러나 어머니의 비통한 눈물이 사악한 신의 증오심을 녹여 아들은 부활했다. 기쁨에 겨운 사랑의 신은 즉시 이렇게 약속했다. 지금부터 누구든 겨우살이 아래 서면 그에게 키스를 한 번 해주겠다고.●

　한 번의 키스는 아마도 사랑의 신만이 생각해낼 수 있는 부드럽고 향기로운 선물일 텐데, 신화가 생활 속에 녹아들면서 서양 성탄절의 기이한 풍습이 되었다. 바로 겨우살이 아래 서 있는 사람은 절대 다른 사람의 키스를 거절할 수 없다는 것인데, 이는 신이 내려준 것이기 때문이다. 만약 한 쌍의 연인이 겨우살이 아래서 키스하기로 했다면, 이는 그들이 미래의 기약을 허락함을 나타내는 것이므로 신의 보살핌을 받게 된다. 고대 중국에서 서양의 겨우살이와 비슷한 성격

● 평화의 신은 발드르Baldr, 사악한 신은 로키Loki, 사랑의 신은 프레이야Freyja를 가리킨다.

을 가진 것은 연리지連理枝다.

연리지는 뿌리가 다른 초목의 가지와 줄기가 얽힌 것으로, 두 사람이 부부로 맺어지는 것을 상징한다.● 아주 먼 옛날, 사랑하던 연인이 연리지 앞에 서서 일생을 함께할 것을 서약하려고 하자, 당나라 시인 한양객韓襄客이 이렇게 쓰지 않았던가. "연리지 앞에서 함께 서약하고, 정향나무 아래에서 같이 마음을 이야기했지."[1] 하지만 연리지 앞에서 서약을 했다는 이러한 이야기는 종종 문학작품에 등장하긴 해도 생활의 일면이랄 수는 없다. 왜냐하면 현실 속에서 연리지는 겨우살이처럼 흔하지 않아서 한 번 보기도 어렵기 때문이다. 이것이 연리지의 상징성을 극대화시키는 것일까? 한 번의 키스는 얻기 쉽지만 평생을 얻기는 어렵다는 것 말이다. 바로 이런 어려움 때문에 당나라 사람들은 혼례에서나 결혼생활 중에 겹겹의 굴레를 만들어 평생 동안 꼭 묶어두고 영원히 지속되기를 바랐다.

봉이 황을 찾다●●

"천지가 있은 후에 만물이 있고, 만물이 있은 후에 남녀가 있으며, 남녀가 있은 후에 부부가 있고, 부부가 있은 후에 아버지와 아들이 있고, 아버지와 아들이 있은 후에 군신이 있으며, 군신이 있은 후에 위

● 연리지는 형제와 누이의 관계를 상징하기도 한다. ─원주
●● 악부樂府 금곡琴曲의 명칭. 봉황새 중에서 수컷을 '봉'이라 하고 암컷을 '황'이라 한다. 사마상여司馬相如가 탁문군卓文君에게 쓴 시의 한 구절에 "봉이어, 봉이어, 고향으로 돌아가는구나. 천지 사방을 노닐며 황을 찾는구나鳳兮鳳兮歸故鄕, 遨遊四海求其凰"라고 한 데서 붙은 이름이다.

아래가 있고, 위아래가 있은 후에 예의를 둘 곳이 있는 것이다."[2] 부부가 있어야 군신이 있고, 그래야 예의를 둘 곳이 있다는 『주역』의 말씀은 혼인을 거의 신의 제단에까지 올려놓았다. 예로부터 혼인은 가정, 사회, 인류에서 으뜸가는 큰일로 반드시 중시해야 한다고 여겨졌다. 그 결과 소년 소녀는 주체가 되지 못하고 부모가 정해주는 바를 따라야 했다. 백거이는 친구와 인척이 된 후에 곡진하게 편지를 써 친구에게 보내며 이렇게 한숨을 돌렸다. "양가의 혼사를 마친 것 가장 기쁘니, 한순간에 상평의 몸을 빼내었네."[3] 상평尚平은 동한 때 사람으로, 자식을 위해 혼처를 마련하고 난 뒤에는 어떠한 집안일에도 관여하지 않아 집안일에 신경 쓰지 않는 이들의 모범이 되었다. 백거이가 이 전고를 쓴 것은 우리가 결국 자식의 혼사를 매듭지었으니 상평을 본받아 집안일에서 벗어나자는 뜻이다. 부모가 자녀를 대신해 혼사를 결정하던 것이 고대 중국에서 얼마나 당연한 일이었는지, 상평처럼 귀찮은 일을 겁내고 백거이처럼 자유를 좋아한 사람도 당시 풍습에서 벗어날 수 없었음을 이로써 알게 된다.

남녀가 혼인을 하려면 반드시 '부모의 명령과 중매쟁이의 말'을 따라야 했는데, 이는 서주西周 때부터 시작된 불문율이었다. 당나라 때에 이르자 이것은 더 이상 모두가 속으로 알고 있는 규율이 아니라 확고부동한 법률 조항으로 돌변하여 이전에 비해 더욱 강제성을 띠게 되었다. 당시 중에도 이를테면 "나이 어린 여염집 소녀에게 전하노니, 삼가 몸을 가벼이 남에게 허락하지 말라"[4]와 같은 부류의 도덕적 가르침이 법률 조항에 성원을 보냈다.

그러나 이는 당나라 사람들 가운데 유일무이한 것이고, 그들의 생활 곳곳에는 기이한 혼란과 반항이 가득했다. 당나라 이전 '부모의 명령과 중매쟁이의 말'이 아직은 불문율이던 때에도 사람들이 이미 이를 한 치의 오차 없이 준수했지만, 당나라에 이르러 정부가 '부모의 명령과 중매쟁이의 말'을 법률로 제정하고 나서는 오히려 일부 가정에서 '내 혼사는 내가 정한다'는 자녀를 지지하기 시작했다.

당나라의 간신 이임보李林甫는 딸을 여섯 두었는데, 모두 혼기가 찰 때까지 혼처를 구하지 못했다. 이임보는 거실 벽에 작은 창 하나를 만들고 각양각색의 장식품과 휘장으로 창문을 가렸다. 그리고 평상시 여섯 딸을 창문 뒤에 앉혀두고 거실에서 사람들이 다니는 모습을 보게 하면서 딸들에게 스스로 마음에 드는 상대를 고르도록 했다. 얼마나 따뜻한 광경인지 상상해보라. 여섯 명의 언니 동생이 함께 재잘거리며 창문의 아름다운 꽃무늬와 그 틈새로 각자 생의 동반자를 찾는 모습을. 늙은 아버지는 손님을 배웅하고 나면 창문 뒤로 돌아와 딸들이 이 집의 공자는 아직 그다지 멋있지 않고, 저 집의 소년은 심히 빈티가 난다고 말하는 애교 넘치는 목소리를 들었다. 관상이 마음에 드는지 여부와 상관없이 이것은 이 씨 집안의 가장 즐거운 놀이였다. 이임보는 역사에서 정치 수완이 악랄했던 것으로 유명하지만, 딸들의 혼인을 정치적 수단으로 삼지는 않았던 것이다. 딸들 입장에서 그는 지극히 훌륭한 아버지였다.

만당晩唐 시인 나은은 "장화張華가 단약丹藥 같은 말을 마구 쏟아내도 유홍劉弘의 편지 한 통만 못하다"[5]라는 한 구절로 재상 정전鄭畋의 딸로부터 크게 호감을 샀다. 정전의 딸이 아버지에게 나은을 사모한다고 솔직하게 말하자, 정전은 집으로 인사를 하러 온 나은을 딸이 훔쳐볼 수 있도록 했다. 하지만 이야기는 우습게 흘러가 나은의 생김새에 딸이 크게 실망해 다시는 사모하느니 마음에 드느니 하는 소리를 하지 않았고 심지어 나은의 시조차 내팽개쳐버렸다.[6] 정전의 딸이 겉모습만으로 사람을 판단한 것은 고상함을 잃었지만 정전은 시종일관 딸의 선택을 존중했으니, 이는 당나라 이외의 시대에서는 허황되고 터무니없는 이야기였다.

비록 자녀가 대로에서 마음에 드는 사람을 마음대로 찾도록 할수는 없었지만, 부모는 능력이 되는 한 자녀의 자유로운 선택을 지지했다. 모든 부모가 포용적이고 진보적인 태도를 가진 건 아니었어도 당나라 때에는 진보적인 부모가 적지 않았다. 소위 대국의 기상이라는 것은 우방국에 얼마나 많은 선물을 후하게 베푸는지 혹은 얼마나 높은 격조를 갖춰 각국의 방문객을 접대하는지로 드러나는 것이 아니라, 그 나라 백성의 생활 모습에서 그들이 얼마나 생각이 트여있고 자유로운지로 드러나는 것이다. 당나라의 몇몇 진보적인 부모는 배필을 고를 권리를 자녀에게 주었을 뿐만 아니라 심지어는 배필을 고르는 각종 희한하고 멋진 방식을 고안해 혼인이 동화처럼 시작되도록 해주었다.

곽원진郭元振●은 우상이자 실력자였고, 품위가 있으면서 또 예술적 재주도 있었다. 좋은 인재인 곽원진은 매우 빠르게 재상 장가정張嘉正의 눈에 들었고, 장가정은 그를 사위 삼고자 했다. 곽원진은 이일을 알고 난 후 매우 솔직하게 이렇게 말했다. "당신께 다섯 명의 따님이 있으신 걸 알지만 저는 누가 좋고 나쁜지를 알지 못합니다. 인생의 큰일을 급하게 정할 수는 없으니 제게 생각할 시간을 주십시오." 장가정 역시 매우 합리적이었다. "딸들에게는 각자의 아름다

● 656~713. 당나라 예종睿宗과 현종玄宗 때 재상을 지냈다.

움이 있으니, 나도 누가 자네에게 걸맞은 배필인지 정할 수 없네. 자네는 풍골이 뛰어나 보통 사람과는 다르니 응당 낡은 이치나 도리에 얽매여서는 안 되겠지. 이러면 어떤가. 내가 딸들을 휘장 뒤에 서 있게 한 후 각자 한 가닥씩 명주실을 쥐도록 할 테니 자네가 명주실을 고르고 누구를 고르든 그 아이와 백년가약을 맺게나.” 곽원진도 과연 평범한 사람은 아니어서 이 전무후무한 아내 고르기 방식에 흔쾌히 동의했으며, 결국 장가정의 셋째 딸을 골랐다. 곽원진은 비굴하지도 거만하지도 않았으며, 장가정 또한 상의하고 협의하여 억지로 거래를 성사시키지 않아 모두가 만족스러워했다. 그리고 장가정의 창의적인 구상은 놀라운 효과를 발휘하여 평범한 혼인에 불후의 의미를 갖게 했다.

결혼할 상대를 선택하는 것은 단지 첫걸음일 뿐이다. 결혼에 이르는 “길은 끝없이 길고 멀어서”[7] 중간에 아직 수많은 잡다한 단계가 처리를 기다리고 있다. 주周나라 때 혼인의 육례六禮가 정해졌으니, 곧 납채納采, 문명問名, 납길納吉, 납징納徵, 청기請期, 친영親迎이다. 이 여섯 가지 의식에 따라 진행되어야만 합법적인 혼인이라 여겨졌고, 당나라 사람이 혼인을 할 때에도 역시 이 육례를 따랐다.

먼저 ‘납채’는 남자 측에서 중매인에게 부탁해 기러기 한 마리를 가지고 여자 측 집에 혼담을 건네며 결합의 의향을 내비치는 것이다. 첫 의향을 보이고 난 후 ‘문명’을 하는데, 이는 남자 측에서 기러기 한 마리를 가지고 여자 측에 생년월일●을 묻고서 집으로 돌아와 서로 잘 맞는지 안 맞는지 궁합을 보는 것이다. 만일 서로 맞지 않으면

● 오대五代에 이르러서야 서자평徐子平이 ‘생신팔자生辰八字’의 계산법을 발명했으니, 당나라 사람은 아직 이런 용어는 사용하지 않았을 것이다. ─원주

「한당취금도寒塘聚禽圖」, 작자 미상, 송나라
옛사람들은 쌍을 이루는 새를 그리기 좋아했는데, 아마도 누구든 자신을 알아주는 사람과 날개를 나란히 하여 날아가고 싶은 바람이 있었기 때문일 것이다.

다음 과정으로 넘어갈 필요가 없고 혼사도 거기서 멈춘다. 서로 맞으면 남자 측은 여자 측에 기쁨을 표시하며 '우리는 매우 잘 맞습니다'라고 알리는데 이것이 '납길'이며, 납길할 때에도 다시 기러기를 보내야 한다. 네 번째 과정은 '납징'이다. 이 과정에서는 드디어 기러기를 보낼 필요가 없다. 하지만 비단 묶음●이나 한 쌍의 가죽 등 귀중한 물품을 보내야 하는데 이것이 혼수품인 셈이다. 다섯 번째 과정은 '청기'로 남자 측에서 길일을 정해서 여자 측으로 날짜를 보내면

● 검은 비단 6필과 붉은 비단 4필을 보낸다.

서 다시 기러기 한 마리를 같이 보내야 한다. 이건이 없으면 혼사 날짜를 정하게 되며, 그다음 행보는 정식 혼인인 '친영'이다. 친영의 과정은 매우 복잡하지만 얼마나 다양한 각양각색의 과정을 거치든 기러기의 출현을 생략할 수는 없다.

기러기가 육례에서 '독보적인 주연'이 될 수 있었던 까닭은 기러기에 담긴 의미가 혼인에서의 필요와 크게 부합하기 때문이다. 기러기는 철새로 언제나 계절에 따라 따뜻한 곳으로 이동하는데, 태양을 따라 움직이기에 기러기를 통해 부인이 남편을 따라 움직임을 상징한다. 기러기는 매우 충직하여 만약 반려자가 죽으면 혼자 날지언정 다시는 짝을 찾지 않기에 기러기를 통해 남편에 대한 부인의 절개를 상징한다. 기러기는 성정이 온화하기에 기러기를 통해 부인이 남편에게 순종함을 상징한다. 이러한 하나하나의 의미가 모두 고대의 남성이 일방적으로 가장 바라던 것이었다.

기러기는 그렇게 쉽게 얻을 수 있는 것이 아니었지만 그렇다고 중요한 상징적 의미를 포기할 수도 없었다. 그래서 당나라 사람들은 면소麵塑● 기러기 혹은 가금家禽으로 진짜 기러기를 대체하게 되었다. 나중에 차 문화가 흥성하면서 당나라 사람들은 찻잎으로 기러기를 대체하기도 했다. 그 이유는 차나무가 심으면 반드시 번식을 하는 데다 한곳에 심으면 옮길 수 없고 옮기면 바로 죽기 때문이다. 차를 예물로 삼은 것은 여성이 일부종사하며 자식을 낳아 기른다는 의미다. 기러기와 함의가 같으니 또 절개를 지킴이다.

그렇지만 차든 기러기든 그것들의 신비한 상징적 의미로는 강인했

● 참쌀에 전분 같은 것을 섞은 후 물감과 배합하여 사람이나 동식물 등의 형태를 만드는 공예의 일종.

던 당나라 여성들을 속박할 수 없었다. 『고금도서집성古今圖書集成』의 '규절閨節'과 '규열閨烈' 두 부분은 역대 열녀와 절개를 지킨 부인들을 기술하고 있는데, 명나라 사람은 3만6000명, 송나라 사람은 267명인 반면 당나라 사람은 고작 51명뿐이다.

당나라 사람들은 첫 번째 납채 단계에서 기러기 말고도 자귀나무, 이삭이 달린 벼, 아교, 부들의 줄기, 붉은 갈대, 한 쌍의 돌, 목화솜,

「노안도蘆雁圖」, 변수민邊壽民, 청나라

이 그림의 기러기는 원앙처럼 서로 의지하며 함께 다닌다. 옛사람들의 마음속에 기러기가 부창부수, 부부간의 화목함을 상징했음을 알 수 있다. 당나라 사람들은 혼인 과정에서 다른 것은 간혹 빼놓더라도 화목함을 상징하는 기러기만큼은 빠뜨리지 않았다.

장수 실, 말린 옻나무 등 아홉 가지 물건을 보내야 했다. 보내는 것은 물론 단순히 물건만이 아니라 아홉 가지 대길의 의미다. "아교와 옻은 그 단단함을, 목화솜은 그 부드러움을 취한 것이며, 갈대와 부들은 마음이 구부러지기도 펴지기도 한다는 것이고, 낟알이 달린 벼는 복을 나눈다는 것이며, 한 쌍의 돌은 둘이 함께 견고하라는 것을 의미한다."[8] 이 아홉 가지 물건은 값어치가 나가지 않는다. 모두 돈을 들이지 않고 손에 집히는 대로 주울 수 있는 것이다. 그러나 나는 이러한 방법에 매우 찬성한다. 마음에 드는 집안에 먼저 굳세거나 부드러운 것을 보내 결합의 성의를 표시하는 것 말이다. 만일 처음 시작하는 단계에서 돈에 의지하는 마법을 부린다면 그렇게 성사된 혼인은 지나치게 차갑고 딱딱할 것이다.

여섯 가지 의식만 해도 벌써 상당히 복잡했기에 당시 사람들은 누누이 이렇게 권고했다. "남녀가 장가들고 시집가는 것은, 세속에서 항시 있는 일. 여건에 맞게 치르면 그만이지, 널리 베푸는 것이 무슨 소용인가."[9] 그러나 의식마다 또 요즘 사람들이 상상하기 어려울 만큼 공을 들이는 과정이 많았다. 주나라 때 육례는 단지 귀족들 맞춤형일 뿐 평민들의 결합은 여전히 아주 기본적인 형태였다. 그러다 당나라에 이르러서는 육례가 사회 전체가 반드시 따라야 할 상규의 형식으로 바뀌었다. 게다가 육례는 당나라 때 또 여러 가지 새로운 내용이 보태져 엉망진창으로 복잡해졌다.

그러나 주나라 사람부터 당나라 사람에 이르기까지 옛사람들은 귀찮아하지 않고 이러한 번잡하고 불필요한 예절들을 반복했다. 그게 옛사람이 우매해서라고 여기지는 말자. 그들은 우리가 상상하는 것보다 훨씬 더 지혜로웠다. 아주 오래전부터 복잡하고 장엄한 의식을 통해 사람들이 빠르게 어떤 일에 대해 경외심을 갖는다는 것을 깨닫고 있었던 것이다. 납채에서 시작해서 친영을 완성하는 데까지 백 가지도 넘는 크고 작은 의식을 거친 뒤에 누가 혼인을 어린아이 장난으로 여기겠는가?

현대인들은 자주 우스갯소리로 혼인이 전쟁이라고 말하곤 하는데 나는 혼인의 육례에서 페르시아 전쟁●을 떠올렸다. 페르시아 전쟁의 플라타이아이Plataeae 싸움에서 스파르타인들은 각자의 위치에서 전쟁 준비를 하면서 미동도 없었다. 병사들은 풀로 만든 관을 썼고 엄숙하고 장엄했으며, 예술인들은 옆에서 정해진 노래를 연주하며 성대하고 장중한 분위기를 더했다. 국왕은 바삐 제물을 바쳤는데, 신의 앞에서 희생을 죽이고 배를 갈라 내장에 길조가 있는지 살폈다. 길조가 나오지 않아 국왕은 다시 제물을 바치고 희생을 죽여 내장을 관찰하기를 네 번 반복했다. 스파르타 병사들은 처음부터 끝까지 방패를 바닥에 내려놓고 평온한 얼굴로 국왕이 길흉을 점치는 의식을 마칠 때까지 기다렸다. 이때 적군이 활로 스파르타 병사들을 여럿 쏴 죽이기 시작했는데도 말이다. 국왕이 마침내 의식을 마치자 병사들은 재빨리 바닥의 방패를 집어 들고 적군을 죽이기 시작했는데, 이미 선수를 놓쳤음에도 그들은 결국 불가사의한 승리를 얻어냈다.

스파르타인에게 그 기다림의 순간은 가치가 있었고 그들은 형세가 아무리 급박하더라도 전체 의식을 마쳐야만 신비한 힘과 축복을 얻을 수 있다고 여겼다. 심리학의 관점에서 보면 이 한차례의 번잡한

● 페르시아 전쟁Greco-Persian Wars: 기원전 492년부터 기원전 448년까지 지속된 페르시아 제국의 그리스 원정 전쟁으로, 그리스의 여러 도시국가는 페르시아 제국에 연합 대응하여 성공적으로 공격을 막아냈다.

의식 때문에 스파르타인은 심리적으로 평시의 세계에서 벗어나 전투를 중시하고 승리를 위해 온갖 노력을 다하며 자신감이 증대하는 정신 상태로 접어들 수 있었던 것이다. 같은 원리로 번잡한 육례는 세상사를 겪지 않은 청춘 남녀가 평시의 세계에서 벗어나 혼인을 경외하는 정신 상태에 들어서도록 한다.

자유연애가 없던 그 까마득히 먼 시대에 남녀가 육례로 다른 종류의 '연애'를 완성했던 것이다. 이러한 연애가 격정과 낭만을 주지는 못했지만 그들이 혼인을 존중하고 살얼음 위를 걷는 듯한 신중한 태도를 갖게 할 수는 있었다.

신랑을 축하하다

납채, 문명, 납길, 납징, 청기를 마치고 나면 곧 친영, 즉 정식 혼례다. "혼婚은 해질 무렵昏時에 예를 행하므로 혼이라고 한 것이다." 서주西周 때부터 혼례는 해질녘에 거행되었으며, 혼례 중에 반드시 옥관沃盥, 대석對席, 동뢰합근同牢合졸, 탈복설임脫服設衽 등의 과정을 거쳐야 했다. 옥관은 부부가 각자 손을 씻는 것이고, 대석은 신랑 신부가 마주앉아 음식을 먹을 준비를 하는 것이며, 동뢰합근은 신랑 신부가 같은 음식을 함께 먹고 마시는 것이고, 탈복설임은 신랑 신부가 옷을 벗고 잠자리에 들 준비를 하는 것이다. 옷을 벗고 잠자리에 들 준비를 하는 과정 중에 신랑은 직접 신부의 족두리를 풀어주고 붉은 옷을 벗겨야 하는데, 이 부분이 전통 혼례 가운데 가장 온화한 장면이다.

그러나 어떤 과정을 마련하든 즐거움에 목적을 둔 것은 하나도 없었다. 신부는 막 부모와 이별하여 가족을 그리워할 겨를도 없을 텐데 어떻게 즐거울 수 있겠는가? 그래서 서주 이래로 혼례의 분위기는 엄숙하고 처량해서 기쁜 일이 아니라 오히려 슬픈 일 같았다.

당나라의 혼례는 완전히 옛 주나라의 제도를 그대로 따랐다. 이는 예교의 전통을 공고히 하기 위해서다. 그러나 만일 흥청거림을 좋아하던 당나라 사람들에게 주나라 혼례의 분위기를 그대로 따르라고 한다면, 그것은 힘든 일을 강요하는 격이다. 당나라 사람들은 조금 머리를 써서 혼례를 경사스러운 일로 만들었다. "난새와 봉새 수레 타고 왕자께서 오시고, 용의 누각 달 궁전에서 선녀가 나오시네. 평대의 불 나무가 상양궁까지 이어지고, 자주색 횃불 든 붉은 수레가 열두 줄. 단약 화로에서 나는 쇠는 불꽃처럼 내달리고, 불꽃 노을 번쩍이는 번개가 밝은 빛을 토한다. 초록과 감색 수레가 안개처럼 밀려들고, 타악기와 맑은 피리가 앞에서 길을 연다"[10]고 했으니, 당나라 혼례는 얼마나 떠들썩한가?

혼례 하루 전에 남자 측은 우선 자신의 집 문밖에 길한 곳을 택하여 푸른 천막을 세운다. 신부가 문으로 들어오기 전에 부부는 여기에서 맞절을 한다. 푸른 천막을 세우는 것은 원래 북방 소수 민족의 풍습이다. 푸른 천막은 유목민의 가옥이다. 북조北朝 시기에는 이것을 청려靑廬라고 부르다 당나라 때에 이르러 '백자장百子帳'으로 이름이 확 바뀌었다. 당나라 사람들은 '백자'라는 이름을 좋아하여 기꺼이 이 이민족의 풍습을 받아들였다.

이것은 기독교가 막 유럽에서 흥기했을 때 써먹은 수법과 흡사하다. 당시 유럽 사람들은 각양각색의 신앙을 가지고 있어서 유럽의

「위저군안도葦渚群雁圖」 유도劉度, 청나라

기러기는 절기마다 옮겨 다니는데 태양을 따라 이동하기에 부인이 남편을 따라 움직이는 것을 상징
한다. 당나라 때 부녀자들은 혼인에서의 지위가 다소 높아졌지만, 남성이 여전히 한 집안의 주인이
었던 까닭에 기러기의 이런 상징적 의미는 상품 가치가 있었다.

「노안도蘆雁圖」, 임양林良, 명나라
한 쌍의 기러기 하나의 바람, 한마음으로 함께 가길 바라노라.

광활한 토지에 각양각색의 신물神物이 세워지고 있었다. 기독교인들은 비기독교의 신물을 공격하거나 훼손하지 않고 반대로 예배당을 각종 다른 종교의 신물 옆에 세우고 예배당 내부도 타 종교의 요소들로 장식하는 방법을 취했다. 이런 요소들이 결국에는 이교도들을 기독교의 전당으로 끌어들였다. 전도자들은 사람들이 신흥 문화를 받아들이도록 하려면 반드시 신문화에 사람들이 이미 받아들인 옛 문화를 섞어야 한다는 것을 잘 알고 있었다. 타협은 더 멀리 가기 위함이다. 청려라는 이름을 백자장으로 바꾼 것도 같은 이치다.

친영하는 당일이 되면 신랑은 종일 안절부절못하며 기다리다가 황혼이 깃들고 화려한 등에 처음 불이 켜지면 친척과 친구들을 데리고 말을 달려 마찬가지로 안절부절못하고 있는 신부를 맞이하러 간다. 신랑은 한걸음에 신부의 집으로 들어가 정면으로 도전을 받아들인다. 신부의 친지와 친한 친구들이 벌떼같이 몰려들어 우선 문을 막아서고 신랑에게 말에서 내리라고 요구한다. 이어서 신랑을 놀리거나 툭툭 치는데, 심지어 정원에 높게 쌓아올린 흙더미를 신랑에게 직접 퍼내라고 시키기도 한다. 이것이 바로 '하서下壻'인데 남자 쪽의 위풍을 약화시키기 위함이다. 일가친척이 나와 구박하며 맞이하고 들볶으며, 유쾌해지면 그제야 놓아주었다. 그러면 신랑은 방으로 들어가 공손하게 신부에게 기러기를 건네고서 기러기를 바치는 예를 행했다. 뒤이어 또 신랑으로 하여금 문밖을 지키고 서서 신부가 치장을 마칠 때까지 기다리게 했다. 이때 신랑은 참을성 있게 기다리기만 하면 되는 것이 아니라 '최장催妝'●을 해야 한다.

● 치장을 빨리 끝내라고 재촉하는 것.

최장은 서주에서 북조에 이르기까지 줄곧 있었던 것이다. 북조 사람들은 최장의 기세가 특히 엄청났다. 백여 명이 문밖에 서서 "신부는 빨리 나오시오"라고 일제히 외쳤는데, 수백 번을 재촉해야 신부는 느릿느릿 나타났으니 그야말로 "천 번 만 번은 불러야 그제야 나온다"[11]는 말 그대로였다. 다만 이처럼 기계적인 재촉이 지나치게 무미건조하여, 늘 즐기고자 하는 마음을 품었던 당나라 사람들은 당연히 그대로 따르길 원치 않았다. 그들은 단조롭게 외치기만 하던 것에서 최장을 주제로 삼은 시를 지어 읊는 것으로 바꾸어갔다.

최장시催妝詩는 팔고문八股文●이 아니라서 '정통'이나 '진취進取'와 같은 작문의 요구 사항 없이 모두 창작자가 발휘하는 개성에 의지했다. 풍격에 제한이 없었고 작자도 가리지 않았다. 신랑도 최장할 수 있었고 그의 친구들도 최장하는 것을 도울 수 있었다. 당나라 사람들은 시를 써서 즐거움을 찾는 데 의미를 둔 까닭에 작자가 누구인지는 따지지 않았다. 아래에 예로 드는 시 두 수 모두 신랑이 지은 것이 아니다.

"백자장 깔고 재촉하며, 칠향거 막아서기를 기다린다. 화장을 마쳤는지 묻노라니, 동쪽에 새벽빛이 오려 하네."[12] 이것은 신부에 대한 달콤한 책망이다. 모든 준비를 마쳤고 곧 날이 밝으려 하는데 그대는 아직도 화장을 다 못 했느냐는 것이다. 이러한 책망이 있는 까닭은 아마도 원시 시대부터 시작된 '겁탈혼劫奪婚'●●의 풍습 때문일 것

● 명나라 때 이후로 과거시험에 쓰던 독특한 형식의 문체. 네 개의 대구로 이루어진 문장이 여덟 개의 기둥과 같다 하여 붙은 이름이다.
●● 『주역』 「둔괘」에 나오는 말로 일종의 특수한 혼인 의식이다. 신랑이 신부 집에 몰래 들어가 신부를 데리고 나오는 방식으로 원시 시대에 남성이 다른 씨족의 여성을 훔쳐와 부인으로 삼았던 방식에서 유래했다.

이다. 그때 신부를 납치하려면 야음을 틈타야 했다. 날이 새면 신부를 훔치는 계획은 수포로 돌아가기 때문에 신랑이 반복하여 "동쪽에 새벽빛이 오려 한다"고 일깨우는 것이다. 당나라 때는 이미 겁탈혼이 사라졌지만, 이는 당나라 시인이 여성을 납치하는 야만적인 제도를 최장시의 정감 어린 시어로 탈바꿈시키는 데 장애가 되지 않았다.

"오늘 밤이 어느 밤인지 모르지만, 양대에서 경대를 가까이하라 재촉한다. 누가 연꽃을 물속에 심었다고 했나, 청동거울에 한 가지 피었는데."[13] 이는 신부를 열정적으로 찬미한 것이다. 그대가 경대 앞에 있으니 청동거울 안에 그대의 아름다운 모습이 비쳐 마치 연꽃이 활짝 피어난 듯하고, 그대의 아리따운 얼굴을 보고 있자니 오늘 밤이 어떤 밤인지 모르겠다는 것이다. 그러나 이때 경계해야 할 것이 있다. 이 시에 쓰인 '양대'는 난간을 뜻하는 그 '양대'가 아니라 초나라 양왕襄王과 무산신녀巫山神女의 고사를 암시하는 것이다. 시인의 언외지의는 곧 '신랑이 풍류 넘치는 초나라 양왕이고, 신부도 마찬가지로 풍류 넘치는 무산신녀'라는 것이니, 의미상 대아지당大雅之堂●에 오르기는 어렵다. 오히려 신랑 신부가 활달한 사람들인지라 친구들의 희롱을 기꺼이 받아준 것이다.

최장의 중점은 '재촉催'에 있지만, 사실 어떤 사람도 여자가 빨리 나오길 바라지 않으며 신부도 마음 내키는 대로 신랑을 기다리고 또 기다리게 한다. 이것이 그녀들의 마지막 자유로운 시간이라는 걸 누구라도 다 안다. 신랑이 한 편 또 한 편 최장시를 지어 읊다가 어떤 구절이 신부의 마음을 움직이면, 신부는 그제야 느긋하게 방을 나와

● 훌륭한 경지.

그때부터 이 시를 읊던 사람을 따라 미지의 인생 여정에 오른다.

당나라 여성의 마음속에는 번지르르한 계산기가 있었다. 납채부터 시작되는 모든 과정을 다 남자 측에서 주동적으로 제어하고 여자 측은 묵묵히 받아들인다. 양측의 생년월일시로 배필인지 아닌지를 점치는 것조차도 여자 측에서 남자 측에 자료를 건네서 그의 가족 종묘로 가서 점치도록 했으며, 여자 측에는 무엇을 장악할 순번이 돌아오지 않는다. 그래서 그녀들은 '하서'를 요구하고 신랑에게 '최장시'를 짓도록 했는데, 적어도 이 과정에서는 여성이 주동적으로 제어하는 사람이 되기 때문이다. 설령 농락당한 신랑이 크게 화를 내더라도 그녀들은 개의치 않았다. 그녀들은 단지 이러한 하찮은 작은 연극으로나마 혼인에서 일종의 평등한 시작을 쟁취하고자 했던 것이다.

게다가 당나라 사람들은 재능을 좋아하여 태종太宗 때는 재주와 학문으로 차등을 매기는 새로운 문벌관門閥觀을 제창했다. "나는 그대의 아름다운 용모에서 기쁨을 얻고, 그대는 나의 문장에 경도되는군요"[14]라는 이백의 시구에서 당나라 여성들이 문학적 재능으로 남편감을 골랐던 풍조를 엿볼 수 있다. 신랑에게 최장시를 짓도록 하는 것도 신랑의 학문에 대한 작은 시험이었던 것이다. 시문이 실생활에 아무런 도움이 되지 않고, 일상은 여전히 땔나무와 쌀, 기름, 소금, 장, 식초, 차라고 해도, 당나라 여성들은 남편이 만약 아름다운 문장을 지을 수 있다면 땔감과 쌀, 기름, 소금도 한 송이 꽃을 피워낼 수 있다고 굳게 믿었다.

신부가 방에서 나와 조용히 마차에 오르면 신랑은 말을 채찍질하여 신부의 마차 주위를 세 번 돌았다. 이러한 풍속이 선비족에서 왔다는 말도 있다. 선비족은 하늘에 제사를 올릴 때 제단 주변을 돌았다고 하는데, 액을 막고 복을 기원하는 의미라고 한다. 그러나 만약 이렇게 결론을 내린다면 마차를 세 번 도는 것도 액을 막고 복을 기원하는 행위라고 여기는 것이다. 이는 사실 견강부회하는 것으로, 신부의 마차와 제단은 전혀 관련이 없다.

액막이설보다 내가 더 찬동하는 다른 견해는 이렇다. '마차 안의 여자는 지금부터 완전히 내 것'이라고 남성이 공개적으로 알리는 무언의 행위라는 것인데, 이러한 공개적인 광고는 어쩌면 열렬한 양성평등주의자들을 기분 나쁘게 할 수도 있겠다. 이것이 남존여비의 극단적인 형태로, 원을 그리며 도는 것으로써 여성이 남성의 통치 범위 안에 속해 있음을 나타낸다고 여길 수도 있기 때문이다. 그러나 짐작건대 마차에 앉아 조용히 남자가 자신의 주변을 도는 것을 바라보는 심정이 그리 나쁠 것 같지는 않다. 앞으로의 생활에 얼마나 많은 곡절이 있든지 적어도 지금 이 순간만큼은 그가 나를 중심에 두고 있는 것이다.

마차가 신랑 집으로 출발하자마자 '수레 막기'를 만나게 된다. 여자 측 친척과 친구들뿐만 아니라 심지어 상관없는 행인들도 중도에서 마차를 막을 수 있으며, 신랑이 먹을 것과 돈을 내주어야만 놓아준다. 어떤 사람들은 이것이 여자 측에서 남자 측으로부터 한몫의 금품을 강탈하기 위해서 하는 일이라고 보기도 한다. 그렇지만 차라리 이를 남자로 하여금 부인을 얻는 것이 매우 어려우니 반드시 귀히 여기도록 하기 위함이라고 믿는 것이 더 낫겠다. 마치 삼장법사 일행이 서역으로 불경을 얻으러 가는데 부처가 81차례의 장애물을 준비해 그들 네 사람이 하나씩 돌파하고 나서야 비로소 열매를 맺을 수 있었던 것과도 흡사하다. 만약 불경이 가까이에 있고 과정도 모두 순탄했다면 그 최후의 열매를 귀하게 여긴 이는 없었을 것이다.

　신랑 집에 도착하면 정식 혼례가 시작되고, 몇 시간 동안 이어지는 열렬한 환영도 시작된다. 전통적인 옥관, 대석, 동뢰합근, 탈복설임 외에도 당나라 사람들은 인생의 대사에 끝없이 향신료를 더했다.

　신부가 도착하면 제일 먼저 지신地神의 기분을 거스르지 않기 위해 마차에서 내리게 한다. 절대 땅을 밟아서는 안 되기 때문에 시종이 자리 두 장을 땅에 깔면 신부는 모든 걸음을 자리 위에 내디뎠다. 신부가 자리 한 장을 밟으면 시종은 다시 서둘러 뒤의 자리를 앞으로 옮겼는데, 이렇게 계속하는 것을 '전석傳席'이라 하며 가족의 '전습傳襲'을 의미한다. 신부가 한 걸음 한 걸음 진지하게 밟는 자리에 화려한 문양과 축복이 그녀의 발아래서 길게 이어진다.

　백자장에 들어서면 신부는 사전에 준비해둔 좋은 안장에 앉는데, 이는 '평안'을 뜻한다. 부부가 맞절을 하고 침대에 마주 앉으면 전담자가 화려한 빛깔의 과일과 돈을 신혼 침대에 흩뿌려둔다. 다채로운 과일이란 대추, 땅콩, 용안, 여지, 밤, 연밥 등으로 발음상 모두 아이를 낳는 것과 관련이 있으며, 화폐의 모양은 각양각색으로 하나둘이 아니다. 당나라 사람들은 보통의 화폐가 재복을 대표할 수는 있지만 그들이 바라는 만큼의 경사에는 미치지 못한다고 생각하여 꺼렸다. 그래서 이 과정을 크게 확장시키기 위해 그들은 특별히 '장수와 부귀'를 뜻하는 글자를 새긴 화폐를 주조하거나 술잔 크기의 화폐를 만들며 아름다움을 늘려나갔다.

　신부는 부채로 얼굴을 가리고 신랑은 아름다운 모습을 보려 하는데, 간청도 소용이 없으면 '각선시却扇詩'를 지어 올려야 한다. 훈훈한 신방의 화촉이 타오르는 밤 자극적인 백일장이 열린다. 이 백일장에는 종종 승부욕이 발동한 구경꾼도 환영을 받으며 시합에 참여한다. 이상은은 일찍이 친구 동수재董秀才를 대신하여 각선시 한 수를 지었다. "그림 부채를 휘장 밖으로 가지고 나오지 마시오, 봄 산을 가리면 뛰어난 재주도 막힐 터이니. 만약 둥근 것이 밝은 달이라 한다면, 이 속에서 마땅히 계수나무 꽃이 피어야지."[15] 둥근 부채를 밝은 달에 비유하고 신부를 달 가운데 계수나무 꽃에 비유하고 있어 그저 평범한 비유 같아 보이지만 세세하게 살펴보면 시 가운데 의미심장한 '암호'를 발견할 수 있다. 첫째로 계수나무 꽃이 피어야 한다는 것은 신부에게 부채를 치우라고 권하는 것이다. 달빛이 계수나무 꽃을 가릴 수 없듯 부채도 향기로운 뺨을 가릴 수 없기 때문이다. 둘째로 동수재가 달에서 계수나무 가지를 꺾어 진사시험에 합격하기를 축원하는 것이다. 각선시의 특별한 상상이 밤에 불을 밝혀주었기에 그 시대의 혼례에는 반짝이는 전구가 없어도 괜찮았다.

각선이 끝나면 다시 '관화촉觀花燭'을 해야 한다. 이전의 관화촉은 슬픈 일이었다. 여자 측에서는 3일간 촛불을 켜두고 남자 측에서는 3일간 오락을 삼가면서 희미하게 흔들리는 촛불을 바라보며 이별한 가족을 그리워했다. 그러나 당나라 때에 이르러서는 관화촉 과정 역시 원소절元宵節의 등불놀이와 같아졌으며 촛불의 빛이 흘러넘치고 등불이 아름다워 사람들은 모두 만면에 행복감을 띤 채 이를 바라보았다. "만 가닥의 은촛대가 신선을 끌어들이는, 시월 장안의 봄밤. 삼천 장막으로 막은 것 장차 끊기고 나면, 얼마나 많은 진주와 비취가 향기로운 먼지를 떨어뜨릴까?"[16] 노윤盧綸의 이 시는 공주가 결혼할 때의 관화촉을 묘사한 것이다. 평민은 당연히 이처럼 호화로운 장면을 만들어낼 수 없었지만 유쾌하고 떠들썩한 기분은 위로부터

「도화도桃花圖」, 추일계鄒一桂, 청나라

"싱싱한 복숭아, 그 잎도 무성하네. 시집가는 아가씨는, 그 집안에 어울린다"[17]는 『시경詩經』의 유명한 시 「도요桃夭」는 유사 이래 가장 유명한 결혼 축하 시다. 당나라 혼례에는 시를 써야 하는 과정이 많아서 결혼 축하에만 한정되지 않았다.

아래까지 전국이 같았을 것이다.

"당나라 사람의 혼례 과정은 모두 즐거움이 넘쳐났다. 혼인 육례의 전통은 모든 중국 봉건 시대에서 한결같았고 왕조마다 약간씩의 미세한 차이가 있을 뿐이었으나 당나라처럼 이렇게 시종일관 낭만적인 시정화의詩情畫意가 넘쳤던 경우는 그렇게 많이 보이지 않는다."[18] 당나라 혼례는 과정마다 즐거움이 끊이지 않았다. 게다가 즐거움 말고도 매 의식에는 부자가 되라는 의미, 가정이 평안하라는 의미, 자손이 번창하라는 의미 등 모두 현실생활에 관련된 아름다운 의미가 담겨 있었다.

여러 의식에 두루 의미가 담겨 있다는 점은 당나라 혼례만 그러했던 것은 아니다. 최초의 혼례로 돌아가면 주나라의 예법 가운데 동뢰합근 의식 역시 부부가 생활하면서 함께 나누며 서로 이끌어주라는 의미를 담고 있었다. 요컨대 중국 고대 혼례 과정은 모두 복을 비는 것이고 현실생활 가운데의 소소한 것들에 바치는 것이다.

주나라와 거의 같은 시기의 고대 그리스에서 혼례는 전혀 다른 모습이었다. 고대 그리스에서는 집집마다 자신의 조상을 신으로 받들어 한 집에 한 분씩 믿었다. 집안마다 각자 조상을 숭배하고 기도문을 읽고 외우며 서로 상관하지 않았다. 3000년 전 이슬이 맺히는 새벽녘과 노을이 지는 저녁 무렵 한 사람 한 사람의 그리스인은 모두 자기 집 화롯가에 둘러앉아 자신의 집안에 속한 신께 작은 소리로 기도를 올렸다. 이 때문에 고대 그리스에서 두 사람의 결합은 여자가 남자를 위해 자신의 원래 신앙을 버리고 남자와 여자가 절대 밖으로 전하지 않는 신앙을 공유하는 것을 의미했다. 그리스 남자가 한 여자를 아내로 얻어 집으로 돌아오면 "젊은이는 그 외부인을 화롯가로

「백자희춘도百子嬉春圖」, 작자 미상, 송나라

고대의 혼인은 왕왕 사랑을 위한 것이 아니라 바로 이 그림의 광경처럼 자자손손 번창을 위한 것이었다. 당나라 혼례에서는 여지나 땅콩 등과 같이 '많은 자식'을 상징하는 과일을 휘장에 던지는 풍습이 있었는데 바로 자손 번창이라는 바람이 집약된 표현이었다.

데리고 가서 그녀와 함께 신비로운 제사를 거행해야 하며, 함께 그의 조상에 대한 기도문을 읽고 암송해야 했다. 그에게 이보다 더욱 귀중한 유산은 없었다. 그가 아버지 대에서 물려받은 이런 신령, 의식, 그리고 찬송가는 그의 일생에서 그를 보호하고 그에게 재물, 행복, 그리고 미덕을 가져다줄 것이다. 그리고 이제 그가 한 여자와 이러한 보호, 그의 우상 그리고 호신부護身符를 함께 누리는 데 동의하는 것이다."[19]

혼인의 의미는 이렇게 중요해서 고대 그리스의 혼례는 마치 종교 의식 같았다. 신부는 일반적인 종교 예복의 색깔인 흰색으로 꾸몄고 혼례의 배경음악은 종교의 성가였다. 심지어 신부 아버지의 인사 말조차도 모두 딸에 대한 축복이나 사위에 대한 당부가 아니라 신에게 바치는 엄숙한 기도였으니, 혼례 중의 어떠한 의식이든 모두 신을 위한 설계였던 것이다. 현실 가정의 사소한 일에 그들은 크게 관심이 없었던 듯하다.

고대 중국 사람들은 현실적이었기에 결국 현세의 생활을 생기발랄하게 보냈다. 고대 그리스 사람들은 신앙을 위해 살았기에 결국 기이한 이야기를 만들어냈다.

장이 아홉 번 뒤틀리는 괴로움

정식으로 혼인에 접어든 이후에도 당나라 남성의 생활은 크게 바뀌지 않아서 공부하던 사람은 계속 공부하고 장사하던 사람은 죽 장사했다. 그러나 여성의 생활은 크게 바뀌었다. 남성들은 밖에서 벼슬

「고사도高士圖」, 위현衛賢, 오대

이 그림의 인물은 무명의 은자가 아니라 부부가 서로 손님처럼 공경했다는 혼인의 본보기, 한나라의 은자 양홍梁鴻과 그의 부인 맹광孟光이다. 맹광은 남편에게 밥상을 내갈 때 눈썹까지 올렸고 양홍 역시 공경하며 받았으니, 부부가 이처럼 서로 존중했다. 당나라 시인 육구몽陸龜蒙이 피일휴가 곧 아내를 맞을 것이란 이야기를 듣고 축하시를 지어주었는데 그 가운데 두 구를 "양홍 부부가 한 쌍으로 날고자 하는데, 가랑비와 가벼운 추위 핑 옷을 스치네"[20]라고 하여 양홍의 전고로써 피일휴 부부의 화목함을 기원했다.

을 구하거나 배움을 얻으러 다니고 장사를 하며 병역과 노역에 복무하고 전쟁에 참여했지만, 여성들은 집에서 요리하고 가사를 돌보며 시부모를 모시고 자녀를 양육했다. 당나라 여성들은 게다가 결코 앉아서 남자가 가족을 부양해주길 기다리지 않고 여성 특유의 영리함과 손재주, 그리고 당나라 여성 고유의 꿋꿋함을 이용하여 적극적으로 가정을 위해 수익을 올렸다.

그들은 밭을 갈고 뽕잎을 땄다. "담장 아래 뽕잎이 다 졌는데, 봄 누에는 반도 크질 않았구나. 성의 남쪽 길은 멀고 머니, 오늘은 더 일찍 일어나야지."[21] 뽕잎을 따려면 일찍 일어나 먼 길을 서둘러 가야만 하는데도 여자들은 고생을 마다하지 않는다. 그들은 실을 뽑아 천을 짰다. "창문 아래에서 베를 짜고 있는 여인, 손수 옷을 짜는데도 자신은 입을 옷이 없구나."[22] 옷감을 짜고 얻은 천 값을 가족을 부양하는 데 쓰고 나니 자신은 작은 옷 한 벌도 얻지 못한다. 그들은 나무를 해서 땔감을 져 날랐다. "이곳의 풍습은 남자는 앉고 여자는 서며, 남자는 집을 보고 여자는 드나든다. 십중팔구는 땔나무 지고 돌아와, 땔나무 팔아 돈 마련해 생활비를 댄다."[23] 어떤 지방의 풍습에서는 남자가 일을 하지 않고 여자가 주동적이 돼 생활의 부담을 짊어지며, 매일 나무를 하고 땔감을 팔아 얼마 되지 않는 생활비를 번다. 그들은 강변에서 사금을 캤다. "햇빛 비치는 맑은 모래톱에 강 안개 걷히자, 금 캐는 여자들이 물굽이에 가득하다."[24] 아무리 물결이 높고 물살이 세도 그들은 두려워하지 않았다. 그들은 음식점과 여관도 경영했다. "버들꽃 바람에 날려 술집 가득 향기로운데, 오나라 여인 술을 짜서 손님에게 맛보라 하네."[25] 여성들도 거리낌 없이 손님을 모으고 생업을 주관했으니, 누가 여성이 남성만 못하다고 했던가.

만약 남자가 집에 있다면 그래도 힘들고 고된 일을 조금 분담할 사람이 있는 셈이다. 만약 남자가 집을 떠나 바깥에서 일을 보면 여자는 혼자 힘으로 가정의 크고 작은 일을 떠맡아야 했는데 이때는 강력한 체력과 굳센 의지가 필요했다. 그러나 정이 많은 것은 남자 유전자의 일부라 설령 부인이 천사같이 현숙하다고 해도 다른 아름다운 여인에게 끌리는 것을 피할 수 없다. 그런데 민첩하고 유능한 당나라 여성은 앉아서 죽음을 기다리지 않고 수단을 총동원하여 힘껏 저항했다. 그들의 강인함은 단지 집안일을 처리하는 데뿐만 아니라 결혼생활을 지키는 전투에도 똑같이 쓰였다. 이 때문에 당나라 여성들의 사나움과 질투는 맹렬하여, 이들의 활약상을 현대에 가져다놓아도 눈이 휘둥그레지고 말문이 막힐 정도다.

당나라 때 유행한 전설이 하나 있다. 병주幷州 석애石艾와 수양壽陽 경계에 '투녀천妒女泉'이라는 샘이 있었다. 샘은 온화하고 물도 깨끗했지만 매우 질투가 많았다. 예를 들어 여자가 화려하고 아름다운 옷을 입거나 손에 산단山丹이나 백합같이 아름다운 꽃을 들고 이 샘을 지나가면 예외 없이 비바람의 습격을 받아야 했다. 전설은 역사적 사실이 아니지만 역사적 사실을 반영하는 법이다. 투녀천은 물론 존재하지 않지만 이런 전설이 유행한 것은 당나라 여성의 질투심이 그당시 사람들에게 강렬한 인상을 남겼음을 증명한다.

당 태종이 병부상서兵部尙書 임괴任瓌에게 두 명의 궁녀를 하사하자, 임괴의 부인 유 씨가 크게 질투하여 온갖 방법을 동원한 끝에 두 궁녀의 아름다운 머리카락을 망가뜨렸다. 태종이 이 소문을 듣고 사람을 보내어 유 씨에게 술을 하사하며 이렇게 말했다. "이 술은 마시자

「채상도采桑圖」, 민정閔貞, 청나라

당나라 사람들은 여자들이 뽕잎 따는 것을 묘사한 시와 사를 많이 썼다. 예를 들면 "남이 볼까 부끄러워 밤에 뽕잎을 따는데, 대승이라는 새가 놀라 일어난다"[26]와 "푸른 가지에 하얀 손 비추이며, 성 모퉁이에서 뽕잎을 딴다"[27]가 그러하다. 화가와 시인의 붓 아래서야 뽕잎 따는 것이 아름답고 시적일지라도 현실생활에서 여자들이 뽕잎을 따는 것은 매우 힘들고 어려운 일이었다.

마자 죽을 것이나, 만일 이후에 미인을 질투하지 않겠다면 이 술을 안 마셔도 된다. 만일 또 질투를 하겠다면 죽음의 길밖에 없다." 유 씨는 침착하게 성은에 감사하며 느긋이 이렇게 말했다. "소첩과 임괴가 머리를 묶고 부부가 되었을 때는 다 같이 출신이 미천하여 더욱 서로를 도와 마침내 높은 관직에 이르렀습니다. 임괴에게 이제 총애하는 사람이 많아졌으니 참으로 죽느니만 못합니다."[28] 내가 임괴와 갓 결혼했을 때 그를 도와 가난하고 천한 처지에서 한 발 한 발 지나왔는데, 이제 와서 임괴가 뜻밖에도 다른 사람을 총애하니 차라리 죽느니만 못한 심정이라는 것이다. 말을 마치고 유 씨는 조금도 주저하지 않고 단숨에 술을 들이켰다. 술에는 아무런 독이 없었고, 단지 태종의 시험일 뿐이었다. 그러나 이로써 다른 사람과 애정을 나누어 갖는 것을 거부한 유 씨의 확고한 신념을 알 수 있다.

"임괴에게 이제 총애하는 사람이 많아졌으니 참으로 죽느니만 못합니다"라는 유 씨의 이 말은 천 년 후에 읽어도 처절함이 깊이 느껴진다. 그녀도 방법이 없었다. 만약 임괴가 그녀와 한평생 한 쌍일 수 있었다면 그녀 역시 어진 부덕婦德의 모범이었을 것이다. 가난하고 천한 부부는 온갖 일이 슬픈 법인데, 유 씨가 가난하고 천한 임괴를 떠나지 않았으니 충분히 현숙하지 않은가? 그러나 남자들은 그녀를 '질투 많은 여인'이라는 치욕스런 기둥에 못 박아놓고 말았다. 이 사건의 기록자를 여성으로 바꾸었다면 틀림없이 유 씨를 '호걸'에 편입시켰을 텐데 말이다.

유 씨가 쓴 방법은 그나마 부드러운 편이었다. 당나라 때 사나운 질투를 한 부인들에게는 비상 수단이 많았다. 왕연한王延翰은 첩을 꽤 여럿 두었는데 부인 최 씨는 남편을 말릴 수 없자 수많은 첩 가운데 미모가 빼어난 이를 골라서 작은 방에 가두었다. 방에 가두는 것으로 모자라 최 씨는 작은 방에 형구刑具를 갖추고 미인을 형구에 묶은 다음 나무 손으로 악독하게 뺨을 후려갈기거나 송곳으로 마구 찔렀다. 1년 동안 최 씨에게 학대를 받다 죽은 미인이 84명이나 될 만큼 잔인함이 극에 달했다. 그런데 84명이라는 숫자는 또한 왕연한 이 데리고 있던 첩의 수가 놀랄 만큼 많았음을 증명하니 최 씨가 이처럼 질투할 만도 하다. 다만 최 씨는 엄한 사람을 해코지한 것이니, 그녀가 해를 입힌 사람은 그녀처럼 피동적이고 자신의 운명을 장악하기 어려웠던 지위에 속한 같은 여성이었다.

　이와 비교하면 계양桂陽의 현령이었던 완숭阮嵩의 부인 염 씨의 방법은 훨씬 합리적이었다. 완숭이 집에서 연회를 열었는데 즐거움을 더하기 위해 가기歌妓들을 불러 공연하게 했다. 가기들은 미소가 아름답고 목소리가 감미로워 모든 사람이 즐거워했다. 완숭이 한창 즐거움에 빠져 있을 무렵, 염 씨가 갑자기 "머리를 풀어헤친 채 맨발로 팔을 걷어붙이고 칼을 뽑아 자리로 나오자"[29] 손님들은 즉시 뿔뿔이 흩어졌고 가기들도 허겁지겁 도망쳤다. 한 고을에서 떵떵거리던 관리인 불쌍한 친구 완숭은 평상 아래에서 덜덜 떨며 움츠린 채 찍소리 못 하고 부인이 연회석에서 칼을 휘두르며 멋대로 하도록 지켜보기만 했다. 사랑의 적에게도 벌을 주고 남편에게도 벌을 주었으니 염 씨의 방법은 아주 공평하다.

　사실 당나라 여성이 포악하고 제멋대로였다기보다 불공평한 혼인 제도로 인해 그녀들이 각종 과격한 행동을 하게 됐던 것이다. 당시의 예법 제도는 그녀들의 입장에서 만들어진 것이 아니었다. 『예기禮記』에서 이미 천자는 여섯 침궁寢宮을 만들어, 세 명의 부인과 아홉 명의 빈, 스물일곱 명의 세부世婦, 여든한 명의 여어女御를 거느리며, 제후는 아홉 명의 부인을 둘 수 있고, 대부大夫는 한 명의 부인과 세 명의 첩을 두며, 사士는 한 명의 부인과 두 명의 첩을 두고, 평민들조차도 한 명의 부인과 한 명의 첩을 둘 수 있다고 했다. 당나라 때 풍류재자가 많았던 것도 상황이 『예기』의 규정보다 더 과장된 정도일 뿐이다.

법률이 그녀들의 입장에 서 있지 않아 당나라 법률에는 명확히 '칠출七出'의 죄가 제정되어,● 남자가 부인을 버릴 수 있도록 각양각색의 충분하고 그럴듯한 이유를 제공하고 있다. "십 년 동안 시집살이, 여자로서 잘못한 적 없지만. 박명하여 자식을 낳지 못하니, 옛 법에 따라 쫓겨나는구나."[30] 여성이 설령 자신이 주도해 잘못을 저지르지 않았더라도, 자식을 낳지 못하는 것과 같은 비자발적인 죄로 똑같이 버림받을 수 있었다. 결혼생활 중 쌍방이 모두 범할 수 있는 잘못, 예를 들어 가정폭력이나 간통처럼 똑같은 범죄행위에도 여자가 남자의 몇 배로 벌을 받았다.

도덕도 여성들의 입장에 서 있지 않았던 터라, 당나라에서 많은 여성에게 윤리와 행위의 기준이 되었던 『여논어女論語』를 보면 여기저기가 다 이런 말들이다. "남편이 만약 노하거든 같이 성을 내지 말 일이다. 몸을 물러 나와 양보하고 화를 참으며 목소리를 낮추어라. 사나운 부인을 배우지 말 것이니 싸움이 잦아지게 된다." "예로부

● 칠거지악: 남자는 부인과 일곱 가지 이유로 이혼할 수 있었는데 자식이 없음이 첫째요, 음탕함이 둘째요, 시부모를 모시지 않음이 셋째요, 말이 많음이 넷째이고 도둑질함이 다섯째며 질투함이 여섯째요, 나쁜 병이 있음惡疾이 일곱째다. 비록 당대唐代의 혼인법에 삼불거三不去, 즉 세 가지 상황에선 남자가 절대 부인과 이혼할 수 없음이 규정되어 있었지만 현실에서 남자들은 왕왕 거칠 것이 없었다.─원주

터 어진 부인은 구족을 빛나게 하고 삼종지도를 실천했다. 이것이 청사에 이름을 남겨 지금까지 전해지고 있다. 후인들이 마땅히 배워야 할지니 실천하기 어렵다 말하지 말지어다." 마치 부인을 여자 노비로 다루는 것이 올바른 이치라는 말 같다.

그래서 당나라 여성들이 더욱 대단한 것이다. 그녀들을 위해 말해주는 사람이 없었기에 그녀들은 자신을 위해 자신의 이야기를 했는데, 그 투지가 대단해서 손발에 못이 박혀가며 조금씩 자신의 권리에 속하는 것들을 쟁취해갔다. 당나라 여성들이 다른 시대 여성에 비해 잔혹진 것은 단지 그녀들에게 결혼과 애정을 목숨 걸고 지키겠다는 용기가 있었기 때문이다.

그런데 같은 시기의 일본은 대조적으로 상당히 좋아 보이는 혼인 제도를 실시하고 있었다. 밤이 되면 남자는 마음에 두고 있는 여자의 집 문밖에서 사랑의 노래를 부르거나 자신의 진심을 호소했는데, 여자는 자신의 방 안에서 남자와 작은 목소리로 노래를 주고받았다. 만일 마음이 서로 통하면 여자는 남자를 집으로 들였다. 하룻밤의 정을 쌓은 후 이튿날 새벽 남자는 총총히 떠나지만 양측이 이로써 혼인관계를 맺을 수 있다. 헤어지고 나면 남자는 재빨리 와카和歌● 한 수를 적어 다른 사람에게 부탁해 여자에게 보낸다. 이 와카를 '아침을 보낸 뒤의 노래後朝之歌'라고 하며 통상적으로 그대와 나, 애틋하고 깊은 정, 진실한 맹세 등을 두루 다루었다. 예를 들어 후지와라노 미치노부藤原道信●●가 지은 "아, 하늘이 이미 밝았는데 이별을 앞

● 일본의 사계절과 남녀 간의 사랑을 주로 노래한 5·7·5·7·7의 31자로 된 정형시.
●● 헤이안 시대 중기에 활동한 무인이자 시인. 섭정가의 양자로 들어가 황족 호위를 담당하는 직책을 수행하면서 승승장구했으나 천연두에 걸려 요절했다.

둔 섭섭한 마음 깊어진다. 오늘 밤 다시 만날 수 있음을 똑똑히 알지만 나는 여전히 원망스럽구나. 저 새벽을 깨뜨리는 시간이"[31]와 같은 부류로, 이는 여자에 대한 가장 기본적인 예의다. 이어지는 밤과 새벽에 위의 장면이 끊임없이 반복된다. 매우 드물게 남자가 여자의 집에 며칠간 머무르는 경우도 있었지만, 절대다수는 양측이 각자의 집에서 지냈다. 평소에는 서로 상관없이 생활하고 결혼생활은 밤의 밀회가 전부인 이것이 '방처혼訪妻婚'이다.

방처혼은 둘 중 누구의 책임도 의무도 없이 양측의 필요에 의해 이루어지고, 서로 시를 주고받고 사랑 노래를 함께 부르거나 감미로운 밀어를 나눌 뿐이었다. 남자에게는 구애를 할 권리가 있고, 여자에게도 역시 주동적으로 암시하거나 거절할 권리가 있었다. 남자는 동시에 십여 명의 부인을 둘 수 있으며 여자도 동시에 정인을 여럿 둘 수 있다. 1년에 한 번도 안 볼 수 있고 매일 밤 만날 수도 있는데, 모두 양측의 선택에 달려 있었다. 남자가 다시는 방문하지 않거나 여자가 다시는 문을 열어주지 않으면 한 차례의 결혼이 마침표를 찍게 된다. 가볍고 자유로운 데다 어떤 판결을 기다릴 필요도 없었다.

이런 혼인관계에서 두 사람은 시종 세력의 균형을 이루어 누가 누구를 주재하는 것이 아니라 누구나 스스로를 주재한다. 더욱이 이런 형식의 혼인은 매우 로맨틱해서 인위적으로 이별과 그리움을 만들어낸다. 그리고 '아침을 보낸 뒤의 노래'를 쓰는 풍습은 남자가 반드시 여자에게 연애편지를 써야 한다는 규정을 강제한 것이나 마찬가지다. 사람을 매일 연애 속에서 살게 하니 얼마나 귀여운 규칙인가? '아침을 보낸 뒤의 노래'가 모두 장황하고 지루한 거짓말이라고 할 것은 아니다. 설령 거짓말이라 하더라도 감동할 만하다. 지금 누가 또 한 사람을 위해 끊임없이 몇 년간 심지어는 몇십 년간 거짓말을 쓰려 하겠는가?

그러나 이렇게 상대적으로 공평한 혼인관계 속에서 일본 헤이안平安 시대의 여성은 유난히 나약한 모습을 드러냈다. 그녀들은 늘 정인에게 이런 와카를 보냈다. "그대는 말했었죠, 백발이 되어 늙어도 나를 잊지 않겠다고. 내일 일을 어찌 알겠어요. 오늘 나를 죽게 만들어줘요. 모든 것이 행복 속에서 끝나도록." 혹은 "말이 있는 산 아래 대나무 숲은 푸르고, 먼 곳에서 불어오는 바람은 쏴쏴 스쳐 지나가며 시끄럽습니다. 박정한 사람아, 내가 어찌 그대를 잊을 수 있겠습니까? 수많은 대나무가 나를 대신하여 외칩니다."[32] 비참하고 처량한 신세가 세계의 종말을 맞은 것과 같다. 그들에게는 분명히 다른 퇴로가 있었는데 말이다.

오히려 사납게 질투를 한 당나라 부인들의 정신이 칭찬받을 만하다. 맨주먹으로라도 혼인을 망가뜨릴 각종 원인들에 끝까지 항쟁했기 때문이다. 어쩌면 그 수단이 지나치게 단순 무식할 수도 있고 모든 수단과 방법을 다 써도 아무런 도움이 안 될지도 모른다. 그렇지만 당나라 여성은 유감없이 전심전력으로 자신의 혼인이나 애정을 지키기 위해 모든 것에 혼신의 힘을 다했다. 결국엔 버림받고 배신자를 마주하더라도 그들은 "박정한 사람아, 내가 어찌 그대를 잊을 수 있겠습니까?"처럼 슬프게 탄식하는 경우가 드물었고, 종종 각별한 용맹함을 드러냈는데 어현기魚玄機*와 매비梅妃**가 대표적이다.

---

* 약 844~871. 설도薛濤, 이야李冶와 함께 당나라를 대표하는 3대 여류시인의 한 사람으로 꼽힌다. 『전당시』에 50수의 시가 전해지고 있다.
** 710~756, 본명은 강채평江采萍. 현종의 왕비였다가 양귀비가 입궁한 뒤로 총애를 잃고 쓸쓸히 지내다 안사의 난 때 우물에 몸을 던져 자진했다.

어현기는 이억李億에게 시집을 가서 첩이 된 이후 이억에게 버림을 받았음에도 시종일관 이억을 열렬히 사랑하여 심지어 출가해 도교 사원에 들어가서도 그를 잊지 못했다. 하지만 이렇게 깊이 사랑했음에도 어현기는 이러한 감정의 결과에 대해 변함없이 "스스로 송옥을 엿볼 수 있는데, 무엇하러 왕창을 원망하겠는가?"[33]라고 했다. 기왕에 절세의 용모를 가졌으니 다시 송옥과 같은 훌륭한 남자를 찾으면 얻을 수 있는데, 무엇 때문에 송옥만도 못한 남자인 왕창을 끝내 잊지 못하고 원망하는 데 기운을 쏟겠느냐는 것이다. 이억이 이 시를 읽고 어떤 생각을 했는지 알 수 없지만, 내 생각에는 "스스로 송옥을 엿볼 수 있다"는 어현기의 이 기개를 접하고 그도 틀림없이 후회했을 것 같다.

당 현종은 양귀비를 총애하면서부터 매비를 완전히 냉대했다. 어느 날 현종은 갑자기 매비의 갖가지 장점이 떠올라 사람을 시켜 매비에게 진주를 보내고 옛날 좋았던 때를 회복하길 바라는 마음을 나타냈다. 그런데 이어서 발생한 일은 안사의 난 못지않게 현종을 뒤흔들었다. 매비는 그 진주를 단호히 거절했을 뿐만 아니라 바로 시를 지어 현종에게 올렸다. "버들잎 같은 두 눈썹 오랫동안 그리지 않았고, 남은 화장이 눈물에 섞여 손수건을 더럽혔답니다. 장문궁에서 해가 지도록 세수도 안 했는데, 어찌 진주가 쓸쓸함을 달래주겠습니까?"[34] 현종이 이번에 호의를 보인 것이 어쩌면 매비 인생에서 마지막으로 처지를 바꿀 기회인지 모른다. 만약 거절한다면 여생을 냉궁冷宮에서 꺼져가는 촛불과 어둠 속에 빗소리를 벗 삼아 살아갈 수도 있다. 일찍이 현종의 총애를 받던 그녀가 궁중의 생존 법칙을 몰랐을 리 없다. 그러나 매비는 단호히 거절했으니 그녀의 입장에선 자존심이 총애보다 더 중요했던 듯하다. "어찌 진주가 쓸쓸함을 달래주겠습니까?"라고 한 훌륭한 시구는 대장부가 '옜다, 하고 던져주는 음식은 먹지 않는다'라고 한 것에 뒤지지 않는다.

남성은 쉽게 부인을 버렸지만 당나라 여성은 녹록하게 무례함을 참고 견디지 않았으며 결코 남성의 판결을 조용히 기다리고 있지 않았다. 혼인이 견딜 수 없는 지경에 이르면 그녀들도 반려자를 버릴 수 있었다. 비록 많은 제한이 있었지만 여성도 이혼을 요구할 수 있었다. 이혼을 하려면 남편의 동의를 반드시 얻어야 해서 남성들처럼 일방적으로 결정할 수는 없었고, 일본의 '방처혼' 제도처럼 자유롭고 간편하지도 않았지만, 당나라 법률은 여성의 권익 측면에서 크게 발전한 셈이었다. 당나라 여성들은 크지 않은 권익을 충분히 이용하여 매미 날개처럼 얇은 자신의 행복을 지켰다.

강릉江陵의 어떤 선비가 일을 보려고 집을 나서며 첩과 5년을 기약했는데, 5년이 지나도 선비가 집으로 돌아오지 않자 그녀는 망설임 없이 즉각 이혼하고 개가함으로써 더 이상 청춘을 붙들린 과부로 살아가지 않았다. 5년을 기다렸으니 이미 모든 성의를 다한 셈이고, 정절이라는 허명을 위해 바라지 않는 생활을 억지로 할 필요는 없는 것이다.

이런 생각을 품고 있던 당나라 여성은 적지 않았다. 위남渭南 현승縣丞 노패盧佩는 어머니가 병이 나자 사방으로 명의를 찾아다녔다. 어느 날 우연히 하얀 옷을 입은 부인을 만났는데 스스로 의술이 뛰어나다고 하기에 노패가 매우 기뻐하며 하얀 옷의 그녀를 부인으로 얻어 집으로 돌아왔다. 부인은 노패의 어머니를 봉양하는 데 몰두하여 조금도 잘못한 바가 없었다. 그러나 더할 수 없이 완벽한 것도 잘못

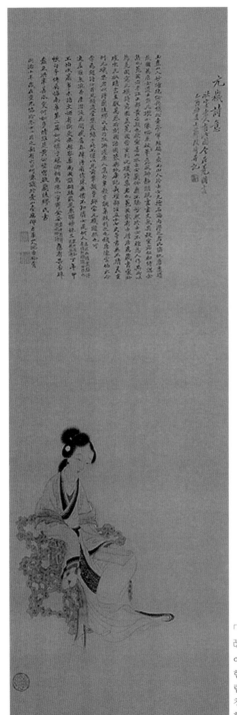

「원기시의도元機詩意圖」, 개기
改琦, 청나라

이 그림은 당나라 여류 시인 어
현기를 그린 것이다. 청나라 사
람의 심미관에 따른 그림이라
청신함과 화려함은 넘치고 온화
함과 점잖음은 부족하다.

인지 노 씨의 어머니는 부인이 요괴나 귀신이 변한 것이라는 의심을 품게 되었다. 부인은 화를 참지 않고 즉시 보따리를 싸 떠나며 다시는 이 의심 많은 모자와 '내가 누구게?' 게임을 하지 않았다. 『이십사효二十四孝』 중 당나라의 고사는 모두 부인이 어떻게 진심으로 시부모님을 모셨는가에 대한 것뿐이지만● 당나라 여성을 무조건적으로 양보하도록 길들이기엔 귀감의 힘이 부족했다.

이외에도 부부가 양쪽이 서로 성격이 맞지 않음을 깨닫거나 감정이 옅어져도 합의 이혼이 가능했으며, 당나라 법률에서는 이를 '화리和離'라고 했다. 이러한 이혼은 누가 누구에게 강제하는 것이 아니라 감정이 이미 완전히 멀어진 것을 양측이 인식하고 좋게 상의하여 헤어지는 것이다. 당나라 돈황敦煌 지방의 이혼 판결서에는 양측이 조금의 원망도 없으며 운명적으로 연분이 없는 것이니 끝에는 여전히 서로에게 축복하며 남편은 "부인께서는 헤어지고 나서 다시 귀밑머리 빗으시고, 눈썹을 예쁘게 그리고 정숙한 자태를 뽐내며 고관대작을 선택하시길 바랍니다"라 하고 판결한 이도 "남편은 술잔을 맡기던 현숙한 부인이 떠났으니 함께하던 울타리가 불사의 용까지 늘어날 것이다. 아내는 재가할지니 좋은 매파가 영원히 함께할 인연을 맺어줄 것이다"라고 했다. 훈훈하고 아름다워서 이처럼 잘 어울리는 두 사람이 왜 헤어졌을까 하는 의심이 들 정도다.

● 「유고불태乳姑不怠」: 최산남崔山南은 당나라 박릉博陵(지금의 허베이성 딩저우定州) 사람이다. 어느 해 최산남의 증조모 장손長孫 부인이 나이가 많아서 이가 다 빠져 음식을 씹을 수 없게 되자 조모 당 부인이 매일 자신의 젖으로 시부모를 모셨는데 이렇게 수년간 봉양했다. 장손 부인은 임종을 앞두고 자손들을 불러 모아 "나는 며느리에게 보답할 길이 없으니 증손자와 증손 며느리들이 그녀가 나에게 한 것처럼 효도해드려라"라고 당부했다. 후에 최산남이 고위 관직에 올랐으며 장손 부인이 당부한 것처럼 당 부인에게 극진히 효도했다.—원주

「여사잠도女史箴圖」의 당나라 사람 모사본, 고개지顧愷之, 동진

이 그림은 서진 시대 장화張華의 「여사잠女史箴」을 근거로 그린 것이다. 장화는 고대에 어진 성품을 지녔던 궁정의 '여사女史', 즉 여관女官 열두 명을 힘껏 칭찬했으니, 말하자면 여성들을 위해 열두 개의 도덕적 모범을 내세운 것이다.

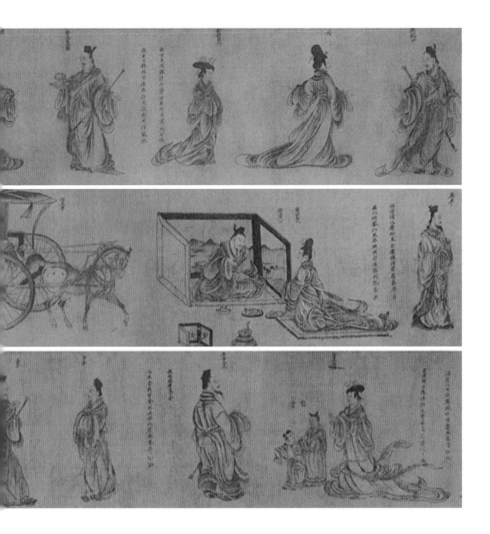

「열녀전列女傳」의 송나라 사람 모사본, 고개지, 동진
그림에 그려진 여성들은 모두 고대 남성들의 이상형이다.

당나라 『호혼율戶婚律』에 보이는 화리는 고대 혼인의 역사에서 가장 놀랄 만한 변화라고 하겠다. 옛사람들의 전통 관념에서 혼인은 두 집안이 잘 결합하여 자손을 늘리기 위한 도구에 불과했고, 양측이 예로써 서로를 대하면 그만일 뿐 정을 논할 필요는 없었다. 부부 두 사람의 연결 고리는 예이고 가족의 이익이니 정까지야 이르겠는가? 그것은 단지 전설일 뿐이다. 그런데 당나라 정부는 남녀 양측이 감정이 멀어진 것을 이유로 합의 이혼하는 것에 동의했고, 이는 남자든 여자든 다 신청할 수 있었다.

그러나 이것이 남녀평등을 반영했다고 생각하지는 않는다. 내가 지적하고 싶은 것은 고대 중국에서 처음으로 혼인에 애정이라는 것이 있음을 공식적으로 인정했다는 점이다. 혼인이 오랫동안 아름답도록 사람들은 온갖 수단과 방법을 다하여 혼례에서 축복하고 또 축복한다. 당나라 사람도 그러했고 당나라 이전과 이후에도, 당나라 이외의 사람들도 역시 그러했다. 축복이 일종의 마법인 듯 두 사람이 영원히 헤어지지 않게 할 수 있는 것처럼 말이다. 나는 『타시리아塔希里亞 고사집』● 가운데 혼례 축사를 유독 좋아하는데, 세계의 변두리에 있는 오래된 어촌에 1000년간 계속 이어져온 축사라고 한다.

젊은 아이들아
오늘부터 너희의 한쪽 다리는 자유에서 책임으로 바뀔 것이고
오늘부터 너희의 한쪽 손은 요구에서 헌신으로 바뀔 것이고
오늘부터 너희의 한쪽 눈에는 서로만 보일 것이다

● 2007년 중국의 만화가 우먀오吳淼가 펴낸 공상 과학 만화. 타시리아를 배경으로 펼쳐지는 여러 이야기를 그렸다.

그래서 너희가 잃을 모든 것을 분명히 생각해보렴

그리고 나에게 알려다오 여전히 원하는지 아닌지

이 광활하고 아득한 세계에 단지 둘만이 옆에 있으니

기억해라 이 순간 너희의 용기를

그럼, 해변에 모래를 사용하여

견고한 작은 집 하나를 쌓아라

밀물이 들어오길 기다렸다가 작은 집이 바다로 돌아갈 때

너희는 부부가 된 것이다●

축복이라기보다는 경고라고 하는 편이 낫겠다. 하지만 위험을 분명히 알고도 여전히 뒤돌아보지 않고 앞으로 나아가는 사람만이, 흔들리며 불안한 세계에서도 다른 사람의 손을 잡고 일생의 여정을 끝까지 걸어갈 수 있는 힘이 있다고, 나는 믿는다.

● 두 구절이 더 이어진다. "혼인은 이 모래밭의 작은 집과 같으니, 생활의 전부를 귀하게 여겨 아껴라." 필자는 이 두 구절처럼 알맹이 없는 말을 좋아하지 않아 일부러 생략했다.—원주

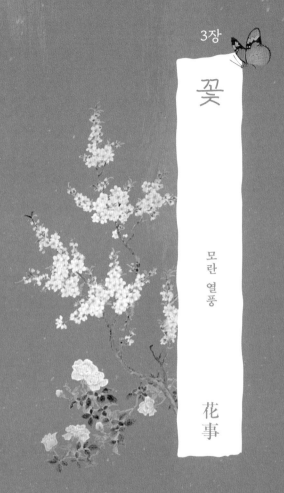

3장

꽃

모란 열풍

花事

집집마다 작약 피고요
따뜻한 것도 나쁘지 않네요
부드럽고 상냥함이 여자 같은데
얼굴 붉히며 웃음이 멈추지 않네요

당나라 사람들의 생활 필기筆記를 읽다보면 언제나 꽃 이야기를 벗어나지 못한다. 그들은 번거로워하지 않고 꽃과 관련된 모든 것을 기록했다. 기이한 화초의 품종, 꽃을 키우는 새로운 방법, 참신한 꽃 감상법, 꽃을 감상하기에 좋은 장소와 시간 등 크고 작은 것이 빠짐없이 적혀 있다. 언젠가 필기 한 꼭지를 읽노라니 만당의 시인 한악韓偓의 『금란밀기金鑾密記』에 나오는 이야기였다. "한림원翰林苑에는 내원으로 통하는 용구거龍口渠가 있다. 큰비가 내린 뒤에는 꼭 꽃잎이 날려 용구거를 따라 나오는데, 백 가지의 향기와 색깔이 있어 이름을 다 알 수 없고 봄날에 더욱 오묘하다." 꽃 이야기를 많이 읽다보니 이제는 '꽃 바보'인 당나라 사람들이 이상하게 보이지도 않는다. 하지만 도대체 얼마나 꽃을 사랑해야 시들어버린 꽃마저 정성스럽게 글로 남길 수 있을까?

정원에 가득 핀 꽃

"집집마다 작약이 피니, 따뜻해지고 부드러워져도 되겠네. 따뜻함과 부드러움은 여인처럼, 붉은 얼굴에 웃음이 끊이지 않네. 월아月娥● 가 쌍쌍이 내려오고, 초나라 미인이 가지마다 떠다니네. 동굴에서 신선을 만나, 우아하게 푸른 밤에 노니네."[1]

"인간 세상에서 장수를 보낼 수 있다면, 다만 인간 세상에서라야 꺼리지 않으리. 사방 이웃에서 꽃이 다투어 피니, 높은 누각에서는 지금부터 발을 내리지 말지니."[2]

앞의 시는 맹교孟郊의 것이고, 뒤의 시는 사공도司空圖의 것이다. 모두 대단히 뛰어난 시는 아니지만 나는 유독 이 시를 좋아해 반복해서 읽는다. 읊조리면 읊조릴수록 당나라로 가는 것 같다. '집집마다 작약이 피었던' 시대이자 '사방 이웃에서 꽃이 다투어 피던' 그 시대 말이다.

당나라 사람들이 꽃을 좋아한 정도는 중국 역사상 단연 최고 수준이다. 소식蘇軾이 '대나무 없이는 살지 못한다'고 한 것처럼, 당나라 사람들은 '꽃이 없으면 살지 못한다'는 식이었다. 부호의 집에는 반드시 개인 정원이 있었고, 평범한 백성은 작은 화분이나 사발에 몇 그루라도 기르는 등 꽃이 없는 것을 견디지 못했다. 두보가 성도成都로 거처를 옮기고서 가장 먼저 한 일도 친구에게 각종 꽃을 보내달라 부탁한 것이었다. 그는 그것을 정성껏 길러 초당草堂을 화당花堂으로 발전시켰다. 두보가 단지 집 한 채를 바꾸었다면 백거이는 한 고을을

● 달에 산다는 선녀.

바꾸었다. 백거이는 충주자사忠州刺史로 임명되어 갔을 때, "파 땅의 풍속은 꽃을 사랑하지 않아, 봄날이 다 가도록 오는 사람 없는"[3] 처지에 괴로워하여, 결국 고생을 마다 않고 직접 산에 올라 꽃과 나무를 심으며 충주를 꽃의 고을로 만들겠노라 선언했다. 그의 고생이 헛되지 않았음은 물론이다. 측천무후와 같이 권세가 대단하고 과격한 사람은 꽃의 신에게 성지를 내려 온갖 꽃을 일제히 피우도록 명령하기도 했다.[4]•

그 당시 사람들은 꽃의 신이 있다고 믿었다. 이러한 믿음에는 감성적인 요소—당나라 때에는 3세기 동안 로맨틱 콤플렉스가 만연한 것이 문제였다—가 있었을 뿐 아니라 이지적인 요소—꽃의 각종 아름다움은 사람으로 하여금 신의 존재를 추리하게 하기에 충분하다—역시 있었다.

그 당시 중국의 이웃인 일본은 헤이안 시대였는데, 그들 역시 꽃에 신성神性이 있다고 믿었기에 꽃송이를 밭두렁에 꽂아두고 조상의 영혼이 꽃으로 돌아와 그들을 도와 밭을 돌봐주길 빌었다. 그들은 '진상품'을 꽃가지에 묶어두어 얼마 되지 않는 공물로나마 평안과 행복을 기원했다. 일본 헤이안 시대에 꽃의 신이 맡은 일들은 당나라 때 꽃의 신이 맡은 일들에 비해 잡다했다. 당나라 사람들은 그저 꽃의 신에게 한 가지만 빌었는데, 그것은 꽃이 무성하게 피고 개화기가 더 길어지는 것이었다.

봄은 그 시대에 가장 길었던 계절로, 꽃이 피는 때가 바로 당나라

• 당나라의 여황제인 무측천이 성지를 써서 꽃을 관장하는 신에게 명하길 "내일 아침 상원에 노닐 것이니, 빨리 봄소식을 알려라. 밤새 꽃이 피도록 하되, 새벽바람이 불 때까지 기다리지 말라"고 했다. 그런데 이튿날 상원에 가보니 과연 꽃이 만발했다고 한다.

「나부몽경도羅浮夢景圖」, 비단
욱비費丹旭, 청나라

당나라 문학가 유종원의 『용성
록龍城錄』에 의하면, 수나라 조
세웅趙世雄이 나부羅浮에 있을
때, 해질 무렵 소나무 숲에서 우
연히 한 아름다운 여자를 만났
다. 두 사람은 함께 술을 마시며
이야기를 나누었고, 서로 마음
이 잘 맞아 조세웅은 자기도 모
르는 사이에 취해 쓰러졌다. 그
가 깨어나 보니 여자는 사라져
보이지 않았고 오직 매화 한 가
지만이 활짝 피어 자신의 옆에
있었다.

사람들이 즐거움에 빠지는 기간이었다. 우선 탐화探花를 보자. 진사과에 급제한 사람들은 함께 모여 탐화랑探花郎 한 명을 뽑았다. 탐화랑과 기타 진사들은 장안성 안에서 진귀한 꽃을 두루 찾아 모두 따서 돌아와야 했다. 만약 진사가 탐화랑보다 더 빠르게 더 좋은 꽃을 따오면 탐화랑이 벌주를 마셨다. "급제한 새봄에 승경지를 골라 노니니, 행원의 첫 연회는 곡강 변이로구나. (…) 돌아갈 시간 아랑곳하지 않고 꽃 사이에서 취하니, 아름다운 길로 향기로운 수레가 물 흐르는 듯 가는구나."5 모든 사람이 열심히 놀며 탐화 놀이와 시험에 급제해 공명을 얻는 일을 동등하게 중요시하니, 책만 읽을 줄 알고 꽃을 감상할 줄 모르면 풍류 축에 낄 수 없었던 것이다.

다음은 투화鬪花로서, 따뜻한 봄 삼월에 꾀꼬리 날고 풀이 자라면 장안의 여인들이 머리 가득히 꽃을 꽂고 누구 머리 위의 꽃이 더 아름다운지 경쟁했던 것을 말한다. "다투어 부여잡은 버들가지 띠가 손과 손에, 사이사이 꽂은 꽃가지가 머리마다."6 그들이 꽃 무더기에서 풍경을 바라보면 그들이 또 풍경의 일부가 되었다. 당 현종은 매번 봄이 되면 비빈들에게 아름다운 꽃 꽂기 경쟁을 시킨 다음, 직접 나비를 잡아다가 그 나비가 나풀나풀 날아가 어떤 후궁의 머리에 앉으면 그 후궁을 더욱 총애했다.● 시합의 규칙이 독창적이니 과연 현종은 삶을 즐길 줄 아는 사람이다. 다만 이런 투화에서 이기고 지는 것이 대단히 부담스럽기에, 나는 비빈들이 결코 즐겁지는 않았을 거라고 생각한다.

탐화와 투화 외에도 당나라 사람들이 꽃을 감상하며 연회를 열고

당나라
뒷골목을 읊다

114

● 이는 양귀비가 총애를 받기 전의 일이다.─원주

노니는 활동은 봄철에 시작되어 1년 사계절 내내 끊이지 않았다. 꽃이 피는 것이 바로 연회를 열고 노닐어야 할 충분한 이유였다. 꽃을 감상하는 성대한 놀이를 접하면 집집마다 '총출동'하여, 『당척언唐摭言』에서는 "곡강의 연회에 행상들이 줄을 서서 장안은 거의 반이 비었다"고 했다.

꽃을 마음껏 감상하기 위한 당나라 사람들의 묘안이 백출했고, 그런 묘안들은 언제나 예사롭지 않고 치열했다. 당나라 때 어느 양주태수揚州太守는 살구꽃이 활짝 필 때면 꼭 연회를 마련했다. 연회가 시작되면 살구나무 한 그루마다 그 옆에 짙게 화장한 아름다운 기녀를 한 명씩 두었다. 그리고 이 미녀들에게 살구꽃과 아름다움을 겨루게 하고서는 이에 '봄을 다툰다'는 그럴듯한 이름을 붙였다. 꽃은 미인 같고 미인은 꽃 같으니 '봄을 다투는' 것이 아니라 분명 '봄을 더하는' 일이었다. 당 목종穆宗은 꽃이 필 때면 항상 화원 울타리에 장막을 겹겹이 치면서 특별히 '석춘어사惜春御史'를 배치하여 이 작업을 책임지도록 했다. 이를 '괄향括香'이라고 불렀는데, 그 뜻은 꽃향기를 가두어 향기가 바람 따라 사라지는 것을 막겠다는 것이다. 꽃을 아끼는 것이 이 정도였으니, 꽃의 신이 알았다면 감격에 목이 메지 않았을까?

마찬가지로 향기 속에서 글도 지었다. 양국충楊國忠은 꽃을 감상하기 위해 사향각四香閣을 지을 때 침향나무로 누각을 만들고 단향목으로 난간을 만들었으며 사향麝香과 유향乳香을 흙에 섞어 벽을 만들었다. 모란이 활짝 필 때면 많은 손님을 초대하여 누각에 올라 꽃을 감상했다. 모란의 깨끗한 향과 네 종류의 짙은 향이 섞여 발효되니 공기의 달콤함이 사라지지 않았다. 당말 오대에 이르러 한희재韓熙載는 더 나아가 화초의 서로 다른 특성에 근거하여 꽃과 향료의 가장 뛰어난 배합을 얻어냈다. 목서꽃과 용뇌향, 도미꽃과 침수향, 난초 혜초와 사절四絕, 함소꽃과 사향, 치자나무와 단향의 배합이 그것이다. 이는 현대의 향수 제조 공예와도 얼마간 비슷하여 단지 어느 한 종류의 향만 따지지 않고 각종 향이 서로 섞이면서 더욱 미묘한 향기가 나도록 하는 것이다. 다만 양국충과 한희재의 방식이 더 낭만적인데 그 가운데 한 종류의 '향'은 여전히 흙 속에서 멈추지 않고 자라기 때문이다.

그러나 이런 꽃 감상 방식은 명나라 문인인 원굉도袁宏道●로부터 크게 비난을 받았다. "꽃향기에 손상이 갔던 것은 속인들의 잘못이다. 향의 기운은 건조하고 강해 한번 그 독을 쐬면 얼마 되지 않아 말라 시드는 까닭에 향이 꽃에게 칼날이라고 하는 것이다."[7] 중국 고대에 가장 충성스런 '꽃 지킴이'였던 원굉도의 마음속에는 속인들이 꽃에 저지른 죄상이 꽃향기를 손상시키는 것 말고도 훨씬 더 많이 있었다. 원굉도는 꽃에게 굴욕감을 주는 23가지를 열거했다. 변변찮은 승려가 선禪을 이야기하는 것, 창문 아래에서 개가 싸우는 것, 못생긴 여자가 따서 머리에 꽂는 것, 오吳 지역에서 가짜 그림을 만나는 것, 술집을 이웃 삼는 것 등 한둘이 아니다. 가장 배꼽 빠지게 웃긴 이야기는 '책상 위에 「황금백설黃金白雪」, 「중원자기中原紫氣」 등의 시문이 놓여 있는 것'이다. 「장진주將進酒」●●나 「여인행麗人行」●●●과 같은 시는 꽃과 함께 책상 위에 두기에 적합할지 모르겠다.

● 1568~1610. 명나라 말기의 문인으로 국자박사國子博士 등을 역임했다.
●● 이백의 시로, 세상 근심을 잊고 술을 마시자는 내용을 노래했다.
●●● 두보의 시로, 양귀비와 그 자매들의 호사스런 생활을 풍자하는 내용을 담고 있다.

잠깐, 꽃이 받는 굴욕은 아직 끝나지 않았다. 원굉도는 하찮고 천한 노비가 꽃으로 목욕을 하는 것 역시 꽃을 존중하지 않는 것이라 여기고 이렇게 짝을 정해주었다. "매화 목욕은 은사에게 알맞고, 해당화는 운치 있는 손님, 모란이나 작약은 아름답게 단장한 여인, 석류는 고운 여자 노비, 목서는 똑똑한 아이, 연꽃은 귀여운 첩, 국화는 예스럽고 기이한 것을 좋아하는 사람, 납매臘梅는 야윈 스님에게 알맞다."

『병사瓶史』를 보면 명나라 문진형文震亨의 『장물지長物志』와 도륭屠隆의 『고반여사考槃餘事』, 그리고 이어李漁의 『한정우기閑情偶寄』가 생각난다. 명나라 사람들은 국가 대사나 정치 시국을 분석할 때의 정중한 어조를 특히 애용하여 생활 속에서 당신이 자다 깨어나도 생각 못할 작은 세부 사항을 연구하고 토론했던 듯하다. 커튼 걸이부터 의자, 가위부터 문, 의식주 행위부터 각종 양념과 장류 모두에 주의를 기울였다. 젓가락 꽂는 병에 대해서조차 그들은 고심을 거듭하여 마지막에는 낮고 묵직한 얼굴로 이렇게 결론을 내렸다. "젓가락 꽂는 병으로는 관요官窯, 가요哥窯, 정요定窯●의 것이 아름답기는 하지만 매일 사용하기에 적합하지 않다. 오吳 지방에서 만드는 목이 짧고 얇은 것은 끼웠을 때 넘어지지 않으며, 동으로 된 것은 품종이 아니다."[8] 관요, 가요, 정요에서 구워내는 자기의 젓가락 꽂는 병은 품질이 좋지만 매일 사용하기에 적합하지 않고, 오 지역에서 최근에 만들어낸 목이 짧고 좁은 병은 몸체가 매우 무거워 넘어지지 않으므로 사용하기 좋으며, 동으로 된 젓가락 병은 냉소에 부칠 수 있을 뿐 더

● 자기磁器 제작소들의 명칭이다. 송대宋代에는 자기 제작소들 가운데 5대 명요名窯가 있었는데, 여요汝窯, 관요官窯, 가요哥窯, 정요定窯, 균대요鈞臺窯다.

붙어 말할 것이 못 된다는 뜻이다.

프티부르주아 생활 방면의 서적들이 명나라 때 쏟아져 나온 것은 우연이 아니다. 명나라 시민생활이 풍부하고 번영했던 것 말고도 몇 가지 원인이 더 있다. 자세히 관찰해보면 한 시대의 정신적 국량이 좁을수록 그 시대의 문화인들은 더 무능하고 더 따지고 든다는 것을 알게 된다. 당나라 사람들은 미친 듯이 꽃을 사랑했지만 원굉도처럼 몽땅 의심의 눈초리로 보면서 이것도 굴욕감을 주는 것이고 저것도 굴욕감을 주는 것이라 생각했던 사람은 아무도 없었다. 당나라 사람의 입장에서 본다면 변변찮은 스님이 참선을 말하고, 창문 아래서 개가 싸우든 말든 무슨 상관이란 말인가? 꽃은 알아서 피고 나는 알아서 감상하고 맑은 바람은 알아서 불어온다. 명나라 사람들의 삶이 섬세하다면 당나라 사람들의 삶은 대범하다.

꽃을 감상할 때는 자연에서 자라는 꽃을 감상하기도 하고, 골라 꺾어서 꽂아둔 꽃을 감상하기도 한다. 꽃꽂이에 대해 당나라 시인 나규羅虬는 「화구석花九錫」이라는 글을 한 편 썼는데, 당나라 화도花道의 결정체라고 볼 수 있다. '구석九錫'은 임금이 공적이 뛰어난 이에게 하사하는 아홉 가지 물건으로 최고의 예우를 나타낸다. 나규가 '화구석'이라고 제목을 단 것은 꽃에 최고의 예우를 표한 것이다. 이 글은 꽃에 하사해야 할 아홉 가지 사물, 다시 말해서 꽃꽂이에 필요한 아홉 가지의 사물을 서술한 것이다. 금 가위는 꽃을 자르는 데 쓰고, 옥 화병은 꽃을 꽂아두는 데 쓰고, 세밀하게 조각한 탁자는 꽃을 올려두는 데 쓰고, 술, 시, 그림은 꽃을 돋보이게 하는 데 쓰고, (⋯) 불과 수십 글자 정도로 간단명료해서 "국화 목욕은 예스럽고 기이한 것을 좋아하는 사람에게 알맞다"는 등의 요구 사항이 전혀 없다.

당나라 때는 꽃꽂이가 크게 유행해 사람들은 모두 아름다운 동반자를 한 가지 잘라 집에 두고 싶어했다. 꽃꽂이 방법은 대체로 나규가 말한 것에서 벗어나지 않았고, 갖가지 색상의 화병에서 완성되었다. 그러나 다른 종류의 꽃꽂이 작품도 있었다. 양국충 가족은 매년 봄이 되면 사방에서 유명한 꽃과 특이한 나무를 구해와 상자 안에 심었다. 꽃 상자 아래에는 목판과 나무 바퀴를 달고 사람을 시켜 꽃 상자를 끌고 자신을 따르도록 했다. 어디를 가든 꽃 상자가 눈앞에 있어 수시로 진귀한 꽃과 나무를 감상할 수 있었다. 이 이동식 꽃 상자를 '이춘함移春檻'이라고 불렀다. 봄이 나를 따라 이동한다니 참으로 호쾌하고 웅대한 꽃꽂이 작품이다.

여기서 나는 '화도왕국花道王國'인 일본 고대의 '호탕한' 꽃꽂이 작품 두 가지가 떠올랐다. 둘 다 일본 다도茶道의 대가인 센 리큐千利休● 가 완성하고 도요토미 히데요시豐臣秀吉가 설치한 작업이다.

첫째는 도요토미 히데요시가 센 리큐에게 매화 한 가지와 편편한 철판 화기花器 하나로 꽃꽂이를 하라고 명한 것이다. 센 리큐는 유유히 겨울 매화를 가져와 힘을 주어 매화를 주무른 다음, 비비고 문질러 변형된 매화 가지를 철판 가장자리에 두었다. 그러자 철판에 담겨 있는 맑은 물 위로 매화 꽃잎이 떨어졌다. 사람들의 의표를 찌른 것이다. "성긴 그림자가 맑고 얕은 물에 비스듬하니"[9] 매화의 색이 더욱 짙어졌다.

다른 하나는 도요토미 히데요시가 센 리큐의 정원으로 가서 꽃을 감상하고 싶어해 시간을 정하고 갔던 것이다. 센 리큐의 뜰에는 본래

● 일본 센고쿠 시대 다도의 대성자. 다성茶聖이라고도 칭해진다. 오다 노부나가織田信長와 도요토미 히데요시에 봉사하며 다도에 관한 일을 맡아보았다.

「고이화훼도古彝花卉圖」, 임이任頤, 청나라

「수도도授徒圖」, 진홍수陳洪綬, 명나라

그림에서 화훼는 모두 청동기에 담겨 있다. 청동기로 꽃꽂이 를 하는 것은 오늘날에는 매우 드물지만, 옛사람들은 청동기 를 상급의 화기花器로 여겼다. 명나라 문진형은 '옛 청동기 는 땅에 묻힌 지 오래되어 땅의 기운을 깊게 받은 까닭에 그 것으로 꽃을 키우면 꽃의 색이 선명하니, 다만 예스러운 색깔 만 즐기는 것이 아니다'라고 했다.

옛날 문인들의 책상에는 항시 꽃잎이 무성했다.

나팔꽃이 가득 심어져 있었는데 도요토미 히데요시가 뜰로 들어섰을 때는 한 송이도 보이지 않았다. 이유를 물어보고 나서야 센 리큐가 그 전날 일부러 모든 나팔꽃을 뽑아버렸다는 것을 알게 되었다. 도요토미 히데요시가 크게 화를 내다가 문득 질박한 청동기 하나에 정원에서 유일한 나팔꽃 한 송이가 담겨 있는 것을 발견했고, 꽃을 감상하던 사람들이 크게 감동을 받았다.

앞서 꽃가지를 문질러 떨어진 꽃잎이 물에 떠가는 형상을 만들어 낸 것과 그다음에 진귀한 한 송이를 부각시키기 위해 많은 꽃을 뽑아낸 것은 창의성이 매우 뛰어나다. 그러나 일본 사람들에게 크게 칭송받았던 이 두 가지 꽃꽂이 작품은 모두 꽃을 상하게 한 대가로 이루어졌다. 그나마 센 리큐의 두 작품은 적어도 꽃을 주인공으로 삼고 있지만, 센 리큐의 스승인 다케노 조오武野紹鷗의 출세작은 여기서 더 나아가 세상을 더 놀라게 했다. 눈이 내리는 겨울날 그는 꽃 그릇에 맑은 물만 가득 담았다. 다른 것은 아무것도 없이 오직 하늘에 날리는 눈꽃뿐인데, 이렇게 하늘에 눈꽃이 있으니 무슨 꽃을 더 꽂을 필요가 있겠는가?

여러 사례를 보면 일본의 화도에서는 종종 꽃이 중심이 아니라는 것을 점차 이해하게 된다. 일본 전통 꽃꽂이에서는 일반적으로 세 개의 나뭇가지를 뼈대로 하는 구성을 채택하는데, 그것이 아름다움을 위해서였다고 생각하는가? 맞다, 그러나 그것이 다는 아니다. 이 나뭇가지 세 개의 조합은 16~17세기 일본에서 천天, 지地, 인人이 융합하여 통일되는 우주관을 나타냈다. 그런데 현대에 와서는 의미가 바뀌어 아버지, 어머니, 자녀가 잘 어울려 질서를 이루는 가정관을 나타내게 되었다. 일본 전통 꽃꽂이에는 일반적으로 목본木本 꽃도 있고 초본草本 꽃도 있는데, 그것이 화려함을 위해서였다고 생각하는가? 이것도 맞다. 그러나 마찬가지로 이것이 다는 아니다. 목본 꽃은 강인한 남성을 나타내고 초본 꽃은 부드러운 여성을 나타내는 까닭에 한데 배치해 음양의 조화를 나타내고자 했던 것이다.

요컨대 일본 사람들에게 꽃은 하나의 수단에 지나지 않았다. 화도가 탄생하기 이전에는 꽃이 복을 기원하는 수단일 뿐이었고, 화도가 탄생한 이후에는 꽃이 어떤 심오한 철학적 이치로 통하는 길이었다. 일본 센고쿠戰國 시대● 꽃의 대가였던 이케노보 센케이池坊專慶●● 가 이렇게 말하지 않았던가, "초목을 바라보며 마음을 서술하고 봄가을의 변화를 생각하니 이러한 흥취로 매일 하루를 보낼 뿐만 아니라, 꽃잎이 날리고 낙엽이 떨어지는 것으로부터도 깨달음을 얻으니, 이러한 과정은 꽃꽂이가 아닌 것이 하나도 없다." 깨달음이야말로 가장 중요한 이치인 것이다. 일본 사람들이 바라는 바는 꽃 그 자체가 아니라 꽃에 내포되어 있는 삼라만상과 인생의 깊은 의미다.

일본의 현묘하고 깊은 화도와 견주어보면 당나라의 화도는 실용적인 측면이 많았다. 「화구석」에 거론된 사물들은 각각이 모두 사람들이 진귀한 꽃의 자태를 더 잘 감상하기 위해 설계한 것이다. 양국충의 '이춘함' 역시 잠시도 형형색색의 꽃과 떨어지지 않기 위해서 고안되었다. 당나라 사람들의 꽃구경은 그저 꽃구경이었다. 꽃은 수단이 아니었고 통로가 아니었다. 꽃은 단지 그들이 다다르고자 한, 눈부시고 화려한 목적지였다.

● 일본에서 15세기 중반부터 16세기 후반까지 계속되었던 사회적·정치적 변동 및 내란의 시기를 가리킨다.
●● 15세기의 승려이자 화가. 후에 일본 화도의 대표적인 유파로 자리 잡은 이케노보 유파의 원조다.

당나라
뒷골목을 읊다

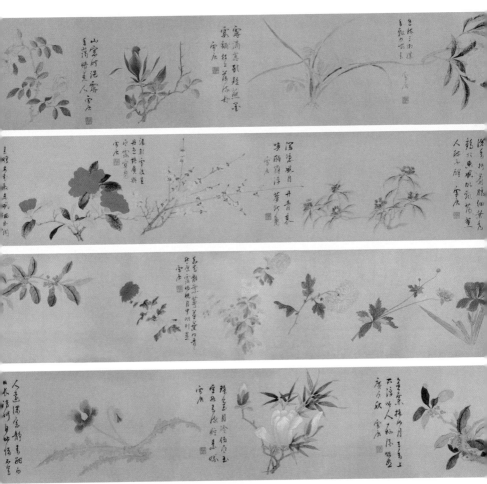

「백화도百花圖」, 손극홍孫克弘, 명나라

이 그림은 절지한 화훼 12단을 그린 것이다. 두루마리를 펼쳐서 그림을 보노라면 향기가 코를 찌르는 것 같아 자못 당나라 시인 장열張說 시의 정취가 느껴진다. "춘삼월에 나가보니, 산에 온갖 꽃이 피었구나. 숲을 헤치고 가파른 곳으로 들어서서, 갈라진 숲으로 들어가면 험준한 산꼭대기, 비탈길에서 더위잡으며 높은 곳에 올랐다"[10]는 뜻을 담아내고 있다.

당나라 사람의 꽃 감상에 깨달음이 없었던 것은 아니지만, 깨달음은 그저 꽃의 부산물에 불과해 있으면 좋고 없어도 그만이었다. 꽃이 이미 충분한 아름다움을 주었는데, 또 무슨 의미를 더 바라겠는가? 꽃이 부모에게 효도하고 동료들과 화목하라고 가르치지 않으면 안 되는 것일까? 사람이 지나치게 욕심이 많아도 못쓴다. 그래서 당나라 사람들은 꽃에 대해 이렇게 형용했다. "저녁놀 속에 꽃받침 떨어질 때 꽃 가리개 어둑하고, 아리따운 붉은 꽃잎 떨어져 사랑받는 일도 끝났네"[11]라거나 "붉은 꽃은 한들한들 무슨 말을 하려는 듯한데, 흰 꽃은 달빛에 비추이어 그저 향기만 맡는구나."[12]만약 의미를 찾는 데 매달려서 정성껏 감상하지 않았더라면 이렇게 절실한 감각적 묘사는 절대 탄생하지 못했을 것이다. 당나라 때에는 철학적 이치라 할 것이 전혀 없고, 처음부터 끝까지 뜨거운 감탄으로만 가득 찬 영화시詠花詩가 아주 많았다.

그들은 꽃의 색채를 감상하고 "비를 맞아 연지색이 방울방울 옅어져, 반쯤 핀 시절이 가장 요염하구나"[13]라고 했고, 꽃의 향기를 품평하여 "느긋한 날의 아름다운 강산, 봄바람에 꽃과 풀 향기롭다"[14]고 했으며, 꽃의 자태를 묘사하여 "옷에 연꽃의 성긴 그림자 부서지고, 풀숲에 알알이 박힌 국화꽃이 밝다"[15] 했다. 그들에게도 나름의 인생철학이 있었다. 인생은 짧은 법이니 생각에만 몰두하지 말고 온몸을 써서 직접 느껴보라는.

당나라 사람들은 아마도 일본의 화도를 이해하기 어려웠으리라고 나는 생각한다. 왜 꽃으로 만든 예술적 경지, 꽃으로 세운 우주관 혹은 인류 질서, 꽃이 사람에게 주는 깨달음 등 모든 것을 감상하면서 유독 꽃은 감상하지 않는가? 왜, 꽃의 어깨만 스치고 지나가야 하는가? 꽃송이는 분명히 어떤 우주관보다 더 웅장하고 아름다운데.

모란 사랑

여러 꽃이 만발한 가운데 어떤 꽃이 '수많은 꽃 가운데 제일'인가? 천 명이 있으면 천 가지 대답을 내놓을 것이다. 그러나 만일 이 질문을 당나라 사람 천 명에게 던진다면 대답이 갈리지 않고 천 명 모두 모란이라 답할 것이다.

모란은 꽃이 펴서 질 때까지의 기간이 20여 일에 불과하다. 그런데 이 20여 일은 곧 당나라 사람들이 1년에 한 차례 광분하는 시기다. 집집마다 노인과 아이 할 것 없이 꽃 시장, 절, 도교 사원을 향해, 모란이 자라는 곳이면 어디든 우르르 몰려간다. 모란이 피는 곳은 행락객에 의해 물샐틈없이 메워진다. 겹겹의 대열 속에 들어가 보려하고, 대열에 끼지 못하면 담장이나 높은 곳에 올라 보려 한다. 이른바 "도시의 큰길에 꽃피는 계절이면, 만 마리 말과 천 대의 수레로 모란을 보러 간다"[16]고 한 것은 절대로 과장이 아니다. 요황姚黃이나 위자魏紫*와 같이 진귀한 품종을 감상하려면 사람들 틈에 끼여 한참을 기다리는 것 말고도, '입장권'을 구하기 위해 10여 문文**을 내야 겨우 한 번 볼 수 있었다.

그 당시에는 귀족 평민을 막론하고 모두 모란에 흠뻑 빠져 있었다.

* 요황과 위자는 가장 훌륭하고 가장 특이한 두 종류의 진귀한 꽃이다. 요황은 황색의 모란으로 요가姚家에서 발견되어 요황이라 이름 붙었으며, 위자는 위가魏家에 붉은색 모란꽃이 있어 그렇게 불리게 되었다.
** 문은 화폐 단위다.

의협심이 강한 장안의 소년 하나는 모란을 위해 사방으로 뛰어다니며 "서울의 귀인들이 모란을 숭상한 지가 30여 년이다. 매년 늦봄이면 미친 듯 수레와 말을 몰아 모란에 취해서 감상하지 못함을 수치로 여겼다"[17]고 했다. 시인과 묵객들에게는 모란에 관한 글의 구상이 끊임없이 샘솟았는데, 거기에 더해 괴이한 현상까지 있었다. 일단 모란에 대해 쓰기 시작하면 갑자기 말투가 바뀌었다. 지난날 함축적이거나 맑거나 특이했던 문풍文風이 바뀌어 말투가 열광적이 되거나 시어들이 낯간지러워졌던 것이다. 만약 이름을 가리면, "어느 누가 모란꽃을 사랑하지 않겠는가? 성안의 좋은 풍경을 독차지했으니 낙수洛水의 신녀가 만든 것일까? 온갖 교태로운 모습이 아침노을보다 낫구나"[18]와 같이 매우 격앙되게 표현한 시가 소박한 풍격의 서응徐凝 손에서 지어진 것이라고 누가 믿겠는가? "붉은 꽃들 다 지고 나면 비로소 향기를 토하니, 아름다운 이름 꽃의 왕이라 불리는구나. 천하에 다시없을 요염함 뽐내나니, 인간 세상에 홀로 선 제일의 향기로다."[19] 이처럼 날카롭고 직설적인 즉흥시가 기이한 비유로 유명한 피일휴의 걸작이라면 또 누가 믿겠는가? 아마도 그렇게 위대한 시인들도 모란을 만나면 미색에 사고력이 흔들려 평소의 수준을 통째로 잃어버리는 모양이다.

만약 설도薛濤와 같이 평소에도 농염한 풍격으로 유명한 시인이라면 모란을 쓸 때 더욱 애틋함이 뼈에 사무칠 것이다. "그저 난간 옆에 이부자리 펴고, 밤 깊도록 편하게 그대와 사랑에 대해 얘기하고 싶어라"[20]라고 했으니 '모란아, 나는 그저 꽃 난간 옆에 이부자리를 펴고 누워 너와 함께 자며 밤 깊어 모두가 조용할 때, 조용조용 너에게 내가 너를 얼마나 사랑하는지 알려주고 싶다'는 뜻이다. 그야말로

「화조사병花鳥四屏」의 '부용노사도芙蓉鷺鷥圖'와 '죽석웅계도竹石雄鷄圖', 임훈任薰, 청나라

당나라 시인 이중李中의 시에 "물을 물들이는 아지랑이 빛이 아름답고, 꽃을 재촉하는 새 지저귐이 잦아진다"[2]고 묘사한 것이 필시 이런 경치였을 것이다.

모란에게 부친 한 통의 연애편지다. 설도가 비주류라고 생각할 일은 아니다. 모란에 대한 그녀의 생각과 행동은 당나라에서는 주류 중의 주류니 말이다. 당나라 때는 '모란 바보'들이 끊임없이 나타났다.

당 헌종과 문종文宗 때의 재상 영호초令狐楚는 장안의 저택에 온통 모란을 심었다. 영호초가 마침 모란에 볼을 비비며 감상하던 중 갑자기 바로 낙양洛陽으로 부임하라는 교지를 받았다. 영호초는 헤어지기가 아쉬워 시간을 끌며 꽃을 끌어안고 눈물을 흘리다가 어쩔 수 없이 떠나야 할 시간이 되자 특별히 칠언절구 한 수를 지어 모란에게 주었다. "십 년 동안 작은 정원의 꽃을 보지 못했는데, 자주색 꽃막 피려 하니 다시 집과 이별이구나. 말에 올라 문을 나서다 고개 돌려 바라보나니, 어느 때나 서울로 돌아올 수 있으려나."22 시에 담긴 뜻이 애절하고 슬퍼 이상은이 아내에게 보낸 시「야우기북夜雨寄北」못지않다.

당나라 후기의 유명한 재상인 배도裴度는 오랫동안 병을 앓았는데, 늦봄에 우연히 남쪽 정원을 노닐다 모란이 아직 피지 않은 것을 발견하고 난간에 기대어 유감을 금치 못했다. "내가 이 꽃을 보지 못하고 죽는다니 슬프구나." 그런데 이튿날 남쪽 정원에 한 무리의 모란이 먼저 피었다. 하인이 다급히 이 소식을 알리자 배도가 그 말을 듣고 마치 원진이 친한 친구인 백거이가 폄적되었다는 소식을 들은 뒤의 반응처럼 "죽을병에 걸렸다 놀라 일어나 앉아"23 기를 쓰고 나가서 모란을 감상했다. 배도는 활짝 핀 모란을 보며 깊은 위로를 받고 집으로 돌아와 사흘 뒤에 편안하게 눈을 감았다고 한다.

수요가 있으면 공급이 있는 법이다. 모란에 대한 당나라 사람들의 뜨거운 사랑으로 인해 모란 재배의 최고 고수들이 배출되었다. 한

유에게는 조카가 하나 있었는데 어릴 적부터 잔꾀를 부리며 공부를 하지 않았다. 한유가 골머리를 앓다가 조카에게 이렇게 물었다. "시장의 상인과 심부름꾼도 장기가 하나는 있는데, 너는 어쩌려고 그러느냐?" 조카는 당황하는 기색도 없이 이렇게 대답했다. "저에게도 뛰어난 기술이 있는데, 숙부께서 모르고 계시는 것뿐입니다." 그러고는 계단 앞의 모란을 가리키며 한유에게 어떤 색의 모란을 좋아하느냐고 물으며 분부만 내리십사 했다. 한유는 매우 이상하게 생각하며 조카에게 꽃을 키우는 데 필요한 것들을 주고 시험 삼아 조카가 하는 대로 내버려두었다. 조카는 꽃 주위를 막아 옆 사람이 훔쳐보지 못하도록 한 뒤 계단 앞의 모란이 활짝 피기를 기다렸다가 한유를 초청했다. 꽃의 색깔이 다양함은 두말할 것도 없고, 가장 놀라운 것은 모란의 꽃잎 하나하나마다 시가 한 연씩 있다는 것이었다. 글자는 자주색이었고 모두 한유의 시였다. 그 가운데 하나는 이러했다. "구름이 가로지르는 진령 산맥에 인가는 어디 있나? 눈이 남관을 에워싸니 말도 앞으로 나아가지 않는구나."[24]

이러한 기적이 어떻게 만들어진 것인지 아는 사람은 없었다. "조카는 물러나 강남으로 돌아가 끝내 벼슬을 원하지 않았다"고 이야기는 마무리된다.[25] 이렇게 모란에 중독된 시대에는 모란을 기르는 뛰어난 기술을 가진 사람이 조그마한 관직이라도 원하는 것이 전혀 문제 되지 않았다. 그러나 안타깝게도 한유의 조카는 소극적이었다. 그렇지 않고 이 일을 소문내고 다녔다면 그의 벼슬과 명성이 숙부인 한유 못지않았을 것이다.

학계에는 참신하고 기발한 주장을 내놓는 사람이 꼭 있게 마련이다. 당나라의 '모란 열풍'을 분석한 글 한 편을 본 적이 있는데, 그 글의 저자는 장광설을 쏟아내며 당나라 사람들이 결코 모란을 사랑하지 않았음을 증명하고자 했다. 그 증거는 바로 '모란 열풍'을 비판한 많은 당나라 시였다. 예를 들면 "모란이 요염하여 사람의 마음을 어지럽히니, 온 나라가 미친 듯 황금을 아까워하지 않는구나. 어찌 동쪽 정원의 복숭아와 자두만 하리오, 열매를 맺고 말없이 스스로 그늘을 드리우는 것을"[26]과 같은 시나, 또 "나는 잠시 조물주의 힘을 얻어, 모란의 요염한 색을 줄이고 싶다. 높은 벼슬아치들이 꽃을 좋아하는 마음을 조금만 돌려, 우리 임금께서 농사를 걱정하는 마음 같아졌으면"[27]과 같은 시가 그러하다. 이 글의 저자는 대개 당나라 사람들이 모란을 노래한 시를 많이 지은 것은 모란을 지극히 사랑해서라고만 여기고 당나라의 모란 시가 대체로 비판적 태도를 취하고 있다는 사실은 모른다며 사람들을 일깨워주려 한다.

이렇게 논리적으로 혼란스러워지고 나면 울기도 웃기도 어렵다. 시인은 "온 나라가 미친 듯 황금을 아까워하지 않는구나"라 했고, 또 "높은 벼슬아치들이 꽃을 좋아하는 마음을 조금만 돌려"라고 했다. 이것은 비판이 틀림없다. 그러나 만약 모란에 대해 거의 이성을 잃었던 당시 사람들의 사랑이 없었다면 시인들이 어찌 비판을 했겠는가? 비판이 거셀수록 이는 당나라 사람들이 모란에 미쳤고, 그것도 끊임없이 일침을 놓아야 할 지경으로 미쳤음을 더 잘 증명해주는 것이다.

당나라 때의 '모란 열풍' 외에 인류 역사상 또 한 차례 화초가 유발한 광풍이 있었는데, 그것은 바로 17세기 네덜란드에서의 '튤립 열풍'이었다.

16세기 네덜란드에서는 집집마다 채소밭은 없을지언정 꽃밭은 모두 가지고 있었다. 네덜란드 사람들은 정원에 장미, 창포, 백합, 히아

「모란도牡丹圖」, 번기樊圻, 청나라
"나누어진 꽃은 가볍게 연지를 바른 얼
굴, 떨어진 잎은 짙게 분을 바른 뺨"[28]
이라 하여, 당나라 사람들은 모란의 크
고 화려함을 좋아했다.

신스를 심고, 각종 신기하거나 평범한 화초를 길렀다. 이때까지만 해도 그들은 아직 모든 화초에 흥미를 느끼고 있었다.

16세기 말 튤립이 네덜란드로 전해졌다. 튤립의 우아하고 색다른 모습은 매우 빠른 속도로 네덜란드 사람들의 마음을 사로잡았다. 갑자기 발생한 바이러스가 튤립에 아름다운 병변病變을 발생시켰고, 병변 이후 각양각색의 품종이 크게 환영을 받으면서 꽃값이 껑충 뛰었다. 17세기에 들어와 여러 이름 없던 화훼 농가가 자신의 집 정원에 있던 두세 포기 신기한 품종으로 하룻밤에 벼락부자가 되었다.

이렇게 되자 모든 네덜란드 사람이 광분하기 시작했다. 문지기에서 세금 징수원, 이발사, 방직공, 화가, 루터교도에 이르기까지 전국에서 누구 할 것 없이 잇달아 튤립 장사에 뛰어들었다. 튤립 구근 한 포기는 늘 하루에 십여 차례 되팔렸고, 가격도 거래가 진행되면서 점차 하늘로 치솟았다. 튤립 구근의 가치를 정확하게 계산하기 위해 네덜란드 사람들은 황금의 무게를 재는 작은 저울까지 동원했다. 어쨌든 그 당시의 튤립은 이미 황금 못지않게 귀했으니, 무게로 가격을 매긴 것은 퍽 공정한 셈이다. 진귀한 품종의 구근 하나를 40여 마리의 소나 화려하게 장식된 사륜마차 한 대, 마구 한 세트가 더해진 준마 두 필과 교환할 수 있었다. 만약 현장에서 가격을 경쟁하는 사람이 있다면 어쩌면 집 한 채와도 바꿀 수 있었을 것이다. 그들은 낮에는 가격을 흥정하느라 바빴으며, 저녁에는 조마조마해하며 튤립에 방울을 가득 매달아두고 누군가가 자라고 있는 보물을 훔쳐갈 것에 대비했다. 당나라 사람들도 꽃가지에 방울을 달기는 했지만 새를 쫓아 피해를 막기 위해서였다.[29]

한 영국 선원이 네덜란드 선장 밑에서 일을 하다가 배를 떠나기

전 기념으로 삼기 위해 손 가는 대로 튤립 구근 한 포기를 집어 들었다. 그는 '튤립 열풍'에 대해 아는 바가 없었기에 가치가 금화 3000 닢에 달하는 구근을 마치 양파를 집어가는 마음으로 들고 갔다. 네덜란드 선장이 그를 찾아냈을 때, 그는 청어 구이를 즐기고 있었다. 그런데 청어 구이에 그 운 없는 구근이 재료로 사용되었다. 최후의 만찬을 채 끝내지도 못한 채 선원은 법정에 회부되었다. 법원은 선원에게 무죄를 선고했지만, 분노한 선장은 사적으로 그 선원을 10년간 감금시켰다. 이렇게 떠들썩한 희비극이 17세기 전반기의 네덜란드에서 반복 상연되었으며, 튤립의 거품이 완전히 가라앉을 때까지 계속되었다. 성 여러 채와 맞먹던 튤립이 다발로 길가에 쓰러지고 시들어 진흙과 먼지를 뒤집어쓰게 되자, 튤립을 바라보는 네덜란드 사람들의 눈빛도 마치 휴지 조각이 된 주식 증서를 바라보는 듯했고 다시는 튤립을 거들떠보지 않았다.

당나라 때 모란 역시 상당히 비쌌다. 특히 정원貞元 연간과 원화元和 연간에 모란의 가격이 급등해 모란 한 그루가 엽전 수만 관을 호가하게 되자, 백거이는 이런 현상에 몹시 분개하며 이렇게 썼다. "한 다발 색깔 짙은 꽃이, 열 가구의 세금이구나."[30] 네덜란드 사람들이 튤립에 열광하던 것과 마찬가지로 당나라 사람들 역시 모란에 큰돈을 쏟아부었으며, 심지어 "왕후王侯의 집안이 모란 때문에 가난해지는"[31] 경우도 있었다. 그러나 당나라 사람들은 모란 때문에 가난해진 반면 네덜란드 사람들은 튤립 때문에 벼락부자가 되었으니 둘 사이의 차이점은 말하지 않아도 알 수 있다.

당나라 사람들이 모란을 살 때는 모란의 절대적인 자태를 산 것이지 가치 상승을 염두에 두고 산 것이 아니다. 날로 폭등하는 꽃 가격을 대하고도 당나라 사람들은 투기할 생각이 없었고 안타까운 마음뿐이었다. "근래 모란 가격을 어찌할까, 수만 냥이라야 한 그루를 사는구나."[32] 이런 절색을 차지할 재력이 충분하지 못함을 애석해했던 것이다. 당말 오대에 이르러 시국이 불안해지고 경제가 침체되자 모란 가격도 이전만 못하게 되었지만, 그래도 사람들의 모란 사랑은 끄떡없었다. 후촉後蜀에서 예부상서를 지낸 이호李昊는 모란꽃을 친한 친구들에게 나누어줄 때 일종의 비스킷 같은 것을 함께 주며 모두에게 재차 이렇게 당부했다. "꽃이 시들면 바로 비스킷과 함께 지져 드시게, 아름다운 것을 버리면 안 되네." 아끼는 정도가 이만큼 극진했다. 모란 한 그루 가격이 바닥까지 떨어진 일도 없었다. 당나라 사람들과 네덜란드 사람들의 차이는 이상주의자와 현실주의자의 차이라 하겠다.

　도무지 이해할 수 없었던 것은 아름다운 꽃이 그렇게 많은데 당나라 사람들이 어째서 각별히 모란에만 애정을 쏟아부었을까 하는 점이었다. 어떤 이는 모란이 아양을 떨지 않는 모습 때문이라고 한다. 측천무후가 모든 꽃에 개화를 명하자 과연 모든 꽃이 일제히 피었는데도 유일하게 모란은 꿋꿋하게 피지 않았다는 것이다. 그러나 전설은 전설일 뿐, 설령 정말 그런 일이 있었다고 해도 모란만이 기개가 있는 꽃은 아니다. 기개가 넘치는 다른 꽃, 이를테면 국화도 있었지만 당나라 때에는 냉대를 받았다. 그러다가 실생활에서 몇 차례 모란을 보고서야 당나라 사람들의 편애를 이해할 수 있었다. 그 큼직하고 화려한 꽃봉오리는 정말 거센 불길과도 같았다. 무엇이 더 있을까? 맹렬한 불꽃만큼 당나라 사람들의 의기양양하고 진취적인 기질과 쉬지 않고 거세게 흐르는 정신과 맞아떨어지는 것이.

「화훼도花卉圖」, 자희慈禧, 청나라

자희태후는 예술적 조예가 꽤 깊었으며 특히 화훼화에 뛰어났다. 이 모란 그림이 그것을 증명한다. 그림 속 모란의 활짝 핀 모습은 당나라 사람들이 가장 좋아하던 것이었다.

「산수화조도山水花鳥圖」'모란牡丹', 운수평惲壽平, 청나라

화가는 스스로 이렇게 제화했다. "열두 개 구리 쟁반이 밀리서 밤을 비추고, 벽도의 비단이 낙양의 미녀를 지키네. 홍경지 연못가의 그림자가 가장 사랑스러웠나니, 한 줄기 봄바람에 봉황의 퉁소가 생각나네."[33] 시에서 언급한 '홍경지'는 당 현종과 양귀비가 살았던 홍경궁興慶宮에 있었다. 당나라 때 홍경궁에는 온통 모란을 심어서 매년 개화기에 이르면 전부 모란꽃 천지였다.

영국의 시인 시그프리드 서순Siegfried Sassoon*의 짧은 시 「내 안에서 과거, 현재, 미래를 만나다In me, past, present, future meet」에 불후의 경구 한 구절이 있다. "내 안에서 호랑이가 장미향을 맡는다."[34] 호랑이와 장미는 강함과 부드러움의 양극이다. 그의 마음속 영혼의 지극한 경지는 바로 호랑이처럼 강하고 힘이 있지만, 가볍게 장미의 향기를 맡을 흥취와 서정은 남아 있는 것이다. 폭풍우가 몰아쳐도 아무런 두려움 없이 앞으로 걸어갈 수 있지만, 또 멈춰 서서 청량한 빗방울을 감상할 수도 있다. 호랑이처럼 호방하고 용맹한 당나라 사람들이 꽃을 위해 써내려간 감동적인 시를 읽을 때마다 나는 언제나 서순의 이 경구가 떠오른다. 내 마음속 호랑이가 장미의 향기를 맡는다.

* 1886~1967. 영국의 시인. 제1차 세계대전 참전 경험을 바탕으로 사실적이고 힘 있는 서정시를 많이 썼다.

4장

도깨비불

꿈과 기이한 이야기

鬼
燈

빈산에는 빗발이 구름 따라 일어나고
고목에는 푸른 등불 휘파람 부는 산 귀신
_ 작자 미상, 「금 소리를 듣고」

　　　　　○
　　　　　○

　당나라의 의복이나 장신구, 건축과 원림, 수리 시설, 심지어는 골목의 자질구레한 일까지도 연구하면서 당나라 사람들의 꿈을 연구한 사람은 왜 없는지 나는 매우 의아하다.

　나는 당나라 역사에서 대명궁大明宮이 얼마나 웅장했는지, 장안의 대로가 얼마나 번화했는지, 유협遊俠 소년과 사녀仕女●가 얼마나 멋졌는지, 길거리가 갖가지 놀이로 얼마나 북적거렸는지 알아갈수록, 당나라 사람들의 환상세계 속으로 들어가 그것을 한번 탐구해보고 싶어졌다. 상상이 역사보다 웅장하고 아름다우며, 꿈이 현실보다 힘이 있음을 알기 때문이다. 성대한 제국의 배후에는 반드시 더욱 성대한 상상과 꿈의 세계가 있다는 것을 나는 안다.

당나라
뒷골목을 읊다

138

● 관리 집안의 여인. 종종 궁녀를 가리키기도 한다.

취한 채 흰 구름에 누워 한가로이 꿈에 든다[1]

10여 년 당시를 읽다보니 약간의 심미적 피로감도 없지 않다. 당시의 어떤 주제와 시어가 내 눈앞을 환히 밝혀 생각지도 못한 것이라고 찬탄하는 일이 드물어졌다. 당나라 각 시기 유파마다 서로 다른 시의 풍격, 그리고 여러 대시인의 어휘 구사와 시구 작성, 어떤 시의 구도상의 독특한 습관까지 이미 익숙해진 탓이다. 그러나 당시를 얼마나 오래 읽었든, 이백이 '나'라는 시어를 즐겨 쓰고, 왕유가 색채 대비를 배치하기 좋아하고, 잠삼岑參이 묘사한 변새邊塞가 고적高適의 것보다 더욱 웅장하고 광활하다는 것을 내가 얼마나 이해하고 있든지와 상관없이, 당시唐詩의 그 요염한 상상은 언제나 내 예상을 뛰어넘었다.

"돌고 또 돌아, 별과 무지개까지 가니, 몸은 비룡을 타고 귀에는 바람 소리"[2]라고 이백은 상상했다. 별과 무지개의 발자취를 따라 거대한 용을 몰아 시원하고 부드러운 바람을 뚫고 지나간다고 했다. "푹푹 찌는 모래와 녹아내리는 돌에 오랑캐 구름 불태우고, 끓어오르는 불길이 한나라의 달을 지진다. 땅속의 불은 천지라는 아궁이에서 몰래 타오르는데, 어쩐 일로 서쪽 한 귀퉁이만 덥히는 것일까?"[3]라고 잠삼은 상상했다. 변새의 뜨거운 기후가 거대한 지하의 화로로부터 나와 우리 발아래서 보이지 않는 불꽃이 된다고 했다. "서리 엉겨 붙은 상계에는 꽃이 늦게 피고, 달 차가운 중천에서는 열매가 더디 익는다"[4]고 유우석은 상상했다. 천계는 춥고 아득하기에 그곳의 꽃과 열매는 모두 인간세계보다 늦게 여물지만, 꽃과 열매의 짙은 향기가 가득한 하늘과 달빛은 설령 차디차더라도 사람의 눈길을 끈다고 했다.

그러나 가장 놀라운 것은 이하李賀의 상상이다. "임 그리워 흘리는 맑은 눈물은 납물鉛水 같습니다"[5]라는 구절은 마음이 눈물에 녹아내려 가벼운 눈물이 납처럼 무거워졌다는 것이다. "희화羲和가 태양을 두드리니 유리 소리가 난다"[6]는 벌꿀색의 태양을 두드릴 수 있고, 유리와 같이 맑고 깨끗한 소리가 난다는 것이다. "은하수가 밤에 감돌아 여러 별 씻어주고, 은빛 나루에 떠가는 구름이 물소리를 흉내 낸다"[7]는 별들이 은하수에 떠다니고 구름은 구불구불 흘러가는데, 귀 기울여 들어보니 은하수의 물소리가 맑다는 것이다. "돌 틈으로 흐르는 샘물 모래에 떨어지고, 칠흑 같은 도깨비불鬼燈은 송화처럼 반짝인다"[8]는 밤의 빛이 차가워 산속의 그 희미한 도깨비불은 아무래도 거뭇거뭇한 도깨비가 들고 있는 어슴푸레한 등인가 한다는 것이다. 도깨비불이 숲속에서 희미하게 깜박이니 마치 칠기에 별 하나가 흐릿하게 반사되는 것 같고, 또 마치 가지 끝에 송화가 피어 있는 것 같다고 했다.

당나라 사람들의 상상력은 전례가 없었고, 상상에 대한 그들의 열정은 이후에도 계승자가 없었다. 이러한 시를 읽기 시작하고서부터 나는 당나라 사람들의 더욱 아득한 환상과 꿈을 들여다보고 싶어졌다.

사람들에게는 왜 상상이 필요할까? 나는 '아름다운 이상으로 그 부족한 진실을 대체하고자 하는 시도'라는 프리드리히 실러Friedrich Schiller의 설명이 마음에 든다. "우리 인생에서 우리 대신 또 다른 인생을 창조해준다"는 퍼시 셸리Percy Shelley의 설명은 더 마음에 든다. 공상을 즐기는 것이 약자의 행위이고, 현실에서 도피하기 위한 것일

「몽접도夢蝶圖」, 유관도劉貫道, 송나라

늙은 소나무, 나무 침상, 시서詩書, 어린아이가 현실적으로 단순하고 소박하다. 하지만 우리는 아직 그려지지 않은 꿈의 세계가 휘황찬란할 것을 알고 있다. '나비를 꿈꾼다'는 이 전고는 "응당 꿈속에서 나비 되어 날아, 나풀나풀 이 꽃 앞에만 있겠지"[9]에서처럼 당시에서 출현 빈도가 대단히 높았다.

뿐이라고 누가 그랬던가? 공상은 아름다운 것에 대한 추구에서 시작되며, 무미건조한 생활에 대한 거센 저항이다. 생활이 달콤하지 않고 밋밋할수록 우아한 것에 대한 욕망이 더 솟구치고 상상을 더 좋아하게 되는 것이다. 상상은 진취적인 사고를 표현하는 또 다른 방식이라는 것이 내 개인적인 생각이다. 당나라 사람들이 바로 그랬다. 그들은 위풍당당한 상상을 사용하는 데 몰두하여 현실의 실패를 고쳐 쓰고 불가능한 것이 없는 시대를 창조했다.

『조야첨재朝野僉載』에는 은문량殷文亮이라는 이름의 현령이 등장한다. 관리로서 어떠했는지는 역사에 기록이 없지만, 그의 두 손은 직녀보다 훌륭했다고 한다. 은문량은 술을 즐겨 마셨기에 나무를 깎아 술을 따르는 인형을 만들었다. 잔치 현장이 아무리 혼란스러워도 인형은 오롯이 손님 대신 한 치의 오차도 없이 술을 따랐다. 술 따르는 인형은 그렇다 치고 그는 나무를 깎아 가기歌妓도 만들었다. 노래를 부르고 생황을 불 줄 알았는데, 박자 감각이 실제 사람보다 더 나았다. 손님이 술 마시는 데 열중하지 않으면 노래를 부르며 술을 권하는 것도 나무로 만든 가기의 몫이었다. 이쯤 되면 이미 초기 단계의 로봇이 아니라 적어도 월-E*와 같은 등급의 주체적 능동성을 갖추었다고 하겠다.

또 침주자사郴州刺史 왕거王璩는 그의 정치적 업적의 화려함은 알 길이 없으나, 역시 손재주가 뛰어나 나무를 깎아 수달을 만들 수 있었다. 물고기 미끼를 단 나무 수달을 물속에 넣으면 물고기가 덥석 미끼를 물었고, 그러면 나무 수달이 즉시 입을 벌리고 물고기를 물어 연신 물 위로 떠올랐다. 그 정확도가 매우 높아 완전히 천 년 전의 고기 잡는 기계라 할 만했다.

또 양무렴楊務廉이라는 사람은 일찍이 나무로 승려를 조각했다. 나무 승려는 손에 작은 바리때를 들고 있어서 스스로 저자를 오가며 탁발을 할 수 있었다. 바리때에 돈이 가득 차면 기관이 작동하여 나무 승려는 즉시 '보시'라고 큰 소리로 말했다. 사람들이 깜짝 놀라 서로 앞다퉈 돈을 넣고 '보시'라는 소리를 듣고 싶어한 까닭에 나무 승려는 탁발 수입이 엄청났다. 당시에는 축음기 같은 것이 없었는데 나무 승려에게 말을 하게 하려면 얼마나 정교하고 복잡한 기관이 필요했을까?

당 현종이 일찍이 진짜 같은 꼭두각시에 감탄하는 시를 지은 적이 있기는 하다. "나무를 깎고 줄을 매달아 노인을 만드니, 살갗이

* 2008년 미국에서 제작한 애니메이션 영화의 주인공. 월-E(WALL-E, Waste Allocation Load Lifter Earth-Class)라는 이름은 지구 폐기물 수거 처리용 로봇이라는 뜻이다.

쭈글쭈글하고 백발이 성성한 것이 진짜 사람 같구나."[10] 그러나 이 시대의 기계 구조를 고증해보면 앞에서 언급한 사례 정도에 도달하기엔 아직 먼 수준이다. 따라서 그 대부분이 당나라 사람들의 풍부한 상상이라는 것을 알 수 있다. 그러나 이는 결코 과학적 법칙과 어긋나는 엉뚱한 생각이 아니라, 당나라 사람들이 당시의 기술과 공예에서 출발하여 다시 수많은 천진한 바람을 더하는 가운데 천천히

「고루환희도骷髏幻戱圖」, 이숭李嵩, 송나라

진계유陳繼儒는 『태평청화太平淸話』에서 이렇게 말했다. "나에게 이숭의 「고루환희도」를 그린 비단 부채가 있는데 큰 해골이 작은 해골을 들고 부녀자를 희롱한다." 환상이 극대화되어 구현된 이 채색화는 송나라 때 나오기는 했지만 그 내용은 오히려 당나라 사람들이 좋아하는 것이었다.

거대하고 온정 넘치는 상상을 만들어낸 것이다. 이런 상상들은 미래의 진보적인 과학 기술에 대한 합리적 가설에 기원을 두고 있으니, 어쩌면 당나라의 공상 과학 소설인 셈이다.

『유양잡조』에는 성도成都 보상사寶相寺에 딸린 작은 법당의 불상 이야기가 실려 있다. 이 불상은 닦아주지 않아도 내내 산뜻하고 깨끗한 채로 먼지가 앉지 않았다. 전하는 말에 따르면, 장인이 불상을 만들 때 먼저 불상 안에 오장육부를 새겼기 때문이라고 한다. 내장을 다 갖췄기에 부처상에 생명이 깃들어 세월이 흘러도 외관이 새로운 것이라고 당나라 사람들은 생각했다. 오늘날이라면 내장을 조각할 필요 없이 나노 기술로 세월이 흘러도 새로운 마력을 지니게 했을 것이다.

『개원천보유사開元天寶遺事』●에는 섭법선葉法善이 가지고 있었다는 윤이 나고 깨끗한 쇠거울 이야기가 실려 있다. 이 거울이 사람의 모습을 비추는 것은 그저 평범했으나, 만약 병든 사람을 거울에 비추면 그 사람의 신체 상황을 똑똑하게 비춰서 발병의 원인이 되는 곳을 찾아낼 수 있었다고 한다. 이것은 현대의 엑스레이 기술이 아닌가? 또 장열張說이 재상을 지낼 때 어떤 이가 그에게 붉은색과 청색 두 개의 둥근 구슬을 바쳤는데 이름이 '기록 구슬記事珠'이라 했다. 어쩌다 무슨 일을 잊어버렸을 때 둥근 구슬을 문지르면 곧장 대소사가 떠오른다는 것이다. 현대인의 총명탕도 이런 기발한 효과가 없는데, '기록 구슬'과 같은 작고 정교한 PDA(개인용 휴대 단말기)는 모든 일을 기억하도록 도와준다.

● 당나라 말기 사람인 왕인유王仁裕가 당나라 개원 천보 연간의 잡다한 일들을 기록한 책.

『운림이경지雲林異景志』에는 보운계寶雲溪의 절 이야기가 실려 있다. 한겨울에도 땔나무가 필요 없이 향을 하나 피우기만 하면 온 실내가 마치 봄처럼 따뜻했다고 했다. 현대의 전열기 역시 얇디얇은 몇 장만 있으면 온 방 안이 따뜻해지고 타오르는 불이나 매연이 없다.

당나라 사람들의 수많은 공상 과학을 오늘날 우리는 이미 그들 대신 하나씩 실현하고 있다. 요즘 유행하는 타임슬립●소설에서 사람들은 늘 과거로 되돌아가 참신하고 날카로운 현대의 지식과 관념으로 낙후된 옛 시대 속에서 제왕이 되는 상상을 한다. 나는 오히려 꿈꾸기를 좋아했던 당나라 사람들을 한번 현대로 데리고 와 그들의 꿈이 마침내 땅에 뿌리내리는 것을 지켜보고, 그런 다음에 그들에게 우리 꿈을 보여주며 그들과 함께 의기양양하게 날뛰는 상상을 한다.

과학 기술에 대해 여러 상상을 하는 것은 더욱 편리하고 질 높은 생활에 대한 열망에서 비롯된 것이므로 지극히 정상이다. 그러나 낭만주의가 넘치던 당나라에서는 예술처럼 생활에 실제적 효용이 없는 영역에 대해서도 마찬가지로 여력을 남기지 않고 상상의 날개를 펼쳤다.

내게 깊은 인상을 남긴 정말 아름다운 이야기가 하나 있다. 이숙첨李叔詹이라는 사람이 은자 한 명을 알게 되었다. 그 은자는 반년 동안 이숙첨의 집에 살다가 어느 날 갑자기 작별을 고하러 왔다. 그런데 그냥 그렇게 작별을 알리는 것은 지나치게 매정한 것 같아 은자는 이숙첨에게 뛰어난 기술 하나를 이별 선물로 보여주고자 했다. 은

● 타임슬립time slip은 판타지나 SF에 자주 등장하는 모티프로, 어떤 사람 또는 어떤 집단이 알수 없는 이유로 시간을 거슬러 과거 또는 미래에 떨어지는 일을 말한다. 불의의 사고에 가깝다는 점에서 타임머신 등을 이용해 의도적으로 시간을 거스르는 시간 여행과는 구분된다.

자는 먼저 땅을 파서 깊이가 한 자 남짓 되는 연못을 만들고, 마 가루로 바닥을 깔아 마무리한 후 안에 물을 채웠다. 물이 연신 스며들어 줄어들 때마다 다시 연못에 물을 부어 물이 더 이상 줄어들지 않을 때에서야 멈췄다. 이어서 은자는 물감과 붓, 벼루를 준비해서 물 위에 그림을 그리기 시작했다. 연못의 벽이 아니라 물 위에 그림을 그렸다는 사실에 유의하자. 이숙첨은 기이한 광경인지라 가까이 다가가 바라보았는데, 먹물이 사방으로 흩어지며 물빛이 흐려지는 것만 보일 뿐 무슨 대단한 원리는 알아내지 못했다. 이틀 뒤 은자는 흰 명주 몇 폭을 가져와 그것으로 물 위를 덮었다. 밥 한 끼 먹을 시간이나 지났을까, 그동안에 흰 명주에는 늙은 소나무와 괴석, 인물, 집이 찍혔는데 어느 것 하나 생동감 넘치지 않는 것이 없었다. 다시 말해서, 물의 표면이 인쇄판 역할을 하고 물 위에 그림 그린 것은 판각板刻 작업과 같아, 은자가 마지막으로 '판' 위의 그림을 흰 명주에 찍어냈던 것이다.

물 위의 그림이 설령 실제로 존재한다 하더라도 인류가 배불리 먹고 따뜻하게 입는 소강小康●으로 나아가는 데 도움이 되지는 않는다. 그러나 당나라 사람들이 이런 쓸모없는 사물에도 그처럼 힘껏 상상을 했던 까닭은 평범한 생활에 기적을 더하고 싶어서였다. 기적은 이 세상에 사는 것이 얼마나 아름다운지 느끼게 해준다.

● 『예기』「예운」에서 말하는, 유가儒家의 가장 이상적인 대동세계大同世界보다 약간 떨어지는 수준의 사회.

「기교도起蛟圖」, 왕조汪肇, 명나라

주인과 하인 두 사람이 짙은 구름과 안개 속에서 바삐 걸음을 재촉하며 무심코 고개를 돌린다. 놀랍게도 공중에서 교룡이 한 마리 승천하는데, 비늘과 발톱을 어렴풋하게나마 알아볼 수 있다. 이와 비슷한 신비로운 이야기가 당나라 때 성행했다.

고아한 서재에 한가로이 누워 나비 꿈을 꿀 때[11]

당나라 때는 기이한 이야기를 다룬 필기筆記와 지괴소설이 쏟아져 나왔다. 당나라 사람들은 생활 수준이 높고 정력이 왕성했으며 사상적 속박은 적고 기이한 것을 끔찍이 좋아했다. 그래서 크게 한바탕 꿈을 꿀 시간, 여력, 동기가 있었던 까닭에 아름답고 진귀한 것들이 눈에 가득 차 있는 공상을 긁어모으거나 새로 만들었다.

"손원孫顗이 밤에 연못을 지나다 흰 달이 푸른 물결에 비치는 것을 보았다. 커다란 물고기가 거꾸로 비친 달빛 주위를 에워싸고 물을 마시며 오랫동안 떠나지 않았다. 그 옆의 작은 물웅덩이에는 마침 북두칠성이 거꾸로 비쳤는데 각종 두꺼비가 모여 먹고 마시고 있었다. 이튿날 커다란 물고기와 두꺼비에 불완전한 변형이 생겨 등선登仙하는 길을 향해 한 걸음씩 돌진했다"[12]라든가 "조진관朝眞觀에 소나무 세 그루가 있었는데 모습이 야위고 탈속적인 것이 마치 고대의 현자 같아 삼현송三賢松이라고 불렸다. 영노英奴라는 이름의 예쁜 기녀가 향주머니를 지니고 조진관에 가서 노닐자, 며칠 만에 소나무 몇 그루가 모습이 사그라지고 뼈대만 남아 완전히 시들해졌다. 현자 같은 소나무라도 아름다운 여인이 지닌 향기의 유혹에 저항할 수 없었던 것이다"[13]와 같은 부류의 이야기가 당나라에서 성행하며 크게 환영받았다.

삼현송 이야기로 크게 놀랄 것은 아니다. 자유롭고 제멋대로인 당나라 사람들이 가진 아름다운 공상은 이루 셀 수 없다. 시인 사공도는 이런 상상도 했다. "항아가 정이 있었지만 붙잡아두지 못하자, 푸른 하늘에 수정 비녀를 남겼구나."[14] 항아가 정이 들어 연인을 붙들어두려고 아름다운 푸른 하늘에서 대담하게도 연인에게 수정 비녀를 선물로 보냈다는 것이다. 고결한 달의 여신조차 이처럼 제약이 없었다면, 소나무 몇 그루가 미인에게 마음을 빼앗기는 정도야 지극히 정상적이다.

당나라 사람들의 상상력은 마침내 『두양잡편杜陽雜編』에서 최고 수준에 이르렀다. 작자인 소악蘇鶚은 타고난 몽상가라서 피곤한 줄도 모르고 하나하나 기이하고 다채로운 꿈들을 만들어냈다. 그는 그 가운데 특별히 반짝이는 것들을 『두양잡편』에 실어 당나라에서 가장 웅장하고 아름다운 공상의 이야기 모음을 완성했다.

소악이 부럽기만 하다. 그가 악몽을 꾸지 않는 것이 부럽고, 그의 모든 꿈이 말문이 막힐 정도로 아름다운 것이 부럽다.

예를 들어 그는 당 목종의 궁전 앞에 모란 천 송이를 심어 향기가 퍼지는 것을 상상했다. 매일 밤이 이슥해지면 노랑나비 흰나비가 나풀나풀 날아와 수천수만 마리가 되어 밝은 빛을 비춘다. 궁인들이 앞다투어 그물로 잡으려 하지만, 이 나비가 워낙 동작이 빨라 잡는 사람이 없었다. 목종이 사람을 시켜 하늘을 그물로 덮고서야 겨우 수백 마리를 잡았는데, 자세히 보고는 크게 놀라지 않을 수 없었다. 알고 보니 이 나비들은 생물체가 아니고 모두 몸이 금과 옥으로 이루어져 있는 데다 모양도 매우 정교하고 아름다웠던 것이다. 비빈들이 흥분하여 즉시 금옥의 나비를 머리 장식으로 만들고 싶어했다. 그래서 너도나도 붉은 실로 나비의 더듬이를 묶고 머리에 매단 후에 자유롭게 춤추도록 했다. 귀밑머리 사이에 꽃이 피고, 꽃 사이에서 나비가 날아올라 비빈들이 살며시 감아 매듭지은 푸른 실에 모두 멈추어 '꽃을 사랑한 나비蝶戀花'가 연출되었다.

「청춘접희도晴春蝶戲圖」, 이안충李安忠, 송나라
나비 여러 마리가 느릿느릿 춤을 추는 것만으로도 충분히 여유롭고 아름답다. 만일 정말 소악이 서술한 것처럼 나비를 푸른 실에 묶어 머리 위에서 날아다니게 한다면 또 얼마나 아름다울까.

또 다른 예로 그는 일림국日林國에서 신비한 빛이 나는 콩과 용의 뿔로 만든 비녀를 바치는 일을 공상했다. 신비한 빛이 나는 콩은 향기가 비할 바 없이 좋았고, 한 알을 먹으면 며칠 동안 허기나 갈증을 느끼지 않아 압축 비스킷보다 더 효과적이었다. 용의 뿔로 만든 비녀는 정교하면서 아름답고, 겹겹의 자주색 구름을 만들어낼 수 있어 무대효과로 드라이아이스를 사용하는 것과 견줄 만했다. 그는 또 이런 것들도 공상했다. 미라국彌羅國에서는 벽옥의 명주실을 바쳤는데, 이 명주실은 10여 명의 장사가 일제히 잡아당겨도 한 가닥도 끊어지지 않았다. 이 실로 활의 줄을 만들면 화살을 천 보 밖까지 날려 보낼 수 있었다. 또 동창공주同昌公主의 혼수품에는 불 누에가 뽑은 솜이 있었다. 전하는 말에 따르면 이 솜은 뜨거운 곳에서 나와 스스로 열기를 가지고 있는 까닭에 솜저고리를 지을 때 한두 개만 넣어야지 많이 넣으면 옷이 뜨거워서 입을 수 없었다고 한다. 안타까운 것은 이와 같은 기이한 물건의 탄생 과정을 소악이 언제나 상세하게 말하고 있지는 않다는 점이다.

책 전체에서 소악이 가장 많이 묘사하고 있는 것은 대진국大秦國●에서 공물로 바친 신비한 비단 이불이다. 신비한 비단 이불 위에는 봄날의 물보다 더욱 맑고 아름다운 무늬가 감돌았는데, 자세히 살펴보면 신비한 비단 이불의 무늬가 사람이 수놓은 것이 아니며 사용된 실도 염색 처리를 거치지 않았음을 알게 된다. 그러한 화려하고 복잡한 문양은 모두 실이 만들어질 때부터 가지고 있던 천연적인 것이었다. 유래에 관해서 이번에도 소악은 상세하게 말하지 않았다.

대진국 사람들은 발상이 풍부했다. 그들은 오색 빛깔의 돌을 연못에 깐 후에 누에를 연못에서 길렀다. 누에가 처음에는 모기 눈썹만큼 작다가 점점 대여섯 마디까지 자랐다. 이 누에는 보통의 누에와 습성이 달라서 물을 무서워하지 않을 뿐만 아니라 오히려 그 찬란한 연못에서 헤엄치며 노는 것을 즐거워했다. 연못에는 커다랗게 우뚝 솟은 연잎이 있었는데, 그것들은 "얼마간의 푸른 연잎이 서로 의지하며 한탄하다, 일시에 고개 돌려 서풍을 등지네"[15]와 같이 바람이 연잎을 말아 흔드는 장면을 절대 나타내지 않았다. 이 연잎은 질풍이

● 바다 동남쪽 3만 리 되는 곳에 있다는 가상의 나라다.

불어와도 흔들리지 않았던 것이다. 누에 새끼들은 15개월 동안 물에서 떠다니다가 성숙해지면 안정되고 넓은 연잎으로 뛰어올라와 어떤 녹색의 맑은 구석을 골라 조용히 고치를 튼다. 완성된 고치는 자연적으로 다채로운 빛깔과 광택 그리고 무늬를 갖춰 물들일 필요가 없다. 신비로운 비단 이불은 이러한 물고치 실로 짜서 만든 것이다.

맨 처음 당나라 임금은 신비로운 비단 이불을 받아 들고 한동안 미친 듯이 웃으며 이불의 크기가 갓난아기에게나 맞겠다고 말했다. 대진국의 사신은 당황하지 않고 우아한 미소를 지으며 이렇게 말했다. "물고치 실은 물을 만나면 늘어나고 불을 만나면 줄어듭니다." 그러고는 마술을 보여주기 시작했다. 물을 뿌리자 신비로운 비단 이불의 면적이 사방 두 길로 늘어나 오색이 찬란했다. 불을 가까이 대자 신비로운 비단 이불은 다시 갓난아기가 쓸 법한 크기로 줄어들었다. 한 번 늘어났다 줄어드는 오색 찬연의 시간 동안 소악의 상상이 불꽃처럼 피어났다.

이러한 이야기들에 어떤 현실적 의미는 없다. 그러나 당나라 공상 이야기의 책략은 이러했다. 의미를 따지기보다 다만 화려함을 추구하고 평범한 현실과는 분명히 다른 자극을 추구하겠다는 것이다. 그들은 이러한 공상이 쓸데없는 일이라고 생각하지 않았다. 진정으로 쓸데없는 일은 무슨 일을 하든 언제나 의미를 따져 묻는 것이었다.

당나라 사람들은 중국 고대에서 스스로 일파를 이루었다. 그런 까닭에 성정이나 심미에서부터 가치관에 이르기까지 선인이나 후인과 닮은 구석이 없었다. 당나라의 문화를 가장 많이 계승한 것은 오히려 일본 사람들이었다. 오늘날까지도 일본 사람들은 천 년 전 당나라의 여러 풍습을 완전하게 유지하고 있어서 나는 항상 일본이 마치 망가진 시계처럼 당나라에 멈춘 채로 다시는 분초가 움직이지 않고 있다는 것에 감탄한다. 당나라 공상 이야기의 책략은 송, 원, 명, 청의 마음을 빼앗지는 못했고 오히려 일본 민간 괴담 전반에 흡수되었다.

라프카디오 헌Lafcadio Hearn ●이 일본 민간 전설을 수집해 쓴 『괴담怪 談』에는 「너구리」라는 매우 유명한 이야기가 하나 있다. 한 상인이 우연히 울고 있는 여인을 만났는데, 그녀의 울고 있는 뒷모습에 측은한 마음이 생겨 여인에게 다가가 도대체 어떤 곤란한 상황에 처하게 된 것인지 자세히 물었다. 여인은 대답을 하지도, 고개를 들지도 않은 채 연신 울기만 했다. 상인이 재차 위로해도 여인은 여전히 말은 하지 않고 천천히 고개만 돌렸는데, 손으로 얼굴을 훔치는 모습에 상인은 크게 놀랐다. 여인의 얼굴에는 아무것도 없었던 것이다! 눈, 코, 입 하나 없이 그저 번들번들한 얼굴 가죽만 있었다. 상인은 허겁지겁 도망쳐 한 야식을 파는 작은 노점까지 달아났다. 그는 극도의 공포감에 사로잡혀 야식 상점의 사장에게 자신이 방금 만난 기이한 여인에 대해 알렸다. 상인이 더듬거리며 말을 끝마치길 기다리던 사장은 침착하게 물었다. "당신이 만났던 그 여인이 혹시 이렇게 생기지 않았소?" 말을 마친 사장 역시 손으로 얼굴을 문지르자 그의 얼굴도 밋밋한 얼굴 가죽으로 변하는 것이 아닌가! 이야기는 상인이 기절하면서 갑자기 끝난다.[16]

또 다른 이야기는 「유령 폭포」다. 삼베 방직 공장의 부녀자들이 생계를 위한 하루 일과를 마치고 함께 모여 누가 칠흑같이 어두운

● 1850~1904. 영국계 미국인으로 일본에 건너가 작가로 활동하며 일본 국적을 취득했다. 일본 이름은 고이즈미 야쿠모小泉八雲다.

밤 혼자 유령 폭포에 갈 수 있는지 내기를 걸었다. 가는 사람은 다른 모든 부녀자가 하루 동안 짠 삼베를 얻을 수 있었다. 큰 상에는 용감한 자가 나오기 마련이라, 오카쓰ぉ勝라는 이름의 아주머니가 일어나더니 아이를 등에 업고 폭포를 향해 출발했다. 아무도 없는 길을 지나고 춥고 서리가 엉겨 붙은 논밭을 통과해 다시 그림자가 짙게 내린 산길을 지나 오카쓰는 유령 폭포에 도착했다. 폭포가 쉰 목소리로 오카쓰의 이름을 부르기 시작하자, 그녀는 마지막 용기를 짜내어 자신이 다녀왔다는 것을 증명해줄 증거를 들고 몸을 돌려 뛰었다. 동료들에게 돌아온 그녀는 한바탕 칭송을 받았다. 오카쓰가 흥분하여 사람들에게 자신이 겪은 일들을 들려주자, 마음씨 좋은 할머니가 바로 그녀를 위해 등 뒤의 아이를 내려주려 했다. 그러나 할머니가 포대기를 풀자 피로 흠뻑 물든 옷이 땅에 떨어졌고 아이의 목은 이미 없어진 뒤였다.

이와 비슷한 이야기들이 『괴담』에 셀 수 없이 많은데, 당신은 이 이야기들의 중심 사상과 심층적 의미가 무엇인지 묻고 싶은가? 아닐 것이다. 그 이야기들은 아무런 의미도 없다. 착실하고 선량한 노동자들을 노래하려는 것도 아니고, 또 어떤 학설이나 지식을 전파하고자 하는 것도 아니다. 이야기는 그저 이야기일 뿐이다. 누구도 거기에서 무언가를 배울 수 없기에 당신은 어쩔 수 없이 이야기 자체로 이미 재미와 괴기함이 충분하므로 무슨 고생이 심하고 원한이 깊다는 의미로 그것을 빛내지 않아도 된다고 인정하게 될 것이다.

당나라 사람들이 번거로워하지 않고 기록한 각양각색의 수필에서, 오색의 큰 잉어가 달빛을 받으며 물을 마시고, 삼현송이 기녀 때문에 시들었다는 등의 놀라운 이야기에 어떤 의의가 있겠는가? 심기

제沈既濟는 『임씨전任氏傳』●을 지으면서 이렇게 말했다. "영하潁河에 떠다니고 회하淮河를 건너는데 배를 물에 따라 흘러가도록 두고 낮에는 연회를 열고 밤에는 이야기를 나누며 각자 다른 이야기들을 모았다. 군자의 무리가 임 씨의 이야기를 듣고 전부 깊이 탄식하고 놀라며 내게 이야기를 전하라 요청하기에 기이한 이야기를 기록한다." 사람들이 모여 너도나도 진기하고 괴이한 이야기를 하는데, 사람들이 모두 임 씨의 이야기가 가장 놀랍다고 여겼기에 그것을 기록하게 되었다는 말이다. 심기제의 창작 동기는 당나라 사람들을 가장 잘 대표한다. 그들은 그저 기이한 사물을 찾아다니고 즐거움을 찾는 심리로 이런저런 공상의 이야기를 쓴 것이지, 누구를 가르치거나 공격하거나 어떤 주의를 표방할 생각이 없었다. 그들에게 어떤 생각이란 게 있었다면 그것은 재미를 추구하는 것이었다.

재미에 대한 량치차오 선생의 이론은 이러하다. "나는 재미주의를 주장하는 사람이다. 만약 화학을 이용해 '량치차오'라는 사물을 분해해서 그 안에 함유된 '재미'라고 불리는 원소를 추출하고 나면 남는 것은 아무것도 없을 듯하다. 보통 사람은 항상 재미 속에 살아야만 비로소 생활이 가치 있게 된다고 나는 생각한다. 만약 인상을 찌푸리고 수십 년을 보낸다면 생활은 사막으로 변할 테니 무엇에 쓰겠는가? 중국 사람들이 만나면 가장 즐겨 쓰는 말이 있다. '요즘 무엇으로 소일하세요?' 이 말을 들으면 나는 짜증이 난다. 이 말에 담긴 뜻은 견디기 어려운 생활로 수십 년의 나날을 보낼 방도가 없기에 억지로 일거리를 찾아 소일한다는 것이다. 누군가 이런 상태로 생활하고

● 여우가 미녀로 둔갑해 나오는 당나라 지괴소설의 하나다.

있다면 나는 그에게 일찌감치 바다에 몸을 던지라고 권할 것이다."[17]

이 말은 그야말로 당나라 사람들의 속마음을 드러낸 것이니, 그들이 바로 재미를 위해 산 사람들이다.

고목의 푸른 등 휘파람 부는 산 귀신[18]

한위육조漢魏六朝 시기의 사람들은 각종 기이한 사건이나 기괴한 사물들을 기록하면서 그것을 역사적 사실로 여겼다. 한나라 유흠劉歆은 어쩌면 중국 신화집의 원조라고 할 만한 『산해경山海經』을 바치면서 이 책을 이렇게 칭송했다. "모두 성현이 남긴 일이고 고문으로 쓰인 유명한 것입니다. 그 사적들은 증거가 분명해 믿을 만합니다." 말이 명확하고 진지하기 그지없어 책에 기술된 귀신과 요괴가 절대 허황되지 않음을 거의 인격을 걸고 보증하고 있다. 서진西晉의 순욱荀勗은 '소설의 기원'●인 『목천자전穆天子傳』에 서문을 쓰면서, 특별히 두 권의 역사서에서 목천자의 행적에 대한 자잘한 기록을 뽑아내 서왕모西王母를 두 번째 주인공으로 삼고 비마飛馬 한 무리를 주요 조연으로 삼아 심오하고 비현실적인 이야기에 명분을 제공했다. 그리고 동진東晉의 간보干寶는 『수신기搜神記』의 자서自序에서 자신의 입장을 분명하게 밝혔다. "만약 근래의 일을 수집한 것 가운데 잘못된 것이 있다면 원컨대 선배 현인 유생들과 비방을 나누어 받겠다." 간보가 진실을 추구하는 정신에 입각하여 이 괴담계의 시초인 책을 썼고, 선

● 명 왕조의 문예 비평가인 호응린胡應麟의 표현으로, 그는 『목천자전』의 신화적 색채와 허구성을 지적했다. ―원주

별과 고증 작업을 대대적으로 펼친 까닭에 그가 책에 기록한 모든 것이 절대 뒤엎을 수 없는 사실이라고 자신했음을 분명하게 알 수 있다. 간보의 마음속에는 『수신기』가 도서 분류법상 틀림없이 역사서인 『사기』『한서漢書』와 함께 있었을 것이다.

당나라 이후 송나라와 원나라 시대에는 각종 괴담에 대한 사람들의 흥미가 약간 수그러들었다. 명나라와 청나라에 이르러서야 사람들은 다시 괴담과 놀라운 이야기에 대한 사랑의 불꽃을 지폈다. 다만 이 시대 사람들은 도의를 어깨에 짊어지기를 몹시 좋아해서 전반적으로 수많은 이야기를 통해 사회 각층 인사들에게 무엇이 정도正道이며 어느 것이 진리이고 어떤 사람이 본보기가 되고 어떤 생각이 당신을 지옥으로 끌어들이는지 알려주고 싶어했다. 그래서 이때의 '이야기 모음집'은 '도덕관찰道德觀察'●이라는 별명을 가질 만했다. 명나라 사람 능운한凌雲翰이 구우瞿佑의 『전등신화剪燈新話』에 서문을 쓰면서 찬미한 것도 이야기 자체가 아니었다. "비록 패관소설稗官小說의 부류를 모은 것이지만 선을 권하고 악을 징벌하며 군데군데 교훈도 담겨 있어 세상에 도움이 되지 않는다고 할 수 없다." 구우가 이 책에서 이야기한 것이 비록 민간에 떠도는 소소한 일들이지만 선을 권하고 악을 징벌하여 사회의 기풍을 정화할 수 있다는 말이다. 청나라 사람 포송령蒲松齡●●의 『요재지이聊齋志異』에 나오는 이야기들은 줄거리가 각기 달라 비슷한 부분이 매우 적다. 그런데 이들 이야기에 공통적인 부분이 있다면 그것은 바로 이야기의 말미에 어김없이 '이

● 「도덕관찰」은 중국 CCTV의 프로그램 가운데 하나로, 일상생활에서 선행이나 부도덕한 일을 소개하는 것이 주 내용이다.
●● 1640~1715. 청나라 초기의 소설가 겸 극작가.

사씨異史氏가 말하기를'이라는 단락을 두어 사회와 백성을 향해 한바탕 경종을 울렸다는 점이다.

그러나 당나라 사람이 쓴 괴담과 놀라운 이야기 등의 공상들은 확실히 중국 여느 왕조의 문인들과 심리 상태 면에서 달라서, 그들의 목적은 단지 "기이함을 찾아 꿈을 가득 채우고, 괴이함을 찾아 마음을 씻어내는"19 것이었다. 이야기가 사실이든 아니든 당나라 사람들은 아랑곳하지 않았다. 그들이 진정으로 바란 것은 허구 속으로 빠져들어 그러한 허구가 생활에 활기를 더해주는 것이었다. 기이한 이야기의 도덕적 가치에 대해서도 당나라 사람들은 무관심했는데, 청나라 사람들은 진작부터 이 점을 인식하고 있었다. 청나라 때 나온 『사고전서四庫全書』에서 당나라 신비한 이야기의 백과사전격인 『유괴록幽怪錄』을 편찬하면서 많은 글이 소실되었음이 드러났다. 이치대로라면 옛것을 숭상하는 데 푹 빠져 있던 청나라 사람들이 마땅히 이에 유감을 표했어야 할 텐데 편찬자들은 이 일을 담담히 받아들였다. "지괴 종류의 책이라 풍속의 교화와 무관하다"20는 것이 그 이유였다. 당나라의 지괴소설은 청나라 정부 측에서 보기에 풍속의 교화나 도덕과 무관하고 사회 기풍이나 민심에 전혀 도움이 되지 않기 때문에 소실되어도 무방하다는 것이다. 만약 청나라 때의 지괴집인 『열미초당필기閱微草堂筆記』『이승里乘』『지문록咫聞錄』 등이 사라졌다면, 절대 편찬자가 아무런 부담 없이 "지괴 종류의 책이라 풍속의 교화와 무관하다"고 하지 못했을 것이다.

소악이 『두양잡편』에서 왕족과 고관대작들의 진기한 보물들을 마음껏 꾸며낸 목적은 결코 상류사회의 교만과 방탕함을 질책하려는 것이 아니었다. 그보다는 자신의 갖가지 기기묘묘한 발상들을 펼쳐

보이고 싶었던 것이다. 사공도가 백주에 연인에게 수정 비녀를 주는 항아를 상상한 것도 당나라 여성들의 자유분방함과 망가져가는 사회 기풍을 꾸짖으려는 것이 아니라 오히려 정이 넘치는 두 사람의 모습을 아름답게 써내기 위함이었다.

당나라 사람들의 이러한 심리를 다시 량치차오 선생의 말로 표현하자면 다음과 같다. "나는 도덕적인가 아닌가를 묻지 않고 재미가 있는가 없는가를 묻는다. 나는 도박이 부도덕하기 때문에 배척하는 것이 아니라 도박이 본질적으로 재미없는 지경에 이르고 재미가 없어 내 재미주의를 파괴하는 지경에 이르기 때문에 도박을 배척한다. 나는 결코 학문이 도덕적이기 때문에 옹호하는 것이 아니라 학문이 본질적으로 재미로 시작하여 재미로 끝날 수 있어 내 재미주의의 조건에 가장 부합하기 때문에 학문을 옹호하는 것이다."

설령 당나라 사람들의 어떤 전기傳奇와 공상적인 이야기가 내친김에 정의를 고취시킨다고 해도 윤리는 애초에 당나라 사람들의 흥밋거리가 아니었다. 누가 누구에게 잘못한 것이 무엇이 중요한가? 재미있고 기괴한 것, 아름답고 화려한 것이 관건이었다. 그들이 유독 사랑한 것은 가장 정채로운 공상—남의 것이든 자기 것이든—을 가장 아름다운 말로 기록하는 일이었다. 이렇게 미학적 의미만 맹목적으로 따르는 전통은 중국에서 후계자가 없었고 오히려 일본에서 이어졌다.

일본의 3대 괴담 중 하나인 「반초의 접시 저택番町皿屋敷」은 오키쿠お菊라는 하녀의 이야기로 시작한다. 오키쿠는 주인집의 가보로 열 장이 한 세트를 이루는 접시 가운데 하나를 실수로 깨뜨리고 만다. 주인은 성격이 급하고 포악하여 오키쿠를 매달아놓고 죽을 때까

지 때린 다음 시체를 우물에 버렸다. 이때부터 매일 밤이면 우물 아래에서 오키쿠가 접시를 세는 소리가 "한 장, 두 장, 세 장……" 하고 들려왔는데, 숫자가 아홉에 이르면 오키쿠는 울음을 참지 못하고 흐느끼며 다시 처음부터 세기 시작했다. 밤새도록 우물 아래에서는 "한 장, 두 장, 세 장……" 하며 처절하게 숫자 세는 소리가 끊임없이 반복되었다.

일본 민간에는 아직도 원앙에 관한 이야기가 유행한다. 사냥꾼 손조孫允가 어느 날 평소와 같이 사냥을 떠났는데 아무런 소득 없이 돌아왔다. 나룻배를 타고 집으로 돌아오던 손조는 언뜻 아카누마赤沼라는 연못에서 서로 의지하고 있는 원앙 한 쌍을 보았다. 금슬 좋은 원앙을 죽이면 업보가 있으리라는 것을 알고는 있었지만 몹시 배가 고팠던 그는 많은 생각을 할 겨를 없이 활을 쏴서 수컷 원앙을 맞추었고 암컷은 황급히 달아났다. 그날 밤 손조는 꿈에서 울고 있는 한 여인을 만났다. 그 여인은 비통한 모습으로 자신의 남편을 죽였다고 손조를 원망하며 그더러 내일 아카누마 연못으로 와달라고 당부했다. 손조는 새벽에 잠에서 깨자마자 아카누마 연못으로 가서 어제 달아났던 암컷 원앙을 찾았다. 그 암컷 원앙은 그날에는 전혀 달아날 기색 없이 오히려 손조의 두 눈을 똑바로 바라보며 그를 향해 헤엄쳐왔다. 가까운 거리까지 헤엄쳐온 암컷 원앙은 갑자기 날카로운 부리로 스스로 자신의 몸을 물어뜯어 온몸이 찢어진 채 죽어버렸다. 손조는 어안이 벙벙해져 그 자리를 뜰 수 없었다.

접시 저택과 원앙과 같은 이야기가 만일 청나라 때의 『요재지이』나 『열미초당필기』에 실렸더라면 결말이 분명히 달라졌을 것이다. 오키쿠의 원혼은 가련하게도 우물에 머물며 접시의 수를 세지 않고 필

「금고승리도琴高乘鯉圖」, 이재李在, 명나라

춘추전국 시대 조趙나라 사람 금고琴高는 일찍이 탁수濁水로 들어가 용을 잡겠다며 학생들에게 열흘 후에 돌아오겠다고 약속했다. 약속한 날이 되자 모든 학생이 과연 그가 한마리 커다란 잉어에 올라타 물 위에 나타난 것을 보았다. 다시 한 달이 지나자 금고는 다시 물속으로 들어가 종적을 찾을 수 없었다. 당나라 사람들은 금고가 득도하여 신선이 될 수 있었던 것을 매우 부러워했고 시인들이 이를 많이 노래했다. 예를 들면 잠삼의 시는 이러하다. "원컨대 금고를 따라, 물고기를 타고 안개 구름으로 향했으면."[2]

시 우물을 뛰쳐나와 각종 비상한 방법을 동원하여 흉악한 주인을 벌주었을 것이다. 사냥꾼에게 잔인하게 반려자를 잃은 원앙도 자살을 선택하지 않았을 것이다. 꿈으로 사냥꾼을 불러낸 것은 틀림없이 그에게 좋게 보이기 위함이었을 것이고, 죽는다 해도 그 사냥꾼을 죽이기 위해서였을 것이다. 그러나 일본 괴담은 당나라 사람들의 괴담과 마찬가지로 권선징악과 같은 부류의 막중한 소임에 대해서는 흥미가 거의 없었던 것 같다. 윤리나 가르침보다 그들은 줄거리가 생동감이 있는지, 분위기가 으스스하고 기이한지, 상상이 기상천외한지에 더 관심이 있었다.

일본에서는 어른들 세계의 괴담은 말할 것도 없고 가장 마땅히 정직하고 선량해야 할 아동 도서조차도 반드시 "좋은 사람은 좋은 보답을 받고 나쁜 사람은 천벌을 받는다"라는 공식을 따라야 하는 것은 아니다. 예로부터 오늘날까지 일본의 많은 어린이 이야기를 모아둔 『일본 민담』 가운데에는 '그다지 도덕적이지 않은' 이야기가 많다. 예를 들어 '이나즈마 다이조いなずまだいぞう'[22] 이야기에서 '이나즈마 다이조'라고 불리던 스모 선수는 천구天狗●가 몸에 붙은 까닭에 힘의 세기가 무궁하고 필적할 만한 사람이 없어서 일본 제일이 되었다. 그런데 언젠가 다이조의 한 상대가 간절히 그에게 한 번만, 단 한 번만 자신이 이기게 해달라고 애원했다. 다이조는 불쌍한 마음이 들어 시합 중 일부러 져주고 가련한 상대도 승리의 맛을 느껴보도록 했다. 그러나 이처럼 선량한 다이조는 오히려 이로 인해 몸에 붙어 있던 천구를 화나게 했고, 천구가 그를 버리고 떠나자 다이조도 그로부터

● 들고양이 비슷한 아수. 일본에서는 '덴구てんぐ'라고 부른다.

힘을 잃게 되었다.

이러한 괴담은 아무 쓸모가 없고 내용이 텅 비었다고 많은 사람이 질책하지만, 사실 뒤집어 이야기하면 그런 평가는 지나치게 공리적이다. 어째서 글 한 단락이나 이야기 한 편이 꼭 어떤 쓸모나 가르침을 떠안아야 하는가? 그것들은 어째서 단지 재미있고 기괴하고 아름답기만 해서는 안 되는가? 뜬구름 잡는 괴상한 상상이 도덕보다 더 소중할 수는 없다는 것인가? 극히 많은 의미를 담은 이야기와 비교하면, 의미를 따지지 않고 윤리에 얽매이지 않은 당나라와 일본의 괴담이 아마 더욱 미의 진수에 가까울 듯하다.

일본 에도江戸 시대에는 '하쿠모노가타리百物語'라고 불리던 일종의 괴담 놀이가 성행했다. 달빛도 없는 밤에 사람들이 함께 모여 푸른 색종이로 사방등을 세우고 백 개의 등에 불을 붙인다. 모두 자리에 앉아 돌아가면서 기괴하고 아름다운 이야기를 하고 이야기 하나를 할 때마다 등을 하나 끈다. 그래서 괴담이 많아지면 많아질수록 방 안도 더욱 어두워진다. 에도 시대 사람들은 백 개의 이야기를 끝마치고 마지막 불이 꺼지게 되면 요괴가 나온다고 믿었다. 어두컴컴하고 음산한 작은 방 안에서 저마다 기대를 가득 안고 그 얼굴도 흉측한 요괴를 기다린다니 이상하다는 생각이 들지 않는가?

에도 시대 사람들 마음속의 요괴는 대개 선악으로 구분되지 않고 다만 무섭게 생긴 외모와 그처럼 무서운 마음을 가졌을 뿐이다. 포송령을 대표로 하는 동시대 청나라 사람들은 오히려 요괴가 옳고 그름이 분명하고 털끝만 한 일도 다 밝히며 의리를 중시하고 선량하다고 굳게 믿었다. 그런데도 에도 사람들은 요괴가 나타나기를 간절히 바라고, 청나라 사람들은 큰 적이나 만나는 듯 요괴를 대했으니 이

「종규야유도鍾馗夜遊圖」 대진戴進, 명나라

'종규가 밤에 노닌다'는 것은 화가들이 매우 좋아했던 환상적인 제재여서 역대의 화가들이 많이 그렸다. 그림의 작은 귀신을 하나씩 살펴보면 모두 힘상궂고 무섭게 생겼지만, 합쳐놓으니 오히려 상당한 미감이 느껴지기까지 한다.

는 무슨 심리일까?

신선이 누각에 오르자 봉황이 난다[23]

본론으로 돌아와 선과 악의 업보에 관한 중국 고대의 이야기를 자세히 살펴보면, 우리 조상들이 설계한 징벌 방식이 훌륭하다고 할 수는 없을 듯하다. 단지 악인의 목숨을 빼앗거나 악인에게 굴욕을 안기거나 집안을 망하게 하는 정도였다. 그런데 가장 부드러운 징벌은 일찌감치 고대 그리스인들이 다 개발한 모양이다.

탄탈로스는 자신의 아이를 죽인 다음 삶아서 요리로 만들고 여러 신을 초대했다. 그 목적은 여러 신의 반응을 관찰함으로써 신들이 정말 모든 것을 꿰뚫어볼 수 있는지 시험하기 위해서였다. 탄탈로스의 행동에 진노한 여러 신은 그에게 벌을 내렸다. 그를 물 가운데 두어 맑고 시원한 물결이 그의 턱 밑에서 찰랑거리게 했다. 그러나 그가 갈증을 참지 못하고 고개를 숙이면 물이 바로 뒤로 물러나, 물과 그의 말라붙은 입술은 영원히 털끝만큼도 가까워지지 않았다.

메아리의 신 에코는 본디 산신으로 숲속을 누비며 자유롭게 살았다. 그러나 성격이 활달했던 그녀는 쉴 새 없이 떠들어댔는데, 이것이 헤라를 화나게 만들어 헤라가 그녀에게 준 벌은 이러했다. 다른 사람의 말을 따라하는 것 말고는 어떤 말도 할 수 없도록 한 것이었다. 오래지 않아 에코는 잘생긴 나르키소스를 좋아하게 되었지만, 그가 하는 말을 따라할 수밖에 없어 자신의 마음을 전하지 못했다. 마침내 단 한 번, 나르키소스가 한 어떤 말의 끝 몇 마디가 사랑을 표현할 수 있는 말이어서 에코가 매우 기뻐하며 따라했지만 오히려 나르키소스의 무관심을 불러왔다. 결국 에코는 산속에서 생을 마감했고, 한바탕의 탄식만 공기 중에 메아리쳤다.

그런데 콧대 높은 나르키소스는 에코만 거절한 것이 아니라 다른 모든 선녀도 거절했다. 마침내 한 선녀가 참지 못하고 응답이 없는 사랑이 무엇인지 나르키소스가 겪게 해달라고 기도했다. 기도는 이루어져 나르키소스가 받게 된 벌은 뜻밖에도 물에 비친 자신의 그림자와 사랑에 빠지는 것이었다. 그는 밤낮으로 강가에 머물며 아름다운 자신의 그림자에게 말을 걸어 포옹을 청했지만 이 갈망은 확실히 큰 사치였다. 막 손을 내밀어 닿을라 하면 수면에 물결이 일어, 그는 일그러지는 그림자를 멍하니 바라봐야 했다. 나르키소스는 결국 응답 없는 사랑이 얼마나 큰 재앙인지 알게 되었다. 그 절망의 순간에 나르키소스는 따라하는 것이긴 했어도 언제나 맨 처음 그에게 대답을 해주던 에코를 떠올렸을까?

이런 징벌들에는 잔혹한 아름다움이 있다. 폭력의 미학에 빠진 사람이라면 쿠엔틴 타란티노*의 영화를 연구하는 것 말고도 시간을 내어 그리스 신화를 읽어봄직하다.

인류 탄생 초기, 상상력은 문명의 구속을 받지 않았고 천마가 하늘을 날 듯 호방하고 자유로웠다. 그래서 상고의 신화는 기본적으로 한 민족의 상상력의 절정을 보여준다. 중국 신화에서의 신은 조금도 결점이 없고, 굳세며, 선량하고, 너그럽고, 부지런하며 공평하다. 신선 각각이 곧 하나하나의 이동하는 미덕 수용소다. 그리스의 신들이

* 「저수지의 개들」(1992)과 같은 영화를 통해 잔혹한 폭력의 미학을 선보인 미국의 영화감독.

연애하고 싸우고 질투하고 복수하느라 바빠 세계를 뒤죽박죽 또 각양각색으로 들볶을 때, 중국의 신들은 물을 다스리고 활을 쏘며 하늘과 바다를 메웠고, 또 온갖 고생을 견디며 백 가지 약초를 맛봤다. 그들의 높은 도덕 수준을 믿기 어렵겠지만 중국의 이러한 신선은 인류가 아직 개화하지 못했을 때의 작품이다. 그런 까닭에 중국 상고의 신화는 공상이라기보다 이상에 가까운 것 같다.

중국의 조상들은 결코 마음대로 상상하며 질주하지 않았다. 그들은 충분히 고상하지 않은 요소들을 걸러내고 애써 이상형을 만들어냈다. 마음껏 상상력을 펼친 그리스인과 비교하면 중국의 조상들은 도덕적 자각이 지나치게 많았다. 그래서 부정적인 요소를 걸러내는 동시에 원시의 열정도 여과시켜버렸다. 정위精衛가 바다를 메운 것이든 우임금이 물을 다스린 것이든, 이런 신화는 사람을 감동시키기에 충분하지만 정채로움이 부족하다. 마치 억지로 맞추고 절단한 듯한 선조들의 상상력은 하늘을 나는 천마를 새장에 단단히 가둬둔 것처럼 어딘가 어색하게 느껴진다.

그러나 당나라에 이르러 이 천마가 마침내 풀려나자 대단한 도덕적 이상 없이 기묘한 생각과 상상만 있게 되었다. 상상력의 대폭발이 일어났고 광범위한 폭발의 파급력은 문학 영역에 각종 기괴한 이야기가 출현한 것 외에도 현실에서 일련의 창의적인 생각을 유발했다.

그 당시 사람들은 비행기도 로켓도 없어서 어딜 가든 늘 불편했다. 하늘 위 구름은 더욱 그림의 떡이었다. 그러나 이 모든 것이 열망을 멈추게 할 이유가 되지는 못했으며, 그 시대에 "푸른 하늘에 올라해와 달을 손에 쥐고자 한다"[24]는 생각은 갈수록 짙어졌다. 그래서 당나라 사람은 창의성을 발휘하여 현세와 천당의 거리를 가깝게 만들었다. 관문연關文衍은 특별히 반비半臂●에 속세를 초월한 듯한 구화산九華山의 경관을 자세히 그려넣은 이후에 종일 반비를 걸치고, 이런 방식으로 운무가 피어오르는 중에 자신을 맡겼다.[25] 백거이는 비운리飛雲履를 만들었다. 하얀 명주를 꽃구름 모양으로 재단하여 신발 주위에 붙이고 네 가지 향으로 물들이니 마치 매 걸음 신발에 연무가 흘러넘치는 것 같았다. 비운리를 신었다고 정말로 우뚝 솟은 구름 끝의 천국으로 들어갈 수는 없지만 하늘을 나는 듯한 쾌감을 조금은 얻을 수 있었다.

하늘에 오르고 나서는 바다로 들어가는데 바다 밑은 행복이 가득한 천당은 없지만 화려한 형태를 지닌 기이한 장소다. 당나라 사람들은 저마다 모두 이상한 나라의 앨리스가 되어 기이한 장소들을 마음대로 돌아다니기를 꿈꿨다. 어조은魚朝恩은 방을 하나 만들고, 방의 네 벽에 깨끗하고 투명한 유리판을 설치했다. 유리판 사이에는 흐르는 강물과 각색의 수초와 물고기들을 가득 채워두고 '어조동魚藻洞'이라고 불렀다. 그 안에 있으면 물빛이 맑게 반짝거렸고, 아름다운 물고기가 머리 위로 헤엄치고 부드러운 수초가 숨결에 흔들리면 정말로 쉬즈모徐志摩가 묘사한 그대로였다. "하늘의 무지개여라. 부평초 사이로 잘게 부서져, 오색의 무지개 같은 꿈속으로 가라앉나니."[26] 현대의 수족관도 여기서 크게 벗어나지 않는다. 어조은이 육지에서 생활하는 인류를 위해 맑고 투명한 해저세계를 만들었다면, 번천리樊千里

● 반비에 대해 선충원沈從文은 『중국 고대 복식 연구中國古代服飾研究』에서 "반비는 또한 반소매半袖라고 부르기도 하며 위진魏晉 이래 짧은 옷에서 발전하여 나온 깃이 없고(혹은 깃을 접고), 가슴 중앙에서 옷자락을 채우는(혹은 덮개를 씌운) 짧은 겉옷으로, 소매의 길이가 팔꿈치 정도에 닿고 허리선이 허리에 미치는 것이 특징이다"라고 했다. —원주

는 물에서 생활하는 생물을 위해 따뜻한 육지를 만들어냈다. 번천리는 오리를 기르면서 부평초 몇 수레를 연못에 쏟아부었다. 푸른 부평초가 두텁게 한 층 엉기자 오리가 그 위에서 평지를 걷듯이 떠다녔다. 번천리의 본래 뜻이 오리를 위해 포근한 '방석'을 깔아주는 것이었으니 얼마나 마음에 들었겠는가.

하늘에 오르고 바다에 들어가고 육지를 만드는 계획을 세우지 않더라도 일상의 먹고 마시는 일조차 당나라 사람들은 아주 몽환적으로 꾸몄다. 여양왕汝陽王은 운몽석雲夢石으로 바닥을 간 수로를 만들고 그곳을 술로 채운 뒤 그 위에 배를 띄웠는데 마치 천연의 하천에 배를 띄운 것 같았다. 하지만 천연의 하천에는 물고기들이 뛰어노는 재미가 있으니 술을 채운 수로가 비할 바는 아니다. 그래서 여양왕은 금과 은으로 많은 거북이와 물고기를 만들어 그 안에 던지고 이리저리 떠다니게 내버려두었다. 금빛 찬란한 광선이 술의 물보라 속에서 오르락내리락했다. 만약 술을 마시고 싶으면 그저 출렁이는 파도 속에서 '물고기' 한 마리를 건져내면 이 '물고기'가 곧 술잔이 된다. 괵국부인虢國夫人●의 창의성은 더욱 뛰어났다. 그녀는 높은 건물에 사슴의 내장을 걸고 내장의 아랫부분을 묶은 뒤, 다시 사람을 시켜 좋은 술을 그 안에 붓게 하고 이것을 '동천병洞天瓶'이라고 불렀다. 연회가 시작되어 사람들에게 내장의 매듭을 풀라고 외치면 좋은 술이 허공에서 나는 듯이 술잔에 떨어졌다. 이백이 "황하의 물이 하늘로부터 오네"[27]라고 한 것이 호방한 문학을 대표한다면, 괵국부인이 "신선의 좋은 술이 하늘로부터 오네"라고 한 것은 환상적인 생활의 절정이다.

● 양귀비의 둘째 언니.

위와 같은 것들을 모두 부자만의 놀이라고 할 것은 아니다. 당나라는 태평성대의 번영을 누렸으므로 자연히 사람들도 돈이 부족하지 않았다. 그러나 그들이 생활을 밝히기 위해 의지한 것은 돈뿐만이 아니었고, 사람들을 깜짝 놀라게 할 만한 상상력이 더 많은 부분을 차지했다.

당 목종은 늘 일종의 '원의諢衣'를 만들어서 그가 총애하는 궁인에게 상으로 주었다. 원의를 만드는 옷감은 특별할 것이 없었고, 특별한 점은 검은 천이면 흰 글자로, 흰 천이면 검은 글자로 옷 가득히 익살스런 말을 적었다는 것이다. 그래서 원의를 입으면 몸에 당나라의 유머집을 가지고 다니는 것과도 같아서 불쾌한 일을 만났을 때 옷자락을 뒤집거나 소매를 휘두르면 한 오라기의 슬픔도 남지 않았다.

기왕岐王*의 궁전에는 울창한 대나무 숲이 있었다. 그는 사람을 시켜 대나무 가지에 수많은 옥 조각을 걸어두었다. 매일 밤 옥 조각들이 서로 부딪히며 나는 소리를 들어보면 바람이 부는지 안 부는지 알 수 있었으므로, 이를 '점풍탁占風鐸'**이라고 불렀다. 내가 속으로 기왕의 의도를 짐작건대, 바람을 점친다는 것은 아무래도 두 번째이고, 가장 중요한 것은 대나무 가지와 옥 조각이 울리는 맑고 빼어난 하모니이며, 비취빛 댓잎과 흰 옥돌의 조합 또한 확실히 눈을 호강시켰을 것이다.

양국충 집안에서는 숯가루에 꿀을 섞은 밀탄蜜炭으로 봉황의 형태를 빚어 엄동설한이면 그것을 지펴 난방을 했다. 거센 바람이 울부짖는 겨울날 몇 사람이 화롯가에 둘러앉아 두런두런 날씨에 대해

* 본명은 이범李範(?~726)이며, 당나라 예종睿宗의 넷째 아들이자 현종의 동생이다.
** 바람을 점치는 풍경이라는 뜻.

「적선완월도謫仙玩月圖」, 사시신謝時臣, 명나라

그림의 문인은 바로 '귀양 온 신선' 이백이다. 이백의 시에 보이는 환상은 아름답고 낭만적이어서 사람들은 또 그의 죽음에 "하얀 달을 잡으려다 물에 빠져 죽었다"는 아름답고 낭만적인 전설을 남겨주었다.

「장운도藏雲圖」, 최자충崔子忠, 명나라

당대 시인 이백이 책상다리를 하고 단정히 수레에 앉아 느릿느릿 산길을 가는 모습을 그렸다. 운무가 피어오르는 꿈 같은 경치에 이백은 분명 대단히 즐거웠을 것이다.

이야기하며 "저녁이 되자 눈이 내리려 한다"[28]고 하고, 모여서 "한잔 할수 있겠는지"[29]를 상의했다. 화로에서는 봉황이 타올라 마치 불로 씻어내어 다시 태어나는 것 같아 아름답기 그지없었다. '봉황이 열 반'할 때 나오는 따뜻함과 달콤한 향기로 인해 양국충의 집에는 멍 하고 졸리게 하는 훈훈한 기운이 감돌았다. 웅장함과 광활함, 그리고 따뜻함과 향기로움, 이 두 가지가 영원히 만날 수 없는 양극이라고 누가 그랬던가?

중국 고대에 가장 유명한 부자인 서진西晉의 석숭石崇은 일찍이 사 람을 시켜 계단 위의 이끼를 모두 꽃으로 조각하게 하고 큼지막한 붉은 옥을 상감하여 사치와 화려함의 극치를 이루었다. 당시 사람들 이 그것을 보고 너도나도 이렇게 감탄했다. "호리병의 풍경도 이보다 낫진 않을 게야."● 돌계단의 이끼와 같이 보잘것없는 곳조차 모두 꾸 미고 장식했으니, 석숭의 집에는 명실상부하게 보배의 빛과 기운이 있었음을 알 수 있다. 그러나 이끼에도 보석을 상감하는 것은 넉넉한 부자라야 실현 가능한 일이다. 당나라의 부자들이 보여준 모습, 예를 들어 어조동, 동천병, 점풍탁 등은 오히려 생활에 대한 진지한 마음 이 있어야 하고 세계에 대한 무궁무진한 상상이 필요하다. 서진 사람 들이 만약 당나라 사람들의 창의성을 알아보았다면, 호리병의 풍경 이 고작 석숭의 집처럼 졸부의 짓거리에 그치지 않았으리라는 사실 을 깨달았을 것이다.

● 호리병의 풍경은 도가에서 말하는 선경仙境이다. 판본이 매우 많은데 그 가운데 가장 유행하 던 것은 다음과 같다. "동한의 비장방이 우연히 약을 파는 노인을 만났는데, 노인이 가지고 있던 호리병 속으로 들어가는 것을 목격하고 이 노인이 절대로 비범한 사람이 아니라고 판단했다. 그 래서 비장방이 술과 고기를 사서 노인을 찾아뵙자 노인이 그를 데리고 함께 호리병으로 들어갔 는데, 병 안에는 화려하게 장식한 집과 온갖 신비한 꽃과 풀이 있어 인간세계보다 훨씬 아름다웠 다." ─원주

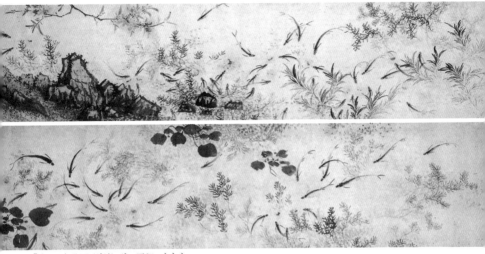

「어조도魚藻圖」(일부), 왕교王翹, 명나라
어조은의 '어조동'은 맑고 투명하여 그 광경이 왕교의 이 그림보다 더욱 생동감 있고 사랑
스러웠을 것이다.

계속해서 부풀어오르는 상상력과 창의성은 기이함을 찾는 사람
들의 심리를 만족시켰다. 기이함을 찾는 심리는 반대로 사람들이 더
농도 짙은 상상력과 창의성을 보이도록 자극한다. 다만 '기이함을 찾
는' 위장胃腸이 커지면 그것은 잔인한 짐승으로 변할 수도 있다.

안사의 난이 벌어지자 양귀비는 마외馬嵬 언덕에서 목매달아 죽
는 처량한 신세가 되었다. "꽃 비녀 땅에 버려졌건만 거두는 사람 없
으니, 비취 깃, 공작 비녀와 옥비녀. 임금께선 얼굴을 가린 채 구해주
지 못하니, 돌아보며 피눈물만 흘렸네."[30] 양귀비의 꽃 비녀는 아무
도 줍지 않았지만, 버선은 마외 언덕에 사는 한 노파가 주워갔다. 이
때부터 노파는 점포를 내고 장사를 시작했다. 길을 오가는 사람들이
양귀비의 비단 버선이 있다는 말을 듣고 호기심을 억누르지 못했다.

그 같은 절세미녀와 즐길 방법은 없으니 그녀가 몸에 지녔던 물건이라도 구경하면 좋겠다는 것이었다. 비단 버선을 한 번 가까이서 만져보는 데 100전을 내야 했기에, 이를 통해 무명의 노파는 나중에 큰 부자가 되었다. 버선이 정말 양귀비의 것이었는지는 근본적으로 증명할 수 없지만, 십중팔구 그저 노파가 돈을 벌기 위해 생각해낸 못된 계략이었을 것이다. 그러나 이런 '기이함 찾기'에서는 과하게 피비린내가 난다. 아주 철저하게 한 여인의 비극을 독창적인 장난감으로 만들어낸 것이기 때문이다.

그 구경꾼들은 아마 모두 비단 버선에서 양귀비 피부의 부드러운 질감과 그녀의 마지막 한 줄기 향기로운 숨결을 찾아 곧 넘칠 것 같은 호기심과 욕망을 만족시키고자 했을 것이다. 이 장면을 떠올리며 나는 외설적이라고 느낀다. 그들 중에도 이렇게 생각하는 사람이 있었을까? 이 비단 버선의 주인도 한때는 그들처럼 피가 흐르고 육신이 있으며 숨을 쉬었고, 마찬가지로 고귀한 자존심이 있었다고. 그들에게는 이런 생각이 없었다. 그건 그저 오락일 뿐이어서 사람들은 모두 웃고만 있었다.

현대인의 오락 정신과 기이함을 찾는 심리도 전혀 당나라 사람들에 뒤지지 않는다. 최근 갈수록 늘어나는 '누구누구 게이트'를 봐왔을 것이다. 사람들은 모두 타인의 사적인 비밀과 비극에 손뼉을 치고 발을 구르며 즐거워한다. 그 가운데 어떤 부분에 대해서 나는 줄곧 큰 의혹을 가지고 있었다. 예를 들어 몰래카메라에 한 청춘 남녀의 친밀한 행위가 찍혀 그것이 유출되면, 대중이 한편으로는 감상하고 한편으로는 질책한다. 질책은 그저 겉모습일 뿐이고, 오락과 기이함 찾기야말로 속마음이라는 것을 누구나 안다. 좋다, 질책하는 척

「양귀비상마도楊貴妃上馬圖」, 전선錢選, 원나라
양귀비는 평생 모든 영광을 누렸는데 마지막엔 뜻밖에 비참한 최후를 맞았기에 사람들의
탄식을 자아냈다.

하는 것도. 그러나 어째서 영상물 속 사람만 늘 질책을 받아야 하는
가? 어째서 영상물 유포자를 질책하는 사람은 없는가? 공공장소에
서의 이런 행위가 분명 고상한 것은 아니지만 그렇다고 죽을죄도 아
니다. 그들의 부주의로 새나간 비밀을 전 세계에 공개하여, 가슴이
찢어질 가족들과 아무 상관없는 제삼자가 함께 그들의 추함을 보게
함으로써 그들의 인생을 짓밟을 권리가 누구에게 있는가? 우리가 박
장대소할 때 그 두 사람이 울고 있다는 것을, 어쩌면 자신이 전 국민
이 훔쳐보며 우롱하는 다음 사람이 될 수도 있음을 걱정하는 사람
이 없다는 말인가?

충분히 웃었다면 짬을 내 닐 포스트먼이 『죽도록 즐기기Amusing
Ourselves to Death』에서 보낸 경고를 들어보자. "문화적 풍조가 황폐화
되는 방식에는 두 가지가 있다. 첫 번째는 문화가 감옥이 되는 오웰
식이다. 두 번째는 문화가 스트립쇼와 같이 저속해지는 헉슬리식이
다. (…) 주변에서 감옥 문이 닫히기 시작하면, 모든 주위 환경이 변
하기에 쉽게 알아차리고 저항할 태세를 갖춘다. (…) 밀턴, 베이컨, 볼

테르, 괴테 그리고 제퍼슨의 정신을 버팀목 삼아 그러한 고통의 파도에 저항하기 위해 무장을 꾸린다. 그러나 고통스런 외침이 들리지 않는다면 어떻게 하겠는가? 진지한 공공 담론이 킬킬거리는 농담 속에 함몰되어버리면 과연 누구에게, 언제, 그리고 어떤 말투로 불평하겠는가? 킬킬거리는 웃음소리로 인해 문화가 고갈되면 그 해독제는 무엇인가?"[31]

당나라 사람들의 공상세계는 보석 같은 광채를 띤 꽃나무였다. 나무의 어떤 꽃봉오리는 활짝 필 책임만 맡고, 어떤 꽃봉오리는 활짝 핀 후에 또 부드럽고 과즙이 많은 열매를 맺었다. 마치 어떤 공상은 단지 기괴하고 화려한 괴담이고, 어떤 것은 현실화될 가능성이 있는 것처럼 말이다. 그런데 '상상한다'는 이 작업의 가장 놀랄 만한 부분은 그것이 설령 한 조각 망상이라고 해도 대단히 높은 만족감을 안겨줄 수 있다는 것이다.

상상이 망상에서 현실이 되는 것을 지켜보면서 더욱 만족감을 느낄 것은 물론이다. 그러나 설령 당나라 사람들이 현대에 와서 과학 기술의 발전, 사회의 변천, 관념의 진보 등에 의해 그들의 오랜 꿈이 실현된 것을 목도한다 해도, 그들의 기쁨은 순식간에 사라지고 속사포 같은 질책이 뒤따를 거라고 나는 생각한다. 예컨대 스페인의 화가 달리의 질책처럼 말이다.

"나는 인간이 그토록 환상을 품지 못한다는 것을 이해할 수가 없다. 버스 기사들이 이따금씩 버스를 몰고 프리쥐니크 슈퍼마켓 진열장으로 돌진해서 그 참에 가족들에게 줄 선물을 낚아채고 싶은 마음이 들지 않는 것을 이해할 수가 없다. 화장실 수세 장치 생산업자들이 줄을 잡아당기면 터지는 폭탄을 변기 속에 설치하지 않는 것을 이해할 수가 없다. 왜 욕조는 모두 똑같은 모양을 하고 있는지, 내부에 인공 비 장치를 달아서 바깥 날씨가 화창한 날 승객이 택시 안에서 우비를 입어야만 하는 좀더 비싼 택시를 왜 발명하지 않는지 이해할 수가 없다. 구운 가재 요리를 시켰을 때 왜 바싹 구운 전화기를 가져다주지 않는지, 잘게 부순 얼음이 가득 찬 얼음 통에 왜 샴페인 대신 여전히 체온이 남아 있는 끈끈한 수화기를 넣지 않는지, 그

「연주선도도蓮舟仙渡圖」, 작자 미상, 송나라
연꽃 한 잎을 배 삼아 흘러가는 구름이 뭉게뭉게 피어오르는 강을 따라간다. 먼 곳으로 가는 것일까, 아니면 꿈의 세계로 가는 것일까?

玉骨氷肌吳彩鸞
開紅寫韵蝴朝餐
天明跨庸蟬

山去毛星淋漓尚
未乾

兩峯居士羅聘

「산귀도山鬼圖」, 나빙羅聘, 청나라
당나라 사람들은 여러 차례 산도
깨비에 대해 묘사했다. "빈산에 빗
발이 구름 따라 피어나고, 고목에
등불 푸르고 산도깨비 휘파람 부
네."[32] "강가의 물오리 비바람에 울
부짖고, 산도깨비가 아침저녁으로
운다."[33] 우아하고 얌전한 그림 속
의 산도깨비와 비교해보면 당나라
사람들의 환상 속 산도깨비는 더
욱 요사스럽고 차가운 기운을 가
지고 있었다.

럼 훨씬 더 맛있을 텐데, 이해가 되지 않는다. 그리고 초록색 민트 액
즙을 넣고 가재 모양으로 만들어 차갑게 식힌 전화기에, 팜파탈을 위
해서는 검은 담비를 씌우고, 에드거 포를 위해서는 죽은 쥐를 넣은
요리를 다시 살아 있는 거북의 등에 끈으로 매달거나 고정시킨 요리
를, 안 될 건 또 무엇인가…… 늘 똑같은 짓을 하고 또 하는 인간의
맹목적 습성은 나를 경악케 한다. 은행 직원이 수표를 먹지 않는 것
에 놀라는 것과 마찬가지로, 나 이전에 어떤 화가도 '흐늘거리는 시
계'를 그릴 생각도 못 했다는 것에 나는 놀란다."[34]

상상은 끝이 없으며, 꿈의 뒤는 더 많고 더 반짝이는 꿈이고 어떤
시대도 당나라 사람들의 기적에 대한 갈구를 만족시키지 못한다.

5장

매화화장

분을 칠하고 연지를 바르고

梅妝

꽃술같이 노란 분 두드리고
살며시 흔들리는 꽃 검은 머리에 가득하네
_ 온정균, 「남가의 소곡」

○

○

작년 오늘 이 문에서　　　　　　　　　　　　去年今日此門中
사람 얼굴과 복사꽃이 서로 붉게 빛났었지　　　人面桃花相映紅
사람 얼굴은 어디로 갔나?　　　　　　　　　　人面不知何處去
복사꽃은 예전처럼 봄바람에 웃고 있는데　　　桃花依舊笑春風

_최호崔護, 「도성 남쪽의 농가에 쓰다題都城南莊」

　작년 오늘, 사람 얼굴과 복사꽃. 매번 이 시를 읽으면 여한의 뒷자락에서 결국 감동하게 된다. '사람 얼굴과 복사꽃', 이 한 구절로 당나라 여인의 비할 데 없이 화려하게 꾸민 모습이 마치 눈앞에 있는 것 같다. 최호가 스물여덟 자로 기록한 것은 한 해 동안의 그리움과 몇 세기에 다시없을 절세의 풍모다.

　당나라 여성들은 짙은 화장을 좋아했다. 매일 아침이면 여성들은 거울 앞에 단정히 앉아 분을 바르고, 연지를 바르고, 눈썹먹으로 눈썹을 그리고, 꽃 모양의 장식을 붙이고, 액황額黃을 덮고, 장엽妝靨을 찍고, 사홍을 구부리고, 입술연지를 발랐다. 화장의 과정은 극히

「도화부도桃花鳧圖」, 임훈, 청나라
그림 속 복사꽃은 청신하고 우아하게
피어 있지만, 최호의 복사꽃은 노을처럼
아름다울 것 같다는 생각이다.

세밀하고 복잡했으며, 화장으로 나타나는 효과도 지극히 곱고 특별했다. 하루 또 하루 반복되는 일이어도 여인들은 귀찮아하지 않았다. 이는 자연스러운 현상이다. 당나라 화장의 모든 과정을 세밀히 연구해보면 당나라 여인들이 고대에서는 드물었던 이기주의자들이라는 것을 발견하게 된다. "여자는 자신을 좋아하는 사람을 위해 화장을 한다"[1]는 이 말은 당나라에 들어와서는 앞뒤 순서가 바뀌어 "여자가 화장하는 것은 자신을 즐겁게 하기 위해서다"가 되었다.

그렇다면 남을 즐겁게 하는 것은 어떻게 한다? 똑똑하고 기민했던 당나라 여성들은 그렇게 손해 보는 장사를 하지 않았다. 인생은 짧기에 반드시 우선 자신부터 즐거워야 했다. 배우자가 집에 없어도 정성껏 화장을 해야 했으니, 당나라 여인들에 대해 다음과 같이 말할 수 있다. 눈썹을 그리고 꽃을 붙이는 것은 다른 사람에게 잘 보이려는 광대놀음이 아니라 즐겁기 그지없는 오락이었다고. 그래서 그녀들에게는 열정이 있었고, 그녀들은 다른 시대의 여성들이 해내지 못한 창의성을 발휘했다.

하얀 분가루

정사鄭史는 당나라 국자박사國子博士로 관직이 자사刺史에 이르렀고 세간의 풍광을 두루 감상했다. 그런데 마음이 맞던 관기官妓와 헤어지고 나서 정사가 맨 처음 떠올린 것은 다름이 아니라 뜻밖에도 "가장 좋아했던 분 옅게 칠했던 화장"[2]이었다. 좋은 풍광을 다 보았을 정사도 잊지 못했던 분 화장이 꾸며낸 자태를 대략 상상해볼 수 있겠다.

아시아 여성들은 줄곧 하얀 피부를 추구해왔다. 이러한 미적 취향이 마침내 당나라 때 극에 달했다. 당나라 여인들 화장의 첫 번째 순서는 분을 바르는 것이었지만, 정사의 이른바 '옅은 화장'은 절대 아니었다. 그녀들은 얼굴 전체를 흰 분말로 두껍게 한 겹 덮어 어떤 미세한 결점도 숨김으로써 얼굴이 마치 도자기처럼 윤이 나도록 했다. 약간 과장되어 보인다는 흠이 있는 이런 화장 방식을 일본의 게이샤들이 오늘날까지 여전히 사용하고 있는데, 하얀 얼굴은 기모노의 찬란함 덕분에 가장 아름답고 고운 눈이 된다.

얼굴에 바른 하얀 분말에는 납, 주석, 알루미늄, 아연 등이 포함되어 있었다. 그 가운데 가장 주요한 성분이 납인 까닭에 이런 화장용 분가루를 '연화鉛華'라고 불렀다. 멀리 철혈鐵血의 시대인 전국 시대부터 부녀자들은 분을 바르기 시작했다. 연화 외에도 왕조마다 그 시대의 독특한 화장용 분가루가 있었다. 육조 시기의 사람들은 쌀가루와 납 가루를 섞고 거기에 약간의 해바라기씨 기름을 혼합하여 '자색 분紫粉'을 만들었다. 송나라 사람들은 익모초와 조갯가루, 사향노루 껍질 등을 일정한 비율로 미세하게 조합하여 '옥녀도화분玉女桃花粉'을 만들었다. 명나라 사람들은 보라색 재스민꽃의 튼실한 씨앗을 골라 깨끗이 씻고 쪄낸 후 '진주분珍珠粉'을 만들거나 옥잠화를 주재료로 '옥잠분玉簪粉'을 만들었다. 분을 만드는 방식이 제각기 달랐지만 같은 점도 있었다. 이런 화장용 분가루들이 재료에서 그 이름까지 온화하지 않은 것이 없었다는 점이다.

그런데 당나라 사람들이 만든 분가루는 예외였다. 일반적으로 쓰이는 분가루 재료 외에 그들은 또 특별히 갖가지 기이하고 향이 진한 서역 향료를 섞어서, 최후에 만들어낸 화장용 분가루는 아주 조

「화훼초충선면花卉草蟲扇面」, 진홍수, 명나라

나비가 이리저리 날아다니는 것이 알록달록 귀엽다. 농염한 것을 좋아했던 당나라 여성들은 자연스럽게 나비를 각별히 편애했으며, 심지어 얼굴에 바르는 하얀 분에 나비 이름을 붙이기도 했다.

금만 발라도 두 뺨에서 향기가 풍겼다. 와자지껄한 장안 혹은 낙양에서 분을 바른 아가씨들이 크고 작은 거리를 가볍게 걸어가면 각종 향기가 바로 공기 중에 퍼져나갔다. 그래서 당나라의 거리마다 라일락처럼 향긋한 아가씨들이 가득했지만, 이 아가씨들에게 '탄식과 같은 눈빛'[3]은 없었다. 이들은 탄식을 알지 못했다. 저마다 모두 잊을 수 없는 향기를 풍겼던 까닭이다.

　이처럼 특이한 향이 확 풍기는 화장용 분가루는 이름도 관심을 불러일으킬 만하게 '영접분迎蝶粉'이라 불렸다. 생각해보면 그렇다. 당나라 여성들이 귀엽고 부드러운 '도화분'이나 '옥잠분'을 좋아했을 리 없다. '영접'이라는 두 글자가 어쩌면 충분히 고아하지 않을 수도 있겠으나, 생기발랄하고 혈기 왕성함, 이런 것이 있다면 누가 또 온화, 선량, 공손, 검소, 양보[4]를 중요시하겠는가?

연지의 인연

분을 바르는 것이 화장의 첫 번째 단계라면, 두 번째는 연지를 바르는 것이다.

연지를 바르는 것은 얼굴에 그림을 그리는 것과 같다. 당나라 여성들은 연지를 쓸 때 세밀한 붓으로 화조를 그리듯 한 획을 그릴 때마다 고치지 않고 색깔이나 길이에 맞춰 그려나갔다. 여성들은 완전히 발묵潑墨 산수화●풍으로 대담하게 붓을 놀려, 일필휘지로 성당盛唐을 담아내지 못하는 것을 안타까워할 정도였다. 연지가 싸구려 물건이 아니었는데도 여인들은 인색하게 굴지 않고 연지를 뺨이나 눈꺼풀, 심지어는 귀까지 가득 발랐다. 요컨대 시원시원하게 연지를 사용해 붉은색으로 도배하는 식이었다. 왕창령王昌齡이 여인을 묘사하여 "연꽃이 양 볼에 피었네"[5]라고 했는데, 오늘날로 보면 이는 예술적 과장이겠지만 당나라에서는 그저 평범한 광경이었다.

이 시대 홍장紅妝●●에 대한 편애는 『개원천보유사』 가운데 양귀비에 관한 두 가지 일화에서 일단을 엿볼 수 있다. 첫 번째 일화에서는 양귀비가 처음 은혜를 입고 눈물을 흘리며 부모와 작별하는데, 마침 날씨가 추워 눈물이 순식간에 붉은 얼음이 되어 맺혔다고 했다. 두 번째 일화에서는 양귀비가 수건으로 땀을 닦았더니 수건이 땀으로 붉게 물들었고, 그 색이 마치 복사꽃 같아서 아름답기 그지없었다고 했다. 붉은 눈물과 붉은 땀을 만들어낼 수 있으려면 얼굴에 무척 많은 연지를 발라야 하는 것은 두말할 나위가 없다. 게다가 당나라 시

● 먹물이 번지어 퍼지게 하는 산수화의 한 기법.
●● 붉은 화장.

인 왕건은 더욱 엽기적인 말투로 궁녀가 화장을 씻어낸 모습을 이렇게 묘사한 바 있다. "궁궐로 돌아와 다시 얼굴을 씻으니, 금빛 대야에 붉은 진흙 뿌리는 듯."[6] 화장을 씻으면 진흙 한 대야를 벗겨낸다고 했으니 매번 화장하는 데 많은 연지를 썼음을 알 수 있다. 만일 어떤 사람이 이에 대해 아쉬움을 표한다면, 홍장을 몹시 좋아했던 당나라 여인들은 아마 「고시십구수古詩十九首」의 한 구절을 이용해 이렇게 대답할 것이다. "어리석은 자는 비용을 아까워하지만, 후세의 웃음거리가 되리라."[7] 인생에 몇 번이나 곱게 화장할 일이 있을까? 기회가 있을 때 마음껏 즐겨야 하는 법이다.

"삼천 궁녀 연지 바른 얼굴, 봄바람에 눈물 자국 없는 이 몇이나 될까?"[8] 이것은 당나라 궁원시宮怨詩의 대표작인데, 시에 담긴 처량하고 쓸쓸한 심정은 잠시 제쳐두고 삼천 궁녀가 연지를 바른 얼굴을 상상해보자. 마치 붉은 구름이 모인 듯 얼마나 화려한 풍경이었겠는가? 다만 이 삼천 궁녀가 연지를 바른 얼굴이 다 똑같지는 않았을 것이다. 당나라 때의 창의적 정신은 연지 바른 얼굴에도 철저하게 발휘되었다. 분을 바르고서 다시 두 볼에 농염한 화장을 하면 얼굴색이 마치 술에 취한 것 같았는데 이것이 '주훈장酒暈妝'•이다. 눈처럼 하얀 볼에 얇게 연지를 펴 바르면 얼굴이 불그스레하게 물들어 봄날의 꽃잎처럼 되니, 이것이 '도화장桃花妝'••이다. 얇게 붉은색을 바탕에 깔고 다시 분을 덧칠하면 붉은색으로 분이 스며들어 얼굴 가득히 노을빛이 넘실거리는데 이것이 '비하장飛霞妝'•••이다. 가짓수가

• 술기운 화장.
•• 복사꽃 화장.
••• 노을 화장.

「매화도梅花圖」, 고상高翔, 청나라
고상이 매화를 그린 방식은 독특하다. 가지 치기하여 반쯤 열린 꽃봉오리에 다시 여자의 입술연지를 살짝 붉게 문질렀다. 맑고 깊은 먹색이 그 한 조각의 입술연지로 인해 지극히도 사랑스러워졌다.

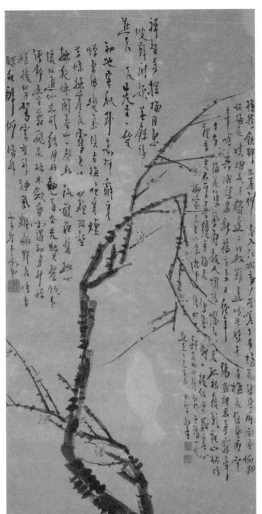

「잠화사녀도簪花仕女圖」, 주방周昉, 당나라
그림 속 사녀의 눈썹 모양이 넓고 굵다. 이런 눈썹 모양이 바로 당나라 개원 천보 연간에 대단히 성행한 계수나무 잎 눈썹桂葉眉이다. 그리고 "오히려 연지와 분이 얼굴을 더럽히는 것을 싫어해, 아미를 옅게 그리고 천자를 알현한다"에 묘사된 그 아미蛾眉다.

많으니 사람들의 칭찬도 자자했다.

당나라 초기에는 홍장이 성행하기 시작했지만 중·만당 이후로
는 다른 종류의 화장이 점차 추앙을 받았다. 예를 들어 '누장涙妝'●
은 연지를 사용하지 않고 다만 두 볼 또는 눈꼬리에 흰색 가루를 묻
혔다. 이 화장을 한 부녀자들은 눈물이 그렁그렁하고 연약해 보여서
아름답기보다 슬픈 쪽이었다. 또 '삼백장三白妝'●●이라는 것도 있었다.
얼굴은 어떤 것으로도 장식하지 않고 다만 이마, 코, 턱 세 부분만
하얗게 칠했다. 화장의 최종 효과가 얼굴의 입체감을 높이는 것이라
고는 하지만, 화려하고 요염하던 붉은 화장과 비교했을 때 처량하고
허약함이 드러날 수밖에 없었다.

홍장부터 누장에 이르는 동안 당나라 역시 성세에서 말로로 향해
갔다. 한 시대의 절정은 먼저 여자의 얼굴에서 활짝 피고, 막바지가
되면 역시 여자의 얼굴에서 먼저 시들기 시작한다.

눈썹은 멀리

당 현종이 양 씨 자매에게 하사한 연지와 분 값이 매년 은 100만 냥
에 이르렀다. 이런 자료는 현종이 여색에 빠져 이처럼 돈을 물 쓰듯
썼다는 도덕적 사실을 증명하는 것 외에도 당나라 사람들이 짙은
화장을 대단히 좋아했음을 증명해준다. 그러나 당나라에 홍장이 만
연했던 가운데 양귀비의 언니인 괵국부인은 예외여서, 그녀만은 "오

● 눈물 화장.
●● 세 군데 흰 화장.

히려 연지와 분이 얼굴빛을 더럽히는 것을 싫어하네"[10]라고 한 것처럼 분을 바르지 않았다. 그러나 그녀처럼 독특한 행동을 하던 사람도 임금을 알현할 때는 '눈썹을 옅게 그려야' 했는데, 이를 통해 당나라 여인들의 화장에서 눈썹 화장이 차지하는 위치를 알 수 있다.

눈썹은 본래 검은색인데 당나라에서는 녹색 눈썹이 오히려 주류를 이루었다. 만초萬楚는 찬양의 논조로 이렇게 묘사했다. "눈썹먹은 망우초의 색깔을 빼앗고, 붉은 치마는 석류화를 질투심에 죽게 만드네."[11] 눈썹먹과 푸른색의 망우초를 비교한 것이다. 한악의 한 구절은 이러하다. "검푸른 눈썹 옅은 녹색으로 그리고, 예쁜 입술에서 옅은 붉은색이 사라지네."[12] 비취색 눈썹의 부드러움과 풍류를 더 자세히 묘사했다. 붉은 볼, 하얀 얼굴, 비취색 눈썹은 서로 어울려 운치를 이룬다고 할 수는 없어도 최소한 충분히 화려하다. 그러나 양귀비는 시속을 따르는 것을 원치 않았기에 비취색 눈썹의 흐름을 거스르고 독창성을 발휘해 먹으로 눈썹을 검게 물들였고, 이 방법은 즉시 '유행의 지각 변동'을 일으켰다. 오늘날에는 검은 눈썹이 지극히 정상이지만, 당시에는 거의 당나라 미용 잡지의 그해 톱뉴스에 오를 만한 일이었다. 서응이 이런 유행사의 대사건을 다음과 같이 시 구절에 담았다. "하루아침에 새롭게 화장하여 옛 모습을 버리니, 여섯 궁궐에서 다투어 검은 연기처럼 눈썹을 그리는구나."[13]

당나라 여인들은 눈썹 화장과 관련해 눈썹 색깔에서 창의적 측면을 보였을 뿐 아니라 모양도 끊임없이 바꾸며 탐구를 게을리하지 않았다. 심지어는 매일 눈썹 모양을 바꾸는 사람도 많았는데, 이를 번거로워하지 않고 여기에서 즐거움을 찾았다. 당 현종은 일찍이 사람을 시켜 「십미도十眉圖」를 그리게 했다. 이는 원앙, 소산小山, 오악五岳,

삼봉三峰, 수주垂珠, 각월却月, 분초分梢, 함연涵煙, 불운拂雲, 도훈倒暈 등 당시에 유행하던 열 가지의 눈썹 모양을 담았다. 기록된 것만 해도 십여 종이니 사서에 기록되지 않은 것은 더욱 셀 수 없이 많았을 것이다.

「십미도」는 지금 전해지지 않고 풍류 넘치는 눈썹 이름만 남아 후대의 상상을 불러일으킬 뿐이다. 그러나 후대에 또 이러한 상상에 근거한 호사가가 나왔으니, 청나라 서사준徐士俊은 「십미요十眉謠」를 지어 열 가지 눈썹 모양마다 의미를 부여했다. 예를 들어 '소산 눈썹'에 대해서 그는 이렇게 말했다. "봄 산은 비록 작지만 구름을 피워낼 수 있다. 두 눈썹이 이러하니 가벼운 근심을 담아낼 수 있는 것이다. 산에 만약 비가 내리려 하면 눈썹도 상응하는 말을 할 것이다."[14] '함연 눈썹'에 대해서는 이렇게 말했다. "그대가 안개 되어 담기니, 저도 안개 되어 봅니다. 몸을 돌려 임을 보고 곧 발을 내리니, 임이 안아주려 하는데 저는 안개가 된 것 같았습니다."[15] '불운 눈썹'에 대해서는 또 이렇게 말했다. "꿈에 고당관에서 노니니, 구름 기운이 마침 눈썹과 같아, 새벽바람에도 날려가지 않는구나."[16]

「십미요」는 시어마다 오묘하고 상상력이 훌륭해, 눈썹의 실제 모습이 어땠는지 따지는 사람이 없었다. 단지 서사준을 따라가기만 하면 마음속에 다음과 같은 장면을 그릴 수 있다. 장안의 달 아래 등불 그림자 깜박이는데, 긴 거리에 오가는 사람들 중에 '함연'과 '불운'이 거닐고 '수주'와 '소산'이 아름다움을 다투니, 다시 무슨 온유향溫柔鄉●을 찾을 것인가? 온유향이 바로 여인의 미간에 누워 있거늘.

● 따뜻하고 부드러운 곳이라는 뜻으로, 미인의 처소나 미인의 부드러운 살결을 이르는 말. 또는 기생의 집을 나타내기도 한다.

「지매산금도脂梅山禽圖」, 조길趙佶, 송나라

그림에서 매화 밑에 자란 것이 바로 "눈썹먹은 망우초의 색깔을 빼앗고"에서 언급한 망우
초다.

화전에 취하다

"매끄럽기는 운모요, 가볍기는 가루, 곱기는 사향麝香보다 낫고 얇기는 매미보다 더하다. 초록 점을 찍은 쑥은 새잎이 부드럽고, 붉음을 더한 석죽은 저녁 꽃이 신선하다. 날개를 맞댄 원앙은 사람이 막 붙였는데, 쌍쌍이 나는 나비는 아직 모습을 나타내지 않았다. 게다가 소랑•에게 마음이 있으니, 부러워라, 봄날의 경대 앞."17 왕건의 이 시는 그 의미를 알기 힘들지만 아름다움이 깊이 느껴진다. 가볍기는 가루 같고, 얇기는 매미보다 더하며, 새잎은 부드럽고, 저녁 꽃은 신선하다고 했다. 왕건이 묘사한 것이 "한 번 바라보면 성을 기울게 하고, 다시 바라보면 나라를 기울게 하는" 어떤 미인이라고 생각하는가? 아니다. 그가 묘사하고 있는 것은 화전花鈿••이다.

화전을 붙이는 것은 당나라 여인들 사이에서 가장 유행했던 화장법이었다. 부녀자들은 색깔과 광택이 곱고 아름다운 각종 재료로 여러 모양의 얇은 조각을 만들어 이마의 눈썹 사이, 심지어는 두 볼에까지 붙였다. 이런 얇은 조각이 화전이며, 화자花子 또는 미자媚子라고도 불렀다. 화전은 색채가 화려하고 모양 역시 간단하게는 동그라미, 물방울, 초승달에서부터 복잡하게는 구름, 새와 짐승, 석류화까지 하나둘이 아니었다. 생각지도 못한 꽃무늬라도, 당나라 여성들은 만들어낼 수 있었다. 그런데 이강성李康成의 시 "취전과 붉은 소매가 물 가운데에 있으니, 푸른 연꽃과 연밥이 옷의 향기로 물든다"18에서의 취전翠鈿과 온정균溫庭筠의 사詞 "꽃술 붙여 액황에 더하고, 꽃을 부니

• 풍류가 넘쳐 여자들에게 인기가 많은 남자를 가리킨다.
•• 얼굴에 꽃무늬를 그려넣는 화장의 일종.

「도련도搗鍊圖」(일부), 장훤張萱, 당나라

그림에서 가운데 여성의 미간에 있는 섬세하고 정밀한 화장이 당나라 여성들이 결코 빠뜨릴 수 없었
던 화전이다. 입술은 당나라 사람들이 매우 사랑했던 앵두같이 작은 입술이다. 설사 입술이 크고 넓
더라도 당나라 여성들은 화장술로 작은 입술을 그려낼 수 있었다.

「휘선사녀도揮扇仕女圖」, 주방, 당나라

자세히 보면 그림 속 사녀의 미간이 위로 치켜 있고 두 눈썹이 팔자 모양을 이루고 있다.

비취 머리에 가득하네"[19]에서의 황자黃子는 모두 화전의 고전적인 모습으로, 당나라 여인들의 사랑을 받았다.

화전의 재료를 연구하는 것은 퍽 재미있는 일이다. 금박, 조가비, 물고기 비늘과 아가미뼈, 흑색 종이, 운모 조각, 물총새 깃털, 동백기름 꽃병, 심지어는 잠자리의 날개까지도 모두 당나라 여성들에 의해 화전으로 만들어졌다는 것을 알게 된다. 세상의 모든 어여쁜 색깔, 좋은 질감, 또는 사람을 놀라게 할 빛이나 분위기를 여성들은 재단해서 정성스럽게 자신의 피부에 심어 신체의 꽃으로 만들고 싶어했다. 이것이 당나라 여성들의 귀여운 야심이었다.

화전의 유래로 대략 천 년 동안에 가장 아름다운 전설 하나가 있다. 남조南朝 송무제宋武帝 때 수양공주壽陽公主가 피곤하여 함장전 처마 밑에 누워 있었다. 이날은 맑았는데 바람이 불자 꽃이 떨어져 한 떨기 매화가 사뿐히 공주의 이마에 멈췄다. 공주는 손을 살짝 들어 무의식적으로 매화를 털어냈는데, 미간에 매화의 자국이 남아 씻어도 지워지지 않고 무늬가 분명했다. 사흘이 지나서야 그 꽃의 흔적이 점차 사라졌다. 매화가 다시는 공주의 이마에 자국을 남기지 않았지만

이것이 바로 중당 때 유행했던 팔자 눈썹이다. 팔자 눈썹은 항상 검은색 입술과 짝을 이루었기에 "화장이 완성되니 슬픔을 머금고 있는 것 같네"[20]라고 했다.

오히려 궁인들의 마음에 각인되었다. 모든 사람이 매화 낙인의 아름다움에 의아해하며, 잇달아 매화의 모습을 모방하여 각종 작은 장신구를 재단해 미간에 붙이기 시작했으니, 이것이 곧 화전이다. '매장梅妝'이라는 말의 어원도 역시 여기에서 나왔다.

전설은 우리에게 미감을 주고, 기록은 우리에게 답안을 준다. 역사 기록을 살펴보면 화전의 진정한 유래에 대해 두 가지 설이 있다. 하나는 당나라 때 불교가 흥성했는데 불상의 미간에 흰 붓으로 점을 찍은 모습이 아름답고 장엄하여 당시의 부인들이 이를 일종의 복을 불러오는 상이라 여겼다는 것이다. 화전을 붙인 것은 사실 불상의 모방이라는 설이다. 다른 하나는 당나라 때에는 사나운 부인이 많았는데 첩실이 잘 모시지 않으면 정실부인들이 걸핏하면 폭력을 휘둘러 늘 첩실의 얼굴에 상처를 남겼기에 이 상처를 가리기 위해 첩실들이 화전을 붙이기 시작했다는 것이다.

그러나 나는 복을 빌기 위함이든 상처를 가리기 위함이든 당나라 여성들은 그 시작의 연유를 일찌감치 잊어버리고 개의치 않았을 거라 생각한다. 그들은 다만 연지가 충분히 붉지 않고 화장한 눈썹이 충분히 진하게 그려지지 않는 것을 싫어할 따름이었다. 그들은 다만 화전을 이용해 얼굴 위에 왕국을 하나 세우고, 그곳에 나비와 폭포와 시가 있기를, 그리고 가장 웅장하고 아름다우며 끝이 없는 봄날이 있기를 바랄 따름이었다.

액황을 물들이다

액황額黃은 당나라 때 이마를 황색으로 칠하는 일종의 화장법이다. 남북조 시기에 불교가 중국에서 매우 빠르게 전파되면서 사원이 구름같이 모여들고 불상이 숲을 이루었다. 선남선녀들이 늘 부처 앞에 서면서 점점 불상의 자비롭고 선한 얼굴뿐 아니라 불상의 황금색도 좋아하게 되었다. 불상을 모방하면서 액황이 탄생한 것이다.

우선 귀밑머리를 정리하고 눈썹을 그린 다음, 황금같이 이마를 칠하고 돌아보며 미소를 지으면 아름답고도 점잖다. 이 모습을 상상해보면 갑자기 후스胡適 선생●의 '두려운 아내懼內'라는 말이 더 이상 농담이 아니라고 느끼게 되는데, 젊은 부녀자들이 정말로 '살아 있는 보살'이 되었던 것이다.●●

당나라의 액황은 남북조의 액황을 이어받은 것인데 색조만 이어받고 풍격은 이어받지 않았다. 남북조 여인들이 액황을 할 때 사용

● 1891~1962. 중국의 문학자·사상가.
●● 만년의 후스는 '두려운 아내'에서 다음과 같이 결론짓는다. "아내가 젊을 때는 살아 있는 보살인데 어떻게 정말 무섭지 않을까? 중년의 아내는 아홉 자녀의 마녀이니 어떻게 무서워하지 않을 수 있을까? 노년의 아내는 마귀할멈이니 감히 무서워하지 않을 수 있겠는가?" 사실 이 유명한 의견은 후스 선생이 처음 제시한 것이 아니라 당나라 중종 때의 어사였던 배담裴淡의 명언으로, 역대의 두려운 아내 '이론'은 이를 뛰어넘지 못했다.—원주

한 수법은 '약황約黃'이라는 것으로, 이마를 단지 절반 정도만 황색으로 칠하고 다시 맑은 물로 황색을 밀어내면 다른 반쪽의 피부로 느리게 흘러가면서 온 이마가 물들어가는 모습을 띠게 되었다. 북주北周 유신庾信의 시에서 "이마는 옅은 황색으로 세밀히 발랐다"[21]고 한 것처럼 교태가 있으면서도 함축미를 잃지 않았다. 당나라 여성들이 액황에서 사용한 수법은 이와는 다른 '평도平塗'라는 것이다. 이마의 전면을 금색으로 칠해 다양한 변화나 농담의 바림 없이 위부터 아래까지 왼쪽부터 오른쪽까지 각 한 마디가 모두 가장 빛나는 황금색이었다. 당나라 배건여裴虔餘의 시에서 "이마 가득히 담황색 금루의"[22]라고 한 것처럼 찬란하면서 절대 여지를 남기지 않았다. 이는 오히려 당나라 여성의 성격과 꼭 닮았다. 설령 손에 든 재료가 달빛 같은 색깔이라도 태양을 만들어내려고 했을 것이다.

그렇다면 이마에 칠했던 황금 가루는 도대체 무엇이었을까? 왕건은 「궁사宮詞」에서 이렇게 말했다. "답답함이 일어도 그리워할 곳이 없어, 금 계단을 내려갔다가 다시 화장을 생각한다. 산단의 붉은 꽃술 가루를 얻고, 거울 앞에서 노란 사향을 씻는다."[23] 또 왕애王涯는 「궁사」에서 이렇게 말했다. "안에서는 소나무 향이 전각 가득 풍겨오고, 사방의 계단 아래에는 기운이 따사롭다. 봄 깊어 황금 가루를 얻고자 하니, 나무를 두른 궁녀들이 진분홍 치마를 입었더라."[24] 그러나 '노란 사향'이든 아니면 '황금 가루'든 모두 설명이 자세하지 않다. 송나라 때 어떤 사람은 그 황금 가루가 늑대의 대변●이라고도 했는데, 처음 이런 추측을 봤을 때 웃음을 참을 수 없었다. 이렇게 아름

● 송나라 때 서정徐兢은 『흑달사략黑韃事略』에서 액황에 사용되었던 황금 가루가 늑대 대변이라 했으며, 이 설은 이미 왕국유가 반박한 바 있다.—원주

다운 화장법이라면 적어도 '노란 사향'이나 '황금 가루' 정도는 되어야 어울릴 것인데, 뜻밖에도 '액황'이 늑대의 대변이라니 악의가 분명하다.

사실 칠하는 것 말고 당나라 때는 액황을 하는 방식이 하나 더 있었다. 바로 황금색의 재료를 꽃송이, 나는 새, 별, 달의 모양으로 잘라내 이마 전체에 가득 붙이는 것이었다. 얼마나 호매한 수법인가. 이마 사이로 별이 질주하고 온갖 새가 날아오르고 천당이 머리 위에 얹혀 있다니. 온정균이 "구름 같은 머리에서 몇 번이나 향기로운 풀 찾는 나비가 길을 잃었던가, 액황으로 석양이 끝없는 산"[25]이라고 묘사한 대로, 넓은 이마를 작은 산 고개 삼아 그 위에 따사로운 석양을 가득 깐 것일지도 모른다.

장엽은 짙고

주사朱砂 또는 연지를 써서 양쪽 볼의 보조개에 가볍게 점을 찍으면 이것이 곧 장엽妝靨으로, 당나라 여인들이 매우 좋아했던 화장법이다. 백거이는 "은근히 사랑스러운 장엽의 미소, 소곤거리는 입술연지의 향기"[26]라고 장엽의 모습을 묘사했고, 이하는 "달은 눈썹먹으로 나뉘어 쪼개지고, 꽃은 보조개의 주사와 합쳐져 녹았네"[27]라고 장엽의 고운 색깔을 묘사했다.

장엽의 기원은 한나라(또는 한나라보다 조금 이전) 때라고 한다. 비빈들은 반드시 순서에 따라 천자를 모셨는데, 다만 월경을 하는 비빈은 그럴 수 없었다. 그 이유를 말로 표현하기가 부끄러웠던 까닭에 입가에 붉은 점을 찍는 것으로 대신하면 여사女史•가 그것을 보고 합리적으로 순서를 조정했다. 그런데 점차 붉은 점의 실제 기능은 사라지고 오히려 여인들이 예술적 가치를 찾아내어 그것이 전승되면서 장엽으로 발전되었다는 것이다.

장엽이 삼국 시대 오나라에서 시작되었다고도 한다. 손권孫權의 아들 손화孫和가 술을 마시고 취한 채 여의무如意舞를 추다가 공교롭게도 총애하던 등부인鄧夫人의 뺨을 치게 되었다. 어의가 달려와 진찰을 하면서 반드시 흰 수달의 골수에 옥과 호박琥珀 가루를 섞어 만든 연고로만 등부인의 상처를 치료할 수 있다고 했다. 손화는 즉시 백금을 들여 연고를 만들었다. 약을 쓰자 과연 상처는 나았는데 연고에 호박이 과하게 많이 들어갔던지 등부인의 뺨에 주사朱砂의 성분으로 인해 크고 작은 붉은 점들이 그대로 남았다. 그러나 이 붉은 점들은 등부인의 미모를 깎아내리기보다 오히려 그녀를 더 아름다워 보이게 했다. 손화가 더욱 등부인을 총애하자 많은 여인이 너도나도 이를 모방해 모두 뺨을 붉은 점으로 치장하고 손화의 총애를 얻기를 기대했다고 한다.[28]

이러한 모방은 언제나 처량한 느낌을 준다. 한 사람을 위해 어떤 자태를 배우고, 어떤 말투를 배우고, 심지어 어떤 상처까지 배운다. 어쩌면 모든 것을 배우고 최선을 다해도 그 사람은 여전히 모조품으로 여기고 입을 삐죽거리며 '미련하다'는 한마디를 내던질지 모른다.

그러나 모든 일이 당나라 여성들의 손에 들어오면 즉시 기세등등하게 변했다. 장엽은 처음에는 그저 규정에 맞춘 작은 붉은 점일 뿐

• 궁녀를 담당하던 관리.

둔황 벽화 가운데 도독부인都督夫人 태원太原 왕 씨가 공양하는 모습

여성의 입꼬리 부분의 둥근 점이 장엽이다. 장엽은 처음에 입술 옆에 그렸는데, 당나라 여성들이 더욱 농염한 아름다움을 위해 점차 얼굴 가득히 그려갔던 까닭에 진짜로 "옅은 화장을 한 복숭아 같은 얼굴, 온 얼굴에 종횡으로 펼쳐지는 꽃 보조개"[29]가 되었다.

「조금철명도調琴啜茗圖」, 주방, 당나라

그림 속 여성의 얼굴색이 아름답다. 이는 연화로 얼굴을 바르고 다시 연지를 듬뿍 바른 결과다. 거문고를 타는 여성의 우아한 눈썹 모양은 어쩌면 전설에 나오는 유엽미柳葉眉거나 각월미却月眉일 수도 있다.

이었으나, 성당 이후로는 각양각색의 도안이 끊임없이 쏟아져 금성, 살구와 복숭아, 동전 등 당나라 여인의 보조개 안 '사물'들이 갈수록 많아졌다.

오나라 여인들이 궁리한 것은 손화의 마음이었다. 주사朱砂를 가볍게 해서 교태 넘치는 모습이 사랑스러워야 남자 눈에 드는 법이다. 노동盧소이 "내게는 귀여운 보조개가 있어 그대가 웃길 기다리고, 내게는 귀여운 눈썹이 있어 그대가 쓰다듬길 기다립니다"[30]라고 한 것처럼 귀여운 보조개가 기다리는 것은 임이었다. 그런데 당나라 여성들이 만족시킨 것은 자신의 욕망이었다. 과장된 장엽 도안이 이미 여성에 대한 전통의 심미적 요구를 전복시켰지만 누가 뭐라 하겠는가? 당신이 좋아한다면 물론 좋겠지만 좋아하지 않더라도 상관없다. 당나라 여성들은 단지 각양각색의 아름다운 치장으로 보조개를 채우길 바랐을 뿐이다. 치장할 수 있을 만큼 치장했고, 웃는 모습에 불을 붙이고 생활에도 불을 붙였다.

사홍을 구부리다

사홍斜紅 화장은 '새벽노을 화장曉霞妝'이라고도 부른다. 당나라 여인들이 연지나 붉은색 안료를 사용해 볼의 양옆, 귀밑머리, 그리고 눈썹 사이에 정성껏 두 가닥의 구부러진 모양을 그려 점차 흩어지는 아침노을을 모방한 까닭이다. 눈썹먹으로 산색을 그려내고 얼굴을 이용해 노을빛을 머물게 한 당나라 여성들의 손놀림은 언제나 뛰어났다. 이와 비교해서 남성들이 사홍을 묘사한 것을 보면, "짙은 붉은색 보조개 옆으로 기울어지니, 화장을 마치고 말없이 홀로 꽃을 부여잡네"[31]라든가 "여름옷 짧은 소매가 사홍과 교차하고, 사랑 노래로 새로 핀 연꽃과 웃으며 다투네"[32]와 같은 부류로서, 오히려 약간 야들야들했다.

장필張泌의 『장루기妝樓記』 가운데 사홍 화장의 유래라고 하는 기이한 이야기가 있다. 설야래薛夜來는 위나라 문제文帝 조비가 총애하던 비였다. 어느 날 밤 조비는 등불 아래서 시를 읊었고, 책상 앞에는 수정 병풍이 세워져 있었다. 야래가 책상으로 다가가면서 거의 투명에 가까운 수정 병풍에 주의를 기울이지 않아 그대로 병풍에 부딪치면서 볼에 상처가 났다. 그런데 그 상처가 공교롭게도 흩어지는 아침노을과 매우 흡사해서 아름답기가 비할 데 없었다. 궁인들은 이 아침노을과 닮은 상처에 감명을 받아 곧 연지로 그것을 모방했다.

화전과 장엽 이야기와 마찬가지로 사홍 이야기 역시 진위 여부를 고증할 길이 없다. 혹여 억지로 끼워 맞춘 이야기라 하더라도 나는 옛사람들의 이런 태도를 상당히 좋아한다. 모든 사물마다 기이한 이야기를 만들어 평범한 것을 아름답게 변화시키고, 아름다운 것은 더 아름답게 만들어 돌멩이조차 하늘의 별이 되게 하는 까닭에서다.

사홍을 그리는 방법은 한 가지에 그치지 않았다. 당나라 여인들은 사홍을 때로는 초승달과 비슷하게 그리고 때로는 상처의 모양을 흉내 내 그렸다. 심지어 많은 여인이 '상처'가 진짜처럼 보이게 하기 위해 연지를 양쪽 사홍의 아랫부분에 사용해 얼룩덜룩 핏자국이 번진 것처럼 만들기도 했다. 당나라 여인들은 핏자국에 각별한 애정을 가지고 있었던 듯하다. 장경長慶 연간에는 '혈훈장血暈妝'●이 유행한 적도 있었다. 부녀자들은 눈썹을 밀어내고 홍자색 안료를 눈언저리에

발라 커다란 핏자국을 만들었는데, 멀리서 보면 마치 선혈이 떨어질 것처럼 보였다.[33]

어떤 사람은 핏자국 화장에 대한 당나라 여인들의 애호를 변태적 심리의 표출로 보기도 한다. "정상인이라면 흉터를 좋아할 리가 없다"는 이유에서다. 어떤 사람은 심지어 병력病歷을 분석해내기도 했다. 시간을 더 주었다면 그들은 아마 구체적 치료 방법도 열거했을 것이다. 당나라 때에는 또 '북원 화장北苑妝'이 유행했다. 이 화장의 가장 큰 특색은 금색 실을 얼굴에 늘어뜨리는 것인데,[34] 어떤 사람의 논리에 따르면 이것은 배금주의의 병적 징표다.

사실 '누장' '삼백장'으로부터 '사홍장'까지, 다시 '혈훈장'과 '북원장'에 이르기까지 당나라 여인들에게서는 내내 세상을 놀라게 할 화장과 경천동지할 창의성이 끊이지 않았다. 핏자국이나 금색 실은 모두 중점이 아니다. 중점은 당나라 여인 개개인이 군중에 묻혀 사라지길 원하지 않았다는 것이다. 이러저러한 화장의 수단에서 그들은 자신을 특별하게 만들고, 다시 조금 더 특별하게 만들길 원했을 따름이다.

여성이 남성과 마찬가지로 공적을 세우기 어려웠던 먼 시대에 온갖 꽃처럼 피어났던 화장은 여성 특유의 진취적 정신으로 봐야 할 것이다.

● 피가 번진 화장.

입술을 붉게 바르다

석류교石榴嬌, 대홍춘大紅春, 소홍춘小紅春, 눈오향嫩吳香, 반변교半邊嬌, 만금홍萬金紅, 성단심聖檀心, 노주아露珠兒, 내가원內家圓, 천궁교天宮巧, 낙아은洛兒股, 담홍심淡紅心, 성성훈猩猩暈, 소주용小朱龍, 격쌍당格雙唐, 미화노媚花奴…… 이것들은 만당 때 입술연지의 종류다. 이렇게 정교한 이름만 보아도 방간方干이 "무희의 옷소매 휘날리니 진짜 나비인가, 붉은 입술 짙고 옅은 것은 가짜 앵두일런가"[35]라고 한 것이나, 위장韋莊의 "붉은 입술로 「백설가」를 노래하더니, 다시 붉은 소매 사랑하며 황금 술잔을 빼앗았지"[36]와 같은 시구가 연상되니, 당나라 여성들 입술의 매혹을 추측해보기 어렵지 않다.

입술을 바르는 것은 당나라 여성들 화장의 가장 마지막 순서이면서 얼굴 화장에서 가장 아름다운 부분이기도 했다. 당나라 여인들은 입술을 꽃이나 옥처럼 만들기 위해 매우 노력했다. 우선 분가루로 입술을 완전히 덮었는데, 다시 말해서 입술의 원래 모습을 지웠다. 이어서 입술연지로 자신이 좋아하는 입술 모양을 다시 그렸다. 원래의 모습이 이미 '덮였기' 때문에 그리고 싶은 모양대로 그릴 수 있었다.

당나라 사람들은 남녀를 막론하고 앵두같이 작은 입을 가장 좋아했다. 백거이가 바로 앵두같이 작은 입술의 충실한 추종자였다. "앵두 같은 번소의 입, 버들가지 같은 번소의 허리"[37] "입술 움직이니 앵두가 부서지고, 머리 숙이니 비취가 드리운다"[38]와 같은 부류의 찬미를 그의 시집에서 쉽게 찾아볼 수 있다. 그러나 좋아하는 것은 좋아하는 것이고, 앵두같이 입술을 바르는 기교에 대해 당나라 사람들이 총정리를 하지 않은 데 아쉬움을 느낀 나머지 명나라 말기의 이어李漁가 이렇게 보완했다. "입술을 바르는 방법에 대해 말하자면, 균면勻面●과는 반대로 한 번 바르는 것으로 완성해야 비로소 앵두의 모습과 비슷하게 된다. 만약 계속해서 덧칠하며 두세 번 손을 대면 위아래와 좌우로 흔적이 남는다. 이것은 앵두를 꿴 것이지 한 알이라고 할 수 없다."[39] 앵두 입술을 바르려면 단숨에 그려야지 몇 번씩 고치면 입술이 앵두 한 알이 아니라 여러 개를 한 줄로 꿴 모양이 된다는 것이다. 처음 이 대목을 읽었을 때 피식 웃음이 나왔다. 이어의 정취가 사물을 대하는 그의 훌륭한 품격을 보여줄 뿐 아니라 그의 유머 감각도 드러내고 있기 때문이었다.

입술 화장의 요점은 입술의 모양 말고도 입술의 색깔이 있다. 당나라 입술연지는 색깔이 매우 다양했는데 여성들이 어찌 천편일률적으로 화장을 했겠는가? 사람마다 하나씩 마음에 드는 것이 있었다. 그래서 당나라 입술 화장은 "붉은 입술은 한 떨기 검붉은 복사꽃"[40]처럼 부드러운 것도 있었고, "오고烏膏를 입술에 바르니 입술은 마치 진흙 같구나"[41]라는 식의 요사스런 것도 있었다. 검붉은 복사꽃이든 오고든 당나라 입술연지 색깔의 농염함에는 현대인도 탄복하게 된다.

입술연지의 제조 공정을 보자. 옛날의 입술연지는 대부분 주사朱砂와 동물의 지방을 섞어서 만들었는데, 다만 청나라 사람 오서륭五瑞隆은 『연지기사胭脂紀事』에서 다른 제조법을 제시하고 있다.

어떤 연회 자리에 오서륭이 가기歌妓 몇 사람을 불렀다. 가기들은

● 얼굴에 분을 바른 뒤 손으로 문질러 고르게 하는 것.

「낭원여선도閬苑女仙圖」, 완고阮郜, 오대

만당과 오대 여성들의 화장법이 비슷했지만 성당과 비교해보면 이미 서로 확연히 다른 모습이다. 만당과 오대에 깨끗하고 부드러움을 숭상했다면 성당에는 농염하고 풍만함을 숭상했다.

「궁락도宮樂圖」, 작자 미상, 당나라

이 그림은 당나라 여성들이 얼마나 연지를 사랑했는지 증명해준다. 여자들이 뺨을 붉게 물들인 건 말할 것도 없고 눈꺼풀과 귀까지도 하나같이 선홍색이다. 모든 여성 미간의 화전이 각기 풍채가 있으면서 눈썹과 잘 어울려 한층 더 화려한 아름다움이 드러난다.

각자 짙은 화장을 했는데, 그 가운데 가기 하나의 입술이 특히 아름다워 여러 화사한 꽃 옆에 두어도 눈길을 사로잡을 정도였다. 오서룡은 매우 놀라서 그 가기에게 연지를 만드는 방법을 알려달라고 청했다. 가기가 비밀을 굳게 지키느라 피하며 대답하지 않았기에 그도 하는 수 없이 그만두었다. 그 후 마치 무협소설에 나오는 고전적인 이야기처럼, 오서룡이 술이 거나해져 산책을 하다가 뜻밖에 최상품의 연지를 제조하는 비방을 얻게 되었다. "연지를 만들려면 우선 복숭아나무 가지를 꺾어 물에 쪄서 집의 양 기둥에 넣어둔다. 다시 복숭아나무 가지를 한 마디씩 잘라 수천 개를 만들어 응달쪽 담장을 둘러 꽂는다. 닭이나 개가 울거나 짖지 않게 하고 자주색 유리잔 하나를 신에게 바치고 절을 한다. 다시 복숭아나무 잎으로 자연스럽게 즙을 내 입술을 문지르면 조금 피가 난다. 바로 분수汾水를 솥 안에 넣고, 멀리 있는 것은 화수華水와 합해 편한 대로 자주색 꽃으로 찍는다.● 별도로 끓여서 데우면서 무릎을 꿇고 기다리다 잠시 후 눈을 감으면 변하여 연지가 된다. 그런 다음 면으로 잘 보관하면 그 색깔이 하늘의 아침노을과 같아진다."

닭과 개를 금지하고, 자주색 유리잔을 바치고, 무릎을 꿇고 눈을 감는다니, 이는 제조 방식이 아니라 오히려 종교 의식에 가깝다. 이어지는 기록을 보면 과연 연지의 신도 등장한다. 이야기는 황당하지만 생각해보면 그럴 법도 하다. 만일 신의 도움이 없다면 인간이 어떻게 그렇게 아름다운 색을 만들어냈겠는가? 그리고 만약 정말로 신이 있다면 신이 진짜 주관하고자 하는 것은 아마도 흥망성쇠가 아니

● 분수와 화수는 모두 황하黃河의 지류 이름으로, 지금의 중국 산시성山西省 중부를 지난다.

라 그런 따뜻하고 부드러운 연지색일 것이다.

아첨하는 신하나 시인과 견주어보면 여성들이야말로 한 시대에서 가장 적합한 찬양자다. 화장함이 한 번 열리고 닫힐 때마다 섬섬옥수가 한 번 올라가고, 문지를 때마다 이 세기에 가장 좋은 풍광이 펼쳐지고, 끊임없는 수레와 말, 저녁 산에 내린 첫눈, 맑은 술과 연기가 모두 얼굴에 집약된다. 당나라 여성의 화려하고 아름다운 화전과 액황을 보노라면, 때때로 나는 이성적인지 따지지조차 않고 이렇게 믿게 된다. 그 시대에는 행복하지 않은 사람이 없었다고.

6장

붉은 소매

기루의 여인들

紅袖

누가 천 리 길이 오늘 저녁부터라고 했나
이별의 꿈 아득하여 변방만큼 멀기만 한데
_ 설도, 「벗을 전송하며」

○
○

당나라는 사치스럽고 방탕했다. 이것은 도덕적 판단이 아니라 단지 간단한 사실의 진술이다. 그 시대를 깊이 이해할수록 '사치'와 '방탕' 두 단어를 대체할 만한 것이 없다고 생각하게 될 것이다. 당시 수많은 남성의 인생은 한 차례 또 한 차례 이어지는 연회와 기루의 꿈 하나하나가 이어져 이루어졌다. 온갖 기루에서 붉은 소매의 여인들이 향을 더하여 죽을 만큼 홍등가를 그리워했던 당나라 사람 수가 얼마였던가? 만약 한마디로 정리하자면 기루에 대한 당나라 사람들의 느낌은 고대 로마 폼페이 옛 성 유곽*의 비석에 새겨진 글귀만 못하지 않았을 것이다. "행복이 늘 이곳에 머문다."

비석은 90여 만 번의 낮과 밤을 지났지만 화산재를 털어내니 글자체를 여전히 또렷이 읽을 수 있었고 행복이란 글자가 눈길을 끌었다. 그러나 이렇게나 많은 행복 가운데 바람처럼 떠돌던 그 여인들이 차

---

* 루파나레Lupanare라고 불리는 폼페이 유곽은 1862년에 발굴되었다. 루파나레는 두 개 층에 각각 5개의 방이 있는데, 귀족이나 부호들은 매트리스가 놓인 2층을, 평민이나 노예들은 돌침대가 딸린 1층 쪽방을 이용했다고 한다.

지한 것이 조금이나마 있었는지는 알 길이 없다.

봄바람 부는 십 리 양주 길[1]

현대인은 성性에 대한 탐닉을 언급하면 불결한 행위라고 여긴다. 성에 대한 탐닉이 신성한 이름을 가지기도 했다는 것을 믿을 사람이 있을까?

예를 들어 고대 바빌로니아 사람들의 관점에서는 천지신명과 인류가 같은 욕망을 가지고 있어서, 음식을 필요로 하고 오락을 필요로 하며 가무와 여색을 필요로 했다. 그래서 고대 바빌로니아 사람들은 천지신명에게 제사를 지낼 때 좋은 술과 제물 그리고 가무 공연을 바쳤을 뿐만 아니라 자신의 몸도 바쳐야 했다. 그러나 신은 구름 너머 저편, 영원히 공허하고 아득한 곳에 존재하는 까닭에 신도들은 그들과 실제로 가까이할 수가 없었다. 그러므로 그저 신전의 무녀巫女가 신명을 대신해 신도들과 접촉해야 했다.

무녀가 참배자와 하룻밤을 보낸 뒤 얻은 수입은 모두 신전으로가 신에게 바쳐졌다. 참배자들은 매우 흡족한 마음으로 자신이 무녀를 통해 신에게 몸을 바치고, 신과 매우 가깝게 접촉했다고 여겼다. 그래서 무녀나 참배자 모두 이러한 성관계가 이치상 합당하고 흠 없이 신성하다고 생각했던 것이다.

헤로도토스는 자신의 여행기에 역사 기록을 더한 『역사Historiae』에서 불가사의하다는 어투로 고대 바빌로니아 사람들이 신에게 몸을 바치던 또 다른 형식을 자세히 기술하고 있다. 앞에서 언급했던 형식은 무녀에 의해서만 완성되지만 다음에 이야기할 형식은 고대 바빌로니아의 모든 여성의 몸에서 벌어졌다.

"이 나라의 여자는 누구나 평생에 한 번은 아프로디테의 신전에 앉아서 낯선 남자와 관계를 가져야만 한다. 부자이고 기품이 높아 다른 여자와 함께 있는 것을 싫어하는 여자도 적지 않은데, 이러한 여자들은 많은 시녀를 데리고 덮개가 있는 마차를 타고 신전으로 와서 그 상태로 기다린다. 그러나 대개의 여자들은 다음과 같이 한다. 아프로디테의 신전 안으로 들어가 머리 둘레에 끈을 관(冠)처럼 감고 앉는다. 새로 오는 여자도 있고 떠나는 여자도 있어 그 수는 대단하다. 여자들 사이를 모든 방향으로 통하는 통로가 줄로 구분이 되어 있고, 여기에 온 남자들은 이 통로를 지나가면서 여자를 물색한다. 한번 여기에 앉은 이상, 여자는 자기 무릎에 돈을 던져주는 남자와 신전 밖에서 관계를 갖지 않는 한 집으로 돌아가지 않는다. 돈을 던진 남자는 '밀리타 여신의 이름으로 상대해주기를'이라고 말하기만 하면 된다. 밀리타는 아시리아인이 아프로디테를 부르는 이름이다. 금액은 얼마라도 좋다. 결코 퇴짜 맞을 염려가 없기 때문이다. 이 돈은 신성한 것이기 때문에 거절해서는 안 되도록 되어 있다. 여자는 돈을 던진 최초의 남자를 따르며 결코 거절하는 일이 없다. 남자와 관계를 맺으면 여자는 여신에 대한 봉사를 다한 것이 되어 집으로 돌아가는데, 그 뒤에는 아무리 천만금을 주더라도 여자를 마음대로 할 수 없다. 용모가 뛰어난 여자는 곧 돌아갈 수 있으나 못생긴 여자는 오랫동안 의무를 다하지 못하고 계속 기다려야 한다. 3년이나 4년 동안 남아 있는 여자도 몇 사람 있다."[2]

이러한 풍속을 간단하고 거친 방식으로 종합하자면, 고대 바빌로니아 여성들은 인생에서 적어도 한 번은 창부娼婦가 되어야 했다. 바빌로니아 사람들은 물론 그렇게 생각하지 않았고 몸을 바치는 여자와 충실한 남신도 양쪽 모두 마음속에서 암묵적으로 이렇게 인정했다. 자신과 친밀한 행위를 벌인 그 사람은 결코 어떤 남자나 여자가 아니라 높디높은 하늘에 있는 신이라고 말이다. 그런 까닭에 이러한 성관계는 순결하고 고귀한 것이었다. 이는 신이 쾌감을 얻게 하려는 것인 데다 신전의 수입을 증대시키는 일이기도 했다. 수천수만 가지 이유는 모두 신을 위한 것이지 절대로 개인의 욕망을 만족시키기 위한 것이 아니었다.

그러나 만약 자신을 만족시킬 요량이 아니었다면, 어째서 눈빛도 경건한 신도들이 언제나 가장 먼저 미모가 뛰어난 여인들을 바라보았을까? 외모가 못난 여자도 신을 대신하는 것은 마찬가지이고, 또 신에게 몸을 바치려는 고상한 염원을 가지고 있는 것도 마찬가지인데, 어째서 오랫동안 뒷전으로 밀려났을까? 신에게 몸을 바친다는 이론을 그럴싸하게 포장할 방법이 없었는데도 이것이 성행하는 데 아무런 영향을 미치지 못했다. 보통의 여인들이 일생에 적어도 한 번 신에게 몸을 바치는 풍속은 고대 바빌로니아뿐만 아니라 고대 그리스에도 있었다. 서양의 선조들은 일찍이 오랜 기간 신의 이름 아래 마음대로 운우지정雲雨之情을 나누었던 것이다.

중국 고대의 천지신명은 인간 세상의 음식을 먹지 않았고 감정과 욕망도 없었다. 그래서 자연스럽게 이렇게 신을 섬기는 방식이 불필요했고, 성욕을 탐하는 자에게 어떤 그럴싸한 구실을 제공하지도 않았다.● 그러나 성을 탐하는 행위는 당나라 때 '신께 몸을 바치는 것'과 같이 온 세상을 밝히는 신성한 주석注釋을 얻었다.

당나라 때에는 도교가 성행하면서 도처에 도가의 선남선녀가 있었다. 도교의 경전인 『태평경太平經』은 이렇게 말한다. "천하의 모든 일은 모두 음과 양이 있어야 능히 서로 만들 수 있고 서로 기를 수 있다." 그러므로 남녀의 일은 당연한 도리이며 음양이 만물을 낳는 심오한 뜻과도 맞아떨어진다. 성에 대한 탐닉은 그저 성에 대한 탐닉이 아니다. 엄연히 천지만물은 음양이 조화를 이룬다는 법칙을 따르고 우주의 궁극적 진리를 좇는 모습인 것이다. 심지어 남녀의 교합이 신선술을 닦는 도에 포함되며 음양을 보충하는 술법을 통해 불로장생을 얻을 수 있다고도 여겼다. 우화등선羽化登仙과 연관 지어 보면, 성에 탐닉하는 일에 부끄러울 것이 전혀 없었다.

그래서 당나라 사람들은 성에 대해서 적당한 명분을 세워주며 크게 개방적인 편이었다. 당나라 때 동전의 앞면에는 풍화설월風花雪月이라는 네 글자가 눈부시게 새겨져 있었고 뒷면은 발가벗은 남녀가 즐기는 그림이었는데, 이는 필시 세계에서 사라져서 가장 아쉬운 화폐일 것이다. 그들은 모여서 방중술房中術을 토론하는 것도 부끄럽게 생각하지 않았고, 심지어는 남녀의 환락을 찬미한 「천지음양교환대락부天地陰陽交歡大樂賦」를 짓기도 했다. 자세히 볼 필요도 없이 이 열정 넘치고 기쁨에 겨운 제목만 봐도 바로 안의 내용이 얼마나 생동감 있고 재미있을지 알 만하다. 그런데 이 글의 작자는 서문에서 아주 떳떳하게 자신을 위해 큰 기치를 내걸었다. "하늘과 땅이 교접하여

● 어떤 학자들은 중국 상나라 시대에 서양과 비슷한 무녀 창부가 존재해 종교적인 매춘이 있었다고도 한다. 그러나 중국 고대의 전적에는 상나라 시대의 종교적 매춘에 대한 기록이 없다. 또 중국 고대의 신은 확실히 도덕적 모범이어서 음욕이 적었던 까닭에 근본적으로 무녀 창부가 존재해야 할 이유가 없었다. 그래서 여기에서는 중국 고대에도 무녀 창부가 있었다는 주장은 받아들이지 않았다.─원주

덮고 담는 것이 균등한 것처럼 남자와 여자가 교접하여 음양이 순조로워진다." 그러니 이 작품의 성적 묘사가 지나치게 저속하고 문란하다고 지적한다면, 작자는 바로 '천지와 음양을 거스르는 행위'라고 큼지막한 명찰을 달아줄 것이다.

성적 개방 풍조에 쾌락이 제일이라는 삶의 철학이 곁들여져 당나라 때에는 도처에 여러 기루妓樓가 즐비한 아름다운 풍경이 만들어졌다. "곳곳의 기루에서 밤마다 들려오는 노랫소리."³ 당나라 사람들 사이에서는 위로부터 아래까지 기녀를 끼고 노는 것이 유행하여 『전당시』의 시 약 5만여 수 가운데 2000여 수의 시가 기녀와 관련되어 있다. 이는 당나라 사람들이 삶의 5퍼센트 정도를 기녀에게 쏟았다는 뜻이다. 그렇지 않다면 구양형歐陽炯이 어찌 이런 말을 했겠는가. "당나라 이래로 온 나라 방방곡곡에서 집집마다 정원에 봄 풍경을 갖추고 월나라 미녀를 찾아 나섰다. 곳곳의 기루에서 달이 뜨는 밤이면 저마다 항아 같은 미녀를 감추었다."⁴

장안의 기루는 대부분 평강리平康里●●에 있었다. 이곳은 그야말로 도읍의 귀족 자제와 풍류 넘치는 협객 소년들의 성지가 되었다. 특히 매년 과거시험이 끝난 후 일등으로 뽑힌 새로운 진사들이 잇달아 붉은색 명함을 들고 이쪽으로 행차했는데, 유명한 기녀를 알현하면서 권력자를 알현할 때보다 더 지극정성이었다. 그래서 당시 사람들은 평강리를 '풍류가 모이는 곳'이라고 친근하게 불렀다.

진실로 풍류가 모이는 곳 평강리에서 마음껏 한가로이 거닌다면 눈에 드는 것에 누군들 "잎은 짙은 이슬을 머금어 우는 눈 같고, 가

●● 당나라 장안성의 지명. 지금의 섬서성 시안西安으로, 시안 역에서 남쪽으로 3킬로미터 아래쪽 안탑북로雁塔北路 부근에 있었다. 평강리 바로 오른쪽이 동시東市였다.

지는 가벼운 바람에 한들거려 마치 춤추는 허리 같아라"[5]라고 하지 않고, 누군들 "옥피리와 맑은 현악기 소리가 나긋나긋 아름다우며, 비취 비녀와 붉은 소매는 들쭉날쭉 앉아 있구나"[6]라고 하지 않았겠는가? 평강리의 가로세로로 푸른 돌이 깔린 길, 검은 기와와 하얀 벽은 소년의 눈으로 보면 모두 연지색으로 보였으리라. 장안, 장안에는 무엇이 있었는가? 산과 강은 천 리이며, 구중궁궐이 있고, 천자가 기거하는 웅장한 공간과 존엄한 천자가 있었다.[7] 그러나 이쪽 장안에는 그런 것들이 없었다. 그런 것들만이 아니라 분명하게 각이 잡힌 모든 것이 아예 없었다. 이쪽 장안은 향기롭고 부드러워 가볍게 한 걸음만 내디뎌도 푸른 들판에 물결이 일렁였다. 그래서 그들은 떠나고 싶어하지 않았으며, 어떤 소년들은 심지어 잘 지냈던 기녀의 이름, 출생지, 용모, 자태를 하나씩 몸에 문신을 한 듯이 평생 그리워했다. 장안 소년들의 청춘 기념첩을 펼쳐보면 반드시 두툼한 분량을 차지하는 것이 평강리 편이리라.

　　장안, 낙양 등 대도시의 기루 사업이 크게 번영했던 것은 두말할 나위가 없고, 양주揚州, 호주湖州, 소주蘇州와 같은 신흥 금융 중심에도 명기들이 모여들어 춤과 노래로 태평성세를 노래했다. "십 리 긴 거리에 시장이 이어지고, 달 밝을 제 다리 위에서 선녀를 바라본다."[8] "소주에는 푸른 기와집이 십만 호, 그 가운데 누대와 가무가 있네."[9] 인가와 인가 사이에서 피어오르는 것은 밥 짓는 연기가 아니라 간드러지는 악기와 노랫소리였다.

　　양주에서는 예로부터 미인이 많아 양주에서 미인을 찾는 전통이 수양제 때부터 시작되었다. 대운하의 푸른 물결이 한껏 치장한 양주의 미녀들을 얼마나 많이 전송했을까? 명나라 때에 이르자 양주 미인의 주가가 더 올라 산업이 되었다. 명나라 풍습을 기술한 사조제謝肇淛는 '아름다우면서도' 잔혹한 산업을 이렇게 기술하고 있다. "양주는 천하의 중심에 위치하여 내와 호수가 아름다운 까닭에 여인들도 미인이 많고 성정이 온유하며 행동거지도 정숙하다. 이른바 '물의 기운이 있는 곳에는 여인이 많다'[10]고 했으니, 또한 영험하고 맑은 기운이 모이는 곳이라 여러 고을이 당해낼 수 없는 것이다. 그래서 양주 사람들의 습속에 이를 기이한 재화로 여겨 각처의 소녀를 시장에 내다 팔고자 특별히 꾸미고 글씨, 셈법, 금琴, 바둑 등을 가르쳐 후한 값을 받으려 하면서 이를 '비루먹은 말'이라고 불렀다." 요컨대 양주는 땅이 영험해 여인들이 천성적으로 정숙하고 아름다워 타 지역과 다르다는 것이다. 머리가 좋은 양주 사람들이 여인들을 차지할 만한 기이한 재화로 여긴 탓에 예쁘지만 가난한 양주 소녀들—부잣집 소녀들은 이런 경우가 없음은 물론이다—을 세심히 길러내, 소녀가 자라 재주와 미모를 모두 갖추면 다시 좋은 값에 기루에 팔거나 부잣집에 첩으로 판다고 했다.

'비루먹은 말'이라는 표현은 매우 적절하다. 부자들이 '비루먹은 말'을 고르는 과정은 진짜 가축을 고르는 것과 다를 바가 없다. 고객이 '비루먹은 말'의 집에 도착하여 자리를 잡고 앉으면, 기생 어미는 '비루먹은 말'을 데리고 반짝거리면서 등장하여 '비루먹은 말'에게 절을 올리고, 몸을 돌리고, 손을 내밀고, 눈을 돌리고, 말을 하고, 치마를 걷어보라고 지시한다. 이런 일련의 과정에는 모두 의미가 있다. 각각 고객이 여인의 자태, 얼굴, 피부, 눈, 음색, 전족을 품평할 수 있도록 하기 위한 것이며, 품평이 끝나면 바로 거취를 결정한다. 비록 선택되는 과정이 참기 어려울 만큼 굴욕적이고 시집가는 과정이 한없이 단순하기는 하지만, "복명復命●을 기다리지 않고 또 주인의 명도 기다리지 않고 꽃가마와 배웅용 작은 가마가 함께 가서 맞이하면, 음악이 연주되고 등불이 피어오르는 가운데 새 사람의 가마와 배웅용 가마가 일시에 모두 도착한다."[11] 반나절에 불과한 시간 동안에 자신의 일생이 팔려나가는 것이지만 옛날에 기녀로 전락해버린 여자로서는 첩이 되는 것이 그나마 가장 좋은 결말이었다. 적어도 기루에서 오가는 손님을 접대하는 것보다야 단순하고 깨끗했다. 이렇게 견디기 어려운 결말이 결국 옛날 수많은 기녀가 평생 추구한 것이라니, 생각해보면 가슴이 쓰리지 않을 수 없다.

당나라 사람들도 양주의 여인들에 관해 "영험하고 맑은 기운이 모이는 곳이라 여러 고을이 당해낼 수 없다"는 것을 알고 있었으므로, 양주에 기루업이 번영한 것도 희한한 일은 아니다. 당나라 때 양주에서는 매일 황혼이 되면 기다란 거리에서 기루마다 수많은 붉은색 사등紗燈을 내걸었다. 매일 밤 붉은색 사등은 양주의 저녁 바람과 달빛 가운데서 이목을 끌어 멀리서 보면 마치 분홍빛 별 같았으며 도시 전체가 살짝 취해 있는 듯했다. "야시장에서는 천 개의 등불이 푸른 구름을 비추고, 높은 누각 붉은 소매 여인에 손님이 몰려든다."[12] 등불의 색은 부드러웠는데, 붉은 비단을 투과한 뒤에는 더욱 부드러워져 "보석 머리 장식, 향기로운 눈썹, 비취빛 치마"의 기녀는 부드러운 등불의 색 아래에서 눈짓하고 싱긋 웃음을 흘린다. 그래서 우업于鄴이 『양주몽기揚州夢記』에서 이렇게 감탄한 것이리라. "양주는 빼어난 곳이다!"

● 중국의 전통 혼례에서 매파가 신부 측 가장의 승낙을 받아 이를 신랑 측에 전달하는 것.

즐거움과 쾌락을 좇으며 잠시 쉬어갈 때[13]

기루를 찾아가는 것은 단지 기녀와 친밀하게 접촉하는 주류의 방식일 뿐이다. 당나라 때에는 비주류의 접촉 방식도 이루 셀 수 없이 많았다.

기왕岐王은 겨울이 되어도 숯불을 사용하지 않았다. 대신 마음에 드는 기녀를 골라 언제나 곁에 머물게 하면서 추위를 느끼면 두 손을 기녀의 가슴에 넣고 온기를 느꼈다. 숯불은 매우 뜨거워서 화로 주위에 앉으면 겨울에도 삼복더위가 되니 난방 효과야 두말하면 잔소리지만, 투박하고 검붉은 덩어리를 어찌 미인의 매끄럽고 윤기 나는 피부에 비교하겠는가? 신왕申王●은 매번 술에 취할 때마다 아름다운 비단으로 자루를 엮어 해먹과 같은 모양을 만든 다음 예쁜 기녀에게 알록달록한 '해먹'으로 그를 들어올려 침실로 데려가게 했다. 신왕은 궁중에 튼실한 가마꾼이 부족하지 않았는데도 약하디약한 미녀 가마꾼이 한 걸음에 세 번씩 떠는 모습을 보려 한 것이다. 신왕은 또 기왕과 마찬가지로 기녀에게서 온기를 얻는 것을 좋아했다. 다만 그 수단이 더욱 '대단'해서 이런 방법을 썼다. 자신을 중심에 두고 여러 명의 기녀가 원을 만들어 그를 단단히 둘러싸 그 대신 찬 기운을 막도록 한 것으로, 이것이 바로 '기녀로 둘러싸기妓圍'다.

당나라 때 기녀는 명칭이 매우 다양했다. 서로 다른 상황에서 각양각색의 수요를 만족시킬 수 있도록 궁기宮妓, 관기官妓, 가기家妓, 사기私妓가 있었다.

● 본명은 이휘李撝(?~724)이며, 당나라 예종의 둘째 아들이자 현종의 형이다.

「가무도歌舞圖」, 오위吳偉, 명나라

화면 정중앙의 어린 여자아이가 명나라 기루의 가기 이노노李奴奴다. 당시에 겨우
열 살이었는데 춤과 노래에 뛰어났다. 이노노가 '양주의 비루먹은 말'이었는지 아니
었는지는 고증할 길이 없으나, 이처럼 어린아이가 예술 공연에 능숙했던 것에서 그
녀가 '비루먹은 말'처럼 어려서부터 악기를 연주하고 노래하는 것을 배웠다는 사실
을 알 수 있다.

궁기는 전문적으로 궁궐에서 근무하며 기본적으로 임금 개인에게 배치되었다. 관기는 주州와 현縣의 악영樂營에서 거주하며 정부로부터 통일된 훈련을 받고, 숙식 및 월급과 식량을 제공받았으니, 당시 공무원의 대우와 비교해도 손색이 없었다. 국가의 녹을 먹으면 당연히 정부를 위해 일해야 하는 것이기에 관기는 정부의 지휘에 따라 각종 경축 의식이나 연회에서 일했고, 여러 선비와 관리를 도왔다.

가기는 돈 있는 집안에서 집에 두고 관리하며 단지 주인 한 사람에게만 봉사하는 기녀다. 이는 궁궐에서 임금 한 사람을 위해 두고 관리하는 궁기를 모방한 것이다. 주인의 사회적 지위가 임금과 같지는 않겠지만 임금이 즐기는 방식을 따라 해보는 것이 나쁘지 않았으리라.

사기는 관기와 비슷하다. 역시 여러 사람에게 봉사하지만 사기는 관적에 오르지 않았고, 정부의 관할에 귀속되지도 않았으며, 무대에 오를 때 관련 기관의 허가를 받지 않아도 됐다. 그들은 스스로 생계를 꾸려 관기처럼 월급이 있는 것은 아니었지만, 기녀를 가까이하는 각계각층 사람과의 왕래가 바람처럼 자유롭다는 이점이 있었다.

또 영기營妓라는 것이 있었다. 정부의 녹을 먹는다는 점에서 사실 관기와 차이가 없지만 영기의 봉사 대상은 대체로 장수와 군인이었다. "전사는 전장에서 생사가 반반이건만, 미인은 장막에서 아직도 춤을 춘다."[14] 당나라 군대생활의 절반은 칼이 난무하는 전쟁이고, 절반은 아름다운 여자의 웃음소리였다. 절반은 생사를 넘나드는 것이요, 절반은 취기醉氣와 꿈을 넘나드는 것이었다. 시 구절에 풍자의 뜻이 없지 않다. 그렇지만 만일 장막에 경쾌하게 춤사위를 벌이는 미인이 없었다면, 피와 모래에서 뒹구는 영웅이 얼마나 외로웠겠는가?

규율이 엄격한 군영으로 산뜻하고 아름다운 창기를 끌어들이다니, 현대인이 보기엔 이해하기 어렵지만 옛날 사람들에게는 지극히 당연한 일이었다. 사상이 개방적이고 사소한 일에 구애받지 않았던 당나라 사람들은 말할 것도 없고, 신을 대신하여 영지를 수복하려던 신성불가침의 십자군도 군중에 전문적인 기녀로 이루어진 정규 부대를 편성했는데,● 그 이유는 다음과 같다. 첫째로 사병의 신체적 욕구를 만족시킬 수 있고, 둘째로 병사들의 의식주를 돌보고 군대의 위생을 청결하게 할 수 있으며, 셋째로 병사들이 타국의 부녀자들을 희롱하거나 문란하게 성관계를 맺는 것과 그로 인해 발생하는 일련의 질병을 막을 수 있고, 넷째로 탈영병을 감소시킬 수 있었다. 관중이 없는 전투가 투쟁심을 고취할 수 없다고 할 때, 만일 젊고 아름다운 미녀가 증인이 된다면 전사들은 체면을 위해 힘을 다해 싸울 것이기 때문이다. 이러한 기녀 부대는 사람들에게 무시당하지 않았다. 그들도 신을 위해 싸우는 병사와 마찬가지로 보급품과 월급을 받을 수 있었다.

비교를 해보면 저절로 감탄하게 된다. 당나라 정부는 정말 고대 세계에서 가장 도량이 넓은 정부 가운데 하나다. 군인을 포함한 온 국민을 격려하는 잔치에는 물론이거니와 전문적으로 악기樂妓를 배양하고 훈련시키는 데도 비용을 댔으니 말이다. 국가가 배양하고 훈련한 악기이니 정부에서는 적어도 약간은 미화시켜야 하지 않았을까? 십자군이 전문적인 기녀 부대를 배치하면서 그럴싸한 이유 네 가지

● 1096년 제1차 십자군 원정 때는 종군 위안부 5000명이 동행했고, 1298년 신성로마제국의 황제 알브레히트 1세가 슈트라스부르크에 입성했을 때는 종군 위안부 800명이 동행했다.(김영기, 『역사 속으로 떠나는 배낭여행』, 북코리아, 2005, 297쪽)

를 내놓았던 것처럼 말이다. 당나라와 비슷한 시기의 유럽 중세에 유럽 각국의 정부도 매춘업을 반대하지 않았다. 다만 그들의 목적은 매우 성대하여 사회를 안전하고 아름답게 만들기 위함이었다. 중세의 위대한 인물인 성 아우구스티누스는 이렇게 말했다. "만일 인류에서 기녀가 사라지면, 사람들은 모든 것을 색정으로 더럽힐 것이다." "만일 공창公娼을 폐지하면 열정의 힘이 모든 것을 무너뜨리게 될 것이다." 스콜라 철학의 대표자인 토마스 아퀴나스도 이런 말을 했다. "지하의 하수도가 없으면 궁정은 쓰레기와 악취가 나는 물로 가득 찰 것이다. 세상에서 기녀를 없앤다면 남자 동성애자들이 넘쳐날 것이다." 유곽은 엄연히 색정을 없애고 사회의 장기적인 치안을 보장하는 안전밸브로 여겨졌던 것이다.

그러나 당나라 정부는 과하게 많은 대단한 이유를 붙이지 않았다. 또 어떤 영광스럽고 그럴듯한 구실도 대지 않았다. 단지 "식욕과 색욕은 본성"[15]이라서 사람이 본성에 맞서기는 어렵다고 굳게 믿었다. 그들이 했던 것은 자국민들이 즐거움을 따르는 것을 격려하는 일뿐이었다. 정부의 격려가 있었기에 기녀를 가까이하는 당나라 사람들의 풍습은 더욱 성행했다. 남쪽 지방에서는 "푸른 등나무 그늘 아래에는 노래하는 자리를 깔고, 붉은 연꽃 곁에는 기녀의 배를 댄다"[16]고 했고, 북쪽 지방에서는 "북쪽 집에서는 밤마다 사람이 달 같고, 남쪽 길에서는 아침마다 말 탄 사람이 구름 같구나"[17]라고 했으니, 온 나라 강남 강북에서 모두 그 즐거움을 누렸다는 뜻이다.

그렇지만 당나라 사람들은 향락에 있어 다음과 같은 점을 잘 알고 있었다. 비록 기녀와 사귀는 처음의 의도는 육체적 쾌락을 좇는 것이지만, 육체적 쾌락은 다만 동물적인 쾌락이라 지나치게 통속적이고 무미건조해서 아주 금방 지겨워지고, 정신적인 기쁨이 있어야 비로소 가장 순전하고 영속적이라는 것 말이다. 육체적인 만족은 영혼의 굶주림을 없앨 수 없지만, 영혼의 부유함은 사람들이 육체적 빈곤함을 무시하게 만들 수 있다. 그렇지 않다면 안회顔回가 어떻게 몇 권의 책에 의지해 "한 주발의 밥과 한 표주박의 물로 누추한 골목에서 지내는"[18] 환경에서 기꺼이 만족할 수 있었겠는가?

그래서 당나라 때 유곽의 고객들이 가장 중시한 것은 기녀의 용모가 아니라 오히려 기녀의 언행과 행동거지, 음악적 재능, 그리고 기루의 음식 수준이었다. 기녀를 읊은 당시 가운데 몇 수나 순수하게 기녀의 미모를 주제로 삼고 있던가? 그보다 시인들이 가장 많이 묘사한 것은 "열 개의 손가락은 변방의 기러기를 끌어오고, 열세 줄 위에서 봄날의 꾀꼬리가 지저귄다"[19] 혹은 "맑은 노래가 지는 해를 맞이하고, 교묘한 춤이 봄바람을 향한다"[20]는 것이었다.

홍등가 평강리의 주거지는 일반인이 상상하듯 울긋불긋 단장하거나 천장과 바닥마다 비단이 늘어져 있는 것을 직접 보고 입에서 모두 단내가 나게 되는 그런 곳은 아니었다. 평강리의 주거지는 한 채 한 채가 작은 원림으로 가산假山과 괴석이 있고 꽃과 등나무가 늘어져 있었다. 기녀의 품위는 재상 못지않았고, 주거지의 요리는 그윽하고 품위가 있었다. 당나라 때 명기名妓 양묘아楊妙兒와 양내아楊萊兒는 열렬히 사대부의 추종을 받았는데, 그들이 승은을 받은 것은 용모 때문이 아니라 고급 지식인들의 집보다 더 격조 있는 주거지에 머물렀기 때문이다.[21]

당나라 재상들은 자연계의 산과 물 일부를 재단하여 집으로 옮겨오는 것을 좋아했다. 당나라 기녀 역시 '겨자씨에 들어가는 수미산

須彌山'이라는 불교의 이치를 분명히 이해하고, 작디작은 정원을 일목요연하게 배치해 그 안에 천지와 사계를 모두 담았다. 그들의 뜰에는 "붉은 꽃이 날아 그녀를 스쳐 지나간다"[22]고 할 만한 것이 없었다. 그들의 뜰은 항상 "나무는 오래되고 들판의 샘 맑으니, 은자가 홀로 걷기 좋구나"[23]라는 식으로, 조금은 고집스럽고 조금은 기녀에게 명분을 주는 의미가 있었다.

당나라 기루의 여인들 대부분은 글과 춤에 능했다. 그들이 어마어마한 총애를 한 몸에 받을 수 있는 무기는 그저 괜찮은 몸매만이 아니라 남을 뛰어넘는 재능이었다. 『전당시』에는 기녀 스물한 명의 시 136수가 수록되어 있는데, 136수의 시는 당대 기녀들의 예술적 재능 가운데 빙산의 일각에 불과하다. "날개가 바람을 타기 어려움을 똑똑히 알아, 오히려 파도가 아직 곤鯤●이 되지 않은 것을 즐거워한다"[24]거나 "이제부터 난초와 사향이 귀한 줄 모르는 것은, 밤새 새로이 계수나무 향을 불러왔기 때문"[25]과 같은 좋은 시는 다만 기본적인 기량이었다. 그들은 대부분 정취에 기민한 유리 같은 기백을 가지고 있었다.

장안의 명기 유국용劉國容은 진사였던 곽소술郭昭述과 사귀었다. 곽소술이 외지의 관리로 부임하게 되어 급하게 이별해야 했다. 유국용은 울지도 않고 곽소술이 떠나길 기다렸다가 몸종을 통해 그에게 편지를 한 통 보냈다. 보통 사람은 정든 임을 되돌리기 위해 반복해서 진정에 호소하기 마련이라, 곧장 낯간지러운 것부터 마음이 찢어지는 것까지를 다룬 대작을 써야만 그만둔다. 그러나 유국용은 짤막하

● 『장자』「소요유逍遙遊」 편에 등장하는 거대한 물고기.

게 100여 자만 써서 곽소술과의 반생에 걸친 사랑과 일생의 기대를 요약했다. "즐거운 잠자리가 막 진해지려 하니, 닭 울음소리가 사랑을 끊어놓는 것이 한스럽네요. 은애恩愛가 아직 충분하지 못해 말발굽이 무정한 것을 탄식했답니다. 저를 노심초사하게 하시니 그대로 인해 식사도 줄이게 되었습니다. 나중에 다시 만나 거안제미擧案齊眉를 매듭짓기를 기약해봅니다." 심정은 매우 간절하지만 말투는 오히려 처음부터 끝까지 담담해서 조금도 버림받은 여인이 어쩔 줄 모르는 추한 꼴이 없다. 유국용은 사리에 밝은 사람이었던 것이다. 임의 마음은 마치 쇠붙이와 같아서 많이 말할수록 무익하다. 약간만 언급하고 말아도 무방하며, 구걸하는 말을 잔뜩 늘어놓아본들 스스로 몸값을 낮추는 꼴에 지나지 않는다. 이 편지를 받아본 후 곽소술이 감동을 받았는지 여부는 사서에 기록이 없다. 그렇지만 장안의 자제들은 이에 큰 감동을 받아 깊은 정과 더불어 기개가 있는 이 짧은 편지를 앞다투어 입에서 입으로 전했다.

위장韋莊으로부터 "복숭아빛 뺨에 아름답고 길게 가로지른 녹수, 옥빛 피부에 향기로운 기름 스며든 붉은 비단"[26]이라는 칭송을 받았던 촉蜀 지방의 명기 작작灼灼은 어사 배질裴質에게 온 마음을 다 바쳤다. 배질은 나중에 관직의 이동으로 작작과 이별하게 되었다. 이별한 후에 작작은 심지어 유국용처럼 정인에게 짧은 글도 남기지 않았다. 다만 종종 다른 사람을 통해 자신의 부드러운 붉은색 손수건을 배질에게 건네달라고 부탁할 뿐이었다. 손수건에는 여기저기 얼룩이 있었는데 모두 작작의 눈물이었다. 당나라 여인들은 짙은 화장을 좋아하여 눈물에 자주 연지가 묻어나왔던 까닭에 눈물에 젖은 손수건에도 연지의 색채와 향기가 남았다. 작작은 배질에게 눈물을 보냈는데, 보낸 것은 그리움만이 아니라 자신의 아름다움도 함께였다. 붉은 눈물 자국이 남은 손수건을 움켜쥔 배질이 양심이 있을 때에는 작작의 열렬한 사랑을 떠올릴 터이고, 양심이 없을 때라도 연지의 색과 향으로 절세미인 작작을 그리워할 테니 작작이 눈물을 보낸 것은 확실히 뛰어났다.

촉 지역의 관기 설도는 "누가 천 리 길이 오늘 저녁부터라고 했나? 이별의 꿈 아득하여 변방만큼 멀기만 한데"와 "벽옥을 오래도록 깊은 곳에 감추었다가, 언제나 가지고 다니는 붉은 편지지에 썼답니다"[27]와 같은 부류의 뛰어나고 아름다운 시구를 써냈다. 그녀의 시적 재능보다 더욱 출중한 것은 그녀의 임기응변이었다.

한번은 설도가 연회에 참석했는데 당나라 때의 연회에는 항상 문자 유희가 빠지지 않았고, 이번에도 예외가 아니었다. 당시 문자 유희의 주제는 '천자문령千字文令'으로 천자문에서 뽑은 한 구 네 글자에 반드시 동물을 나타내는 말이 포함되어야 했다. 좌중에 있던 여주자사黎州刺史가 낸 답안은 '유우도당有虞陶唐'●이었다. 이 자사는 교양이 높지 않아서 '우虞yú' 자가 '어魚yú' 자와 발음이 같으니 합격이라고 생각했던 것이다. 사람들은 그의 높은 관직을 봐서 웃음을 꾹 참고 아무 소리도 내지 않았다. 설도의 차례가 되자 그녀의 눈썹이 천천히 올라가고 붉은 입술이 살짝 열렸다. '좌시아형佐時阿衡'●● 자사는 크게 기뻐하며 즉시 설도의 이 구절에는 동물이 없으니 벌칙을 받아야 한다고 큰소리 쳤다. 설도는 꿈쩍도 않고 꽃망울 같은 보조개를 피우며 이렇게 말했다. "제가 말한 이 구절의 '형衡'이라는 글자 안에는

● 『천자문』의 24번째 구절로, "순임금 유우와 요임금 도당"이라는 뜻이다.
●● 『천자문』의 134번째 구절로, "때를 돕는 아형"이란 뜻이다. 아형은 상나라 재상의 칭호다.

적어도 작은 물고기가 한 마리 있지만, 어르신이 말씀하신 '유우도당'
에는 작은 물고기 한 마리도 없습니다." 손님들 중에 배꼽을 잡고 웃
지 않는 사람이 없었는데, 오직 자사 본인만은 무엇이 우습다는 것
인지 눈치채지 못했다.

당나라 때의 연회는 거의 중국 고대에서 가장 시끌벅적한 연회였
다. 가기들은 이러한 떠들썩한 환경에서도 민첩한 사고력을 유지할
수 있었고, 상황에 따라 그에 적절하게 대응해 적당한 때에 적당한
우스갯소리를 할 줄 알았다. 이는 지능이 낮거나 재주가 부족하면
절대 할 수 없는 일이었다.

13세에 처음 공후 타는 것을 배우다[28]

그렇다면 당나라 가기의 이렇게 뛰어난 재능은 어떻게 훈련된 것일
까? 타고난 것이 아님은 물론이다. 기루에 들어가 가기들이 먼저 만
나는 것은 공경·제후의 자제나 거상·부호가 아니라 전면적인 문화
예술 훈련이다. 춤과 노래, 시 짓기, 고서와 전고典故를 배워 우스갯소
리의 기본을 몸에 익히고 술을 따르고 안주를 집는 우아한 자세를
터득한다. 정부가 설치해 전문적으로 궁궐의 예인을 배출했던 교방教
坊에서는 그 훈련이 더욱 다양하여 민가, 백희百戲, 잡기, 가무극이 정
규 교육과정에 편성되었다.

교방은 내교방과 외교방으로 나뉜다. 외교방은 민간에서 타고난
재능이 뛰어난 어린 여자아이를 뽑아 그들에게 몇 가지 기예를 정성
껏 가르쳤다. 어려서부터 성년이 될 때까지 훈련시킨다는 점에서 현

대의 예술 학교와 비슷하다. 외교방에서도 기예가 뛰어나면 내교방으로 들어가 계속해서 왕족을 위한 공연 기회를 더 많이 얻을 수 있었다. 얼굴이 예쁜 여인들도 교방에 들어갈 수 있었지만, 그들이 용모로 진입 자격을 얻었다고 해도 교방에서는 그들이 단지 외모로만 봉사하는 것을 허용하지 않았다. 어떤 여성에게 천부적인 예술적 재능이 있는지를 막론하고 교방에서는 누구나 차별 없이 비파, 오현五絃, 공후,• 고쟁古箏 등의 악기를 가르쳤다. 연주 실력이 다소 부족해도 상관없었다. 추후에 충분한 시일이 있으니 기예도 천천히 향상시킬 수 있었다. 그러나 단지 아름다운 얼굴 하나만 가지고 있을 뿐 다른 것은 일절 못 한다면 병풍, 촛대, 꽃병과 같은 장식품들과 다를 게 무엇이겠는가?

문화 예술 훈련은 내용은 아름답지만 방식은 잔혹했다. 그들은 불과 열 살 남짓한 풋풋한 나이로, 대부분이 막 부모와 이별하여 여전히 어린이의 심성을 가지고 있었다. 문화 예술을 배우는 것은 또 길고 험난한 과정이고, 그러다보면 어쩌다 해이해지는 것도 인지상정이다. 하지만 평강리와 교방의 선생님들은 인정이 후하지 않아 충분히 각고의 노력을 하지 않는 학생을 마주치면 곧장 손에 든 가죽 채찍을 휘둘렀다. 그 가죽 채찍은 말채찍보다 더 굵고, 100여 개의 바늘을 박아 그 끝이 살짝 밖으로 드러나 있었다. 이 바늘 끝만으로도 벌써 어린 아가씨들이 온몸에 상처가 나서 울며불며하며 눈물 콧물을 흘리고 다시는 감히 기예를 소홀히 하지 못하게 하기에 충분했다. 날카롭고 냉혹한 가죽 채찍 아래에서 일군의 당나라 여성 예술가가

• 중국 고대 전통 현악기, 하프의 일종.

「홍불도紅拂圖」, 우구尤求, 명나라

홍불은 원래 당나라 전기傳記 『규염객전虯髥客傳』에 나오는 귀족 양소楊素의 가기다. 후에 이정李靖과 사랑의 도피를 하여 자신의 재주와 총명함으로 이정이 공업을 세우도록 도왔다.

「맹촉궁기도孟蜀宮妓圖」, 당인, 명나라

이 그림은 오대 서촉의 후주 맹욱孟旭의 궁정생활을 그린 것으로 이러한 제화시를 붙였다. "연꽃 관 쓰고 여도사 옷 입고, 날마다 임금 모시고 자미궁에서 잔치를 열었지. 꽃과 버들은 사람이 이미 떠난 줄도 모르고, 해마다 푸름과 붉음을 두고 다투는구나蓮花冠子道人衣, 日侍君王宴紫微. 花柳不知人已去, 年年鬪綠與爭緋." 궁기의 이마, 코끝, 턱이 희니 이것이 바로 당나라 말기와 오대에 유행했던 '삼백장'이다.

탄생했던 것이다.

당나라 때에는 남성 예술가도 부족하지 않았다. 다만 남자아이들이 예술에 마음을 쏟는 것은 결국 한계가 있어서 생활이 핍박하고 가족이 독촉하다보면 그들은 결국 손을 떼고 벼슬길에서 있는 힘을 다하고, 대를 이으며, 가문을 빛내야만 했다. 이와 비교해보면 오히려 가기는 예술에 몰두하는 경우가 더 많고, 일을 마친 나머지 시간에도 늘 재주와 기예를 연마하니, 이는 또 다른 종류의 단련이었다. 이 때문에 가기는 신분은 비록 낮아도 당나라 전체에서 가장 높은 예술적 수준을 대표하기도 했다.

기녀의 역사는 매우 유구하다. 춘추 시대 관중管仲은 '화분전花粉錢'●을 징수해 국가의 수입을 증대하고 각지의 우수한 청년들을 제나라로 끌어들이기 위해 당당하게 중국 유사 이래 최초의 기원妓院을 설립했으며 최초의 명실상부한 기녀들을 양성했다. 이후로는 역대 왕조와 시대마다 모두 기녀가 등장했다. 그러나 용모의 우열을 따지지 않고 정부와 기원에서 나서서 기녀를 예술 특기생으로 간주하며 대대적으로 정성 들여 양성한 것은 즐기는 법에 꽤 정통했던 당나라 사람들이 시작한 취향이었다. 육조 시대에도 비록 예술적 재능이 있는 가기를 양성하는 것이 유행하기는 했지만, 그건 부유층 개인의 사적인 행위여서 당나라 사람들이 예술 기녀를 훈련시킨 규모와 비교가 되지 않는다. 이러한 '분야'에서 우리는 다른 문명국보다 몇백 년 심지어는 천 년 이상 '낙후'되었다.

당나라 가기가 받은 기예 훈련만 해도 이미 사람들의 눈을 어지럽

● 기녀와 놀기 위해 들이는 비용.

게 한다. 그러나 이러한 훈련을 고대 인도 사람들이 예술 기녀를 배양한 과정과 비교해보면 그야말로 새 발의 피에 지나지 않는다. 인도의 예술 기녀인 '가니카ganika'는 '64 예藝', 즉 64종의 서로 다른 기예를 배워야 했다. 음악, 춤, 연기 등의 기본적인 기예는 빼놓을 수 없고, 그 외에도 낭송, 서예, 그림, 대화술, 안마와 같은 상급과정도 연습해야 했다. 당대의 가기가 비파, 오현, 공후 등 여러 악기의 연주를 배웠던 것이 얼핏 잡다해 보이지만 결국 모두 현악기라서 상통하는 부분이 있다. 그래서 그중 한 가지만 배워도 다음 악기를 배우기 위한 자그마한 경험이 축적되는 것이다. 그런데 가니카는 반드시 비나Veena, 베누Venu, 무리당감Muridangam을 배워야 했는데, 이 세 가지는 각각 현악기, 관악기, 타악기에 속해 매번 배울 때마다 처음부터 시작해야 했다. 이것 말고도 향수 제조, 술 양조, 꽃꽂이, 주사위 던지기와 같은 독특한 분야의 기술도 일일이 숙달하여 능숙하게 운용할 수 있어야 했다.

'64 예' 가운데 가장 독특한 것은 독심술이다. 독심술이라고 하면 신비하고 이상하게 들리지만, 바꾸어 말하면 바로 심리학이다. 심리학 지식을 이용하여 손님의 복잡하고 심오한 심리를 추측하는 것인데, 이렇게 해야만 정확하게 기호를 잡아내 손님을 더욱 기쁘게 할 수 있었던 듯하다. 고대 인도의 성학性學 경전인 『카마수트라Kamasutra』는 기녀들이 "예의를 갖추고, 솔직하며, 화를 내거나 조급해하지 않고, 다른 사람과 즐겁게 대화할 줄 알아야 한다"고 끈기 있게 반복해서 가르치는데, 여기에는 사실 간단한 독심술이 담겨 있다. 절대다수의 사람이 예의 바르고 부드러운 대접을 바라므로, 이렇듯 관대하고 부드러운 손님 접대 방식을 사용하면 언제나 틀림없다는 것이다. 물론 이는 가장 기본적인 것이다. 독심술을 배우고자 하면 사실 아주 복잡하고 실제 활용은 훨씬 더 어렵다. 가니카들은 하루하루 각고의 연습을 거듭해 고대 인도에서 사교의 기술을 가장 잘 아는 사람들이 되었던 것이다.

고대 그리스의 고급 기녀가 숙달한 기예는 당나라 가기와 큰 차이가 없었다. 다만 손님을 상대하는 기술은 독심술을 연마했던 가니카보다 그들이 오히려 더 뛰어났다. 고대 그리스 철학서는 항상 대화집의 형식을 취했다. 몇 명의 철학자가 일문일답을 하면 웅변 가운데 진리가 언뜻언뜻 드러났다. 고대 그리스 기녀들의 대화도 정리하면 각종 손님 접대 기술을 망라한 '고급 기녀 안내서'가 될 것이다.

각각의 안내서에서 가르치는 기술은 저마다 다르지만 주된 내용은 오히려 일치한다. 기녀의 첫 번째 요지는 진심을 드러내서는 안 된다는 것이고, 두 번째는 어떠한 도덕규범도 준수할 필요가 없다는 것이다. 정인의 얼굴을 마주하고 끊임없이 다른 사람에게 연애편지를 쓴다거나 수시로 그에게 몸에 남은 키스마크를 얼핏 보게 한다면, 요컨대 말 한마디 행동 하나가 정인에게 어떤 정보를 전달할 텐데, 그것은 곧 그가 수많은 연애의 라이벌을 가지고 있고 기녀는 절대 그에게 속한 것이 아니라는 사실이다. 이렇게 해서 정인에게 불러일으킨 위기감이 최종 목적이 아닌 것은 물론이다. 최종 목적은 정인이 더 많은 돈을 지불해 기녀를 기쁘게 하는 것이다. 기녀는 진짜같이 울고, 아픈 척하며, 맹세하는 것처럼 보이는 방법을 습득하고, 친밀해지는 것을 거절할 각종 구실—예를 들어 오늘이 어떤 장엄한 종교의 기념일이라 신체적 접촉을 금하고 있다는 규정—을 찾아내, 그가 허리춤에서 돈을 꺼낼 때까지 이 모든 것이 과하지 않은 상태에서 정인의 심리적 변화를 정확히 파악하는 것 등을 아주 적절하게 해내야 한다. 또 기녀의 하인들에게도 어떤 사람이 주머니 사정이 곤란하고, 어떤 사람이 비록 외모는 보잘것없어도 돈이 많은지 분별할 수 있도록 가르쳐야 한다. 만약 부주의하게 가난한 사람을 방으로 들이면 공연히 시간을 낭비하게 될 뿐이다. 절대로 병사와 뱃사람은 거절하지 말아야 한다. 전쟁과 장기간의 동분서주로 인한 피로가 그들의 준수한 외모를 좀먹었더라도 그들에게 거액의 부를 가져다주었을 것이다. 노예의 경우 그들에게 돈이 있기만 하다면 그들이 일찍이 사람들이 눈을 크게 뜨고 지켜보는 가운데 경매되었던 사실은 잊어버리고 친절하고 예의 있게 그들을 접대해야 한다.[29] 비록 안내서 가운데 어떠한 '지식'은 지나치게 이익만을 따지고 있지만, 이것이 기녀가 반드시 갖춰야 할 생존 기술임을 인정하지 않을 수 없다.

고대에는 동서양을 막론하고 여성은 모두 2등 시민으로서 교육을 받을 기회가 드물었다. 고대 중국에서는 전문적으로 여성을 위해 쓴 책에서조차 여러 여성에게 독서는 여성이 할 일이 아니라고 훈계하는 일을 잊지 않았다. 사서四書가 남자아이에게 가르치는 수신제가치국평천하修身齊家治國平天下는 남자아이가 재능으로 세계를 개척해야 한다는 뜻이다. 반면 여사서女四書[30]가 여자에게 눈썹을 낮추고 눈빛을 순하게 하며 자신을 낮추라고 가르치는 것은 여자는 재능이 없는 것이 미덕이라는 말이다.

세계 역사상 그 남존여비의 기나긴 시간 속에서 보통 여성들 가운데 아마도 이처럼 체계적으로 화려한 기예를 배울 수 있었던 것은 기녀뿐이었을 것이다. 배움의 과정은 매우 고통스러웠고, 아무도 자유로운 선택을 하지 못하고 강제로 훈련을 받았다. 배움의 목적도 오직 남성에게 잘 보이고자 하는 것이었다. 그렇지만 나는 그들에게도 틀림없이 즐거웠던 때가 있었을 거라고 속으로 추측해본다. 꽃과 새를 수놓고 국이나 끓일 줄 알았던 평범한 여성과 비교해보면 그들의 인생에는 시, 음악, 그림, 연극이 있었으니, 이는 그들의 정처 없는 인생에 대한 얼마간의 보상인 셈이다.

평범한 여성은 도덕적인 측면에서 높은 위치를 차지하고, 가기는 예술적인 측면에서 높은 위치를 차지한다. 그러나 평범한 여성이라고 조금도 예술을 즐기지 않은 것은 아니다. 그랬다면 명나라 때 그 많은 부유층 처녀가 명기와 사귀며 시, 그림, 향주머니를 주고 마치 귀빈 대하듯 하지는 않았을 것이다. 명나라 때의 관리 범윤림范允臨의 아내인 서원徐媛은 『낙위음絡緯吟』이라는 시집을 출간했는데, 시집 이름이 듣기에는 현숙하고 도덕적인 것 같지만 그 가운데 대부분의 시는 사실 가기들에게 준 것이다. 예컨대 "명성도 자자한 옛 명기名妓, 종이에 연꽃을 그리니 향기가 기이하네"[31]와 같은 부류를 보면, 남편보다 명기를 더 좋아했던 듯하다.

고대의 우수한 기녀가 보유한 각종 예술적 재능과 기술은 같은 여성조차 마음을 빼앗길 정도였으니, 남성들이 기녀를 오매불망 그리워하고 돈을 물 쓰듯 하게 만드는 것은 그리 어려운 일도 아니었을 것이다.

당대 교방에서 미색과 예술적 재능이 가장 뛰어난 기녀는 평상시 얻는 머리 장식과 재물만 해도 이미 어마어마했지만 임금은 그들에게 또 부동산을 하사했다. 그것이 빽빽하게 들어선 먼지투성이의 다세대 주택 한 칸이었을 리는 만무하고, 모두 독채로 된 별장으로 총애를 받던 신하들이 누리던 대우와 다를 바가 없었다.

주광록周光祿●은 가기를 기르면서 언제나 가기에게 가장 좋은 물품을 제공했다. 울금유鬱金油로 머리를 빗고, 용소분龍消粉을 얼굴에 바르고, 침향수沉香水를 옷에 뿌리게 했다. 울금유나 침향수는 모두 당시의 사치품이었지만 주광록은 조금도 아까워하지 않았고, 또 매월 말일에 정밀하게 세공한 금 봉황을 모든 이에게 상으로 주었다. 오늘날로 치면 주광록은 가기들에게 에르메스의 가죽 제품, 티파니의 머리 장식과 라메르 화장품을 쓰게 하고, 월말에 또 카르티에 손목시계를 준 것과 같다.

목주자사睦州刺史 유제물柳齊物은 명기 교진嬌陳을 사모했는데 교진은 허락하지 않고 꽃을 집고 한 번 웃으며 이렇게 말했다. "듣자 하니 자사님 댁에 비단 장막이 30겹 있다던데 제게 그것을 모두 주신다면 자사님과 잘 지내볼게요." 교진의 원래 의도는 유제물을 곤란하게 만드는 것이었다. 그런데 뜻밖에 이튿날 유제물이 아주 신바람이 나서 마차를 몰고 와 그녀에게 집에 있던 비단 장막 30겹 전부를 가져다주었다. 비단 30겹의 길이는 족히 몇십 리에 달했는데, 당나라 때에는 비단이 화폐로도 쓰였으니 유제물은 사실 돈을 몇 수레 교진에게 바친 셈이었다.

돈을 물 쓰듯 쓰는 것 외에도 남성들이 기녀를 향해 열렬한 사랑을 표현하던 방식은 꽤 많았다. 예를 들어 금성金城●●에는 아름다운 기녀들이 매우 많았는데 하란검賀蘭劍은 금성에서 연회에 참석할 때마다 가기들이 술자리에서 떨어뜨린 화전花鈿과 차환釵環을 수집했다. 마치 팬이 스타의 자필 사인을 수집하듯 하란검 또한 조심스레 가기

● 광록은 중국 한나라 초기 이래의 벼슬 이름이다.
●● 당나라 때 난주蘭州의 별칭.

「여계도女戒圖」(일부), 마원馬遠, 송나라

옛날 보통 여성들은 『여효경女孝經』『여칙女則』 등 여성 윤리서로 다소곳함과 정절을 교육받았다. 하지만 기녀들은 이러한 구속을 받지 않고 제멋대로 행동한 까닭에 보통 여성들보다 훨씬 더 매력이 넘쳤다.

들의 자잘한 장신구들을 수집한 것이다.

영왕寧王●은 매번 손님을 초대하여 잔치를 베풀 때 언제나 자신이 가장 사랑하는 가기 총저寵姐를 숨기고 사람들에게 선보이지 않았다. 그가 미녀를 감추면 감출수록 사람들은 점점 더 동경했지만, 어떤 이의 동경도 영왕의 사랑에는 필적할 수 없었기에 아무도 그녀를 보지 못했다. 한번은 이백이 술기운을 빌려 총저를 보기를 청했다. 영왕은 대시인의 체면을 봐서 양보는 했지만, 사람을 시켜 일곱 가지 보석으로 꽃을 조각한 병풍을 세워두고 총저에게 그 병풍 뒤에서 노래 한 곡을 부르게 할 뿐이었다.

● 본명은 이헌李憲이며, 당나라 예종의 큰아들이자 현종의 형이다. 태자의 지위를 훗날 현종이 된 동생 이융기李隆基에게 물려주었다.

흡주歙州에는 미모와 예술이 모두 뛰어난 관기 미천媚川이 있었는데, 상서尙書 이요李瑤가 그녀와 사랑에 빠졌다. 그러나 오래지 않아 이요가 인사이동으로 흡주를 떠나야 했다. 그래서 이요는 후임자인 오국吳國과 잡다한 인수인계 작업을 진행했다. 업무용 문서, 정부 물자, 하급관리 상황, 흡주의 민생 계획들을 인수인계하는 것은 물론이고, 바쁘고 혼란스러운 가운데 이요는 놀랍게도 정식으로 미천을 오국에게 인계하며 마지막 이별에 앞서 시를 써주었다. "몇 년 동안 고을을 다스리며 즐거움이 적어서, 간과무干戈舞를 익히려고 술친구들에게 물었지. 오늘 떠나기에 앞서 다 인계하나니, 미천이라는 구슬을 잘 받아두시게."[32] 글자마다 심혈을 기울였다.

　　또 예를 들면 고장태수姑臧太守 장헌張憲은 가기에게 마치 구름이 떠다니는 것 같은 치마를 마련해주고 그들에게 선녀 분장을 하게 하여 집 안의 풍류 넘치는 일들을 모두 맡겼다. 장헌은 또 특별히 지혜를 짜내어 가기들 각자에게 선녀들이 자주 쓰는 이름을 지어주었다. 글을 올리는 이는 전방기傳芳妓, 술을 따르는 이는 용진녀龍津女, 음식을 나르는 이는 선반사仙盤使, 서신을 대신하는 이는 묵아墨娥, 향을 사르는 이는 사희麝姬, 시 원고를 담당하는 이는 쌍청자雙淸子라고 불렀다. 가기들에게는 또 통칭이 둘 있었는데 하나는 '봉과군녀鳳窠群女'●이고 다른 하나는 '단운대예운선團雲隊曳雲仙'●●이었다. 당시에는 기녀를 부를 때 주로 홍아紅兒나 아낭牙娘이라고 했는데, 상당히 경박하고 다 쓰

●　봉과鳳窠 문양이 있는 옷을 입은 여러 선녀라는 뜻이다. 봉과는 옷에 봉황 모양으로 수를 놓은 것을 가리킨다.
●●　저자는 단운대예운선을 하나의 이름으로 보았으나, 사실은 단운대團雲隊와 예운선曳雲仙이 별개의 이름이다. 단운대는 구름을 모으는 무리라는 뜻이고, 예운선은 구름을 끄는 선녀라는 뜻이다.

면 버린다는 암시가 담겨 있었다. 그래서 곰곰이 생각해보면 이런 것들은 모두 어떤 사람의 이름이 아니라 그보다는 값이 나가지 않는 작은 노리개의 이름 같다. 그러나 장헌의 가기들은 이름이 이와 달라서 하나하나가 뚜렷하면서 교태를 부리는 모습이 전혀 없다. 마치 천리 밖에서 사람을 거절할 힘이 있는 듯 쉽게 손에 넣을 수 있을 것 같지 않다. 장헌이 가기들을 중시한 것은 말할 필요도 없다.

당당하게 기녀의 손을 잡고 풍진에서 나오다[33]

기녀에게 미련을 가진 사람을 모두 내장에 기름이 가득한 벼락부자나 일자무식의 부잣집 자제라고 생각할 일은 아니다. 사실 당나라 때 가장 가기를 사랑한 이들은 지식인이었다. 벼락부자나 부잣집 자제들은 평소에 그저 주판알을 튕기며 돈을 세는 것을 좋아하거나 마음이 텅 비고 영혼도 하얘서, 따지고 들 인생의 이상도 없고 가르침을 청할 궁극의 문제도 없었으며 지기知己도 필요로 하지 않았다. 그러나 지식인들의 심장은 태엽을 감은 것처럼 아주 많은 꿈과 사고가 꿈틀댔기 때문에 마음이 맞는 여자 친구가 가장 필요했고 또 가기를 감상하는 즐거움도 잘 알고 있었다.

가기는 말을 잘하고, 노래할 줄 알고, 교양 있고, 품위 있고, 안목이 있었다. 그래서 시문의 전고를 읽고 이해할 수 있으며 절묘한 부분을 찾아낼 줄도 알았다. 학업에서도 아마 더 정진했을지도 모른다. 관리로서의 포부에 대해서도 훌륭한 건의를 할 수 있었고, 낮은 관직에 이르러도 충분히 이해해줄 줄 알았으니, 기녀에게 지기의 자격이 있었다. 기녀는 지식인과 마찬가지로 문을 닫으면 책을 읽고 문을 나서면 손님을 만났고, 담소를 나누는 이 가운데 대단한 유생도 있고 평범한 백성도 있었기에 그녀의 세계가 지식인보다 작지 않았다. 기녀들에게는 "여성으로서의 매력도 있고 문인으로서의 우아함도 있어서 남녀의 차별을 기초로 한 사회에서 이렇게 남자이자 여자일 수 있는 유연성을 누리는 사람은 매우 적었다."[34]

온종일 집 안에 머물며 "내실에서 바늘과 실을 정리하고, 다듬잇돌에 무늬 있는 비단을 두드린다"[35]던 소박한 아내와 비교하면, "춤추는 소매는 자주 눈을 날리고, 노랫소리는 몇 번이나 먼지를 움직였던가?"[36]라 했던 영민한 가기가 분명 흡인력이 더 많았다. 그래서 당나라 문인들이 기녀와 어울려 노니는 데 열중한 것도 이상한 일은 아니다. 가기는 참으로 그 당시 그들에게 정신적인 배필이 되어줄 수 있는 유일무이한 여성이었던 것이다.

사실 기녀와 어울리는 데 열중했다고 말하면 부정확하고, 당나라 문인들이 기녀와 어울리는 것을 영광으로 알았다고 해야 옳다. 그들에게는 가기와 마음껏 잔치를 벌이며 즐기는 것이 가슴을 탁 틔우고 인생에 풍류를 더하는 양질의 생활이었기 때문이다. 당시에 아직 관한경關漢卿●이 없었다는 점이 아쉽다. 그렇지 않았다면 당나라 문인은 모두 관한경의 자기 자랑과 인생 선언을 차용하려 했을 것이다. 관한경은 교만하게도 스스로를 "온 천하 낭군들의 영수이며, 전 세계 탕아의 우두머리"라고 했다. 인생 선언이란 것은 화려하면서 감동을 자아내는 「남려일지화南呂—枝花」 '불복로不伏老'를 말한다. "내가 감

● 1241?~1320?. 원나라의 극작가로 평생 기녀와 배우들을 가까이하며 60여 종의 잡극雜劇을 창작했다.

상하는 것은 양원梁園의 달빛이고, 마시는 것은 개봉開封의 좋은 술이며, 관상하는 것은 낙양의 목란이고, 부여잡는 것은 장대章臺의 버들이다. 나는 바둑, 축국, 사냥, 익살, 가무, 악기, 노래, 시 낭송, 쌍륙雙陸을 할 줄 안다. 네가 내 이빨을 빠지게 하고, 내 입을 삐뚤어지게 하고, 내 다리를 절게 하고, 내 손을 부러뜨리고, 하늘이 내게 이 몇 가지 나쁜 성격을 주었지만 아직도 여전히 쉴 생각이 없다. 염라대왕이 나를 직접 부르거나, 귀신이 직접 와서 잡아가거나, 세 가지 영혼이 저승으로 돌아가거나, 일곱 가지 혼백이 황천으로 사라지지 않는다면. 하늘이시여, 그때가 되어야 연화로烟花路●에 가지 않으리다." 쯧쯧, 요즘 말로 바꾸면 이렇다. "기녀라면 죽어도 사랑하리."

기녀와 어울리며 노는 것을 영광으로 알았기에 유우석은 대중 앞에서 주인에게 가기를 데려오라는 시를 지으면서도 부끄럽게 여기지 않았다. "높게 틀어올린 구름 같은 머리채는 궁중에서 유행하는 단장, 봄바람에 「두위낭」 한 곡을 부르네. 사공께서는 늘 보아 대수롭지 않겠지만, 소주자사의 애를 끊어놓는구나."[37] 단도직입적이면서 유창하다. '사공 어르신! 당신께선 이런 여인을 봐도 아무렇지 않으시겠지만 아시다시피 가기의 용모와 음악은 거의 제 애를 끊어놓습니다.' 그래서 두목은 과감하게 이사도李司徒의 연회에 제 발로 참가하여—이사도의 집은 가기로 유명했다—연회 자리에서 '누가 명성이 자자한 자운紫雲이냐'고 큰 소리로 물었다. 사람들이 곱지 않은 시선을 보냈지만 그는 히죽거리며 이렇게 말했다. "갑자기 미친 소리를 해 좌중을 놀라게 하니, 두 줄 붉은 소매의 미녀들 한꺼번에 돌아보

● 기루를 가리킨다.

「동산휴기도東山携妓圖」, 곽후, 명나라

이 그림은 동진의 명사인 사안謝安의 일화를 바탕으로 그려졌다. 사안은 벼슬에 오르기도 전에 이미 이름이 났으나 여러 차례 조정의 부름을 거절하고 회계의 동산東山에 은거하며 매번 놀러갈 때면 반드시 기녀와 동행했다. 당나라 사람들은 명사로서 사안의 풍류를 매우 부러워했고 많은 이가 시를 지어 숭배를 표현했다. 예를 들어 배거이의 시는 이러하다. "오직 풍류를 지닌 사람은 사안뿐, 옷을 턴 뒤 기녀를 데리고 동산으로 들어갔지."[38]

는구나."³⁹ 그래서 당나라 사람들은 탄복과 칭찬의 어투로 이러한 일들을 기록하면서 이러한 부류의 사건을 명사들이 협객으로서의 호매한 태도를 드러낸 것으로 간주했다. 영웅 지수指數가 "열 걸음에 하나씩 해치우고, 천 리를 나아가며 멈추지 않았다"⁴⁰는 정도에 뒤지지 않는다는 것이다.

가기와 문인이 교유하며 한데 모이면, 문인의 호평과 증여시를 받는 가기가 곧장 몸값이 배로 뛰고, 반대의 경우 낭떠러지로 떨어졌다. 최애崔涯는 성격이 자유분방하여 평생 홍등가를 떠나길 싫어해서 '기루의 달인'이라고 할 만했다. 그는 늘 각각의 기루를 평가했고 사람들도 상당수 그의 평가를 받아들였다. 그래서 그의 칭찬을 받은 기루는 매우 빠르게 손님들이 몰려들었고, 그가 평가절하한 기루는 바로 고객의 발길이 뚝 끊겼다. 한번은 그가 양주의 명기 이단단李端端을 이렇게 조롱했다. "저녁에 말을 하지 않으면 움직이는 줄 모르고, 코는 들창코에 귀는 넓적한 솥 같구나. 다만 상아 빗을 머리에 꽂으니, 곤륜산에 달이 갓 밝아오는구나."⁴¹ 대략 이런 뜻이다. 이단단이라는 여인은 들창코에 솥 같은 귀는 그렇다 치고 피부도 아주 시커멓다. 시커먼 것이 어느 정도인가 하면 저녁에 그녀가 만일 입을 열지 않으면 그곳에 누가 서 있는지조차 모른다고 했다. 하얀 상아 빗을 머리에 꽂아 마치 밝은 달이 어두컴컴한 곤륜산에서 떠오르는 것 같다고도 했다.

최애의 시가 막 세상에 나오자 이단단의 뜰은 바로 '시장'에서 '참새 그물을 칠 만한'● 곳으로 변해버렸다. 이단단은 상황이 절망적이

● '문전나작門前羅雀'에서 나온 말. 아무도 찾는 사람이 없어 문 앞에 참새를 잡는 그물을 칠 수 있을 정도로 쓸쓸하다는 뜻이다.

되자 어쩔 수 없이 몸을 낮추고 최애에게 평가를 물러달라고 간청했다. 최애가 이단단을 봐주었는지 아니면 남모르게 대가를 얻어야지, 다시 다음과 같은 시를 썼다. "황류마●를 찾아 비단 안장을 얹듯, 선화방●●에서 이단단을 얻어야지. 양주는 요즘 모두 수준이 낮아지고, 한 떨기만이 백모란●●●으로 행세한다더라."[42] 이단단은 그제야 직업 생활의 쇠퇴를 만회하고 미인으로 다시 활발하게 활동했다.

그렇다고 가기만 문인에게 생활을 의존한 것이 아니라, 가기들도 문인에게 미미하게나마 힘을 보탤 수 있었다. 가기는 교제 범위가 넓어서 그들이 문학적 재능을 호평한 문인을 곧 여러 사람에게 추천했다. 이는 인터넷이 없던 옛날 사람들에게 더할 나위 없이 효과가 좋은 홍보였다. 백거이는 일찍이 득의양양해서 원진에게 좋은 소식을 하나 보낸 적이 있다. 듣자 하니 며칠 전에 어떤 군관이 가기를 부르려고 준비하던 중 가기가 값을 올려달라 요구하기에 값을 올려달라는 이유가 무엇인고 하니 가기가 백거이의 「장한가」를 외울 수 있다고 했다는 것이었다.

가기는 특별히 무언가를 할 필요 없이 일상적인 일을 하는 것으로도 가볍게 문인을 홍보할 수 있었다. 바로 앞에서의 가기가 값을 올리는 이유를 말하면서 형태를 바꾸어 군관에게 소식 한 가지를 전한 것처럼 말이다. 백거이의 「장한가」는 "흰 털이 푸른 물에 떠다니고"[43]나 "침상 앞 밝은 달빛"[44]의 부류와는 다른 매우 뛰어난 시라는 것이다. 백거이는 이 일을 큰 영광으로 여겼다. 백거이가 영광으로

● 털 색깔에 황색과 홍색이 섞인 준마.
●● 당나라 때 양주의 행정구역 가운데 하나.
●●● 이단단이 「백모란」이라는 곡을 잘 연주했다고 한다.

여겼다는 것은 다시금 당나라 가기들이 사람들이 생각하기에 상당
한 재능을 가지고 있었음을 증명해준다. 그렇지 않았다면 누가 가기
들의 칭찬을 대수롭게 여겼겠는가?

기루에서 야박하다는 이름을 얻다[45]

가기와 문인이 서로 영향을 주고받고 또 서로 칭찬했으니, 그러한 가
운데 감정이 생기는 것도 매우 자연스러운 일이었다. 다만 일시적으
로 좋아하는 마음이면 괜찮겠지만 가기가 만일 문인에게 책임을 지
고 자신을 정식 배우자로 받아달라고 요구한다면, 그것은 가기의 '욕
망이 깊은 골짜기와 같아 채우기 어려운 것'[46]이었다.

　당나라 명기 곽소옥霍小玉의 어머니 정정지鄭淨持는 원래 현종 때 곽
왕霍王● 저택의 가기였다. 정정지가 임신을 했을 때 곽왕은 안사의 난
으로 죽고 곽왕 저택 사람들도 뿔뿔이 흩어졌다. 아무도 돌봐줄 사
람이 없게 되자 그녀는 어린 딸 곽소옥을 데리고 사방을 떠돌았다.
하지만 고생스러워도 딸에게 예술을 가르치는 것에는 조금도 소홀하
지 않아 곽소옥은 어머니에 의해 슬기롭고 똑똑하게 자랐다.

　생계를 유지하기 위해 곽소옥은 열여섯 살 때부터 가기가 되었지
만, 예술은 팔되 몸은 팔지 않으며 정성껏 평판을 유지했다. 하루는
곽소옥이 우연히 이익의 시를 읽고 마음으로 흠모하다 우여곡절 끝
에 이익과 친분을 맺게 되었다. 이익도 곽소옥의 미모와 뛰어난 재능

● ?~688. 본명은 이원궤李元軌이며, 당 고조 이연李淵의 열넷째 아들이다.

에 놀라며 한눈에 마음이 쏠렸다. 당시 이익은 이미 장원급제를 하고 조정에서 관직을 내리기를 기다리던 중이어서 한가롭기 그지없었다. 그래서 매일 곽소옥과 행동을 함께해 그 모습이 마치 부부와도 같았다.

그러나 즐거운 시간은 팽이처럼 빨리 흘렀다. 얼마 후 이익은 조정으로부터 관직을 받아 외지로 부임하게 되었다. 떠날 때 그는 반드시 돌아와서 곽소옥을 아내로 맞겠노라 재삼 맹세하며 "몸이 부서지더라도 그대를 버리지 않겠소"라고 했다. 지켜보던 이들이 눈물을 흘릴 정도였다. 이어지는 이야기는 상투적이다. 이익의 부모는 아들이 기생을 아내로 맞이하는 것을 가문의 수치라고 여기고 단호히 반대했다. 이익은 조금 숙고해보더니 좋은 낭군에서 효성스러운 아들로 배역을 바꿨고 부모의 바람에 따라 고관대작의 딸과 결혼했다.

한편 곽소옥은 이익으로부터 기별이 없자 갈수록 의기소침해지며 병이 깊어졌다. 인생에 남은 유일한 소원은 이익을 만나는 것이었다. 결국 어떤 사람이 꾀를 내어 이익이 곽소옥을 보러 오도록 만들었다. 곽소옥은 웃음도 말도 없이 한동안 이익을 바라보다가 갑자기 술잔을 들고 느릿느릿 땅에 부으며 이익을 몇 마디로 통렬하게 꾸짖고는 그대로 죽어버렸다. 술이 차가운 마룻바닥에 흥건했고 그것을 본 사람들은 놀랐다. 인연은 끊어졌고 엎질러진 물은 다시 담을 수 없었다.

곽소옥은 아버지가 곽왕이었으니 절반은 고귀한 혈통을 이어받은 셈이었다. 또한 예술은 팔아도 몸은 판 적이 없어 명성도 깨끗했다. 그렇기는 했지만 문인 가정에서는 여전히 그녀를 받아들이려 하지 않았으니, 기루의 다른 여인들은 말할 것도 없다. 당나라 가기는 재주와 용모를 다 갖추었지만 '(나무에 부는) 바람 소리 같은 천한 사람'[47]일 뿐이었기에 상류사회 사람과 혼인을 하려는 것은 순전히 헛된 바람이었다.

문인은 사회 계층의 하나일 뿐이지만 가기에 대한 그들의 평가는 사회 전체 중 주류의 평가를 대표한다. 앞에서의 일화들, 예컨대 가기에게 사치품을 제공했다거나 가기의 비녀나 화전花鈿을 수집했다

「연당납량도蓮塘納涼圖」, 김정표金廷標, 청나라

이 그림은 당나라 두보의 「여러 귀공자를 모시고 장팔구에서 기녀들과 더불어 더위를 식히다가 저녁이 되어 비를 만나다」의 두 수 가운데 한 수의 내용을 그린 것이다. "대나무는 손을 머물게 하는 곳에 깊고, 연꽃은 더위를 식히는 때에 깨끗하다. 공자는 빙수를 조리하고, 미인은 연뿌리 실을 씻는다"[48]는 광경이 훌륭하다. 여기서 말한 '미인'이 바로 아름다운 기녀다.

거나 하는 것을 다시 보면, 당나라 사람들도 얼마간 가기를 사랑했던 것 같다. 그러나 이러한 '사랑' 방식은 애완동물에 대한 사랑과 닮았다. 앞에서 언급했던 가기 인수인계의 예를 보면, 인수인계 과정이 하도 정중해서 가기를 '사람'이 아니라 '물건'으로 취급하는 듯하다. 혹은 유제물과 같은 이처럼 어떤 상품을 대하듯, 돈을 써서 재주와 미모를 샀으니 가기가 손님에게 재주와 미모라는 상품을 제공하고, 거래가 끝나면 계산도 끝이라는 식이었다. 당나라 사람들이 이렇게 학식도 있고 똑똑하지만 어쩔 수 없이 기녀로 전락한 여인에게 설령 "눈처럼 하얀 얼굴과 옅은 눈썹이 천상의 선녀이니, 봉황 퉁소에 난새의 날개는 날아가려 하는구나"[49]와 같이 낯간지러운 말로 아첨을 했다고 해도 시종 무언가 빠진 게 있었다. 가만히 생각해보면 빠진 것은 진심에서 우러난 존중, 한 사람이 다른 한 사람을 대하는 그런 존중이었다. 이런 점에서 중국은 다른 문명국가보다 '낙후'되어 있었다.

고대 인도의 성애 경전 『카마수트라』에는 이렇게 명시되어 있다. "기녀라도 재능이 충분하다면 그녀 역시 남성이라야만 참가할 수 있는 모임에 나타날 수 있으며, 모임의 귀빈이 앉는 자리에 앉을 수도 있고, 국왕을 포함한 모든 이의 존중을 받을 수 있다." 여기에는 재능으로 영웅을 따지는 의미가 담겨 있다. 설령 여성이라도, 그것도 비천한 직업을 가진 여성이라도 재능만 있다면 제왕도 머리를 숙인다는 것이다. 또 예술 기녀들이 기부한 돈은 장엄한 사당이나 화려한 공원, 그리고 고대 인도에서 가장 중요했던 도시 설비인 빗물 저수지를 만드는 데 사용하도록 규정되어 있었다. 그 돈으로 수천 마리의 암소를 사들여 존귀한 바라문Brahman에 바치거나, 혹은 신을 경배하는 축제활동과 신에 대한 예배 의식에 썼다. 이러한 재물이 불결하다고 생각하는 사람은 없었으며, 오히려 그것을 영광스럽고 신성한 곳에 사용하는 데 찬성했다.

고대 그리스의 그 재능 넘치던 고급 기녀들이 받았던 대우는 그야말로 사람을 감탄하게 만든다. 남성은 고급 기녀를 만나기 전에 늘 엄청난 준비를 해야 했다. 손톱을 다듬고, 파마를 하고, 고귀함을 상징하는 정식의 자주색 예복을 갖춰 입었다. 그들이 이렇게 말쑥하고 정갈하게 단장을 하는 이유는 내막을 잘 모르는 사람들로 하여금 자신이 신께 예배드리러 가는 것이지 즐기러 가는 것이 아니라고 여기게 하는 데 있었다. 그들이 기녀를 집안의 식사 자리에 초대할 때면, 직접 시장에 가서 음식 재료를 고르고 그 김에 이슬이 가득 맺힌 장미꽃 몇 다발을 사들고 왔다. 여러 정중한 행동은 성관계를 맺기 위한 것이 아니라 오히려 진심에서 우러나오는 구애와 같았다.

고대 그리스의 폴리비오스Polybios● 시대 알렉산드리아Alexandria의 여러 중요한 건축물의 이름은 대부분 아름다운 고급 기녀의 이름에서 따왔다. 사당 안에는 장군과 정치가들의 흉상이 가득 늘어서 있고, 흉상 옆으로는 그들이 좋아하던 기녀들의 흉상이 놓여 있었다. 기녀가 명사나 요인들과 같이 그리스인들의 가장 높은 존경을 받았던 것이다. 아테네로 통하는 길 위에는 아테네에서 가장 장엄한 기념비가 우뚝 솟아 있다. 이는 영웅의 기념비가 아니니 오해하지 마시라. 그리스를 위해 전쟁을 한 영웅들은 일찌감치 재가 되어 사라졌고, 이 기념비는 명기인 파이티오나크의 기념비다. 그녀의 아름다움

● 기원전 205~기원전 125. 고대 그리스의 역사가. 지중해 세계의 변천과 로마 발전의 원인을 논술한 『역사』 40권을 썼는데 그 가운데 최초의 다섯 권이 남아 있다.

은 기념비에서 영원하다.

크세노폰과 소크라테스와 같은 지식인들은 일찍이 당시의 유명한 기녀를 특별히 찾아갔다. 소크라테스는 그녀를 자신과 대등한 맞수로 여겨 그녀와 '어떻게 하면 진정한 친구를 얻을 수 있는가?'를 주제로 친근하고 우호적인 토론을 벌였다. 고대 그리스의 계관 시인● 핀다로스는 신에 제사 지내는 송가를 짓고 전적으로 고급 기녀에게 이에 맞춰 춤을 추게 했다. 신에게 바치는 송가라면 모든 가사가 신을 찬송하는 내용이었을까? 아니다. 첫머리부터 찬송한 것은 기녀였다. "아, 부유한 코린트 사람들이 사랑하는 여인, '페소'의 충실한 시녀, 당신들이 흘린 맑은 눈물의 향기가 사방에 진동하고, 당신들의 영혼은 아프로디테 여신을 동경하고 있으며, 그녀는 천상에서 하사한 당신들 사랑의 힘. 아, 아가씨들아, 당신들이 영원히 즐거움을 누리기를 축원하노라!"[50]

그리스의 고급 기녀들은 이런 대우에도 만족하지 못하고 더욱 커다란 영광을 얻기를 원했으며 사람들이 더욱 깊이 그리워해주기를 바랐다. 그녀들은 예술적 재능과 미모를 이용해 남들이 놀랄 만한 양의 재물을 모았다. 그러고는 자신의 고향에 진귀하고 값비싼 예술품을 기증하거나 각종 공공시설을 건립하는 데 돈을 댔으며 그중에는 독창성이 뛰어난 시설도 있었다. 예를 들어 아테네의 기녀 라미야는 규모가 엄청 큰 화랑을 세웠는데, 이는 예술적 거사에 뒤지지 않았다. 로드니는 그리스에 전대미문의 기념물을 남기고 싶어했다. 그래서 그녀는 대형 바비큐용 쇠 포크를 여러 개 만드는 데 돈을 들였는

● 고대 그리스에서 월계관은 걸출한 시인이나 경기 우승자에게 수여했으며, 계관을 받은 시인을 계관 시인poet laureate으로 불렀다.

데, 쇠 포크의 크기가 소 한 마리를 통째로 구울 수 있을 정도였다.

이런 것은 아주 소소하다. 명기 타이스는 자신의 뛰어난 말재간으로 알렉산더 대왕을 꼬드겨 페르시아 왕궁을 불태웠는데, 그 목적은 그리스인들이 받은 수모에 복수하는 것이었다. 또 다른 명기 불리나는 오히려 정반대로 테베Thebae의 성벽을 재건하는 데 거금을 기부했다. 유일한 요구 사항은 성벽에 이렇게 한 줄 새기는 것이었다. "알렉산더가 부순 것을 기녀 불리나가 세우다." 한 명은 부수고 한 명은 세우고, 명기에게는 역사를 뒤집을 수 있는 능력이 있었다. 결국 기녀들은 성공을 거두었다. 대다수의 사람이 그들을 열렬히 칭송했고, 그리스도 그들을 영원히 잊지 않았다.

그리스인들은 지혜와 아름다움을 숭배하면서 담고 있는 그릇이 누구인지 따지지 않았다. 설령 지혜와 아름다움을 지니고 있는 자가 비천한 기녀일지라도 그들은 또한 기꺼이 숭배했다. 고대 그리스의 고급 기녀에 관한 모든 이야기 가운데 나를 가장 감동시킨 것은 다음과 같다.

철학자 아리스티포스는 명기 라이스를 매우 사랑했는데, 그의 집사는 언제나 그가 라이스에게 지나치게 많은 돈을 쏟아붓는 것을 불만스러워했다. 더욱 집사의 불만을 산 것은 냉소주의자 디오게네스는 한 푼도 쓰지 않는데도 라이스가 여전히 그를 따뜻하게 대한다는 사실이었다. 아리스티포스는 이에 대해 전혀 개의치 않고 이렇게 말했다. "나는 다른 사람이 그녀를 어떻게 대하든지 상관없이 그녀를 위해 돈을 지불할걸세." 디오게네스는 라이스에게 인색하게 굴었을 뿐만 아니라 아리스티포스를 비꼬기까지 했다. "그대는 어떻게 이처럼 기녀를 가까이할 수 있는가?" 이어서 아리스티포스가 기녀에 대한 가장 고전적인 관점을 제시했다. "만일 어떤 사람이 낡은 집을 샀다면 당신은 이상하다고 생각하겠는가?" 디오게네스는 아니라고 고개를 저었다. 아리스티포스는 계속해서 이렇게 물었다. "만일 어떤 사람이 다른 사람이 여러 차례 탄 적이 있는 배에 오른다고 해서 그대는 말도 안 된다고 할 것인가?" 디오게네스는 조금 생각하다가 마찬가지로 고개를 저으며 아니라고 했다. 아리스티포스는 어깨를 으쓱하며 이렇게 말했다. "그렇다면 그대는 한 남자가 많은 사람과 잠자리를 한 적이 있는 기녀와 친하게 지낸다고 반대해서는 안 되네."

당나라 사람들이 기녀를 가까이한 것은 폭주에 이르러 그 열렬한 정도가 고대 그리스인에 뒤지지 않았다. 당대 가기의 기지와 기예 또한 고대 그리스의 고급 기녀 못지않았다. 그러나 당나라 사람들은 그렇게 너그럽고 선량하게 가기를 이해해준 적이 없었다. "호화로이 사는 사람들과 주색에 빠진 무리는 다만 웃음을 사고 즐거움을 추구하는 즐거움만 알 뿐이니 어찌 여자를 아껴주는 진심이 있겠는가?"[51] 그들은 가기의 각종 예술적 재능을 누리면서도 그리스인처럼 솔직하지 못했고 재능 있는 사람에 대해 귀천을 따지지 않고 존중하는 마음을 갖지 못했다. 언제나 신분을 과시하려는 생각을 가지고 있었기에 행동이 모순적이고 뒤틀렸으며 심지어는 인지상정과도 거리가 있었다.

만당의 문인 손계孫棨는 1년 내내 평강리에 출입하며 수많은 가기와 깊이 사귀었다. 그 결과 그는 자신이 보고 들은 것을 토대로 『북리지北里志』를 써서 평강리 가기들의 신세, 생활 그리고 시와 글을 자세히 기술했다. 이것은 상세하고 믿을 만한 '당나라 홍등가 체험 조사 보고서'였다. 시간과 정력을 쏟아 역사책의 필치로 특별히 기녀들의 전기를 쓰고자 했고, 글 곳곳에 찬사를 담았으니 이는 절대 기루의 여인을 무시하던 지식인이 할 일이 아니었다. 손계는 그만큼 평강리의 여성에게 관심이 지대했다. 그런데 이런 사람이 책에서는 별안간 그가 사랑했던 한 기녀에 대한 무시와 배신을 기술했다.

명기 왕복낭王福娘은 용모가 특히 빼어나 손계는 그녀를 이렇게 칭송했다. "비취색 선녀 옷에 붉은 옥 같은 피부, 가벼운 몸놀림에 나이는 갓 열여섯."[52] 그러고는 점차 그녀와 열애에 빠져들었다. 복낭은 줄곧 기루를 벗어나기를 원했고, 보통 여자로 소박하게 살며 여인의 미덕을 따르는 평범한 생활을 동경했다. 그런데 열애에 빠진 사람이 또 심하게 순진했기에 그녀는 손계에게 자신을 기적妓籍에서 빼내달라고 정식으로 요청했다. 복낭의 동경은 극히 깊고 오래되어 거의 울면서 손계에게 애원하는 지경이었다. "저는 관기가 아니라서 관적官籍에 오르지 않았으니 기적에서 빼내는 데 관청의 복잡한 과정을 거치지 않아도 됩니다. 공자께서 기생 어미에게 돈을 약간만 내주시면 저를 기적에서 빼내 집으로 데려가실 수 있어요. 공자께 폐를 끼치지도, 부담을 드리지도 않을 거예요." 그녀는 중얼중얼 반복해서 이야기했다.

안타깝고 가련하게도 복낭은 분명 손계와 열애 상태에 있었고, 분명 가장 총애를 받던 때였지만, 가장 총애를 받던 때일망정 손계는 작은 수고로도 그녀를 곤란한 상황에서 구해줄 생각이 없었다. 상황이 더없이 명백해지자 그녀의 말투는 조심스러워졌다. 그리고 이 모든 것에 대해 손계는 이 한마디로 가볍게 응수했다. "진흙 속의 연꽃이 더럽혀지지 않았더라도, 집의 동산으로 옮겨오면 없지 않으리." '설령 네가 진흙에서 나와 더럽혀지지 않았다지만 어쨌든 진흙 속에 오래 있었는데, 내가 너 같은 애를 아내로 맞으란 것은 아니겠지'라는 뜻이다. 손계가 이 대목을 기술할 때의 말투는 자못 득의양양했다. 생각건대 첫째는 자신의 시적 재능 때문이고 둘째는 자신의 높은 절개 때문인 듯하다. 끓어오르는 정욕도 원칙주의를 무너뜨리지 못했으니, 바로 성현의 행동이었던 것이다. 그렇지만 나는 저 기녀를 변호했던 아리스티포스에 손계를 견주어보면 경지의 높고 낮음이 바로 드러난다고 생각한다.

왕복낭의 처지는 슬프지만 당나라 가기가 하나같이 남자의 구원과 총애를 기다리기만 한 것은 결코 아니다. 그들은 비천한 직업생활 가운데서도 사뭇 가능한 한 자신의 즐거움을 추구했다.

당나라 때 컸던 기생 놀음 집단으로 문인과 귀족만 한 사람들이 없었다. 그들은 대부분 글재주가 비범하고 풍채가 단정했다. 얼마나 많은 돈을 지불할 것인가는 차치하고, 그들은 성격과 태도만으로도 가기들을 즐겁게 했다. 그래서 가기들이 흔쾌히 젊은 재주꾼과 약속했던 것은 자신의 기쁨 때문이었다. 그리고 가기가 비록 말로 표현하진 않았지만, 문인이나 귀족과의 교제과정에서 늘 자신과 상대방을 평등한 지위에 두었지 결코 스스로를 낮추려 하지 않았다.

이구년李龜年이 한번은 기왕岐王의 저택에 갔다가 선율 한 가락을 듣고 "이것은 진秦 땅의 음악이다"라고 했다. 얼마 지나서 다시 선율 한 가락을 듣고 잠시 생각에 잠겼다가 "이것은 초楚 땅의 음악이다"라고 했다. 기왕이 사람을 보내 물어보니 과연 앞의 가락을 연주한 기녀는 진 땅 농서隴西에서 왔고, 뒤의 가락을 연주한 기녀는 초 땅 양주揚州에서 왔다고 했다. 기왕이 칭찬할 새도 없이 기녀 두 사람이 먼저 이구년 앞에서 탄복하며 그에게 붉은 비단과 섬소蟾酥●를 아낌없이 바치며 경의를 표했다. 남성이 기녀에게 재물을 내리는 게 보통이지만, 기녀 또한 자신이 좋아하는 남자에게 재물을 주었으니 고고한 태도임에 틀림없다. 당신은 남자이고 나는 기녀라고 누가 따지던가? 당신의 재주가 나를 기쁘게 해주었으니 내가 당신을 칭찬하는 것이다.

낙양의 부잣집에서는 매년 3월 3일 계절이 바뀔 때 모든 집안에서 거금을 들여 전룡연錢龍宴을 열었다. 수천수만의 동전을 꿰어 용의 모습을 이루고, 발을 만들어 대청에 드리우는 것이었다. 연회석 주변으로는 몇 치에 달하는 두께로 진주를 깔고, 하얗게 반짝이는 진주의 빛 아래에서 기녀와 더불어 음주가무를 즐겼다. 일이 여기서 끝난 게 아니다. 전룡연이 끝나면 기녀가 스스로 돈을 내어 쌍주연雙珠宴을 벌이고 주인에게 감사를 표했다. 기녀가 주최한 연회는 초라하지 않았다. 쌍주연의 모든 손님은 모두 엿 한 토막씩을 받았는데, 엿을 석 자로 늘리면 여자든 남자든 금릉각金菱角●●을 상으로 주었다. 노란 적삼에 푸른 치마의 시녀에게도 상을 주고 자주색과 붉은색 인끈의 관리에게도 상을 주어 아무런 차별이 없었다. 주인이 연회에 기녀를 초대하면 기녀도 다시 답례로 주인을 초대해야 했으니, 이처럼 왕래하며 비굴하지도 거만하지도 않았다.

만약 스스로 타락할 생각이 없다면 하느님도 당신을 타락하게 만들 수 없다. 설령 신분이 낮다고 해도 절대 정신적 기개까지 버려서는 안 된다. 당나라 가기들이 힘든 생활 속에서 필사적으로 아주 조금이나마 존엄과 즐거움을 얻는 데 도움이 된 것은 꽃과 같은 미모와 뛰어난 재주 외에 그들의 강인한 자존심이었다. 왕복낭이 손계에

● 두꺼비의 두 눈썹 사이에서 짜낸 흰 독액을 밀가루에 반죽한 약.
●● 금으로 만든 마름 열매.

게 거절당한 뒤에 한바탕 울고 나서 다시 애걸하지 않고 그때부터 손계에게 싸늘해졌듯이 말이다. 손계는 그저 옛날 좋았던 때로 돌아가길 원했지만, 왕복낭은 그와 길게 말하기조차 싫어하며 사람을 시켜 손계에게 시를 한 수 보냈을 뿐이다. "오랫동안 은혜로운 정을 노래하며 몸을 맡기고자, 이미 제 심사를 두세 번 말씀드렸습니다. 진흙 속의 연꽃 가운데 옮겨 심을 것이 물에 빠졌으니, 오늘 헤어진다 해도 남을 원망하지 않으렵니다."[53] '나와 당신이 사랑을 나눈 지 오래되면서 이 몸을 당신에게 맡기고 싶어 그 생각을 당신에게 몇 번이나 말했지만 당신은 결국 나를 진흙 속의 연꽃이라고 했다. 좋다, 나를 진흙에서 구해 당신 집으로 '옮겨 심을' 마음이 없다니 내가 오늘부터 당신에게 냉담하더라도 나를 탓하지 말라.' 관리들은 돈을 하나도 내지 않고 감정상의 공짜 음식을 먹고 싶느냐는 뜻이다.

갑자기 곽소옥이 죽기 전 쏟아부은 그 술잔이 생각난다. 당신이 나를 배신하고 버렸기에 나는 관계를 끊는 것으로 복수했고 이제 죽어도 여한이 없다던.

청나라 말에 나온 한방경韓邦慶의 소설 『해상화열전海上花列傳』은 기루의 여인이 바다 위의 꽃이고 기루는 꽃의 바다라며 기루의 생활을 로맨틱하게 그려냈다. "'꽃의 바다'라는 말은 멋대로 지어낸 것이 아니다. 이 바다에는 본래 아무런 물이 없이 그저 무수한 꽃송이가 가지와 잎에 달려 바다 위를 떠다녔다. 고루 퍼지고 또 부드러워 마치 비단으로 만든 깔개와 같았는데, 결국 바닷물을 모두 뒤덮였던 것이다. 화야연농花也憐儂●은 꽃만 보고 물을 보지 못해 기뻐서 덩실덩실

● 화야연농은 『해상화열전』의 작자 한방경의 필명이다.─원주

「두추도杜秋圖」, 주랑周朗, 원나라

이 그림은 당나라 때 강남의 명기였던 두추낭杜秋娘을 그린 것이다. 그녀는 퉁소를 잘 불고 또 작곡과 작시에도 능했다. "금실로 지은 옷을 아까워하지 말고, 한창 좋은 젊은 시절을 아까워하세요. 꽃이 피어 꺾을 만할 때 바로 꺾을 일, 꽃이 진 뒤 가지만 꺾지 마세요."[54]라는 한 수는 수많은 청중을 감동시켰다.

「교원지삼호도喬元之三好圖」, 우지정禹之鼎, 청나라

서재, 술 항아리, 여자 악사는 책, 술, 여색의 '세 가지 좋은 것三好'을 나타낸다. 이는 청나라 사람 교원지喬元之의 '세 가지 좋은 것'일 뿐만 아니라 당나라 문인 관리들의 '세 가지 좋은 것'이기도 했다.

춤을 추었다. 이 바다가 얼마나 넓은지, 얼마나 깊은지 이해하지 못하고 평지에 있는 것과 비슷하다고 여겼기에 배회하며 머뭇거리고 차마 떠나지 못했던 것이다."

풍류의 마당에 있는 사람은 하나하나가 봄날의 꽃처럼 찬란하고, 꽃이 드넓은 바다를 이룰 때까지 이어져 끝없이 화려하고 향기로울 것이다. 꽃의 바다는 고루 퍼지고 또 부드럽고, 꾀꼬리 노래하고 제비가 지저귀는 듯한 소리, 연지색 물분, 명주 비단 같은 것들의 광경은 아름답지 않을 리가 없다.

잠시 감탄을 멈추고 한방경이 하는 이야기를 계속 들어보자. "뜻밖에 그 꽃은 가지와 잎이 무성한데도 모두 뿌리가 없다. 꽃 아래는 그저 바닷물이며, 바닷물이 밀려오면 그 꽃들은 그저 물결 따라 흘러가며 멈추는 곳도 바닷물에 맡겨졌다. 미친 듯이 달려드는 나비와 벌, 속이고 질투하는 꾀꼬리와 제비를 만나지 않으면, 그 메뚜기, 말똥구리, 두꺼비 그리고 땅강아지와 개미의 무리에 의해 한결같이 심하게 고초를 겪고 처절하게 짓밟힐 것이다."

나는 한방경이 '바다 위의 꽃'이라고 한, 아름답고도 처절한 비유를 어떻게 생각해냈는지 모른다. 다만 나는 이로부터 옛날 남자들이 자신의 기루생활을 "창포와 복숭아 가지 아래에서, 장난삼아 돈을 던진다. 작약 핀 난간에서 한가로이 옥마玉馬를 던진다"[55]거나 "한 해 동안 강호에서 미친 듯이 노닐며, 밤에는 기루에서 자고 새벽에 누각에 올랐지"[56]처럼 시적으로 묘사한 것을 볼 때마다 나도 모르게 그 쓸쓸한 구절을 떠올리게 되었다. "그 꽃은 가지와 잎이 무성한데도 모두 뿌리가 없다."

7장

구름옷

노출과 남장

霓裳

옷은 황금 같고 몸은 옥 같고
눈은 가을의 물 같고 머리카락은 구름 같네
노을빛 치마에 달빛 웃옷을 입은 한 무리
_ 위장, 「천상의 선녀」

만약 현대 유행의 첨단을 걷는 인물을 옛날로 보내면 그들은 각 왕조 여성들의 옷차림을 어떻게 평가할까? 다른 건 모르겠지만 추측건대 코코 샤넬은 당나라 여성들을 매우 칭찬했을 것이다. 그녀는 "향수를 쓰지 않는 여자는 미래가 없다"며, 여자라면 반드시 강렬하고 자극적이어야 하고, 자극적이기를 "마치 큰 소리가 나는 따귀처럼 잊을 수 없게 만들어야 한다"고 힘주어 말했다. 당나라 여성들은 향수가 필요 없었다. 그들의 유일무이한 옷차림이 이미 큰 소리가 나는 따귀 같았다. 단 한 번만 보면 영원히 잊을 수 없었다.

치맛자락 휘날리며

당나라 여성의 구름옷은 대체로 모든 여성의 궁극적인 꿈이었다.

위는 작고 깜찍한 저고리나 적삼을 입고 아래는 부드럽고 차분한 긴치마를 입었다. 번다하거나 육중한 구조 없이 앞자락의 소맷부리에는 나비, 자고새, 덩굴진 꽃 또는 "비단 적삼 자락마다 겹겹이 수를 놓아, 금빛 봉황 은빛 거위가 각기 한 무리"[1]나 "원앙 수놓은 허리띠는 어디에 버려두고, 공작 문양 비단 적삼은 누구에게 건넸는가?"[2]에서 묘사한 것과 같은 무늬와 장식이 있었으며, 여성의 바람은 바로 이렇게 옷에 수를 넣고 많은 사람 앞에서 뽐내는 것이었다. 얇은 옷 외에 마치 안개구름 한 뭉치를 걸치듯 피백帔帛*을 팔에 걸쳤다. 피백이 바람을 맞아 나풀거리면 길거리의 모든 여성이 다들 선녀가 되었다.

치마는 매우 길어서 곧장 바닥까지 끌렸다. "앉아 있을 때는 옷의 띠가 가느다란 풀을 휘감고, 걸어 다니면 치맛자락이 떨어진 매화를 쓴다"[3]고 했듯이 살짝만 치맛자락을 움직여도 새가 지저귀고 꽃이 향기를 풍겼다. 치마의 색깔은 매우 많아 다양한 아름다움을 뽐냈다. "꽃무늬 벽돌은 꽃 따는 이를 위해 깔았는데, 갑자기 비단 치마 찢어지니 붉기가 불과 같아라"[4] "가을 물 연밥에 봄풀 치마, 어른거리는 풍채가 마치 탁문군 같구나"[5] "도리어 남색 비단 치마를 좋아하노니, 그녀의 긴 비단 같은 부드러운 허리가 부러워라."[6] 빨주노초파남보, 몸을 돌리면 치맛자락이 꽃처럼 휘날리고 그 곁에 있는 사람은 눈이 아찔해진다. 꽃이 피고 지며 사계절이 몸에서 돌고 돌았다.

광막하고 황량한 수묵화 한 무더기 가운데 당나라의 사녀도仕女圖는 옛날에 많지 않던 따뜻한 그림으로, 천 년 세월이 지나도 그림에서 휘날리는 치마가 예전처럼 온화하다.

옛날 사람들은 예의를 중시해서 사회의 각 계층이 향유하는 자원

---

* 부녀자들이 어깨 위나 팔뚝에 걸치는 기다란 띠.—원주

을 모두 달리함으로써 상하의 구별을 보였다. 어떤 계층의 사람이 어떤 집, 음식, 생활용품, 교통수단 등을 사용하는가에 모두 명확한 규정이 있었다. 색깔조차 고하와 귀천으로 나뉘어 각기 다른 사회 계층이 다른 색깔에 대응되었다. 상류층은 하류층의 색깔을 두루 사용할 수 있지만 하류층은 상류층의 색깔을 사용할 수 없었다. 그렇게 하면 주제넘은 짓으로 간주되었다. 당나라 의복의 색깔 서열은 위에서부터 아래로 노란색, 자주색, 붉은색, 녹색, 청색, 검은색, 하얀색이었다. 노란색은 왕실의 것이었고, 자주색, 붉은색, 녹색은 관복官服의 색깔이었다.

당나라 사람들은 특히 노란색, 자주색, 붉은색, 녹색과 같이 눈에 띄는 색을 좋아했는데 여성들은 더욱 그랬다. 그들은 '주제넘은 짓'과 같은 부류의 죄명에 아랑곳하지 않았다. "기루에 날 저무니 자주색 비단 치마의 여인, 맑은 노래 한 곡조 뽑는 입에서 향기가 난다"[7]에서처럼 가장 최하층인 기녀조차 감히 가장 고귀한 자주색으로 치장했다. 계층을 구분하지 않고 당나라 여성들은 자신이 좋아하는 강렬한 색깔을 마음껏 치마로 옮겼던 까닭에 사녀도에 천 년을 뛰어넘는 따스함이 있게 된 것이다.

어떤 사람이 당나라 사람들의 색채 기호를 분석하여 "노란색, 자주색, 붉은색, 녹색의 유행은 당나라 사람들의 상류사회에 대한 열망을 대표한다"라는 결론을 얻었다. 이러한 주장에 일리가 없는 것은 아니지만 나는 전적으로 동의하지는 못하겠다. 상류사회에 대한 열망을 가지고 있었다고 해도 정말로 자신을 치장하기 위함이라면, 노란색, 자주색, 붉은색, 녹색이 대표하는 것이 고관대작의 자제든 농부, 어부, 사냥꾼, 나무꾼이든 무슨 상관인가? 당나라의 의기양양한 시대정신으로 인해 이 시대에 태어난 사람들은 선천적으로 농염한 구석이 있었다. 활발하고 불같았던 당나라 여성들에게 농염한 붉은색과 밝은 노란색을 포기하라는 것은 어린이에게 달콤한 사탕을 끊으라는 것과 다를 바 없다. 이는 그들의 본능에 반하는 것이다. 그들 몸속의 끓는 피, 힘차게 뛰는 심장, 극도로 흥분된 신경, 강하고 용맹한 DNA가 그들로 하여금 그런 열렬한 색깔을 선택하게 만든 것이다.

관직에서 뜻을 이루지 못한 친구를 마주한 백거이는 이런 시를 지었다. "자주색, 붉은색 인끈과 푸른 적삼, 색깔이 다를 뿐일세."[8] 관직에서 직급과 관복의 차이는 그저 다른 색깔뿐이니 대단할 것이 전혀 없다는 말이다. 이 말은 우스갯소리에 지나지 않지만, 호의를 담았다는 것이 중요하고 친구도 이 시를 보고 위안을 얻었을 것이다. 그러나 이 말이 뜻을 이루지 못한 선비에게는 위안이 될지라도 아름다움을 추구하는 여성에게는 통하지 않을 것이다. 만약 당나라 여성이 이 말을 들었다면 백거이에게 이렇게 반격하지 않았을까? "하나는 담백하고 하나는 찬란한데, 푸른 적삼이 어떻게 자주색, 붉은색 인끈과 아름다움을 견줄 수 있겠어요?"

당나라를 제외하고 사실 화려한 복장의 풍격은 고대 중국에서 그다지 환영받지 못했다. 당나라 이후 오대五代에 들어서면서 '연청색天水碧'이 유행했다. 이 색깔의 유래는 매우 희한해서 청록색 비단이 밤에 이슬에 물들어 만들어졌다고 한다. 밤에는 바람이 시원하고 이슬도 맑아 만들어진 색깔도 자연히 아주 연했다.

송나라로 가면 거리가 온통 "갓은 가볍게 베개를 대신하고, 적삼은 꾀꼬리의 노란색으로 물들었다"[9]고 하고, "검푸른색 적삼 좁디좁게 마름질한다"[10]고 했듯이 울긋불긋한 것이 총애를 잃었다. 송나라 사람들의 기호는 마음을 맑게 하고 욕심을 버리는 쪽이었기 때문이다. 그리고 명나라 말 청나라 초에 이르면 심미의 주류가 더 변했다. "내가 일찍이 옛 시를 읽었는데 '핏빛 치마를 휘날리다 땅에 끌린다'라든가 '붉은 치마가 석류꽃을 질투로 죽게 만든다'[11] 등의 구절을 보고 선인들의 멍청함에 한참 웃었다. 정말 이와 같았다면 곧 짙은 화장을 한 촌부일 뿐일 텐데 어찌 고아한 문인의 마음을 움직일 수 있었겠는가?"[12] 대의는 이러하다. 내가 옛 시를 읽다가 옛날 사람들이 항상 붉은 치마를 찬미하는 것을 보고 그들의 멍청함에 웃음을 참지 못했다. 그 붉은 치마란 것이 농염하고 저속하기 이를 데 없는 것이니 어찌 고아한 문인의 마음을 움직인다는 말인가? 여기에서 가장 기본적인 색채심리학이 드러난다. 혈기가 약했던 시대에는 강렬하고 선명한 색깔을 좋아하지 않았던 것이 아니라 좋아할 힘이 없었던 게 아닐까 싶다.

당나라 여성들 치마의 강렬하고 선명한 색깔 때문에 당나라 문인들은 앞뒤로 연이어 다음과 같은 시를 썼다. "금실로 안개를 모은 붉은 적삼 얇고, 은 덩굴에 꽃이 늘어진 자주색 띠 길다."[13] "석류빛 치마에 나비가 날아들더니, 사람을 보고도 말없이 눈썹만 찌푸리네."[14] 글자마다 아름다움이 지극해서 조금 과장이 아닌가 하는 의심도 든다. 여기까지 읽고 나니 문득 옛일 하나가 떠오른다.

이전에 오구라小倉의 『햐쿠닌잇슈百人—首』●를 읽은 적이 있는데, 그 가운데 한 수는 일본 헤이안 시대 가인歌人 오시코치노 미쓰네凡河內

● 중세 일본에서 한 사람에 한 수씩 시인 100명의 와카를 집대성한 와카 시집. 흔히 오구라에 있는 산장을 장식하기 위해 고른 오구라 햐쿠닌잇슈小倉百人—首를 가리킨다.

躬恒의 유명한 와카和歌였다. "오늘 처음 서리가 내려, 정원이 온통 하얗구나. 나는 순결한 국화를 따고 싶은데, 어느 것이 꽃이고 어느 것이 서리인지 분간할 수가 없네."[15] 서리와 국화가 혼연일체가 되어 수수하면서도 화려하다. 그러나 일본의 평론가는 역대로 이 와카에 사뭇 불만을 표했다. 그 이유는 뜻밖에도 이런 것이었다. "흰 국화와 흰 서리는 차이가 커서 분간하지 못할 가능성이 전혀 없으니, 시가 실제와 부합하지 않는다." 비슷한 일이 마찬가지로 헤이안 시대의 가인인 노인能因 법사에게도 일어났다. 노인은 이런 와카를 지었다. "몸에 아름다운 노을을 걸치고 서울을 떠나, 백하관白河關에서 가을바람을 만났도다."[16] 그는 다른 사람들이 시에 묘사되고 있는 경치의 진실성에 대해 질문하는 것을 피하기 위해 오랫동안 두문불출하다가 다시 모습을 드러냈는데, 얼굴을 아주 새까맣게 만들어 태양이 작열하는 백하관 밖을 여행하고 돌아온 척했다.

일본 사람들의 일과 사람에 대한 진지함은 나를 흥분시키고 탄복해 마지않게 만든다. 만약 "석류빛 치마에 나비가 날아들더니"라는 구절을 일본 평론가의 손에 넘기면 아마 다음과 같은 엉망의 평가가 나올 것 같다. "나비는 주로 후각에 의존하여 꽃을 찾으므로 치마가 아무리 고와도 나비를 끌어올 수는 없으니, 시가 사실과 부합하지 않는다."

그러나 시는 논픽션이나 설명문 또는 논설문이 아니므로 과장의 수법이 허락되어야 한다. 만약 과장과 환상이 없다면 시가 얼마나 황량해지겠는가? 우리 조상들이 이른바 사실을 위해 주옥같은 음절, 시어, 비유를 버리지 않았다는 것이 얼마나 다행인가. 아주 오랜 시간이 지난 뒤에도 사실은 고고학 도구로 발굴할 수 있다지만, 잃

얇은 깁을 멋대로 말아서

『전당시』에는 사람들을 깜짝 놀라게 하는 내용이 매우 많은데, 그러한 예 가운데 하나로 여성의 가슴을 묘사한 '흉사胸詞'가 있다.

당나라 사람들이 여성 가슴의 아름다움을 표현하기 위해 만들어낸 '흉사'는 무수히 많다. 예를 들면 '설흉雪胸' '옥흉玉胸' '분억粉臆'이 그러한데, 매우 높은 빈도로 이들을 시에 사용했다. '설흉'이라는 시어 하나만도 『전당시』에 수십 번 등장한다. "가슴 앞 상서로운 눈을 등불이 비스듬히 비추고, 눈 밑의 복사꽃은 술에 반쯤 취했다"[17]라든가 "검은 두 눈동자와 귀밑머리 휘감은 매미 장식, 오래 흰 눈에 머물고자 가슴 앞을 차지하네"[18]와 같은 부류의 요염한 묘사는 더욱 많다. 그런데 '흉사'가 유행하게 된 것은 당나라 여성들이 옛 조상들의 도덕적 기준의 최저에 도전했던 옷차림 때문이었다.

당나라 여성들은 처음에는 그저 조금씩 옷깃을 낮추어서 귀엽게 분을 바른 목덜미를 드러냈을 뿐이었다. 성당에 들어서 개방적인 풍조가 되면서 허리를 높이 추켜올려 가슴 앞에서 살짝 묶었다. "느슨하게 묶은 비단 치마에 가슴이 반쯤 드러났다"[19]고 한 것처럼, 안에는 아무것도 걸치지 않았다.

가슴의 곡선을 분명하게 드러내려고 특별히 목걸이를 걸어 가슴의 모양을 꾸미고 돋보이게 했다. 이런 방식만으로는 풍만한 신체를 뽐내기에 부족했는지 당나라 여성들은 또 웃옷을 매미 날개처럼 아

「내인쌍륙도内人雙陸圖」, 주방, 당나라

'쌍륙雙陸'이라는 것은 일종의 주사위 게임으로 당나라 여성들이 대단히 좋아했다. 가벼운 면사에 얇은 치마, 구름같이 높이 올린 머리, 정교한 게임은 당나라 귀족 여성들의 한가롭고 화려한 생활을 보여준다.

주 얇은 사라紗羅로 바꿨다. 전처럼 무명 적삼을 얇은 옷에 받쳐 입지 않고 눈같이 하얀 피부만을 사라의 유일한 바탕색으로 삼았다. "몸이 가벼워 흩날리는 눈에 맡기고, 비단은 얇아 고운 피부가 비친다"[20]고 했으니, 그 아름다움에 사람들이 손쓸 수 없었던 것이다.

당나라 여성들의 노출은 치마에서만이 아니라 모자에서도 나타났다. 당나라 초기에는 옛 조상들의 지시에 따라 엄격하게 "여자들이 외출할 때는 반드시 얼굴을 가려야 했다."[21] 그래서 외출할 때면 멱리冪離로 꽁꽁 싸맸다. 멱리는 삿갓처럼 생겨서 바람도 안 통할 만큼 온몸을 완전히 가릴 수 있었다. 이는 북방 소수 민족에서 유래한 것인데, 원래는 모래바람을 막는 데 쓰였다. 그러다 중원으로 넘어오면서 낯선 사람의 눈길을 피하는 데 사용되기 시작했다.

여성들의 생활 반경은 점차 외부로 확장되었다. 여성들도 타구를 하고, 말을 타고, 산수 유람을 하고자 했다. 멱리는 거추장스러웠기에 여성들은 급속도로 인내심을 잃었다. 전혀 주저함이 없이 멱리를

「내인쌍륙도」(일부), 주방, 당나라

"옷은 황금 같고 몸은 옥 같고, 눈은 가을의 물 같고 머리카락은 구름 같네. 노을빛 치마에 달빛 웃옷을 입은 한 무리."

벗어던지고 그것을 유모帷帽로 대체했다. 유모라는 이름에서 뜻을 유추해보건대 곧 휘장이 달린 모자다. 이 모자의 챙에 얇은 깁이 늘어져 있어 목 위의 부분을 가려주었다. 여성이 유모를 쓰고 노닐면 고운 몸매를 드러내면서도 별처럼 반짝이는 눈과 향기로운 뺨은 보일 듯 말 듯 하여 은근함이 강화된다.

이후에 유모는 갈수록 가림막이 짧아져 붉은 화장이 문득 드러나는 등 대담해지기 시작했다. 좀더 나중에는 그 가볍고 짧은 면사마저도 거추장스러워져서 유모도 점차 도태되고 얇은 깁 휘장도 없는 호모胡帽로 대체되었다. 여성들이 마침내 정정당당하게 눈과 눈썹을 드러내고 이마만 살짝 가리게 된 것이다. 가장 나중에는 여성들이 간결한 호모마저 생략하고 쪽머리를 드러내면서 머리카락을 한 올도 가리지 않아 더없이 후련해졌다.

모자의 '줄어듦' 풍조가 이처럼 성행하자 당 현종은 아예 시대에 순응하는 조서를 내렸다. "부녀자의 복식은 (…) 모자는 모두 얼굴을 드러내어 가리는 곳이 없게 한다."[22] 당 현종은 물정과 세태를 잘 아는 사람이었다. 당나라 여성들이 화장한 용모가 농염한데 그것을 가린다면 어찌 천연의 자원을 망가뜨리는 것이 아니겠는가? 이 조서는 당나라 여성들의 중대한 승리에 그치지 않았다. 이후 중당中唐의 산문가 이화李華와 같은 사람들이 장황하게 회고한 바에 따르면 이러하다. "내가 어릴 적 남쪽 시장에서는 모자가 잘 나갔는데, 담비 모자가 많고 유모는 적었다."[23] 기세등등한 당나라 여성들이 다시는 멱리에 의해 머리부터 발끝까지 속박당했던 지난날로 돌아가지 않았던 것이다.

멱리는 쪽머리를 드러내는 것으로 바뀌었고, 옷은 낮은 옷깃에서 가슴을 드러내는 쪽으로 발전했다. 심지어는 얇은 면사로 몸을 가리면서 당나라 여성들의 노출 지수는 고대 중국 여성이 도달할 수 있는 최고봉에 이르렀다. 어느 전문가는 기상학자 주커전竺可楨의 이론으로부터 이런 현상의 이유를 찾기도 했다. 주커전은 고대 중국의 기후를 통계 내고 연구한 사람이다. 북위北魏에서 당나라 초기까지의 기후는 비교적 한랭 건조했으며 당나라 중기에서 송나라 중기까지의 기후는 비교적 온난 다습했다는 것이 그의 결론이다. 그래서 일부 전문가가 당나라 여성들의 옷이 갈수록 노출이 심해진 것은 기후가 점차 따뜻해졌기 때문이라고 추정한 것이다. 이런 추정은 어느 정도 일리가 있지만 또 한편으로는 단편적이다. 내 생각에 전족을 해서 잰걸음을 걸었던 송나라 여성들은 적도 지방에 들어가 살았더라도 규범에 꼭 들어맞는 배자褙子●를 입고 신체의 비밀을 감추었을 것이다.

당나라 여성들의 옷이 야해진 원인은 자연계 기후가 따뜻해졌기 때문이라기보다 당나라 사람들의 정신적 기후가 후끈해졌기 때문이라고 봐야 한다. 경제적 발전과 사회적 번영은 당나라의 외향적이고 호방한 기조를 형성했다. 당나라는 남녀를 불문하고 모두 각종 아름다움을 열렬히 추구하고 드러냈다. 육체적 아름다움이 예외가 아니었던 것은 물론이다. 그들은 "밝은 달이 천산에 떠올라, 아득히 운해에 있네"[24]와 같은 구절을 좋아하고, "기운은 운몽택을 찌고, 물결은 악양성을 흔든다"[25]와 같은 구절도 사랑했지만, 또한 진심으로 "이팔청춘의 화전, 가슴 앞은 눈 같고 얼굴은 꽃 같다"[26]와 같은 구절도 아꼈다.

● 부녀자들이 저고리 위에 덧입는 옷.

이는 다른 어떤 시대와도 달랐다. 두 가지 예를 보자. 청나라 사람 광망생曠望生은 『소각문小脚文』을 지었는데, 취지를 밝힌 첫 문장에서 바로 "작은 발이 전해진 것은 아름다움을 드러내기 때문"이라고 했다. 이어서 그는 나름의 '상족경賞足經'●을 반복해서 이야기했다. 예를 들면 "발 가운데 작은 것은 그 형태가 반드시 뾰족하다. 뾰족하고 말라야 모양이 더 우아해진다"라거나 "버선이 작아야 가벼운 구름처럼 발을 감싼다. 활 모양으로 섬세하고 초승달처럼 구부러져야 한다"고 했다. 작자가 정성을 다해 조탁한 까닭에 성률에 울림이 있고 대구도 딱 들어맞는다는 것을 알 수 있지만, 어찌 됐든 읽어보면 다소 외설스러움이 느껴진다. 남송南宋 초기에 '남송 중흥의 네 장군' 가운데 하나인 유광세劉光世의 가기들은 모두 전족을 했는데, 사인詞人 조영치趙令畤가 그것을 보고 크게 감탄했다. 유광세의 가기들에게 '발이 뛰어남脚絶' '노래가 뛰어남歌絶' '금이 뛰어남琴絶' '춤이 뛰어남舞絶' 등의 네 가지 뛰어난 것이 있다고 칭송했으니, 감상하며 즐기는 정서가 언외에 넘친다.

마찬가지로 여성의 발을 품평한 이백의 「월녀시越女詩」에서는 그러나 다른 상황이 펼쳐진다. "장간의 오 땅 여인은, 눈썹과 눈이 달과 별처럼 예쁘네. 나막신 신은 발은 서리 같은데, 까치 머리 버선●●은 신지 않았네."[27] 이 시에서도 두 발을 드러냈지만 조금도 선정적인 의미 없이 건전하고 참신하다. 이백은 두 발을 대하면서 마치 달이나 바다의 파도를 대하듯 했고, 세상의 어떤 아름다운 것을 대하듯 했다.

당나라 사람들이 신체를 대하는 태도는 유일무이했다. 그들은 신

● 발을 감상하는 방법을 다룬 경전이라는 뜻이다.
●● 엄지발가락과 나머지 네 발가락을 분리시킨 버선으로, 나막신을 신을 때 편리하다.

「보련도步輦圖」, 염입본閻立本, 당나라

「보련도」는 당 태종 이세민李世民이 토번 사신 녹동찬祿東贊을 접견하는 모습을 그린 것
이다. 찬란하고 화려한 남녀의 복식이 이 그림의 가장 큰 포인트다.

「보련도」(일부), 염입본, 당나라

체를 노리개로 여기지 않았을 뿐 아니라 욕망의 재앙거리로 여기지도 않았다. 그저 진정으로 신체 자체와 마주하고, 신체의 생로병사나 아름다움과 마주했다. 그렇지만 당나라 이전이나 이후를 보면 중국 사람들의 신체에 대한 경의는 기껏해야 "신체와 터럭과 살갗은 부모에게서 받은 것이니, 함부로 상하게 해서는 안 된다"[28]는 정도에 지나지 않았다.

군복으로 성을 기울게 하다

고대 중국 가정의 내부관계에 '법을 마련한' 『예기』 「내칙內則」에서는 '남녀가 옷을 섞어 입지 않는다'는 규정을 명문화시켰다. 공자가 살던 시대부터 몇천 년 동안 각 왕조가 모두 이 규정에 따랐다. 만약 어떤 여자가 남장을 했다면 그것은 거의 세상의 윤리 도덕에 대한 선전포고이자 대역무도한 짓이어서 사람과 신이 함께 분노하기에 충분했다. 그런데 당나라 사람들은 여기에 감히 도전했다.

"새로운 화장 하며 정교하게 두 눈썹을 그리고, 상주常州의 비치는 이마 가리개로 되는 대로 싸맸네. 바로 마주한 채 반들반들한 홀笏• 을 몰래 문지르고, 천천히 걸으며 가볍게 무늬 부서지는 물결을 밟는다."[29] 원진의 이 「유채춘에게 주다贈劉采春」라는 시에서 적어도 두 가지를 밝힐 수 있다. 먼저 시인의 담담한 말투로부터 남장을 한 이 아가씨가 당나라 때에는 특별한 사례가 아니었다는 것을 알 수 있

「괵국부인유춘도虢國夫人遊春圖」, 장훤, 당나라

이번 봄놀이는 당나라 여성들의 최신 패션쇼처럼 보인다. 얇은 면사, 피백, 가슴을 두른 긴치마, 남장 여자 같은 당나라 여성 복식의 몇 가지 큰 요소가 이 그림에서 남김없이 드러난다.

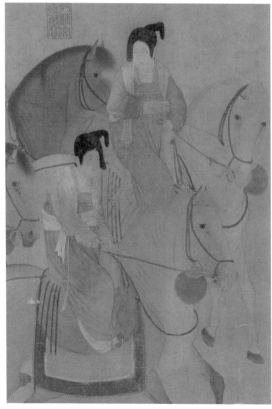

「괵국부인유춘도」(일부), 장훤, 당나라
"눈썹은 버들잎을 업신여기고, 치마는 석류꽃을 질투한다."[30]

다. 만약 그랬다면 시인이 처음부터 놀라움을 표했을 것이다. 또 시에서 '정교하게' '되는 대로 싸매다' '가볍게 밟다' 등의 귀여운 시어를 쓴 것에서 남장 여자에 대한 당시 사람들의 태도에 뜻밖에도 얼마간의 칭찬이 담겼음을 알 수 있다.

당나라의 번영이 가져온 개방적인 기풍으로 인해, 또 북방 유목 민족이 들여온 '남녀 같은 복장' 풍습으로 인해, 요컨대 자기가 원하기만 하면 당나라 때의 여성들은 남성들과 똑같이 두건을 쓰고 두루마기를 걸치며 가죽 신발을 신을 수 있었다. 남성의 복장은 더 이상 남성에게만 해당되는 신성불가침의 권리가 아니며 여성들도 언제든 가지고 놀 수 있는 장난감이었다.

어린 여자아이가 얼굴은 복사꽃 같고 입술에 연지가 반짝이는데, 몸에는 대장부의 옷을 걸치고 긴 도포의 선이 반듯하여 늠름하고 씩씩했다. 당나라 장안에 거주하던 여러 외국인과 당나라 때 몇 해 동안 유행했던 이역 분위기를 물씬 풍기는 페르시아 양탄자가 아니라, 남장 여자와 같은 이런 '이단'의 존재를 허락했다는 사실이야말로 당나라 왕조의 포용과 개방 정신을 최고로 나타낸 것이라고 나는 줄곧 그렇게 생각했다.

당나라 여성들은 남장을 즐겨 하면서 동시에 군인의 복장도 시도했는데 심지어는 몸에 칼과 화살을 매기도 했다. 그들이 바느질과 요리를 할 줄 알았던 것은 물론이고 그것이 현실이었다. 다만 군복을 입는 것은 전투와 공로에 대한 그들의 갈망을 대표하며 이는 꿈이었다.

혹 어떤 도학자가 있다면 이런 풍조에 대해 혀를 끌끌 찰 수도 있겠지만, 그보다 더 많았던 것은 바로 두보와 이상은 등이 쏟아낸 다음과 같은 찬사였다. "수레 앞의 재인들은 활과 화살을 찼고, 백마는 황금 재갈을 씹고 있었다."[31] "경국지색은 군복을 입고 있을 때가 최고였지."[32] 이러한 찬사는 감탄을 자아낸다. 중국의 어떤 왕조에서 '삼종사덕三從四德'에 의해 잔인하게 구속되었던 여성과 비교해볼 때, 당나라 여성은 그야말로 꽃처럼 행복했기에 말이다.

당나라 여성들은 다른 왕조의 여성들이 어떻게 생활했는지 볼 수 없었다. 그저 동시대 다른 나라 여성들의 형편과 비교해볼 수밖에 없었는데, 비교를 통해 얻은 결과는 여전히 그들이 자부심을 가져도 좋다는 쪽이었다. 같은 문명국가였던 인도를 예로 들어보자. 동시대의 인도 여성은 정치적으로 전혀 발언권이 없었고, 경제적으로도 '재산은 영원히 남성에게 귀속된다'는 원칙이 하나 있을 뿐이었다. 그들이 집안에서 술고래든 인간쓰레기든 남편을 신으로 모셔야 할 때, 당나라에서는 궁중에 여관女官의 직위를 설치했다. 당나라 여성들은 혼수에 대해 절대적 권리를 가졌으며,● 남편이 죽은 뒤에 개가를 원하면 그렇게 할 수 있는 자유가 있었다. 바람을 피우다 들켜도 1년 반 정도의 옥살이뿐 침저롱浸猪籠●●과 같은 형벌은 받지 않는 등 나은 대우를 받았다.

당나라 때에는 공주가 총 200여 명 있었는데 요절하거나 도가에 입문한 경우를 제외하면, 놀랍게도 23퍼센트의 공주가 두 번, 심지어는 세 번까지 혼인했다. 설령 이러한 자료가 단지 귀족 여성들의 상황만을 반영한 것이며 평민 여성들은 확실히 공주들처럼 자유분

● 옛날 당대 여자들은 이혼할 때 남편에게 자신의 혼수를 요구할 수 있었는데 이는 완전히 여성의 사유 재산에 속했다.─원주
●● 대나무로 엮은 원통 안에 죄인을 가둬놓고 물에 가라앉히던 형벌로, 경범죄자는 머리를 물밖에 내놓도록 하고 중범죄자는 깊이 잠겨서 죽도록 했는데 이들은 주로 바람피운 사람이었다.

「괵국부인유춘도」(일부), 장훤, 당나라
남장 여자. 날렵하고 멋진 남장이 어린 소녀의 그림 같은 용모를 더욱 부각시켜준다.

방할 수 없었다 하더라도, "남자아이를 낳으면 좋지 않고, 반대로 딸을 낳으면 좋음을 알았네"[33]라든가 "이에 따라 천하의 부모들 마음이, 아들보다 딸 낳기를 중히 여기게 되었네"[34]라 한 것이 세태에 대한 시인들의 풍자일 뿐이라 하더라도, 여전히 이 모든 것이 어느 정도 증명해주는 점이 있다. 당나라가 고대에서 드물게 여성이 득의양양했던 시대라는 것 말이다.

안사의 난 이후에는 시국이 크게 변했다. 남장 여자의 풍조는 금지되었고, 집권자는 팻대를 올리며 이런 옷차림새를 '의복 마녀服妖'라고 칭했다. 남장이 금지되자 여성들의 흥미는 모두 막 유행하기 시작한 오랑캐 복장으로 옮겨갔다.

오랑캐 복장이란 어느 한 민족이 아니라 서역의 여러 민족에서 유래한 것이다. 그래서 처음부터 여러 풍격의 요소를 모두 가지고 있었지만, 중당에 이르고부터 여성들이 점차 회흘回紇●의 복식과 당시 유행한 화장을 결합시킨 것을 오랑캐 복장으로 고정시켰다.

회흘의 복식이 유행한 것은 이상한 일이 아니었다. 회흘이 당나라에 준 은혜가 산처럼 컸다. 그들이 군대를 보내 당나라 사람들이 안사의 난을 평정하고 다음 시에서와 같은 중원 지역의 참극을 끝낼 수 있었기 때문이다. "만국이 다 출정하여 수자리하니, 봉화가 산등성이를 뒤덮었다. 쌓인 주검으로 초목은 비리고, 흐르는 피로 하천과 들판이 붉었다."[35] 비록 두 나라 사이에 우연히 틈이 생기고 말았지만 주된 흐름은 절대적으로 평화와 우애였다. 좋은 친구 사이에 물자를 교류하고 생활 습관을 교류한 것이다. 이른바 "회흘의 의복과 회흘의 말, 그 가운데 특히 허리 가는 몸매를 칭송했네"[36]라는 구절에서 말한 것이 바로 중원의 여성들이 입었던 회흘 의복의 시원스러운 모습이다.

그러나 '시세장時世妝'●●의 유행은 의아하다는 생각이다. 시세장의 원류는 토번吐蕃●●●에 있었다. 중당 이후 사람들이 비록 여전히 문성文成과 금성金城 두 공주●●●●를 통해 토번과 화친했던 달콤한 고사를

● 서기 744년 위구르족이 동돌궐을 멸망시키고 건국한 나라로, 유목 민족 국가로서는 드물게 중국(당나라)과 우호관계를 유지했다. 840년 튀르크계인 키르기스의 침입으로 멸망했다.
●● 당시의 유행에 맞는 화장이라는 뜻이다.
●●● 고대 중국 소수 민족의 하나로 지금의 청짱青藏 고원에 분포했다. 7~9세기에 융성하여 당나라와 경제적·문화적으로 교류가 활발했다.
●●●● 이른바 화번공주和蕃公主라 하여 고대 중국에서 정치적 목적으로 이민족의 군주에게 시집보낸 공주들이다. 문성공주는 당나라 태종 때 토번의 송첸감포에게 시집갔고, 금성공주는 중종 때 티데축첸에게 시집갔다.

노래했지만, 당시 토번과 당나라의 관계는 이미 예전처럼 달콤하지 않았다. 그런데 색채가 어둡고 기이하여 "화장을 마치면 모두가 슬퍼 우는 모습 같구나"[37]라고 했던 시세장은 미적인 각도에서만 보더라도 사람을 끌어들일 만한 것이 없었다. 바꿔 말하면 당나라 여성들이 시세장을 배울 필요가 전혀 없었다는 것이다.

친구가 좋아하는 것을 좋아한다는 것은 쉽게 이해가 되지만, 적이 좋아하는 것을 좋아한다는 것은 논리적으로 맞지 않는다. 이런 모순으로부터 어떤 사람은 남성사회에 대한 당나라 여성의 무언의 항의를 읽어내기도 하고, 어떤 사람은 기이한 의복을 맹목적으로 추구했던 당시 여성들의 풍조를 읽어내기도 한다. 하지만 내가 멋대로 짐작건대 어쩌면 여기에는 아무런 모순도 없는 듯하다. 회흘과 토번이 당나라 사람을 도왔든 당나라 사람을 약탈했든 모두 그들이 강대했다는 뜻이다. 송나라 사람들이 당나라 역사를 편찬하면서 이렇게 평론했다. "오직 토번과 회흘이 강대할 때 중원의 우환이 가장 오래 지속되었다." 즉 회흘과 토번이 강대해 중원에서 장기간 두려워했다는 것이다. 초당에서 만당까지 여성들은 한 왕조가 꿈으로부터 영광으로 나아가고, 다시 영광으로부터 죽음으로 나아가는 것을 눈으로 지켜보았다. 그러면서 그들은 어떤 힘이 나타나 곧 질 것 같은 태양을 멈춰주기를 갈망했다.

남장을 하든 군복을 입든 아니면 오랑캐의 옷을 입든, 당나라 여성들이 했던 일은 그런 힘 있는 대상을 따라 하는 것에 불과했다. 남자를 따라 하고, 전사를 따라 하고, 승리자를 따라 하고, 생명에서 나타나는 모든 강한 빛을 따라 했던 것이다. 강자에 경의를 표하는 것, 그것이야말로 당나라 여성들의 유일한 논리였다.

「명황행촉도明皇幸蜀圖」, 이소도李昭道, 당나라

이 그림은 당나라 명황 현종이 안사의 난을 피하기 위해 촉으로 들어갔던 역사를 그린 것이다. 그림에서 비빈들이 모두 오랑캐의 옷을 입고 유모帷帽를 쓰고 있는데, 이것이 바로 당시 유행하던 의복이었다.

「명황행촉도」(일부), 이소도, 당나라

황급히 촉으로 들어가는 명황이 여전히 화려한 옷차림의 미인과 동반했다. 마치 도망가는 것이 아니라 교외로 놀러가는 것처럼 보인다. 진정으로 처량한 모습은 이 그림 밖에 있다. "초겨울에 열 고을 양민의 자제들, 흘린 피가 진도의 못물이 되었네."[38]

찬란하다, 화려하다, 자유분방하다, 열렬하다, 진보적이다. 사람들은 이런 말로 당나라 여성의 복식을 표현하지만, 사실 이런 말들은 당나라 여성들의 성격을 표현하는 데도 적합하다. 당나라 여성들은 숨긴다는 것을 이해하지 못했다. 그들은 치마, 숄, 면사를 사용하거나 붉은색, 자주색, 노란색을 통해 일생의 격정과 갈망을 적나라하게 드러냈다. 그들은 복장을 밖으로 드러난 심장으로 간주하고, 의복의 여러 실오라기를 몸 밖으로 뻗어나간 혈관이라고 생각했다. 명주실을 따라 그들의 맥박 소리를 들을 수 있었으며, 긴치마가 띠는 색채의 차가움과 따뜻함은 그들 마음의 온도와도 같았다.

어쩌면 당나라 여성들이 복장을 가장 잘 이해한 이들이 아닐까 생각한다. 앞에서 코코 샤넬의 명언으로 시작했으니 이제 다시 코코 샤넬의 명언으로 끝맺음을 할까 한다. 이 유행의 대모가 한 말은 당나라 여성의 복장에 대한 가장 좋은 설명이 될 것이다. "옷의 진정한 목적은 겉모습을 치장하는 것이 아니라 당신의 본질을 드러내는 데 있다."

8장

식탐

연회의 금은 그릇

食貪

금과 옥으로 만든 술잔
사람들 마음은 연회로 즐거워지네

○
○

당나라에는 이런 풍습이 있었다. 혼례를 올리는 날 신부가 문으로 들어가 첫 번째 절을 올리는 대상이 여러 조상이 아니라 돼지우리와 부뚜막이었다. 신랑은 절을 올릴 필요가 없었지만 쌀을 찧는 도구인 절구를 좁쌀 석 되로 가득 채워야 했다. 절을 올리면서 정성을 다하고 절구를 가득 채워야 했으니, 그들은 가정을 이루는 첫날 이렇듯 이를 데 없이 진지하게 충분하고 맛있는 음식이 생기기를 기도했던 것이다. 당나라 사람들은 맛있는 음식과 행복의 관계를 완전히 이해하고 있었다.

당시에는 "하늘의 이치를 존재하게 하고 사람의 욕망은 없앤다"● 는 주장을 하는 이가 아직 없었고, 기독교인들이 정한 '일곱 가지 죄악'●●도 아직 중원에 유행하지 않았다. '일곱 가지 죄악'을 나열하는 여러 방법이 있지만, 어떤 것이든 식탐이 언제나 앞쪽에 오는 중죄

● "存天理, 滅人欲." 송나라의 성리학자 주희의 말이다.
●● 기독교는 인간이 갖고 있는 일곱 가지 큰 죄로 시기, 식탐, 화, 게으름, 탐욕, 정욕, 사만을 꼽는다.

라는 사실 또한 당나라 사람들은 아직 모르고 있었다. 그러나 '일곱 가지 죄악'을 안다 한들 또 어떠랴? 당나라 사람들은 아마 코웃음을 칠 뿐이었을 것이다. 즐거움을 포기하는 것이야말로 가장 큰 죄악이라며.

금과 옥으로 만든 술잔

맛있는 음식을 묘사하는 당시는 대부분 이런 방법을 쓴다. 음식 자체의 맛은 피한 채 얘기하지 않고 오히려 음식과 그릇의 배치를 성대하게 묘사하는 것이다. 예를 들어 "자타紫駝의 등 요리가 푸른 솥에서 나오고, 수정 쟁반에 하얀 생선 내놓았다"[1]라든가 "요리사가 서리 같은 칼 좌우로 휘두르니, 금반에 날리는 회가 흰 눈처럼 높구나"[2]가 그러하다. 시의 기법을 두고 보자면 이런 방법은 대단히 솜씨가 좋다. 시인은 아무 말도 안 했지만 독자의 대뇌는 가장 어려운 부분을 완성해 음식의 맛을 훌륭하게 상상한다. 현실에 비춰 이야기하자면 맛있는 음식을 예쁜 그릇에 담으며 얻는 즐거움은 입이나 배에서 그치지 않는다.

생활을 끔찍이 사랑했던 당나라 사람들은 어떤 즐거움도 놓치는 법이 없었다. 그들은 각양각색의 그릇을 열심히 찾아 나서고 만들어 내 혀를 만족시키는 동시에 눈을 만족시켰다. "금 술동이에 맑은 술이 만 말이나 있고, 옥쟁반의 진귀한 음식은 만 전짜리다"[3] "용수초로 만든 자리 반쯤 펴고, 마노 잔으로 가볍게 홀짝인다"[4] "맛난 포도주와 야광 잔, 마시려 할 때 비파가 말 위에서 재촉한다"[5] 등에서 보듯 금 술동이, 옥쟁반, 마노 잔, 야광 잔에 나무 접시와 자기 접시 등으로 당나라 사람들의 식탁은 그 모습이 기이하고 색채가 현란했다. 그러나 만약 당나라 사람들이 아낀 정도에 따라 순위를 매긴다면 1위는 틀림없이 금과 은으로 만든 그릇일 것이다.

당나라 고종이 측천무후를 왕비로 삼기로 마음먹자 장손무기長孫無忌가 극력 반대했다. 고종은 비밀리에 사람을 시켜 장손무기에게 금그릇과 은그릇 한 수레를 보내고 그 외에 비단 열 수레를 더했는데, 그의 환심을 사기 위한 것이었다.[6] 염철전운사鹽鐵轉運使로 있던 왕파王播는 승진을 하고 싶어서 당나라 경종敬宗에게 은그릇 3400개를 바쳤다. 경종은 만면에 웃음을 띠고 그 자리에서 그를 태원군공太原郡公에 봉했다. 전자는 임금이 신하의 비위를 맞추려고 한 것이고 후자는 신하가 임금의 비위를 맞추고자 한 것인데, 그들은 약속이나 한 듯 공통으로 금그릇과 은그릇을 골랐다. 이는 당나라 사람들의 마음속에서 금그릇과 은그릇이 대단한 보물이었음을 말해준다.

금이나 은으로 식기를 만들면 장수한다는 생각이 옛날에 크게 유행했다. 아마도 금이나 은이 수백 년이 지나도 여전히 단단하고 빛이 나기 때문에 옛사람들은 금이나 은으로 만든 식기로 식사를 하면 그 불후함을 섭취할 수 있다고 느낀 것 같다. 노인 세대의 말에 따르면 베이징의 통런탕同仁堂●에서 전에는 큰 솥으로 약을 달였다는데, 솥에 넣은 약재는 끊임없이 바뀌지만 어떤 약을 달여 만들든 솥 밑바닥의 금 젓가락은 영원히 변함이 없었다. 옛날 사람들과 생각을 같이했던 것이다. 원재료가 귀하고 제작 공예가 뒤떨어져 금이

● 청나라 강희제 때인 1669년에 개업한 약국.

나 은으로 만든 식기는 사실 당나라 이전에는 아주 보기 드물었다. 당나라 때 이르러 경제와 공예가 동시에 비약적으로 발전함에 따라 당나라 귀족의 식탁에 비로소 번쩍거리는 빛을 아로새길 수 있었던 것이다.

식탁의 모습을 멋지게 만들기 위해 당나라 조정은 특별히 솜씨가 뛰어난 장인을 모집해 금과 은 제작소를 세웠다. 『유양잡조』에 기록되어 있는 당나라 때 금속이나 광물을 판단하는 방법은 아주 신기하다. "파가 자라는 산 땅속에는 은이 있고, 부추가 자라는 산 땅속에는 금이 있으며, 생강이 자라는 산 땅속에는 구리와 주석이 있다." 오늘날에는 황당하다고 생각되는 이런 방법은 적어도 한 가지를 증명해준다. 당나라 사람들이 더 이상 땅 위로 노출된 광물을 찾는 데 국한되지 않고 식물 같은 것을 단서로 삼아 땅속의 보물을 찾아 나서기 시작했다는 점이다. 보물찾기 수단이 발전하자 원재료도 자연히 많아지게 되었다. 화통한 당나라 사람들은 장인들에게 금과 은을 아끼라고 닦달하지 않았다. 장인들이 해야 할 일은 오직 자신의 기예와 상상력을 각종 예술품으로 탈바꿈시키는 것뿐이었고, 무수한 원재료는 그들이 마음대로 주무르도록 했다. 이렇게 호기가 하늘을 찌르는 후원이 있었기에 당나라의 금그릇과 은그릇에서 동시대 모든 기물을 넘어서는 정교함과 아름다움이 창조될 수 있었다.

당시의 금과 은 식기가 얼마나 화려한 양식을 갖추었는지는 현종이 안녹산安祿山에게 하사한 금과 은 기물의 명단에서 그 일단을 볼 수 있다. 금평탈서두시저金平脫犀頭匙箸, 금은평탈격혼돈반金銀平脫隔餛飩盤, 금대뇌반金大腦盤, 은평탈파고銀平脫破觚, 팔투금도은주옹八鬪金渡銀酒甕, 은병평탈도괴직면광銀瓶平脫掏魁織錦筐, 은여리銀旅籬, 은평탈식대반銀

平脱食臺盤 등 이름만 보아도 '무소뿔'이고 '도금한 은'이니 제품은 틀림 없이 정교하고 찬란했을 것이다.

이 명단을 보자니 얼마간 슬픔이 밀려온다. 당나라 현종은 분명 안녹산을 대단히 총애했기에 그를 위해 이런 대단한 물건들을 골랐을 것이다. 안녹산을 위한 저택을 지을 때도 현종은 "건축비에 제한을 두지 말고 웅장하고 아름답게 지으라"는 칙령을 내리지 않았던가? 나중에 안녹산이 반란을 일으켜 산하를 쑥대밭으로 만들면서 그 자부심으로 인해 어리석은 제왕이 되었으니 인과응보다. 그러나 안녹산의 날카로운 창끝이 풀어 헤쳐진 그의 백발을 겨누었을 때 그는 나약한 일흔 살 노인에 지나지 않았으니 이 모든 일이 지나치게 잔인하다.

다시 본론으로 돌아와 당나라 때 금이나 은 기물의 정교함은 도대체 어느 정도였을까? 다른 재료로 만든 그릇조차 금이나 은 기물의 조형 양식을 흉내 내지 않고는 못 배길 정도였다. 당나라 사람들은 그들 손안의 모든 재료, 이를테면 옥돌, 마노, 유리 등을 이용해 그들이 살던 시대의 가장 아름다운 모습을 쉼 없이 복제했다.

금과 은으로 만든 그릇이 아름답다고는 해도 값이 어마어마해서 평민들로서는 그저 그림의 떡일 뿐이었다. 값이 저렴하면서도 질이 좋은 자기가 그래서 이 시대에 가장 유행한 식기였다. 이른바 '남청북백南靑北白'은 당시 유행한 두 종류의 자기를 가리킨다. 남쪽 지방에서는 청자가 유행하고 북쪽 지방에서는 백자가 유행했다. 남쪽 지방의 청자는 육구몽이 "가을날 바람과 서리에 월 땅의 가마를 열어, 봉우리 천 개의 비취색을 빼앗아왔네"[7]라고 묘사한 대로 광택이 푸르고 밝았다. 북쪽 지방의 백자는 두보가 "그대 집 흰 그릇 눈서리보

「궁락도宮樂圖」(일부), 주방, 당나라
후궁과 시녀가 둘러앉아 함께 차를 마시며 음악을 듣고 있다. 네모난 탁자 위의 차 대야와
여인이 손에 든 찻잔이 모두 매우 아름답다.

다 희니, 급히 우리 초가집에 보내주면 또 가히 사랑스러우리"[8]라고
묘사한 대로 흰색이 뛰어났다. 남쪽 지방은 초목이 무성하며 산은
파랗고 물은 푸르러 장인들이 손가는 대로 산색과 물빛을 가져와 광
택에 녹이니, 이에 "봉우리 천 개의 비취색을 빼앗아온" 청자가 나온
것이다. 북방 민족은 대부분 샤머니즘을 믿어 흰색을 떠받들었다. 그
리고 『예기』에서도 "천자는 백옥과 어울린다"고 했듯이 백옥은 옥 가
운데 가장 진귀한 것이어서 자기로 백옥을 모방하니 이에 '서리와 눈
보다 나은' 백자가 나온 것이다.

　술잔과 산가지가 뒤섞이고 사람들 목소리가 높아지며, 붉은 촛불
이 높이 비추고, 금 쟁반과 은 쟁반이 나오는 당나라 때의 연회는 대

「녹명지십도권鹿鳴之什圖卷」, 마화지, 송나라

춘추전국 시대의 음주 장면을 담고 있다. 당시에는 분식제分食制이어서 한 사람에 탁자 하나씩이었고 요리도 각자 자기 것을 먹었지 나눠 먹지 않았다.

부분 엄청나게 북적였다. 음주로 인해 살짝 취한 상태에서 귀를 진동하는 음악 소리에 눈을 들었는데, 탁자 위에 윤기가 흐르는 청백의 자기들이 보이면 마음이 갑자기 부드러워졌을까? 당나라 전 시대에 걸친 강하고 짙은 색채와 떠들썩한 분위기 속에서 자기는 당나라 사람들의 가장 심오한 부드러움이었다.

자기의 탄생을 보니 문득 고딕 양식 교회당의 발전과정이 연상된다. 기독교도들은 교회당을 점점 높게 지어서 교회당의 꼭대기가 천당의 끝자락에 닿도록 만들고 싶어했다. 그래서 버팀도리● 등의 건축 기술이 비약적으로 발전했던 것이다. 신께서 빛이 있으라 하여 빛

「야연도夜宴圖」, 작자 미상, 송나라

이 그림이 묘사한 것은 당나라 18학사가 밤에 연회를 벌인 이야기다. 당나라 사람들은 북적거리는 것을 좋아한 까닭에 여남은 명이 모인 식사 자리 정도는 소규모로 쳤다. 당나라 때의 연회에는 수십 명에서 백 명씩 모이기 일쑤였다.

이 생겼듯이 기독교도들이 교회당에 빛이 있으라 하여 거무스름한 벽을 대체한 채색 유리창이 생겼다. 중국 사람들은 아름다운 옥을 유독 사랑해서 그 부드러운 광택과 질감을 모방해 자기를 발명했다. 그리고 산수의 색깔을 수집하고 싶어해 청자를 구워냈다. 모두 이처럼 어떤 아름다움에 대한 동경으로 인해 다른 종류의 더 많은 아름다움을 만들어낸다. 총량 일정의 법칙이라 생겨난 것이 있으면 소멸하는 것이 있다고 누가 그랬던가? 아름다움은 죽지 않고 끊임없이 번식하고 자라난다.

자신들이 만든 것 말고도 당나라 사람들은 또 이역에서 대량의 식기를 들여왔다. 그들은 비대칭이고 모서리가 있으며 곡선이 많은 이역 식기의 모습에 애착을 느꼈다. 심지어 당나라 사람들 자신이 접시를 만들 때도 이역의 풍격을 모방해 둥그런 접시 표면에 특별히 가로 모서리 하나를 덧붙였다. 한나라 때부터 시작해 당나라 이전까지 거의 모든 시대에서 가장 사랑받은 모양은 둥그런 대칭형이었다. 아마도 당나라 사람들이 이역의 식기에 열중한 것은 새것을 좋아하고

• 주벽과 떨어져서 경사진 아치형으로 벽을 받치는 노출 보. 고딕 건축의 독특한 양식이다.

헌것을 싫어하는 데서 기인했을 것이다. 그러나 내가 추측하기에 더욱 큰 원인은 모서리가 있고 각이 지고 변화가 많은 조형 속에서 당나라 사람 특유의 강인함과 풍격을 찾아냈다는 데 있다.

　한나라에서 당나라까지 이역 사물에 대한 사랑은 귀족 계층으로부터 위아래 모든 사람에게 퍼져나갔다. 미국의 중국학자 에드워드 셰이퍼Edward Hetzel Schafer●의 말 한마디가 저절로 떠오른다. 그는 『당대의 외래 문명』9이라는 책에서 이렇게 말했다. "8세기가 서역의 의복, 음식, 음악이 특별히 유행한 시기라고는 하지만, 실제로는 당나라 시대 전체에 걸쳐 외래 물품을 숭상하는 사회적 기풍에서 벗어난 적이 없었다."

　'벗어나다'라는 말을 쓴 것으로 보아 셰이퍼 선생이 당나라 때의 '외국 숭상' 풍조를 다소 무시하는 것도 같다. 그러나 판원란范文瀾 선생이 『중국통사』에서 한 말이 이미 '벗어나다'라는 용어에 답을 했다. "대체로 한 왕조에서 국내에 혼란과 정치적 동요가 있을 때마다 대내적으로는 자신을 지키지 못할까 전전긍긍하고, 외래문화에 대해서는 더욱 완고하게 배척하고 거절하며 영향을 받지 않으려고 했다. (…) 당나라의 문화는 이미 창성하고 성숙한 단계까지 발전해 어떤 외국 문화가 중국에 유입되더라도 당나라 문화를 녹이지 못하고 당나라 문화 전체 내에 주입되는 새로운 영양소가 될 뿐이었다. 외국 문화가 중국에서 유행한 것은 결코 중국의 봉건 문화가 쇠퇴하고 몰락해서가 아니라, 반대로 고도로 번영한 상태에서 충분한 흡수력과 소화력을 가지고 있었기 때문이다."

● 1913~1991. UC 버클리대 교수를 역임했다.

사람들 마음은 연회로 즐거워지네

당나라 음식사에서 가장 큰 첫 번째 혁명이 무엇이었는지 아는가?
정답은 당나라 가구家具에 큰 변화가 생겼다는 것이다.

　얼토당토않은 소리라고 하기 전에 내 말을 차근차근 들어보시라.
당나라 이전의 가구는 흔히 작게 만들어졌다. 옛날 사람들은 땅에
자리를 깔고서 나지막하고 작은 식탁에 쭈그리고 앉아 오늘날의 서
양식처럼 한 사람이 한 사람분의 음식을 먹었다. 당대에 들어와 신
식 가구인 높은 탁자와 큰 의자가 출현하면서 한 무더기의 사람이
탁자 하나 주위에 모여 음식을 같이 먹어야 할 현실적 조건이 생겼
다. 높은 탁자와 큰 의자는 당나라 사람들이 따로 먹기에서 함께 먹
기로 도약하는 것을 실현하는 데 도움을 주었고,● 식사는 더 이상
각자 챙기는 일이 아니라 공동으로 누리고 즐기는 일이 되었다. 콜
럼버스가 아메리카를 발견했듯이 당나라 사람들은 생활 속에 숨겨
진 새로운 즐거움을 발견했으며, 그들은 이를 환호해 마지않았다. 당
나라 때 연회가 성행한 정도는 중국 역사 5000년에서도 첫손가락에
꼽힌다.

　식사를 할 때 맛있는 음식은 손님들의 혀를 즐겁게 하고, 아름다
운 식기는 손님들의 눈을 즐겁게 하고, 각양각식의 연회는 손님들의
감각기관 전체를 즐겁게 했다. 당나라의 연회에서 맛난 술과 안주는
기본으로 차려지는 것일 뿐이었고, 사이사이에 또 여러 문예 공연이
있었다. 연회용 춤 하나만 해도 종류가 부지기수인 데다 스타일도 저

● 당나라 때는 아직 일정한 수의 사람이 따로 먹기를 선택했고, 함께 먹기가 완전히 보급된 것
은 송나라 때의 일이다.—원주

「연음도宴飮圖」, 무덤 벽화, 당나라
이 그림은 당나라 사람들이 확실히 따로 먹기에서 함께 먹기로 이행하고 있었음을 증명한다. 여러 사람이 탁자 하나에 둘러앉아 있고, 식탁 위의 요리를 저마다 한 젓가락씩 집어갈 수 있었다.

마다 달라 개성이 다른 손님들 모두의 요구를 만족시켜주었다. 예상 우의무霓裳羽衣舞는 "사뿐히 도는 모습 흩날리는 눈처럼 가볍고, 어여쁘게 내달리니 노닐던 용이 놀란다"[10]고 하여 교태가 넘쳤고, 파진무破陣舞는 "빼곡히 움켜쥔 창은 서리와 눈처럼 빛나고, 둥둥 북소리는 구름과 우레가 부딪치는 듯"[11]하여 우렁차고 씩씩했으며, 자무字舞는 "춤으로 창힐蒼頡의 글자를 만들고, 등으로 부처의 수레바퀴를 만든다"[12]에서 보듯 변환하는 대열로 글자를 표현해 재미가 넘쳤다. 가무 외에도 장대 오르기, 줄타기, 씨름, 칼 던지기 등 스릴 있는 공연과 만담이나 단막극 등의 웃음을 유발하는 프로그램이 마련되어 그야말로 중세의 '설 특집'●이었다. 선현의 말을 인용하자면 당나라 사람들이 가장 찬성한 바는 아마도 "홀로 즐거움을 즐기는 것은 사람들과 더불어 즐거움을 즐기는 것만 못하고, 적은 사람과 즐거움을 즐기는 것은 많은 사람과 즐거움을 즐기는 것만 못하다"[13]가 될 터이다. 이런 연회의 참가자 수는 걸핏하면 수백 수천을 헤아려, 통속적인 비유를 들면 연회가 환락의 바다를 이루었다.

'설 특집'식의 연회는 대부분 실내에서 거행되었다. 활발하게 움직이기 좋아하는 당나라 사람들이 어떻게 단순히 실내에 틀어박힌 연회석을 마련하려 했겠는가? 당연히 풍경을 좋아서 풍경이 좋은 곳에 연회석을 설치하여 탁 트이고 아름다운 배경을 즐겼다.

매번 봄이 오면 남성들은 친구를 불러 말을 타고 꽃과 나무 사이를 오가며 장소를 물색하다가 아주 예쁜 꽃밭을 발견하면 즉시 말에서 내려 술 마시고 놀았는데, 이런 말을 '꽃구경 말'이라고 불렀다. 여성들은 무리를 지어 교외로 구경 나가 우연히 귀한 화초를 만나면 너도나도 붉은 치마를 벗어 장대에 걸고 그것을 이어서 연회용 장막을 만든 뒤 땅에 연회석을 마련했는데, 이런 연회를 '치마 장막 연회'라고 불렀다. '꽃구경 말'이든 '치마 장막 연회'든 모두 얼마간 인클로저 운동●●의 의미가 있으니, 가장 좋은 풍경을 내 것으로 삼겠다고 맹세한 격렬함이 또한 사랑스럽다. 특히 여성들은 별다른 무기도 없이 붉은 치마로 명화名花를 차지했다. 생각해보면 당나라처럼 사람의

● 매년 중국 CCTV에서 설 전날 밤 8시부터 설날 정오까지 연속으로 방송하는 종합 문예 프로그램인 '춘절연환만회春節聯歡晚會'를 우리말로 옮긴 것이다.
●● Enclosure Movement. 16세기 영국에서 모직물 공업이 발달하면서 양털 값이 폭등하자, 기존 농경지, 공유지, 황무지 등이 양을 방목하는 목장으로 만들어지며 사유지화되거나 사유지임이 명시되었던 현상을 가리킨다.

마음을 들뜨게 했던 시대만이 이렇게 영웅적 기개가 넘치는 여성을 길러낼 수 있었다.

산해진미, 귀하고 맛난 술, 귀를 어지럽히는 관현악, 붉은 소매 여인의 향기, 이것이 일반적인 연회의 모습인데 그것도 자주 보면 물린다. 식상함을 해결하려면 더 많은 창의력이 요구된다. 생활을 사랑했던 당나라 사람들에게 가장 부족함이 없었던 것이 바로 생활에 대한 창의력이었다.

백거이는 문학사에 '당나라 현실주의 시인'으로 자리매김되어 있지만, 그의 행위나 작풍을 보면 낭만주의 풍격이 두드러진다. 그는 자기 집 연못으로 친구를 초대해 배를 띄우고 배 위에서 잔치를 열었다. 잔치를 연 후 백거이는 바로 마술을 부렸다. 사람들이 한 가지 요리를 다 먹고 나면 바로 다음 요리를 내오고 끝없이 음식이 나왔다. 그런데 배 위에는 음식을 만드는 요리사도 없고 미리 만들어 둔 요리도 없었기에 사람들은 그 요리들이 어디서 나오는지 궁금하기 짝이 없었다. 나중에 밝혀진 비밀은 이렇다. 사방 뱃전에 방수가 되는 기름천 주머니 100여 개를 매달고 주머니마다 요리를 가득 담아 물속에 담가놓았다가 연회석에 요리가 떨어지면 하인들이 물속에서 새로운 요리를 꺼내왔던 것이다. 사실 수법은 아주 간단하지만 철저하게 재미를 추구했다. 이렇게 남다른 풍미의 배 연회는 당나라 소주蘇州에 배 연회 열풍을 불러일으켰다. 이로부터 종횡으로 이어지는 강남의 수로에는 "물고기가 잔물결을 만들어 노래 부채의 그림자 흔들고, 제비가 흩날리는 꽃잎을 차 춤추는 자리에 떨어뜨리네. 노를 저을 수 있는 작은 배가 없다면, 어찌 백 항아리 술을 보내 술이 샘과 같을 수 있겠는가?"[14]라고 했던 풍경이 넘쳤다.

백거이는 또 자기 집 정원에 양쪽 모서리를 들어올린 돌궐풍의 파란색 휘장을 치고 휘장 안에 연회석을 마련해 손님을 접대했다. 손님들은 식사를 하면서 휘장의 여러 장점을 늘어놓는 백거이의 말을 들었는데, 예를 들면 겨울철의 매서운 찬바람을 막을 수 있다는 것이었다. 백거이가 이렇게 열심히 설명하는 것을 보면, 그가 있던 곳이 바람 온화하고 가랑비 내리는 장안長安이 아니라 황량하고 추운 고원이었던 모양이다. 이때 배가 고픈지 아닌지는 이미 중요하지 않았다. 휘장을 닫고 백거이의 해설을 따라 손님들은 다른 차원으로 진입했던 것이다.

그러나 백거이의 돌궐 휘장 연회를 당나라 태종의 아들인 태자 이승건李承乾의 배치와 비교해보면 또 전문성이 떨어진다. 이승건의 돌궐 휘장 연회는 장비가 휘장만이 아니었다. 먼저 휘장 안에는 돌궐인의 토템이었던 늑대 머리 깃발을 걸었고, 여기에다 모든 하인이 돌궐인 복장을 했으며, 이어서 이승건 본인도 돌궐 왕의 모습으로 분장했다. 더욱 흥미로운 것은 이승건이 다른 사람과 교류할 때 표준 돌궐어를 구사했다는 것이다. 연회에 참석한 손님은 어떤 산해진미를 먹었는지 기억하지 못하고 야성 넘치는 돌궐 부락으로 들어갔었다는 것만 기억했으리라 짐작된다.

몸을 움직이지 않아도 마음은 이미 멀리 가고, 문밖으로 발을 딛지 않아도 천 리 밖의 풍경을 다 즐긴다니, 아마도 이렇게 좋은 것을 알아 당나라 때 이승건의 연회석을 모방하는 이가 대단히 많았던 듯하다. 이는 아마도 당나라에서 가장 편리한 여행 방식이었을 것이다. 전설적인 '유선침遊仙枕'[15●]을 제외하면 말이다. '유선침'은 구자국龜玆國에서 당나라 현종에게 바친 예물이다. 겉보기에는 수수하게 생겠지만 이것을 베고 잠에 들면 꿈속에서 오호五湖, 사해四海, 삼도三島, 십주十洲를 두루 돌아다닐 수 있다. 남해의 어떤 나라에서는 또 '중명침重明枕'[16]이란 것을 바쳤다. 이것은 잠들 필요도 없이 직접 베개에서 각종 화려한 정대누각亭臺樓閣과 인물을 감상할 수 있었다. 신기한 베개가 실제 존재했는지는 중요하지 않다. 중요한 것은 이것들이 이승건의 연회석과 마찬가지로 후세에 재삼 호소력을 띠었고 당나라 사람들은 먼 곳을 늘 갈망했다는 점이다.

배 연회, 돌궐 휘장 등의 거창한 것을 제외하더라도 당나라 사람들이 놀면서 연회를 베푼 데서 세세한 곳도 또한 자못 분위기를 띠고 있다. 『개원천보유사』 한 권만 봐도 재미있는 기록이 여럿 있어서 완전히 고대의 이야기 모음집으로 여기고 감상할 수 있다. 단옷날이 되면 사람들은 금 쟁반에 작은 쭝쯔와 밀가루를 담은 뒤 금 쟁반 옆에 작은 활을 놓아두는데, 활로 쭝쯔와 밀가루를 맞추는 사람이라야 아름다운 맛을 즐길 수 있었다. 작은 활은 본래 잡기가 쉽지 않은 데다 쭝쯔와 밀가루의 질감도 미끄러워 맞추기가 대단히 어려웠다. 작은 놀이가 활쏘기에 대해서는 큰 시험대였던 것이다. 달달한 찰밥을 먹으면서도 쟁탈전을 잊지 않았으니, 당나라 때의 상무 정신과 경쟁의식이 이처럼 섬세한 놀이법에서도 흥미진진하게 펼쳐졌다.

칠석이면 궁중의 여인들이 잔치를 열면서 과일과 꽃술을 준비하는 것은 두말할 나위가 없고 저마다 거미를 한 마리씩 마련해 직녀성을 바라보며 좋은 마음씨와 솜씨를 내려달라고 정성스럽게 빌었다. 잔치가 끝난 이튿날 아침에 일어나 상자를 열어보고 거미가 거미

● 신선세계를 노니는 베개라는 뜻이다.

줄을 촘촘하게 짰으면 좋은 마음씨와 솜씨를 내려달라는 기도가 통했음을 증명하는 것이고, 듬성듬성 짰으면 조금밖에 안 들어주었다는 표시이므로 고개를 숙이고 낙담하면서 내년에 다시 빌 것을 기대하는 수밖에 없었다. "기운 은하수 질 때까지 사람들 잠들지 않는데, 거미줄이 몇 가닥이나 바람 부는 뜰로 내려왔을까?"[17]에서 보듯, 1년에 한 차례 있는 이 점치기로 인해 많은 당나라 여인은 전전반측하며 가슴을 졸여야 했다. 그러나 만약 점치기라는 부분이 빠지면 칠석날 잔치는 또 얼마나 밋밋하겠는가? 당나라 사람들은 온갖 궁리를 다 짜내 최대한 자신을 즐겁게 만들었다. 그들은 먹고 마시고 노는 것을 고안하느라 지혜를 쓰는 데 전혀 인색하지 않았다.

사실 사전에 아무런 계획이 없었더라도 그들의 자유분방한 성격이 연회를 무미건조하게 놔두었을 리 없다. 허신선許愼選을 예로 들면, 그는 친구와 놀러가 잔치를 열면서 장막과 앉을 것을 가져가지

「걸교도乞巧圖」 정관붕丁觀鵬, 청나라
직녀성에 솜씨를 빌 때는 과일을 바쳐야 하는 까닭에 그림 속의 여러 여인이 정성스레 탁자를 마련하고 있다. 당나라 여인들이 빈 것도 이와 대동소이했을 것이다.

「고일도高逸圖」, 손위孫位, 당나라

이 그림은 위진 시대 죽림칠현竹林七賢을 그린 것이다. 높은 탁자와 큰 의자가 나오기 전에는 사람들이 이처럼 각자 자리를 하나씩 차지하고 따로 식사를 했다.

않았다. 목적지에 도착해 허신선은 시동에게 사방에 떨어진 꽃을 주워 오라 일렀다. 사람들이 풀로 엮은 방석에 앉을 때 허신선만은 하늘과 땅 사이에 어지러이 떨어지는 꽃잎을 자리로 삼겠다며 "내게 이미 꽃 방석이 있거늘 앉을 것이 무슨 필요랴"라고 했는데, 술자리에서의 어떤 창화시唱和詩보다도 풍류가 넘친다. 다시 이종민李宗閔을 예로 들면, 그가 어느 여름날 연못가에서 잔치를 열고 술을 마시는데 더위를 견디기 어려웠다. 이종민은 아예 금 쟁반과 은 술잔을 버리고 물을 건너가 연잎을 따와서는 그것으로 술잔을 만들었다. 꽃잎과 더불어 청량함을 마셨던 것이다. 푸른 연잎이 흔들리고 맛난 술이 가득한 순간이면 당나라 사람들의 시원스러움이 영원한 격식이 되었다.

성당에서 중만당中晩唐으로 접어들면서 모든 것이 아래로 곤두박질쳤지만 오직 연회에서만큼은 성당의 즐거움과 열기가 시들지 않았다. 사람들은 여전히 술을 퍼마시고 고기를 뜯었고, 친구들을 불러 놀이를 즐겼다. 분열과 전쟁의 시간에도 예처럼 이러했기에 "사방이 시끄러워도 이 고을은 안온하기에, 밤이면 술판을 벌여 손님 불러 즐긴다"[18]고 했다. 다만 당나라 말기에 와서는 연회가 더 이상 오락의 방식이 아니라 마취의 수단이었다. 날로 몰락하는 제국을 마주하려면 아무리 용감한 사람이라도 약간의 진통제가 필요한 법이다.

붉은 회와 향기로운 벼[19]

"쌀 한 말 값이 삼사 전에 불과했다." "여행자들이 양식을 휴대하지 않았다." 문체가 소박한 『자치통감資治通鑑』은 이렇게 담백하고 평범한 표현으로 한 시대 음식의 풍족함을 기록했다. 만약 당신이 "여행자들이 양식을 휴대하지 않았다"와 같은 식의 표현이 재미없다고 느낀다면 그 음식들에 대한 '색깔이 선명하고 향기가 진한 버전'을 봐도 좋다. 그것은 바로 보는 사람의 눈이 휘둥그레지는 당나라의 메뉴판이다. 요리 이름만 봐도 당나라 사람들이 음식의 역사에서 얼마나 획기적인 일을 했는지 상상할 수 있다.

당나라는 중국 고대에서 서양 요리가 가장 성행한 시대였다. 서역에서 전해진 호떡, 구운 빵, 필라畢羅●는 당나라 때 북방 가정에서 가장 보편적인 주식이었다. 버터와 치즈 역시 상류사회의 기호품이 되었으며, 후추 등의 서역 조미료는 중국의 전통적인 간장, 식초, 된장 등의 양념과 대등한 위치를 차지했다. 당시에 "귀인에게 내는 음식으로는 모두 서역의 식사를 제공했다"는 말이 유행한 것은 당나라 때

● 소를 넣은 빵의 일종.

서양 요리가 보급된 정도가 국제화된 오늘날보다 더 높았음을 재차 증명한다. 안사의 난이 일어났을 때 당나라 현종은 황급히 서쪽으로 달아나 오후가 되도록 식사를 하지 못했다. 양국충이 그 마음을 헤아려 시장에서 호떡을 사다가 현종에게 바쳤다. 시인들이 호떡을 묘사한 것을 보면 "참깨 호떡 만드는 것을 서울에서 배워, 밀가루 부드럽고 기름이 향기로운 것이 새로 화로에서 나왔네"[20]처럼 모두가 칭찬 일색이다. 감진鑑眞●이 일본으로 건너갈 때도 항해에 필요한 식량을 준비하면서 특별히 호떡을 두 수레 가져갔다. 정말이지 임금으로부터 시인과 승려까지 당나라 때에는 서양 요리를 좋아하지 않는 사람이 없었다.

서양 요리에 대한 당나라의 '가져오기 주의'●●는 그저 생각 없이 바로 가져다 쓴다는 것이 아니라 중원의 입맛과 서역의 풍격을 한데 조화시킨 것이었다. 예를 들면 당나라 사람들은 앵두를 즐겨 먹었는데, 만당 대에는 사람들이 필라 속에 앵두를 소로 넣어 메뉴 가운데 중국식과 서양식이 섞인 '앵두 필라'가 크게 환영받았다. 당나라 태종은 "예로부터 중화를 귀하게 여기고 오랑캐를 천하게 여겼으나 짐만은 하나같이 사랑하노라"라고 했는데, 당나라 백성은 다른 것은 몰라도 적어도 음식에서만큼은 진정으로 '중화와 오랑캐를 하나같이 사랑하라'를 실천에 옮겼다.

당나라는 고대 중국에서 음식으로 섭생을 추구한 시대 가운데 하나였다. 손사막孫思邈의 『천금식치千金食治』와 잠은督殷의 『식의심감食

● 688~763. 은 당나라 때의 승려로 일본으로 건너가 남산율종南山律宗의 창시자가 되었다.
●● '나래주의拿來主義'를 옮긴 말로, 외래문화를 일단 받아들인 후 자신의 입장에 맞추어 취사선택하자는 관점을 가리킨다.

醫心鑑』등 식이요법과 섭생 경험을 총망라한 서적이 쏟아져 나오고, "어찌 청정반이 없어, 제 얼굴의 혈색이 좋아지도록 하지 못하겠습니까?"[21]나 "은자의 술맛은 대부분 약과 어울린다"[22]와 같은 섭생 이론도 당시에 자주 모습을 드러내면서 국수 같은 흔한 음식에서도 당나라 사람들은 병을 치료하는 10여 가지 처방을 연구했다.● 당나라 예종의 아들인 기왕 이범이 세상을 떠났을 때도 30여 가지 약주를 부장품으로 썼다. 약주를 가지고 천국에 간다는 것은 다른 세계에 가서도 섭생을 하겠다는 뜻이니, 식이요법과 섭생에 대한 당나라 사람들의 집념을 여기서 엿볼 수 있다.

학계에서는 보편적으로 당나라 사람들이 섭생을 추구한 것이 도교의 유행에 기인한 것이라 생각한다. 도교 종류의 섭생 사상이 그로 인해 유행했다는 것인데, 사실 당나라 사람들이 영양과 건강을 중시한 것은 지극히 정상적이다. 전쟁이 끊이지 않아 백성이 도탄에 빠졌던 후한後漢 말기에도 오히려 "인생이 채 백 년도 안 되는데, 항상 천 년 근심을 안고 있다"[23]고 장탄식을 늘어놓은 사람이 있었는데, 태평성대를 살아가던 당나라 사람들이 장수를 바란 것은 논리에 썩 들어맞지 않는가?

당나라 시대는 또 '딤섬 창세기'였다. '딤섬點心'이라는 말을 당나라 사람들이 발명했다. 위진魏晉 시대에는 정찬과 정찬 사이에 약간의 간식을 즐겼는데, 이런 간식이 당나라에서 발전하여 딤섬이 되었던 것이다. 그러나 딤섬은 간식과는 조금 다르다. 위진 시대 여러 가정에서는 이식제二食制를 채택했다. 하루에 오전과 오후 각각 한 끼씩 먹고,

● 이 10여 가지 국수를 이용한 처방은 잠은의 『식의심감』에 보인다. 이 책에서 잠은은 국수를 '색병素餠'이라고 불렀다. 원주

정찬이 부족하면 간식으로 보충했다. 간식은 주로 허기를 달래는 데 쓰이는 '긴급 구조'의 용도였다. 당나라 시대로 접어들어서는 보편적으로 삼식제三食制를 채택했다. 정찬이 넉넉하니 딤섬이 당나라 사람들 생활의 아름다운 장식품이 되었다. 정찬의 풍성한 요리 외에 입과 배 속에 즐거움을 더하는 '금상첨화'의 용도였다. 옛날 예법에 천자는 1일 4식의 특권을 누리도록 규정해 명실상부한 '종일 포식'이었고, 당나라 사람들은 삼식 안 또는 밖에 약간의 딤섬, 이를테면 귀비홍貴妃紅,● 금령자金鈴炙,●● 옥로단玉露團,●●● 자룡고紫龍糕,●●●● 만천성滿天星,●●●●● 등을 더해 천자의 생활 수준에 근접했다.

그래서 생활파들●●●●●●은 홍차 한 잔에 티 푸드tea food 한 접시를 곁들이는 영국식 애프터눈 티afternoon tea를 경배할 필요가 없고, "당시에 종이 네 번 울리면 세상의 모든 순간이 차를 위해 멈추었네"라고 노래하는 영국 민요의 푸근한 분위기를 부러워할 필요도 없다. 영국식 애프터눈 티는 17세기에 탄생했는데, 중국 조상들은 그보다 천년 전에 벌써 이와 같은 생활의 작은 행사에 익숙했던 것이다. 당나라는 또 '대채굴기大菜崛起'●●●●●●●의 시대였다. 회식제會食制가 나타나 식사 시 여러 사람이 탁자 하나에 즐겁게 모였고, 간략한 소찬은 이미 당나라 사람들의 호쾌한 기상과도 회식제와도 맞지 않아 각종

● 여지荔枝의 일종.
●● 여주. 박과의 식물로 암팔라야, 비터 멜론 등으로도 불린다.
●●● 치즈의 일종.
●●●● 떡의 일종.
●●●●● 깨죽의 일종.
●●●●●● 일정 정도의 학력과 경제력을 지니고 있으면서 품위와 격조가 있는 생활을 추구하는 청년층을 가리키는 말이다.
●●●●●●● '요리가 크게 발달하다'라는 뜻으로, '대국굴기大國崛起'에서 따온 말이다. 대국굴기는 '대국이 일어서다'라는 뜻으로 2006년 중국 CCTV에서 제작한 12부작 역사 다큐멘터리다.

복잡하고 신기한 요리가 잇달아 출현했다. 소증음성부素蒸音聲部●는 면으로 긴소매 옷을 입고 눈이 예쁜 가희歌姬 70여 개를 만들어서 쪄 먹는 것이다. 청풍반淸風飯은 찹쌀을 얼음 조각과 버터 등과 섞어 만든 것으로 반드시 얼음물로 차갑게 한 뒤에 먹는다. 동심생결포同心生結脯는 생고기로 동심결을 만들어서 바람에 말린 뒤에 먹는다. 십 원갱十遠羹은 석이버섯, 천화초天花草, 해표백海縹白, 전복 껍데기, 말린 새우 등 열 가지 맛의 신선한 재료를 조합해 만든 국이다. 혼양몰홀 渾羊歿忽은 양의 배 속에 거위를 넣고 거위의 배 속에 찹쌀을 넣은 뒤 잘 구워 양은 벗겨내고 거위 고기만 먹는 것인데, 거위 고기가 양과 찹쌀의 향기를 두루 풍긴다. 고기 요리든 야채 요리든 만드는 법이 모두 다양했다. 설령 그냥 회를 뜬다고 해도 "소리 없이 썰어 내리니 부서진 눈이 날리는 듯, 뼈를 저미고 나니 봄 파처럼 뾰족하다"[24]고 한 것과 같은 처리를 거쳐야 했다.

소싯적 『홍루몽』을 읽었을 때 청춘 남녀의 고달픈 생활의 감정은 당시 세상을 모르던 내게 감흥을 주지 못했고, 오히려 가지절임 만드는 법에서 감동을 받았다. "방금 따낸 가지의 껍질을 벗기고 속살을 실같이 가늘게 썰어서 닭기름에 튀겨요. 그리고 닭 가슴살과 표고버섯, 죽순, 목이버섯, 오향을 넣어 말린 두부, 각종 말린 과일 등을 가늘게 썰어 닭 국물에 넣고 봉해두었다가 먹을 때 볶은 닭고기와 비비면 되는 거예요."[25] 지금 보니 이것을 당나라 때 부잣집에 둔다면 아무것도 아니다. 청나라 사람들은 닭고기를 가지 요리의 보조 재료로 쓰면서 닭고기도 어쨌든 함께 먹었다. 당나라 사람들은 양을 통

● 당나라 때 노래하는 가희歌姬를 '음성인音聲人'이라 불렀다. '음성부'는 가희의 무리를 가리키는 말이다.

째로 구워서 거위 요리의 향신료로 쓰고, 그런 뒤에 양고기 통구이
는 내다버렸다. 이 요리의 출연진에서 양고기 통구이는 기껏해야 엑
스트라에 불과한 것이었으니 당나라 사람들의 요리법이 훨씬 사치스
럽다.

복잡한 순서와 사치스런 재료로 당나라의 요리는 틀림없이 아주
맛있었을 것이다. 그러나 당나라 사람들은 음식물이 그저 미각만 자
극해서는 안 되고 다른 재미를 더 제공해야 한다고 생각했던 게 분
명한데, 앞에서 언급한 '소증음성부'가 바로 그러한 예다.

범정梵正*이라 불리는 비구니를 예로 들어 이야기해보자. 범정은
왕유가 그린 「망천도輞川圖」를 모방해 고깃국, 회와 포, 젓갈, 오이와
푸성귀를 모아 경물을 만들고 이를 망천도 모형이라고 불렀다. "나
무 끝의 부용꽃, 산속에서 붉은 봉오리 터뜨렸네. 개울가 집은 휑하
니 사람도 없는데, 어지러이 피었다 지는구나"[26]라고 한 신이오辛夷塢
나 "빈산에 사람 보이지 않고, 다만 사람 말소리만 들린다. 석양이 깊
은 숲속으로 들어와 다시 푸른 이끼 위를 비춘다"[27]던 녹채鹿柴를 막
론하고 망천의 21경이 모두 음식 그릇에 있었다. 이것은 수나라 때
의 '보는 요리'**와는 달랐다. 당나라 사람들이 즐기기를 아주 잘 알
고 있었기에 망천도 모형은 볼 수도 있고 먹을 수도 있었다. 망천의
산수는 필경 소박했을 테니 이로부터 망천도 모형도 지나치게 현란
하지는 않았으리라 추측된다. 왕유는 또 「이역도異域圖」 한 폭을 창작
하여 오늘날에는 이미 고증할 길이 없는 어떤 나라의 온화하고 아름

* 중국 고대의 10대 요리사 가운데 하나로 일컬어지는 비구니.
** 수나라 때부터 모형으로 만들어 접시에 담은 요리가 나왔지만, 기본적으로 장식의 의미만
있었을 뿐 식욕을 만족시키지는 못해 관상용이지 식용이 아니었다.─원주

「왕유시의도王維詩意圖」, 항성모項聖謨, 명나라

왕유의 여러 시의詩意를 명나라 항성모의 필묵이 더 정확하게 드러냈을까, 아니면 당나라 범정이 요리로 더 세밀하게 그려냈을까?

「취음도醉飲圖」, 만방치萬邦治, 명나라
두보가 「음중팔선가飮中八仙歌」에서 노래한 이들은 하지장賀知章, 이적지李適之, 이백,

다운 경치를 그린 적이 있다. 아쉽게도 범정은 「이역도」를 모방해 요리를 만들지는 않았다. 그랬다면 그 요리는 틀림없이 엄청 향기롭고 아름다웠을 텐데 말이다.

당나라 때에는 한식을 지내며 불 피우기를 금해 차가운 음식을 먹을 수밖에 없었다. 삶은 달걀이 당나라 때 한식에서 없어서는 안 될 주식이었다. 이렇게 달걀을 먹으며 식은 밑반찬과 고기구이를 더한다면 그야말로 소박할 터이다. 한식·청명이 며칠 되지도 않건만 당나라 사람들은 생활이 하루라도 소박해지는 것을 허락하지 않았다. 불을 피워 거창한 요리를 만들 수 없다면 달걀에 무늬라도 새겨보고자 했다. 호사가들은 달걀 위에 각종 무늬와 도안을 그리고 새기고 바림했고, 다시 완성품을 들고나와 경기를 벌였다. 달걀을 가지고 다투는 활동은 당나라 때 크게 유행하여, "붉게 물든 복사꽃과 눈이 쌓인 듯한 배꽃, 영롱한 달걀로 경기를 하는 때로다"[28]라 했다. 매번 한식이 되면 거리 곳곳에서 영롱하게 무늬를 새긴 달걀을 볼 수 있었으니, '고수는 민간에 있다'는 말이 전부터 허언은 아니었던 것이

최종지崔宗之, 소진蘇晉 등 모두 당나라 때 술로 유명한 사람들이었다. 이 그림은 두보의 시상에 근거해 그린 것이다.

다. 달걀의 맛은 이미 중요하지 않았고, 우열을 다투는 떠들썩함 속에서 1년 중 가장 고즈넉한 명절이 또 시끌벅적하게 지나갔다.

당나라 때 투계鬪鷄가 성행한 것이 당나라 사람들 뼛속의 용맹함과 사나움을 나타낸다면, 투란鬪卵의 성행이 보여주는 것은 생활에 대한 당나라 사람들의 표준적인 태도다. 그저 하나의 달걀이라도 그것을 하나의 별처럼 풍성하고 아름답게 만들어야 하니, 생활의 즐거움이 영원히 넘쳐나야 한다는 것이다.

그러나 식품 조각의 정밀함이나 요리 기법의 다양함과 방향을 달리한 것이 당나라 전체 음식의 호방한 기조였다. 떡을 만들 때는 밀가루 떡 한 판을 장식하는 양고기만 한 근이었고,[29] 소를 삶을 때는 직접 소 몸체에 여남은 개의 칼을 꽂아 잘라 먹으라고 했으며,[30] 차를 마실 때는 하루에 40~50개의 주전자를 마셔야 했고,[31] 물고기 살을 저미는 세밀한 칼질에도 '무리화舞梨花' '천장선千丈線' '대황백大瑝白'과 같은 이름이 있어 협기俠氣가 넘쳤다. 이처럼 수컷의 특징이 과도하게 두드러진 시대에는 먹고 마시는 즐거움조차 영웅전英雄傳으로 내달렸던 것 같다.

끝으로 독자 여러분께 이 편의 순서에서 왜 식기와 잔치를 맛난 요리 앞에 두었는지 간략하게 설명하고자 한다. 이유인즉슨 각양각색의 식기와 연회의 분위기는 정식으로 식사를 하기 전에 우리에게 음식에 대한 동경을 가져다준다. 도자기 그릇을 두른 푸른 꽃무늬가 끝없는 계화주桂花酒처럼 식감의 환상을 갖게 하고, 깔끔하고 명랑한 곡조는 당신의 콧속으로 '아침의 무궁화와 이슬 머금은 아욱'[32]의 향기로움을 보내온다. 그리고 뒤편의 산수와 햇빛은 황홀할 정도로 부드러워 당신이 입을 벌릴 때마다 벌꿀이 부서지는 것이 느껴진다. 맛난 음식을 즐기기 전에 먼저 동경을 즐기는 것, 이것이야말로 진정한 식탐이다.

북치기

꽃과 향으로도 싸우다

伐鼓貪

힘을 겨루라 자주 북을 쳐 재촉하니
도읍에서 다시 제일가기를 다투네
_ 장열,「'줄다리기를 보고 지은 시'에 화답하다」

○
○

당나라는 아마도 중국 역사상 가장 '승부욕이 강했던' 시대일 것이다. 축국, 마구馬球, 줄다리기, 씨름, 투계, 바둑 등 강도가 센 경기들이 당나라 때 전성기를 구가하며 전대미문의 규모를 이룩하여, "힘을 겨루라 자주 북을 쳐 재촉하니, 도읍에서 다시 제일가기를 다투네"[1]로부터 "궁궐 안에서는 투계를 하고, 누각 옆에서는 축국을 한다"[2]에 이르기까지 각종 경기가 당나라 사람들을 사로잡았다.

다른 왕조에서 가볍게 즐기던 종목들이 당나라 사람들 손으로 넘어와서는 치열한 경기가 되었다. 예를 들어 용선龍船 경주는 당나라 이전에 단오절을 기념하는 기복祈福활동에 지나지 않았던 것이 당나라 때에 이르러 우열을 가리지 않으면 안 되는 경기가 되었다. 당나라 사람들은 순위를 가리기 편하도록 특별히 도착점에는 대나무 장대에 비단 깃발을 걸어두고 이것을 먼저 쟁취하는 사람이 이기는 것으로 했다. '우승하다'라는 뜻의 '탈표奪標'●라는 말이 바로 당나라

● 원래는 '깃발을 빼앗다'라는 뜻이다.

때 나왔다. 그네도 당나라 이전이나 이후에는 부잣집 소녀나 여염집 규수들의 작은 놀이에 불과해 "그네를 다 구르고 나서, 일어나 힘없이 가는 손을 모은다. 이슬 짙고 꽃 파리한데, 가벼운 옷 사이로 옅은 땀이 배어 나온다"[3]와 같은 모습이었다. 그러나 당나라 때는 그네 뛰기도 한바탕 경기를 해서 "그네를 뛰며 순위를 다투느라, 고운 줄 휘어지도록 잡아당긴다"[4]고 했다. 전하는 말에 따르면 측천무후가 그네뛰기의 고수여서 후궁의 그네 경기에서 솜씨가 여러 사람을 압도했다고 한다. 낚시도 당나라 이전이나 이후에는 그저 성정을 도야하는 활동으로 지극히 조용했으나, 당나라 사람들은 이를 격렬하고 소란스럽게 바꾸어놓는 수완을 보였다. 그리고 "멀리 검남에서 새로 짠 비단을 구하려거든, 먼저 동궁에서 물고기를 많이 낚으시라"[5]에서 보듯, 낚시에서 이기면 상품으로 '검남에서 새로 짠 비단'을 얻을 수 있었다. 궁정의 생활이란 원래 음풍농월이 제격인데, 당나라 때의 궁정생활은 오히려 경기 위주여서 화약 냄새가 진동했다. 궁정생활을 기록한 왕건의 「궁사」 100수는 거의 얇은 『당나라 궁정 경기 실록』에 가깝다.

게다가 당나라 사람들은 생활 속 여러 보잘것없는 일까지 손 가는 대로 방대하고 복잡한 경기 체계로 끌어들였는데, 이는 중국 역사상 처음 있는 일이다. 생활이 곧 경기장으로서 그들은 세수하고 양치질하는 것까지 경기로 바꾸고 싶어했다.

「마구도馬球圖」, 작자 미상, 명나라

마구는 삼국 시대 조식曹植의 「명도편名都篇」에 이미 등장하는데, 당나라 때에 이르러 궁정의 모든 남녀가 몰두하는 운동이 되었다.

「유기도遊騎圖」, 작자 미상, 당나라

그림 속 인물 가운데 어떤 사람은 주머니를 메거나 장대를 들고 있고 어떤 사람은 마구장馬球杖을 들고 있어, 이윽고 한 차례 격렬한 경기가 벌어질 것을 쉽게 예상할 수 있다.

열희: 앞쪽에서는 백희를 어지러이 다투네[6]

산악백희散樂百戲는 아마도 예술과 관련된 어휘 가운데 외연이 가장 넓은 것으로, 중국 고대의 악무樂舞, 잡기雜技, 무술, 마술, 잡극雜劇, 골계희滑稽戲 등 상상할 수 있는 모든 공연 양식을 가리킨다. 산악백희의 역사는 거의 황하 문명의 역사만큼 길다. 사람들이 밥을 먹고 사냥을 할 때부터 춤을 추고 노래를 부르기 시작하지 않았던가. 그러나 공연에서 경주로 산악백희의 격을 높인 것은 당나라 사람들이다.

곡예와 잡기는 더 이상 단순한 공연이 아니었다. 당나라 때는 궁정으로부터 민간에 이르기까지 모두 공연자를 청백 양 팀으로 나누어 경기로 승부를 겨루게 하는 데 몰두했다. 승부의 자극이 있으면 공연자나 관중 가릴 것 없이 모두 열정이 넘치게 된다. 그래서 이렇게 쌍방이 우열을 겨루는 곡예와 잡기에 대단히 생동감 있는 이름이 붙었으니 바로 '열희熱戲'●다. 현재 각지의 텔레비전 방송국에서 걸핏하면 재능 경연 대회를 주최하여 「슈퍼 여가수超級女聲」●● 등의 인재 선발 프로그램을 대대적으로 내보내고 있는데, 아이디어의 출발점은 사실 당나라 사람들의 '열희'였던 것이다.

열희의 마당에서는 여러 기예가 모두 경기 종목이 될 수 있었다. 가장 기본적인 노래 부르기와 춤추기부터 어룡만연魚龍蔓延,●●● 도로

● 열정적인 놀이라는 뜻이다.
●● 중국의 후난湖南 위성 방송에서 2004년부터 방송하고 있는 여가수 경연 대회.
●●● 진귀한 동물의 모형을 들고 하는 기예.

都櫨 사람의 심동尋橦,[•] 회거戲車,^{••} 배로 돌기,^{•••} 칼 삼키기, 불 뿜기,
물 치기, 가면 놀이, 괴이한 동물, 사리舍利,^{••••} 한선旱船,^{•••••} 장교
長撟,^{••••••} 땅재주, 바퀴 돌리기, 방울 던지기, 칼 던지기, 사다리 통
과하기, 줄넘기, 장대 오르기, 접시돌리기, 솥 들기, 탁자 돌리기, 창 다
루기, 병 차기,^{•••••••} 사람 이기,^{••••••••} 탄환 날리기, 허리 구부
리기,^{•••••••••} 공 굴리기,^{••••••••••}, 진면瞋面,^{•••••••••••} 칼
꽂은 멍석 말아서 그 안 통과하기까지 있었다.

열희는 종합 경기여서 통상 한 가지 경기에 그치지 않았다. 놀기
좋아하는 당나라 사람들이 한 차례의 공연이나 경기에 만족할 수
있었겠는가? 경기에 참여하는 쌍방은 왕왕 여러 개, 심지어는 여남
은 개의 종목을 겨루었고, 종목마다 승부를 내고 마지막 승부는 집
단 전체가 모든 종목의 승부에서 취득한 승패로 결정했다. 이런 규
칙 때문에 열희의 모든 경기는 이기고 지는 것이 관건이 되었고, "열
희의 경쟁심이 극도로 불타올라, 쇠망치를 몰래 들고 양보할 마음 없
었지"⁷라 한 것처럼 관중들은 한시도 흐트러지지 않았으며, 수시로
전세 역전이 나타날 수 있었다.

• '도로'는 나라 이름으로, 이 나라 사람들이 나무를 잘 탔다고 한다. '심동'은 한 사람이 장대를
들고 다른 여러 사람이 장대 위로 올라가는 기예.
•• 수레 위에서 공연하는 기예.
••• 장대 끝에 배를 대고 회전하는 기예.
•••• 고양이와 비슷하나 몸집이 더 크고 꼬리가 짧은 동물.
••••• 두 사람이 배 모양의 도구를 가지고 추는 춤.
•••••• 긴 신을 신고 하는 놀이로 여겨진다.
••••••• 차올린 병을 철을 씌운 봉의 끝으로 받아 돌리는 기예.
•••••••• 머리 위에 거꾸로 선 사람을 손으로 지탱하며 걸어가는 기예.
••••••••• 몸을 뒤로 구부려 손과 발이 땅에 닿은 자세로 땅 위의 그릇을 입에 물고 하는
기예.
•••••••••• 나무로 만든 큰 공 위에 올라 발로 굴리는 기예.
••••••••••• 가면 놀이의 일종.

당나라의 황제들, 특히 예술의 황제 현종은 한가한 날이면 곧잘 궁중에서 열희를 벌였다. 당시 궁중에서는 거의 어떠한 예술 공연도 집단을 나눈 경기를 피해가지 못했다. 『교방기教坊記』에서 이렇게 얘기하고 있지 않은가. "모든 연희演戲는 걸핏하면 두 패로 나뉘어 우열을 가렸다"고. 성격이 온화하기가 우유 사탕 같고, 아내인 측천무후에 치여 꼼짝 못하던 당나라 고종조차 패를 나누어 승부 겨루기를

「금명지쟁표도金明池爭標圖」, 장택단張擇端, 송나라
이 그림은 북송의 수도인 변량汴梁의 금명지에서 배 경주를 하며 깃발을 쟁취하는 장면이다. 배 경주는 당나라에서 시작되어 크게 유행했다.

좋아하여, 연회석에서 두 왕자에게 각자 악공 한 팀을 이끌고 대항 경기를 펼치라고 명한 적이 있다. 비록 후에 충신 학처준柳處俊이 이를 몹시 통탄하며 고종에게 간언을 올려 "두 왕자의 나이가 어려 뜻과 취향이 아직 정해지지 않은 상태이니 마땅히 형제간에 서로 양보하며 한 사람처럼 친해야 합니다. 지금은 두 패로 나뉘어 번갈아 경쟁하면서 광대나 소인배처럼 말에 법도가 없으니, 서로 승부를 다투다가 예절을 잊었다고 비난받을까 우려됩니다"라고 했지만, 고종은 한 차례 뜨끔해서 열희를 금하는 명령을 내렸을 뿐 완전한 금지는 결국 흐지부지되고 말았다.

당나라의 예술 학원인 교방敎坊은 설립 초기부터 패를 나누어 승부를 겨룰 객관적 조건을 갖추고 있었다. 현종은 외교방과 내교방을 설립하면서 외교방과 내교방 모두 좌우 두 개로 나누었다. 이러니 무슨 경쟁 상대를 따로 찾아 나설 필요가 있었겠는가? 자기 내부의 좌우 두 개 교방 간의 경쟁이 절로 치열했을 것이다. 사실이 또 확실히 그러했다. 외교방을 예로 들면 그 가운데 좌교방은 무용에 뛰어나고 우교방은 노래에 뛰어났다. 앞서 언급한 것처럼 열희는 종합 경기여서 좌우 교방이 각기 잘하는 것이 있다고 해도 최후의 승부는 얽히고설켜 구별이 되지 않고 양측은 항상 끝없이 싸움을 벌였다.

당나라 황제는 대포大酺를 좋아했다. 대포는 황제가 명을 내려 신하와 백성에게 술자리를 마련해주는 것으로, 일반적으로 국가에 경사가 있을 때 그렇게 했다. 그런데 당나라 때의 규칙은 경사가 있으면 술자리를 마련하고, 경사가 없으면 만들어서라도 술자리를 마련해야 한다는 것이었다. 그래서 당나라 때는 대포가 아주 빈번했고, 대포가 있으면 꼭 열희가 있어 "봄이 세 개의 거리에서 피어나고, 대포가 백희의 마당에서 열린다"[8]고 했다. 당나라 술자리 모임의 시끌 벅적함 속에 패 나누어 승부 겨루기가 빠질 수 없었던 것이다.

한번은 현종이 낙양의 오봉루五鳳樓 아래에서 대포를 열며, 부근 300리 이내 주현州縣의 지방 장관들에게 현지의 성악과 잡기 방면 예인들과 함께 참석해 경축하라는 명을 내렸다. 주현 단위로 팀을 나누어 경기를 한 결과, "연회에 합류해 천 명의 관리가 몰려들고, 패를 나누어 백희가 펼쳐졌다."[9] 여러 주현에서 솜씨를 다 발휘하도록 나중에 승부에 따라 상과 벌을 내리기로 했다. 천자의 권세가 있으니 상과 벌도 그의 손에서 확대되었고, 각 주현은 이에 많은 자극을 받아 온갖 기기묘묘함을 연출했다.

예를 들면 하내군河內郡에서는 가장무도회를 열었다. 호랑이 가죽 등 패기 넘치는 재료로 수레를 끄는 소를 물소, 코끼리, 호랑이 등의 모습으로 분장시키고, 여기에 수백 명의 악공들이 번쩍거리는 비단옷을 입고 '맹수'가 끄는 마차 위에서 노래하고 춤췄다. 멀리서 보면 영락없는 「미녀와 야수」였다. 또 예를 들면 원덕수元德秀라는 관리는 주변 사람들이 모두 황제에게 알랑거리기 바쁠 때 기발하게도 가창의 형식을 빌려 황제에게 간언을 올렸다. 원덕수는 수십 명의 악공들이 손에 손을 잡고 「어위於蔿」라는 곡을 부르게 했는데, 「어위」의 작사가가 바로 원덕수 자신이었다. 백성의 질고를 묘사한 이 가사를 듣고 현종이 크게 감동했다. 결국 원덕수의 합창단이 예술적인 승리를 거두었고, 원덕수 본인도 관도官途에서 승승장구할 수 있었다. 더 많은 사례도 필요 없이 다만 이 두 공연 광경만 보더라도 그 당시 열희의 뜨거움을 알 만하니, 그야말로 "다투어 달리니 여러 새 흩어지는 듯하고, 기예를 겨루니 온갖 꽃이 모여든 듯"[10]했다. 중앙정부에서 나서서 대포를 조직한 것 말고도 당나라 임금들은 또 여러 차례 각 주현이 저마다 대연회를 개최하도록 명했고, 대연회에서 빠지지 않는 프로그램은 언제나 열희였다. 주현 자체에서 대연회를 열면 모두 같은 고장 사람이 참가하는데 어떻게 열희 경기를 진행했을까? 이때는 기준이 되는 인물을 임의로 정하고 팀을 나누어 경기를 벌였다.

개원開元 연간의 어느 날, 황제가 주현에 대포를 열 것을 명하자 가흥嘉興에서는 현령과 옥리獄吏를 기준으로 두 팀을 나누었다. 현령 팀에서 현 전체를 들썩거리게 할 만한 서커스를 준비하자, 옥리 팀에서는 이에 대적할 공연을 찾지 못하고 있었다. 한창 골머리를 앓고 있을 때 모수毛遂라는 죄수가 나서서 자신의 줄타기 기예가 가히 신의 경지라고 했다. 옥리는 썩 내키지 않았다. 줄타기 기예가 무어 대단한 것이 있겠으며, 널린 게 줄타기 기예인이 아닌가. 죄수가 웃으며 말했다. "다른 사람의 줄타기 기예는 밧줄을 양쪽에 묶은 뒤에 팽팽한 밧줄 위에서 아슬아슬한 동작을 보여주는 것이지만, 저는 밧줄을 묶지 않고 단지 공중으로 던진 뒤에 허공의 밧줄 위에서 기예를 선보입니다." 이기고 싶은 마음이 간절했던 옥리는 이 사람의 신분도 아랑곳하지 않고 뛸 듯이 기뻐하며 이 죄수에게 경기에 참가하라고 명했다. 경기 당일 죄수는 길이가 100척이 넘는 밧줄을 들고 밧줄의 한끝을 공중으로 던졌다. 더 높이 던질수록 밧줄은 뜻밖에 공중에서 팽팽하게 펴졌다. 갑자기 죄수가 밧줄을 붙잡고 공중으로 타고 오르더니 결국에는 높은 하늘로 사라졌다. 아래에 있던 사람들은 점점 멀어지는 그의 뒷모습을 바라보며 넋을 놓을 뿐이었다.[11]

관가에서 마련한 열희 외에 민간에서도 패를 나누어 승부를 겨루는 것이 대단히 성행했다. 한가한 시간이면 마을 원두막 주변에서 시

시때때로 경기가 벌어졌다. 영업을 하려 해도 한바탕 경기를 벌여야 했다. 전기傳奇로 일컬어지고는 있지만 원작자는 논픽션 문학이라고 불렸던 『이왜전李娃傳』에서 패가망신한 남자 주인공 형양생滎陽生은 이왜에게 속아 전 재산을 날린 후 흉사凶肆, 요즘 말로 장례 회사에 취직해 만가挽歌를 부르는 것으로 생계를 이어갔다. 당시 경성에는 동쪽과 서쪽 두 곳에 흉사가 있었는데 영업을 하기 위해 항상 시장 한복판에서 승부를 겨뤘다. 원래 동쪽 흉사는 만가는 그저 그렇고 여러 뛰어난 상여와 장례 도구에서 이기는 반면, 서쪽 흉사는 도구는 낡아빠졌으나 만가를 구슬프게 불러서 이겼다. 그러나 목소리가 고운 형양생이 동쪽 흉사에서 만가의 실점을 만회하기 위해 "목소리가 청량해 메아리가 숲의 나무를 진동시킬" 정도로 「해로薤露」를 부르자, 마음이 아파 눈물을 흘리지 않는 사람이 없어 동쪽 흉사의 완승으로 끝났다. 전체 이야기에서 내가 가장 놀란 부분은 이 광경을 지켜본 관중 수였는데, "사방의 문인들이 모두 그곳으로 달려가 거리에 사람이 없을 정도였다." 두 흉사에서 경쟁을 하는 것에 불과한 일이 거리에서 사람들을 사라지게 할 정도였다니, 당나라 시정 사람들이 경기를 좋아한 정도가 귀족들보다 훨씬 더했던 듯싶다.

기우제를 지내려 해도 한바탕 경기를 벌여야 했다. 정원貞元 연간에 장안이 크게 가물었는데 시민들이 기우제를 지내는 방식은 여러 성악과 공연을 마련하는 것이어서 아주 자연스럽게 동시東市와 서시西市가 경쟁이 붙었다. 동시의 채루彩樓●에 오른 선수는 강곤륜康昆侖이라는 비파의 최고수로서 천하무적이라고 자부하는 인물이었다. 강

● 경축용으로 쓰기 위해 형형색색의 비단으로 장식한 친막.

곤륜의 연주가 끝난 뒤에 서시의 채루에 나타난 여인도 역시 비파를 연주하기 시작했는데, "소리가 우레와 같고 신묘함이 입신의 경지였다." 강곤륜은 크게 놀라 경기가 끝난 후에 여인을 스승으로 모시고자 했는데, 알고 보니 여인은 여장을 한 단선본段善本이었다. 단선본은 강곤륜에게 10년 동안 악기를 가까이하지 못하게 했다. 강곤륜이 원래의 기예를 모조리 잊어버리자 그는 다시 자신의 기예를 하나하나 전수했고 강곤륜은 마침내 대가가 되었다.

위의 이야기는 약간 과장된 요소가 있지만 패를 나누어 승부를 겨루는 것이 예술 방면의 정진에 크게 도움이 된다는 것을 충분히 증명한다. 생각해보면 이러하다. 만약 단순히 보통의 관중을 상대해 공연을 한다고 치자. 관중은 대부분 문외한인데, 문외한이 열띤 장면을 보면 설령 공연자의 기예가 조금 모자라도 관중으로서 좋고 나쁨을 분별하기가 쉽지 않다. 그러나 만약 경쟁이라면 상대방은 자신과 마찬가지로 전문가여서 조그마한 옥에 티도 모두 상대방의 눈에 띌 텐데 어떻게 있는 힘을 다해 공연의 완성도를 높이려 하지 않을 수 있겠는가? 이런 장려가 아니더라도 승부욕이 자연스럽게 기예인의 발전을 채찍질할 것이다.

마지막으로 문제를 하나 내고자 한다. 어떤 사람이 열 명과 경기를 할 때 더 힘을 내겠는가, 아니면 백 명과 경기를 할 때 그렇겠는가? 상식적으로 생각하면 당연히 백 명과 경기를 할 때 적수가 더 많으므로 투지를 더 발휘할 것 같다. 이를 두고 미국 연구자들이 최근에 몇 가지 조사를 했다. 그중 하나는 미국 칼리지 보드College Board 사에서 공표하는 50개 주 SAT 시험 성적을 비교한 것이다. 그 결과 수험생이 많은 고사장일수록 그 고사장의 SAT 평균 점수가 도리어

「악기樂伎와 백희百戱」, 작자 미상, 북조

그림으로 보아 악무와 백희의 공연이 아주 성황이다. 만약 당나라 사람들처럼 경기제를 도입했다면 공연 장면은 더욱 뜨겁고 요란했을 것이다.

둔황 석굴敦煌石窟 445 북벽 성당盛唐 회화 「미륵변彌勒變」에 그려진 민간의 임시 공연장

당나라 사람들은 각종 경기와 공연을 아주 좋아해 경기나 공연이 있을 때마다 일찌감치 임시 공연장을 마련해 편안히 앉아서 감상했다.

낮았다는 것이 밝혀졌다. 또 하나의 조사는 실험이었다. 연구자는 실험 참가자를 두 개 조로 나누어 그중 한 조는 자신이 열 명과 경기를 한다고 여기게 하고, 다른 한 조는 자신이 백 명과 경기를 한다고 여기게 했다. 나중에 두 조가 테스트를 완성한 속도를 비교하니 열 명과 경기를 한다고 여기게 한 조가 속도 면에서 백 명과 경기를 한다고 여기게 한 조보다 월등히 빨랐다.

결론은 경기 참가자 수가 N 증가할 때 참가자의 경쟁 동력은 오히려 감소한다는 것으로, 설령 승리 확률이 변하지 않더라도 동력은 여전히 하락하니 이것이 바로 N 효과다. 이런 효과가 발생하는 까닭은, 경기 참가자가 비교적 적은 상황에서 사람들은 자신과 타인의 사회적 비교를 충분히 예측하고 체험하지만, 규모가 큰 경쟁 상대를 대하면 충분한 예측과 비교가 불가능해지고 경쟁 분위기가 다수의 경기 참가자에 의해 희석되어 경쟁의 동력이 약해지기 때문이다.

눈치챘는지 모르겠지만 아무리 규모가 어마어마한 열희를 거행하더라도 채택한 방식의 절대다수는 쌍방 대진의 형식이어서, 이는 흡사 "두 부대를 앉히고 백희를 진상하며, 음악을 관장하는 신하가 공손하게 나라의 태평을 경하한다"[12]는 식이었다. 현종이 낙양의 오봉루에서 거행한 여러 주현의 경기는 실제로 자주 볼 수 없었다. 당나라 사람들의 경기에서 N은 줄곧 최소치인 2를 유지했다. 다시 말해서 당나라 사람들이 의도적으로 쌍방 대치를 택했든 우연히 그렇게 됐든 그들의 경기 동력은 300년 동안 시종 최고점에 머물렀다는 것이다.

투다: 월 땅 사발에서 물소의 침처럼 차의 향기가 나네[13]

역대의 차 관련 시사詩詞는 대체로 고상하고 한적함을 묘사했다. 송나라 사람 왕익유王益柔의 "아이 불러 차를 끓이게 하고 백주를 들이켜니, 질그릇이 절로 콩잎과 남가새와 어울린다"[14]부터 청나라 사람 정판교鄭板橋의 "가장 좋아하는 것은, 시원한 저녁 멋진 손님이 오면 새 송라차 한 주전자를 우리는 일"[15]●까지가 그러하다. 당나라 사람들도 이런 점에서 예외는 아니었다. "등불 밝힌 소나무 숲 고요한데, 차를 끓이니 사립문까지 향기롭다",[16] "고상한 담론과 글감으로 떠오르는 생각, 푸른 차가 석류꽃을 대신하네"[17]라든가, 아니면 "어제는 봄바람이 탱자나무 꽃에 불더니, 술 깬 봄날 저녁에 한 사발의 차"[18]를 보면 어느 한 구절 물처럼 청량하지 않은 것이 없다. 그러나 문학 창작과 현실은 별개의 일이어서 당나라 사람들은 현실에서는 담백하고 그윽한 차의 분위기를 깨고 경기의 특성이 강한 '투다鬪茶'를 개발해냈다.

투다는 처음에는 당나라 건주建州에서 차를 재배하던 농민들만의 경기였다. 새 차를 다 만들고 나면 차 재배 농민들은 근질근질함을 참지 못하고 자기 집 차와 남의 집 차를 비교했다. 마치 위아래를 다 투어야만 1년 내내 차를 심고 만든 고생도 보람이 있는 듯했으니 이것이 곧 '차 싸움'이다. 이날 경기 참가자들이 각자 자기 '득의의 작품'을 가지고 출전하면, 여러 사람이 돌아가며 찻잔으로 맛을 음미하고 차의 우열을 품평했다. 마지막에 무기명 투표 방식으로 순위를 정

● 정판교의 이 시는 고대의 여러 영다시詠茶詩에서 잘 거론되지 않으나 내 어머니가 가장 좋아하는 시라 특별히 인용한다.─ 원주

했는지 아니면 권위 있는 인사가 점수를 매겼는지는 알 길이 없으나, 군중이 열성적으로 지켜보는 가운데 경기의 열기가 상당히 뜨거웠던 것만큼은 틀림없다.

　문인들도 투다를 흥미롭게 진행하는 차 재배 농민들을 보면서 마찬가지로 투다를 시작했다. 차 재배 농민들이 겨룬 것은 주로 차를 따고 만드는 기술이었지만, 문인들이 겨룬 것은 주로 '점탕點湯'●과 '격비擊沸'●●였다.(좋은 차와 물을 고르는 것은 기본이므로 두말할 나위가 없다.) 점탕은 찻주전자의 물을 붓는 것이고 격비는 찻물을 조절하는 것이라, 듣기에는 눈물이 날 만큼 간단하다. 잠시 눈물은 거두어두자. 저 당시 차를 마시는 것이 요즘과는 천양지차여서 점다와 격비도 고수가 아니면 못했으니까.

　당나라 때도 찻잎 전체를 직접 우려 마시는 법이 있기는 했지만, 중당 이후로 절대다수의 사람이 마신 것은 모두 병다餅茶●●●로서, 바로 "황금 떡을 빚어서 비와 이슬을 섞었네"[19]에서의 '황금 떡'이다. 병다는 빻은 다음에 끓는 물을 부었는데, 당나라 사람들은 차 가루를 곱게 갈수록 끓는 물을 부을 때 차 향기가 고루 퍼진다고 믿었다. "갈아서 황금 가루를 만드니, 가볍고 부드럽기가 송화 가루 같다"[20]거나 "금빛 절구에서 침향 가루와 섞어 빻고, 차가운 주발에 느티나무 잎을 가볍게 적신다"[21]와 같은 아름다운 구절은 오늘날 전혀 거들떠보지 않는 차 분말이 당시에는 상품上品이었음을 증명해준다.

　온전한 찻잎을 우리는 것은 어려운 일이 아니다. 찻잎이 끓는 물

● 마른 찻잎을 그릇에 담고 끓는 물을 부어 우리는 것을 말한다.
●● 찻주전자에 끓는 물을 조금 부어 알맞게 조절하는 것을 말한다.
●●● 둥근 떡 모양으로 쪄서 누른 차.

속에서 저절로 펴지기 때문에 차를 우리는 사람이 신경 쓸 일이 없다. 그러나 차 가루를 우리는 일은 참으로 험난한 시험이다. 화학 용어를 써서 설명하자면 이렇다. 차는 비용해성 물질이므로 차 가루와 물의 결합은 단지 현탁액懸濁液일 뿐이어서 차가 과립 상태에서 멋대로 수중에 분포해, 마셔도 물은 물대로 과립은 과립대로 노니 이렇다 할 맛이 어디 있겠는가? 그러나 점탕과 격비는 차 가루와 물을 아름답게 융합시켜 현탁액을 용액으로 만들면서 혼연일체의 경지에 이르러야 하고, 심지어는 "오늘 밤 다시 상강의 달이 떠, 주발에 가득 휘날리는 꽃을 비추네"[22]에서 서술한 주발 가득 꽃을 끓이는 경지에 이르러야 하니 어려움을 가히 짐작할 수 있다.

이 과정에서 물의 많고 적음이 관건이다. "차 가루가 적고 물이 많으면 운각雲脚•이 흩어지고, 물이 적고 차 가루가 많으면 죽면粥面••이 엉킨다"[23]고 했듯이, 물이 과히 많으면 우러남이 부족해 식감이 없어지고, 물이 과히 적으면 찻잎이 눌어붙어 조절이 되지 않는다. 손놀림도 관건이다. "격불擊拂•••할 때 힘이 없으면 차가 제대로 서지 않고, 물 젓도 묽지가 않아서 다시 끓는 물을 더하면 색깔과 윤기가 사라지고, 화려한 거품이 잠기고 흩어지고 나면 차는 서는 것이 없게 된다. 끓는 물을 따라 격불하면서 손과 차 솔을 모두 무겁게 하여 거품이 부글부글 일게 하는 것을 일발점一發點이라 한다. 대체로 끓는 물을 다 써버린 까닭에 손이나 팔이 원활하지 않고 죽면도 아직 엉

• 차 가루가 구름처럼 떠오른 것을 말한다.
•• 차 가루가 죽처럼 엉킨 것을 말한다.
••• 차 가루와 끓는 물을 융합시키기 위해 차 솔을 움직이는 방법을 가리키는 말로 '격'은 '부딪치다', '불'은 '떨어내다'란 의미다.

기지 않는다"[24]고 했듯이, 만약 손으로 차 솔을 쥐고 격불할 때 힘이 없으면 차 가루와 물이 부드럽고 먹기 좋은 거품 상태가 될 수 없고, 만약 격불이 지나치게 세면 차 가루와 물이 거품이 되어도 부드러움이 지속되지 않아 식감이 나빠진다. 바로 이렇게 관건이 많은 까닭에 차 싸움이 시작되면 재미있는 일이 많이 벌어지는 것이다.

당나라 투다의 열정이 송나라 사람들에게 전해지면서 당나라로부터 송나라까지 투다 경기의 승부를 판정하는 기준이 갖춰졌다. 만약 차 가루를 곱게 갈고 점탕과 격비의 시기, 힘, 각도까지 훌륭하면 물과 차 가루가 잘 섞여 차 가루 표면에 부드럽고 윤이 나는 거품 막이 생겨 이런 상태가 된다. "푸른 구름이 바람을 몰고 와 끊임없이 부니, 하얀 꽃에 떠오른 빛이 그릇의 국수처럼 엉겼구나."[25] 막이 단단히 찻잔의 언저리에 들러붙어 마치 입으로 덥석 문 것처럼 보이는 까닭에 이런 효과를 '잔 물기咬盞'라고 부른다. 섬세한 거품의 막이 오랫동안 흩어지지 않고 '잔 물기'가 지속되도록 조절하며, 그다지 섬세하지 않은 거품은 얼른 꺼지도록 조절하므로, '잔 물기' 시간이 흔히 투다 승패의 최대 관건이 된다. 거품을 관찰한 후에 다시 차의 맛과 향, 다기의 품질을 종합적으로 평가하면 승부가 난다.

'잔 물기' 효과를 만들어내려면 일곱 번 물을 부어야 하는데 이것이 이른바 '칠탕七湯'이다. 각종 기교를 당나라 사람들이 다 완성하지 못하자 다도에 흠뻑 빠졌던 송나라 사람들이 보완했다. 송나라 휘종徽宗 조길趙佶은 『대관다론大觀茶論』에서 이렇게 하나씩 설명했다. 일탕은 차에 힘을 불어넣는 것으로, "드문드문한 별과 흰 달이 밝게 떠오르면 차의 근본이 선 것이다."[26] 이탕은 거품을 일으키는 것으로, "색채와 윤기가 점점 나면서 여러 옥구슬이 쌓인 듯하다."[27] 삼탕은 차의 색깔을 불러일으키는 것으로, "좁쌀 무늬나 게의 눈이 뜨고 모여서 마구 일어난다."[28] 사탕은 물을 줄이는 것으로 이미 "깨끗하고 순진하며 화려한 색채가 환하게 나타나고 구름과 안개 같은 거품이 일어난다."[29] 오탕은 가볍게 격불하는 것으로, "깊은 아지랑이가 모이고, 엉긴 눈이 맺히는"[30] 상태에 이르게 된다. 육탕과 칠탕 때에는 마침내 차가 "젖 같은 안개가 끓어오르는"[31] 오묘한 경지에 이른다. 나는 다도에 흥미가 부족하지만, 송나라 사람이 칠탕의 기교에 대해 서술한 이 부분은 참으로 흥미를 불러일으켰다.

'드문드문한 별과 흰 달이 밝게 떠오른다'거나 '깊은 아지랑이가 모이고, 엉긴 눈이 맺힌다'는 말은 기상이 크고 웅장하며 표현이 선명하고 아름답다. 이런 구절이 아름답기는 하지만 도대체 우리에게 무슨 내용을 알려주는가? 많은 말을 한 것 같으면서도 또 아무것도 말하지 않은 것 같기도 한데, 이것이 바로 전형적인 '중국식 설명문'으로서 비슷한 사례가 중국 고서에 비일비재하다.

성당 시인 왕유는 「산수론山水論」에서 산수화에 사계절의 경치를 그리는 기교를 이렇게 소개했다. "봄의 경치는 안개와 연무가 뒤덮이긴 연무가 흰색을 끌어오고, 물은 쪽으로 물들인 듯하고 산의 색채는 점점 맑아진다. 여름의 경치는 고목이 하늘을 덮고 푸른 물에 파도가 일지 않으며, 구름을 뚫고 폭포가 떨어지며 물 근처에는 고요한 정자가 있다. 가을 경치는 하늘이 물빛과 같고 고요한 숲에 나무가 촘촘하며 기러기가 가을 물가에 있고 갈대 섬과 모래톱이 있다. 겨울 경치는 종이의 바탕색으로 눈을 삼아 나무꾼이 땔나무를 지고 있으며 고깃배가 강안에 기대어 있는데 물은 얕고 모래펄은 평평하다."[32]

만당 시인 사공도는 「이십사시품二十四詩品」에서 시의 풍격 스물네 가지를 소개했다. 어떤 것을 '충담沖淡' 풍격이라고 하는가? 그는 이렇게 말했다. "말없이 소박하게 사나니, 오묘한 기틀은 더욱 은미하도다. 천지의 조화로운 기운을 마시고, 외로운 학과 함께 날아다니네. 마치 남풍이, 부드럽게 옷에 닿는 듯."[33] 어떤 것을 '전아典雅' 풍격이라고 하는가? 그는 이렇게 말했다. "숲 그늘 속에서 거문고 베고 자나니, 위로는 나는 듯 떨어지는 폭포가 있다네. 꽃은 말없이 지고, 사람은 국화꽃처럼 담박하네. 아름다운 봄 경관을 글로 써내니, 읽을 만하다고들 말하네."[34]

명나라 정원 건축가 계성計成은 『원야園冶』에서 정원 조성의 비결을 이렇게 소개했다. "정원용 토지는 산림이 가장 낫다. (…) 잡목들이 하늘로 치솟고, 누각이 구름과 노을에 가려 나타났다 사라진다. 흐드러지게 핀 꽃이 땅을 뒤덮고 정자와 누대가 연못에 튀어나와 들쭉날쭉하다. 끊긴 시내에는 다리를 놓고 날아갈 듯한 바위에는 잔도를 설치한다. 한가로이 경치를 감상하고 고요하게 봄을 찾아 나선다. (…) 소나무 옆 서재는 한갓지어 파도 소리를 보내오며 울창하고, 일어난 학이 춤을 추며 퍼덕거린다. 섬돌 앞에서 스스로 구름을 쓰는데 고개 위에서는 누가 달빛에 호미 매고 있나?"[35]

나는 다른 사람의 글로 쪽수나 채우려는 도둑은 아니다. 여러분에게 '중국식 설명문'의 풍채를 마음껏 음미하게 하려는 생각이었다. 뛰어넘지 말고 잠깐 찬찬히 읽으며 느껴보시라. 이런 글들의 문채는 어떤 천하의 명문에도 뒤지지 않는다. 그러나 핵심은 여기에 있다. 누가 이 글을 훌륭하다고 하지 않을 수 있겠는가? 그렇지만 누가 또 이런 훌륭한 글에서 진정으로 무언가를 분명히 알 수 있는가?

'중국식 설명문'에서는 실질적인 소개나 기술적인 지침이 언제나 분명하지 않고 심지어는 아예 하나도 없기도 하다. 처음부터 끝까지 죄다 서정적인 묘사로 독자의 머리를 아프게 한다. 정보량이 어휘량만큼 많지 않고 실용성이 문학성만큼 강하지 않으니, 설명문이라기보다는 차라리 시사가부詩詞歌賦의 변형이라고 하는 것이 낫다. 어떤 때는 이런 의심도 든다. 이런 설명문의 작자는 반듯하고 멋진 대구對句를 위해 사실과 진상을 희생시키는 것일까? 하느님이 공평하다는 생각이 들 뿐이다. '중국식 설명문'이 무엇을 가르쳐주지는 못하지만, 아름답고 휘황찬란한 수사로 어떤 사물에 대한 무한한 동경을 가져다주기는 하니 말이다. 중국인에게 예로부터 치밀하게 사고하고 정확하게 표현하는 습관이 없었던 것처럼 우리는 어디에 내놓을 만한 철학 체계가 없다. 그러나 우리는 느슨한 언어 구조 속에서 시의 생존 공간을 찾아냈다.

이야기가 멀리 샜으니 투다로 돌아오자. 사실 차와 물로 거품의 막을 만들어내는 것이 진기하달 것도 없다. 만당 때에는 또 일종의 '차 백희'가 유행했다. 다인茶人들은 차를 우리며 격비擊沸하는 가운데 기교를 펼쳐 차의 표면에 동물, 곤충, 물고기, 화초의 무늬를 만들어내거나, 혹은 "푸르게 흐르는 찻잎 부서지고, 향기롭게 떠가는 거품이 가볍다"[36]고 했으니, 커피 바리스타가 커피에 웃는 얼굴이나 곰 도안을 그리는 것과 유사하다. 차 백희도 당송 시대의 그 끈적끈적한 찻물에서만 가능하지 오늘날 맑은 차로는 할 수 없다. 그렇지만 차를 한 폭의 그림으로 바꿀 생각을 한 첫 번째 사람은 누구였을까? 얼마나 사랑스런 발상인가. 어쩌면 투다에서의 승리를 갈망한 나머지 이기고 싶은 마음이 당나라 사람들로 하여금 차 백희의 기적을 만들어내게 한 것인지도 모른다.

문득 청나라 사람 정우문程羽文●이 지은 『원앙첩鴛鴦牒』이 생각난다.
이 책은 단도직입적으로 주된 취지를 천명했다. 자고로 숱한 재자가
인이 부모의 명과 매파의 말에 조종당해 제 짝을 찾지 못한 것이 실
로 대단히 유감이라는 것이다. 유감을 씻어내기 위해 정우문은 천지
개벽의 일을 해냈다. 바로 신분이나 시대에 상관없이 재자가인들을
자기 생각대로 각각 짝을 지은 것이다. 정우문의 글은 지극히 평범하
나 이런 창의성이 돋보인다.

『원앙첩』에서 그는 전한前漢의 여류 사학자 반소班昭와 후한後漢의
경학 대가 정현鄭玄, 변방에 나갔던 공통의 이력이 있는 왕소군과 소
무蘇武, 「낙신부洛神賦」에 나오는 낙신의 원형인 견후甄后와 「낙신부」의
작자인 조식을 짝지었는데, 이런 배필은 아주 합리적이다. 그러나 몇
쌍의 짝은 특이하다. 예를 들어 관반반關盼盼을 백거이와 짝짓고, 주
소周韶를 채양蔡襄과 짝지은 것이 그러하다. 당나라의 명기名妓였던 관
반반은 정인情人인 장음張愔이 세상을 떠난 후 연자루燕子樓에서 십 년
동안 혼자 살며 집 밖으로 나가지 않고 옥처럼 몸을 지키다가 백거
이로부터 "하루아침에 몸이 떠나가도 그를 따르지 않았네"[37]라고 비
아냥거리는 말을 들었다. 장음이 죽었는데 어째서 따라 죽지 않느냐
는 뜻이었다. 주소와 채양은 라이벌 관계였다. 송대의 명기인 주소는
투다에서 여러 차례 당시 다계茶界를 주름잡던 다도의 대가 채양을 꺾
은 적이 있으니 채양으로서는 난감하지 않을 수 없겠다.

내 생각에 앞의 한 쌍은 실제로 그럴 필요가 없을 것 같다. 백거이

● 1644~1722. 휘주徽州 출신의 상인으로 차에 해박한 지식을 가지고 있었다.

「투다도鬪茶圖」, 유송년劉松年, 송나라

"온종일 투다 하는 소나무 정원에 비 내린다長日鬪茶松院雨."

「투다도」, 유송년, 송나라

투다는 당나라 때 시작되어 송나라 때 유행했다. 투다는 일반적으로 두 사람이 겨루지만 이 그림에 보이는 투다는 참가자 수가 늘어났고 장면도 더욱 생동감 넘친다.

는 관반반에 대해 가장 기본적인 이해와 동정심이 결여되어 있었다. 뒤의 한 쌍은 오히려 기대감을 자아낸다. 투다의 고수 두 사람이 결합한다면 혼수와 예물 모두 '토호잔兔毫盞'과 '자고반鷓鴣斑'●일 것이고, 사랑을 발전시켜가는 동시에 차의 기예도 발전시켜 '땔감, 쌀, 기름, 소금, 간장, 식초'●● 외에 투다가 더해진 생활이 될 것이다. 만약 역사상 진정 이러한 혼인의 인연이 있었다면 아마도 차 백희보다 더 엄청난 기적이 일어났을 것이다.

투초: 천 리 만 리에 봄풀 빛[38]

투초鬪草가 당나라에서 비롯된 것은 아니다. 당나라 이전에도 "5월 5일…… 각계각층의 사람들이 함께 온갖 풀을 밟았고, 또 백초를 다투는 놀이가 있었다."[39] 당시의 투초는 단지 '함께 온갖 풀을 밟는' 일에 딸린 놀이에 불과했고, 짜지도 싱겁지도 않은 기록은 또 이때 사람들이 이런 놀이에 거의 흥미가 없었다는 것을 증명한다. 그러나 이전에는 사람들이 화제에 올리는 일이 드물던 투초가 당나라 때 이르러 갑자기 문인들의 집중적인 관심을 받게 되었다. "흙을 뒤적이며 다시 투초 놀이를 하니, 온종일 즐거움이 가득 넘친다"[40]라거나 "내일 아침 투초 놀이 응당 기쁨이 클 터, 등불 심지 잘라가며 눈썹을 그린다네"[41]에서 보듯 구절마다 즐거움이 넘친다. 왜냐하면 투초는

● 토호잔과 자고반은 송나라 사람들 마음속의 최고급 다기茶器다.
●● 중국 사람들은 흔히 땔감, 쌀, 기름, 소금, 간장, 식초, 차 일곱 가지를 생필품으로 꼽았다. 저자는 여기서 제치 있게 '차' 대신 '투다'를 포함시켰다.

당나라 때 임금부터 현령縣令까지, 귀부인부터 시녀까지 모두 열광하는 정식 경기가 되었기 때문이다.

당나라 사람들에게는 '옥과 비단도 무기로 바꾸는' 능력이 있다고 우스갯소리를 한 적이 있다. 제아무리 재미없는 놀이라도 그들의 손에 넘어가면 모두 훌륭하고 자극적인 경기로 변했는데 투초도 그중 하나였다.

먼저 경기 날짜를 '5월 5일'로 못 박지 않았다. 당나라 사람들은 놀려고 하는 마음이 강했던 탓에 투초가 어떤 명절과 엮이든 상관하지 않았다. 햇살이 눈부신 날이 곧 투초하기 좋은 날이라 항상 문밖으로 나가서 이웃과 한바탕 겨루기를 했다. 다음으로 경기 규칙을 바꾸어 사람들이 투지를 더 불사를 수 있게 만들었다. 경기 당일 사람들은 먼저 각자 풀잎을 따고 시간이 되면 한데 모여서 누가 딴 꽃이나 풀의 품종이 가장 다양하고 희귀한지 겨룬다. 두 사람의 손에 들린 화초의 수량이 막상막하일 때는 누구의 것이 상징적 의미가 더 길하고 아름다운지 따진다.

중학교 수학 응용문제 특유의 말투로 묘사해보자면 이렇다. 철수와 영희가 각각 두 종류의 화초를 땄다. 철수는 여지荔枝*와 부귀죽富貴竹**을 따고, 영희는 민들레와 애기메꽃***을 땄다. 누가 당나라 투초 대회에서 이기겠는가? 답은 철수. '주발을 두드리는 것'****이 어떻게 '부귀'와 상대가 되겠는가. 만약 당신이 화초에 대한 지식이

• 중국 남부에서 자라는 아열대 상록 교목의 열매로, 신선할 때 반투명한 흰빛을 띄는 과육의 향이 독특하다. 양귀비가 즐겨 먹었던 과일로 잘 알려져 있다.
•• 공기를 정화하는 식물로 알려진 드라세나 산데리아나 비렌스.
••• 저지대에 비교적 흔하게 자라는 덩굴성 여러해살이풀.
•••• 애기메꽃은 중국에서 '주발을 두드리는 꽃打碗碗花'이라고 불린다.

전혀 없다면 애당초 이렇게 기술적 수준이 있는 경기에 참가하기가 쑥스러울 것이다.

투초의 자극성을 높이기 위해 곧잘 판돈을 걸기도 했다. "투초로 봉황 비녀를 따는 건 어떨까?"[42]에서 보듯 도박에 건 것이 그다지 값나가는 물건은 아니었다. 그렇지만 이기려는 마음이 간절했던 당나라 사람들이 축국이나 마구와 같은 격렬한 경기에도 위축된 적이 없었는데, 어찌 투초와 같은 작은 경기에 소심함을 드러내겠는가? 그래서 각자 온 힘을 다 기울여서 기발한 수법들이 쏟아져 나왔다.

예를 들면 안락공주安樂公主는 사람을 보내 수염이 멋진 남자 사영운謝靈運의 수염을 가져왔는데,● 이런 '품종'은 당연히 아무도 본 적이 없었다. 왕건이 「궁사」에서 "물속의 미나리잎과 흙 속의 꽃, 구한 뒤에는 다시 여러 사람을 피한다. 다른 사람의 수가 다하기를 기다리다 소매에서 울금鬱金●●의 싹을 꺼낸다"[43]고 한 것은 투초에서도 병법을 강구해야 함을 증명한다. 희귀한 품종을 얻은 후에는 절대 떠벌리지 말고 조용히 감춰두었다가 다른 사람들이 기이한 화초를 다 내놓아 술수가 떨어진 뒤에 필살기를 꺼내는 식으로 내색하지 않으면서 승리를 거두라는 것이다. 시에 등장하는 기지 넘치는 여인도 마지막 순간에 울금의 싹으로 여러 적을 물리치지 않았겠는가?

그저 화초의 품종만 가지고 겨뤄서는 난이도 수치가 아주 낮아서 말초신경의 자극이 점점 불충분해진다. 그래서 당나라 사람들이 단초를 열고 송, 원, 명, 청나라 사람들이 뒤이어 투초의 방식을 발전시

● 장안 이항사泥恒寺에 있던 유마힐維摩詰 불상의 수염은 본래 시인 사영운의 수염을 잘라 붙인 것이라고 한다.
●● 생강과에 속하는 다년생 초본 식물. 술과 함께 섞으면 누렇게 금빛으로 변하기 때문에 붙은 이름이다.

「한궁춘효도漢宮春曉圖」(일부), 구영仇英, 명나라

이 그림은 초봄 궁궐 안의 소소한 일상을 묘사했다. '한궁'이라고 했으나 인물들은 모두 당나라 이후의 복장이다. 계단 아래 여섯 사람이 둘러서 있고 땅에는 각종 신선한 화초가 떨어져 있으니 이 장면이 바로 투초다.

켜나갔다. 나중에는 무투武鬪가 있는가 하면 문투文鬪도 있어서 경기의 맛이 더욱 진해졌다.

'무투'는 두 사람이 각자 튼실한 풀줄기를 골라 두 가닥 줄기를 한데 얽은 후 쌍방이 동시에 힘껏 잡아당기는 방식이다. 풀줄기가 마지막까지 온전히 남아 있는 쪽이 승리자가 된다. 이런 투초 방식은 작은 팔씨름에 상당하는 것이어서 주로 어린이들이 이런 경기에 열중했다. 꽃무늬 배두렁이●와 큰 팬티를 입은 어린이들은 아직 어른들의 경기장에 오를 수 없었지만, 그렇다고 모든 경기에서 빠지는 것도 원치 않았던 까닭에 이런 방식으로 자신의 야들야들한 위력을 드러냈다. '문투'로 겨룬 것은 지능이었다. 설령 학문이 충분하더라도 민

● 가슴과 배를 가린 마름모형 윗옷.

첩성이 부족하면 패배할 수밖에 없었다. 경기가 시작되면 한쪽이 먼저 풀을 하나 꺼내면서 동시에 풀이름을 말하고, 이 풀이름이 바로 시에서 위의 연聯이 된다. 이어서 상대방이 재빠르게 다른 종류의 풀을 꺼내면서 그 풀의 이름으로 아래 연을 만든다. 이때 평측平仄과 의미까지 모두 정교하게 앞의 것에 맞추어야 한다. 예를 들면 '관음류觀音柳'로 '나한송羅漢松'에 대를 맞추고, '창이자蒼耳子'로 '백두옹白頭翁'에 대를 맞추는 것이다.• 대구가 정밀하고 교묘할수록 승리가 쉬워진다.

경기를 하면서 풀의 이름을 허투루 지어내서도 안 되고 말만 그럴 듯하게 해놓고 풀을 내놓지 못해도 안 되었다. 그래서 '문투'에서 이기기 위해서는 가능한 한 많은 종류의 풀을 따야 하고, 또 풀의 각종 별명도 잘 알고 있어야 했다. 별명을 많이 기억해두면 같은 풀이라도 다양한 대구법이 가능해져 마치 트랜스포머가 자동차도 되고 로봇도 되는 것처럼 여러 상황에 맞추어 다른 모습으로 변신할 수 있다. 이때 풀은 단순히 풀이 아니라 경기 참가자의 어휘 창고가 되며, 투초도 더 이상 '풀싸움'이라고 불러서는 곤란하다. 마땅히 '식물 지식 대회 겸 대련對聯 대회'로 불러야 한다.

지극히 제한된 나의 독서 이력 속에서 만난 가장 강력한 '문투'는 이여진李汝珍의 『경화연鏡花緣』••에 보이는 가상의 경기였다. 여러 재주 있는 여인이 한방에 모여 즐겁게 시를 읊고 대련을 짓고 음주 놀

• 관음류(능수버들)와 나한송은 불교 용어인 '관음'과 '나한'이 의미상 연결되고 평측도 각각 '평평측'과 '평측평'으로 조화를 이루었다. 창이자(도꼬마리)와 백두옹(할미꽃)은 창이(푸른 귀)와 백두(흰머리)가 의미상 연결되고 평측은 각각 '평측측'과 '측평평'으로 조화를 이루었다.
•• 청나라 때인 1828년에 간행된 장편소설. 주인공 당오唐敖가 해외 각국을 돌아다니며 경험하는 진기한 풍속과 동식물 이야기와 당오의 딸 소산小山이 재녀가인才女佳人들과 학문과 기예를 겨루는 내용이 줄거리를 이룬다.

이와 수수께끼 풀기 등을 하는데, 투초도 이 가운데 하나였다. 그런데 이 경기는 옛날의 문자 유희가 농축된 최고의 광경이었다.

이여진의 필치 아래 여인들은 '반하半夏'로 '장춘長春'에 대를 맞추고● '옥잠화玉簪花'로 '금잔초金盞草'에 대를 맞춘다.●● 또 개맨드라미의 별명인 '곤륜초昆侖草'로 서향瑞香의 별명인 '봉래화蓬萊花'에 대를 맞추고,●●● 난꽃의 별명인 '시녀화侍女花'로 장미의 별명인 '이낭초離娘草'에 대를 맞춘다.●●●● 가만히 생각해보면 매 글자가 딱 알맞게 대를 맞추어 신들린 듯하다.

이 정도는 준비운동이니 아직 감탄하기는 이르다. 평범한 사람이 시의 대련을 쓰면 독자의 퇴고를 가장 겁낸다. 가까스로 만들어낸 멋진 결과물이 퇴고에 바로 날아가기 때문이다. 그러나 이여진 같은 절정의 고수는 독자가 퇴고하지 않는 것을 가장 겁낸다. 당신이 퇴고를 하면 더욱 교묘해지지만 당신이 퇴고를 하지 않으면 그의 기발한 생각도 조금 회재불우懷才不遇의 맛을 띠게 된다. 이를테면 '수선화水仙花'로 '목적초木賊草'●●●●●에 대를 맞추었는데, '신선仙'과 '도적賊'이 벌써 교묘한 대구이고 '수'와 '목'도 모두 공교롭게 오행五行 가운데 하나다. 또 겔세뮴gelsemium의 별명인 '화파화火把花'로 꽈리의 별명인 '등롱초燈籠草'에 대를 맞추었는데, '횃불火把'과 '등롱'은 모두 옛날에 불을 밝히던 사물들이다. 노예오두●●●●●●의 별명인 '수향水香'으로는 산

● '여름夏'과 '봄春'이 의미상 연결된다. 반하는 천남성과의 여러해살이풀이고, 장춘은 일일초로 협죽도과에 속하는 숙근성 여러해살이풀이다.

●● '옥잠(옥비녀)'과 '금잔(금 술잔)'이 연결된다. 옥잠화는 백합과의 여러해살이풀, 금잔초는 민들레를 가리킨다.

●●● '곤륜'과 '봉래'는 모두 신선이 산다는 산 이름이다. 서향은 팥꽃나무과의 상록 관목이다.

●●●● '이낭'은 신부新婦를 가리켜, '시녀'와 의미상 관계가 있다.

●●●●● 속샛과 식물인 속새의 전초를 말린 것.

●●●●●● 미나리아재빗과의 한해살이풀.

9장
북 치기

341

내●의 별명인 '산랄山辣'에 대를 맞추었는데, '향'과 '맵다辣'는 모두 식품과 관련이 있다. '계관화鷄冠花'로 '구이초狗耳草'●●에 대를 맞추고, '봉미송鳳尾松'으로 '용수백龍鬚柏'에 대를 맞추었는데, 모두 동물의 신체 일부●●●로 대를 맞춘 데다가 닭과 개, 용과 봉황으로 대를 맞춰 동물의 고하 귀천도 잘 맞아떨어진다.

매번 이런 오묘한 대구를 읽으면서 이여진이 왜 십수 년에 걸쳐 『경화연』을 썼는지 이해가 갔다. 모든 대구는 거의 '절대絶對', 곧 절묘한 대구여서 더 이상 적절한 답안이 없는데, 이여진이 오랫동안 갈고 다듬었던 것이다. 그러나 『경화연』의 후반부 몇십 회는 늘 평론가로부터 비난을 받았다. 이여진이 학식을 드러내려고만 한 나머지 줄거리가 형편없다는 지적이었다. 하지만 나는 다시 이 대구로부터 출발해 이여진을 이해해본다. 만약 당신에게 '수향'과 '산랄'이나 '봉미송'과 '용수백' 같은 절대를 생각해낼 능력이 있다든가 화려한 생각이 가득한데 현실에서는 전혀 펼쳐볼 데가 없다든가 하면 당신도 모든 기회를 다 잡아 학식을 드러낼 터이니, 이런 이유로 이여진을 몰아붙일 필요는 정말 없는 듯하다.

독자는 작가를 원망하기 마련이다. 왜 이야기가 여기서 끝났느냐? 어째서 그 한 쌍의 남녀가 못 만나게 했느냐? 사실 작가를 두고 말하자면 작품은 곧 또 다른 식의 일기다. 그는 물론 자신의 뜻을 굽혀 독자에게 아첨하며 사람들의 희망대로 글을 지을 수 있다. 그러나 작가가 누구의 건의를 고려할 것 없이 다만 자신의 마음에 귀를

● 생강과의 식물.
●● 나팔꽃.
●●● '계관'은 닭의 벼슬, '구이'는 개의 귀, '봉미'는 봉황의 꼬리, '용수'는 용의 수염이라는 뜻이다.

기울여도 그만이다. 이여진은 처음에 환상을 좋아했기에 『경화연』 전반부 이야기는 기이하고 다채롭다. 그 후 그가 더 흥미를 느낀 것이 시사詩詞의 기예였던 까닭에 후반부는 별다른 줄거리가 없지만 글자마다 주옥같다. 독자가 좋아하지 않을 수도 있으나 작가에게는 아무런 잘못이 없다. 결국 그것은 그의 '일기'이니 그에게 마음대로 붓을 휘두를 권리가 있다. 만약 독자가 어떤 책의 이야기 구성이 불만이라면 독일 작가 얀 파울의 글에 등장하는 젊은 선생에게 배울 만하다. 그는 도서 전시회에서 마음에 든 책 제목을 하나씩 기억하고 돌아와서 자신의 기호에 맞춰 여러 아름다운 책 제목을 위해 자신이 가장 바라는 이야기를 써내려갔다.

투향: 침전의 향기 진하고 옥 물시계 정확하다[44]

칼 차고 말에 오르던 당나라 사람들이 결국 애교 넘치는 향기에 정복당할 줄 누가 알았겠는가? 당나라 사람들은 향료를 지극히 사랑했고, 사회생활, 특히 상류층의 사회생활은 부유하고 향기로웠다.

　당나라 서적을 뒤적이면 항상 향기가 코를 찌르는 느낌을 받는다. 『개원천보유사』에는 이런 이야기가 있다. 응석받이였던 영왕은 개인의 이미지를 매우 중시했는데, 당시에는 껌이 없었던지라 영왕은 손님을 맞기 전에 항상 침향沈香이나 사향麝香 두 조각을 씹었다. 그가 말을 할 차례가 되어 한번 입을 열면 향기가 사방에 넘쳐났다. 또 『담빈록譚賓錄』에는 이런 이야기가 있다. 당 현종이 화청궁華淸宮에 연못을 하나 팠는데, 연못 옆에는 단향목을 깎아 만든 배가 있었다. 향기 가득한 배를 몰아 어디로 갔겠는가? 배가 향한 곳은 연못 가운데 단향목을 쌓아 만든 거대한 가산假山이었다. 이 가산은 전설에 나오는 신선의 산인 영주산瀛洲山의 모습을 본뜬 것이지만, 전설 속의 영주산도 향기에서는 한 수 아래일 정도였다.

"당나라 임금이 어떤 궁궐로 행차할 때 환관들은 반드시 먼저 용뇌향龍腦香이나 울금향鬱金香을 가는 길에 가득 깔았다" 혹은 "거부巨富 왕원보王元寶는 잠잘 때 언제나 두 시동이 박산향로博山香爐를 들고 서 있게 해 밤새도록 향을 피웠다"는 것처럼 대량으로 향을 피우거나 향료를 깔았다는 이야기는 각종 역사소설에 이루 셀 수 없이 많다. 그러나 당나라 사람들이 향을 좋아했다는 내용의 가장 과장이 심한 예로 설요영薛瑤英의 어머니 이야기만 한 것이 없다. 『두양잡편』에 의하면, 원재元載●의 총애를 받던 설요영은 "가무에 능하고 자태가 빼어나며 살결이 부드럽고 몸이 가벼워 선파旋波,●● 요광搖光, 비연飛燕,● ●● 녹주綠珠●●●●라도 그녀를 능가할 수 없었다." 그러나 그녀의 아름다운 바탕이 모두 천부적인 것은 아니었고 그녀의 어머니가 갖은 애를 쓴 덕도 있었다. 설요영의 어머니는 어려서부터 설요영에게 각종 향료를 바르거나 먹여서 속된 말로 설요영은 밥보다 향을 더 많이 먹었다고 할 정도였다. 오랜 세월 향료가 설요영의 오장육부, 혈액과 피부로 스며들어 향기를 내지 않기가 더 어려웠다. 『두양잡편』이 환상소설계의 대작으로 상상 위주의 줄거리가 많다고는 하지만, 이를

● 당나라 대종代宗 때 재상을 지낸 인물.
●● 춘추전국 시대 월越나라의 미녀.
●●● 한나라 성제成帝의 황후인 조비연趙飛燕.
●●●● 서진西晉의 권신 석숭의 애첩.

통해 향료에 대한 당나라 사람들의 집념을 엿볼 수 있다.

당시에는 "밝은 달 흰 이슬에 밤은 이미 서늘한데, 향기로운 옷 비단 띠가 부질없이 반짝인다"[45]에서 보듯 옷이 향이어서, 소매를 잡아당기면 은은한 향기가 황혼의 달빛에 떠서 움직였다. 또 "오화마五花馬는 흰 구름 거리를 밟고, 칠향거七香車는 옥 계단에 비친 달을 일그러뜨린다"[46]에서 보듯 수레가 향이어서, 바퀴 소리는 앞으로 퍼지고 향기는 뒤로 가득 넘쳐 이는 각각 수레를 모는 사람에게 전방에 대한 갈망과 지나간 것에 대한 아쉬움을 불러일으킨다. 또 "노을이 스며드는 푸른 물가에 향기로운 이불이 따뜻하고, 누각이 푸른 구름에 기대 궁전의 기와가 날린다"[47]에서 보듯 이불도 향이어서, 몸을 덮으면 꿈마저도 감미로웠다. 또 "노래가 먼 산에 이르러 옥구슬이 구르는 듯, 물시계가 향기로운 촛불을 재촉해 눈물이 그렁그렁"[48]에서 보듯 촛불도 향이어서, 불빛이 흔들리며 마음과 방 안을 비추면 한밤에도 향기를 내뿜었다. 당나라 때 규방, 궁정 또는 부잣집에 관련된 시에서는 향의 출현 빈도가 보석보다 높을 정도다.

앞에서 아쉬움 가득하게 묘사된 에피소드와 시구를 보면서 이제껏 사납던 당나라 사람들이 마침내 향을 피우는 일에서만큼은 부드러워졌다고 생각했는가? 그건 아니다. 향기처럼 '손가락을 감을 수 있을 만큼 부드러운 것'도 당나라 사람들은 '백 번 달군 쇠'로 만들 수 있었다.● 그들은 전무후무한 '투향鬪香'을 발명했던 것이다. 이 경기는 당나라 중종中宗 때 시작된 것으로 짐작된다. 귀족들이 각자 기

● 서진西晉 유곤劉琨의 시에 "백 번 달군 쇠가 손가락을 감을 만큼 부드럽게 될 줄 누가 알았으랴何意百練鋼, 化爲繞指柔"라는 구절이 있다. 이는 본래 강한 것이 부드럽게 변함을 나타낸 것인데, 이 책의 저자가 이를 뒤집어 사용했다.

이하고 진귀한 향을 가지고 투향 경기에 참가하면 여러 사람이 현장에서 향료와 냄새의 우열을 품평해서 최후에 승부를 가렸다.●

이는 중국 역사상 최초의, 그리고 유일하다고 할 수 있는 투향 관련 기록이다. 당나라 이전에는 대개 어떤 이가 "정사精舍를 세우고 향을 피우며 도가의 책을 읽고 부적을 만들어 병을 치료한다"[49]는 내용이거나, 당나라 이후에는 대개 어떤 이가 "성품이 향을 피우기를 좋아해 관청에 있을 때면 매일 아침 일어나 업무를 보기 전에 반드시 향로 두 개에 향을 피우고 관복으로 그것을 덮어 소매로 향이 지나가게 했는데, 좌정하여 두 소매를 펼치면 집무실에 가득 짙은 향이 풍겼다"[50]는 부류의 이야기다. 향을 피우며 도가의 책을 읽거나 향로로 관복을 쐬거나 당나라 이전과 이후에는 향을 피우는 것이 모두 세상에서 제일가는 우아한 일이었다. 소합향蘇合香,●● 용연향龍涎香,●●● 자등향紫藤香,●●●● 백화향百和香,●●●●● 청목향青木香,●●●●●● 재스민 기름, 용뇌향龍腦香●●●●●●● 등 생각해보면 꼭 향기가 아닌 향료의 이름에서부터 부드럽고 달콤한 정이 넘치는데, 이런 것을 가지고 살기등등한 기세를 올리리라고 누가 알았겠는가?

아마도 경쟁심 강하고 싸우기 좋아했던 당나라 사람들만이 향 피

● 송나라 도곡陶穀의 『청이록淸異錄』에 "중종 때의 본기를 보면 위 씨와 무 씨 사이에 모임을 가지면 각자 이름난 향을 가져와 우열을 가렸는데 이름하여 '투향'이라 했다. (위 황후의 친척인) 위온이 산초를 가져와 하사품에 발라 항상 1등을 차지했다中宗朝, 宗紀韋武間爲雅會, 各攜名香, 比試優劣, 名曰鬥香. 惟韋溫挾椒塗所賜, 常獲魁"는 기록이 있다.─원주
●● 소합향나무의 진액.
●●● 향유고래 수컷의 배설물.
●●●● 향나무의 일종.
●●●●● 여러 향료를 섞어 만든 향.
●●●●●● 쥐방울덩굴과 식물인 쥐방울덩굴의 뿌리를 말린 것.
●●●●●●● 용뇌수에서 채취한 향료.

우기와 같은 부드럽고 아련한 일마저 기세가 하늘을 찌르는 경기로 바꿔놓을 수 있었을 것이다. '투향'에서는 부드럽고 섬세한 향료가 더 이상 "푸른 창 구슬발에 원앙을 수놓고"[51]라든가 "비단 휘장 비취 이불에 퍼지는 울금의 향기"[52]와 같은 간드러지는 장면과는 관계없이 전사가 되어 누가 더 날카로움을 유지할 수 있느냐를 겨루었다. 결국 애교 넘치는 향기는 당나라 사람들을 마찬가지로 애교 넘치게 바꿔놓지 못했고, 오히려 당나라 사람들의 칼 차고 말에 오르던 호기에 물들고 말았던 것이다.

투향은 투차나 투초와 달랐다. 투차나 투초는 찻잎의 결이나 화초의 종류 또는 화초 대구의 정밀성 등 기술을 따졌기에 우열이 한눈에 분명했다. 그러나 투향은 이른바 '공인'이란 것이 없었다. 향기란 저마다 좋아하는 것이 있는 까닭에 판결을 내릴 중립적인 사람이 있어야 했다. 투향의 현장 분위기가 아주 긴장되었음은 물론이다. 판결 또한 고요한 물 같은 평정심이 있어야 해서 한 조각 한 조각 향을 피운 다음 어떤 냄새가 더 대뇌와 비강을 즐겁게 하는지 자세하게 감별했다.

나는 늘 심판이야말로 지극히 어려운 역할이라고 느낀다. 비비언 리와 오드리 헵번 중 누구의 웃는 모습이 더 청순한지 말해보라. 프랑스 요리가 일본 요리를 능가하는가? 나비, 해파리, 페르시아고양이의 자태 중 우아한 정도의 우열은 어떤가? "당신은 저 레몬꽃 핀 남쪽 나라를 아는가? 짙은 녹색 잎사귀 사이로 오렌지가 황금의 불을 밝히는"●과 "나는 꿈속에서 푸른 밤을 보았다. 눈이 어지러운 흰 눈

● 괴테의 『빌헬름 마이스터의 수업시대』에 나오는 노래.─원주

속에서 천천히 불어나는 대해에 입맞춤하는 눈동자"●를 비교해보면 어떤 구절이 더 시의가 넘치는가? 세상에 아름다운 것들이 이렇게 많은데 심판이 어떻게 1, 2, 3등을 매길까? 만약 선택할 수 있다면 나는 차라리 남에게 판결을 맡기는 경기 참가자가 되지, 운명을 판가름하는 심판은 되지 않을 것이다. 적어도 경기 참가자가 되면 아름다움을 취사선택할 필요는 없다.

엄숙하게 앉아서 하는 투향 외에도 당나라 사람들은 어떤 기회라도 잡기만 하면 '눈에 보이지 않는' 투향을 했다. 당나라 사람들에 대해 말하자면 생활 속 여기저기가 경기장이었던 것이다.

종초객宗楚客이 별장을 지으면서 문백文柏●●으로 대들보를 얹은 것 외에도 침향과 홍분紅粉으로 벽을 발라 붉은 대문을 열면 향기가 진동했다. 태평공주太平公主가 어느 날 종초객의 별장에 가본 후에 자신이 그보다 못한 것이 부끄러워 잔뜩 마음이 상했다. 자신과 종초객을 비교해보니 그야말로 '구차하게 사는 꼴'이라는 생각이 들었던 것이다. 태평공주의 저택도 향기가 은은했을 것이 분명하지만 종초객이 이렇게 은밀한 향기로운 저택 '경기'의 승자라는 것은 의심의 여지가 없다.

당나라 여인들은 외출할 때 필히 향기를 내뿜게 단장을 했다. 그렇게 향기가 강한 미녀가 언제나 보통의 여인들 가운데 군계일학이었다. 그래서 동창공주는 외출할 때마다 전 세계의 향기를 한 몸에 모으지 못하는 것을 애석해했다. 내가 소악의 훌륭한 필치에 감탄해 마지않는 것은 『두양잡편』에 이런 아름다운 동화가 있기 때문이다.

● 프랑스 시인 랭보의 시 「취한 배Le Bateau ivre」의 한 구절.—원주
●● 무늬가 선명한 측백나무로 향기가 은은하다.

"공주가 칠보七寶로 장식한 가마를 타고 사방에 오색 향주머니를 매달았다. 주머니에는 벽한향辟寒香,● 벽사향辟邪香,●● 서린향瑞麟香, 금봉향金鳳香이 들어 있었는데, 이들 향은 외국에서 바친 것으로 여기에 다시 용뇌향과 금가루를 섞었다. 무늬를 새긴 수정, 마노, 벽진서辟塵犀●●●로 용봉화龍鳳花를 만들고 그 위에 다시 진주와 바다거북 껍질을 둘렀고, 또 금실로 오색 술을 만들고 가벼운 옥을 조각해 장식물을 만들었다. 매번 외출할 때마다 향기가 길에 가득하고 빛이 번쩍거려 보는 이들의 눈을 어지럽게 했다." 한 단어 한 문장을 세세히 따질 것도 없이 글 전체의 화려한 문자를 아무렇게나 한번 훑어보기만 해도 향기가 더없이 가득한 것을 느낄 수 있다. 여인의 투향 분야에서는 동창공주가 승리를 따냈다.

당나라 사람들이 향료를 편애한 정도는 이처럼 불가사의해서 학자들도 이런 현상에 엄숙하고 심오한 이유를 부여하지 않을 수가 없었다. 그렇지 않으면 정말로 이런 치열한 사랑이 도대체 어디서 왔는지 설명하기 어렵기 때문이다. 예를 들어 미국의 중국학자 셰이퍼는 이렇게 말했다. "분향焚香은 임금이 신의 계시를 받는 것을 나타내고, 하늘과 사람을 관통하는 생생한 초자연의 지혜를 의미한다. 또는 임금이 천명을 받아 사람의 일을 처리하는 과정에서 분향은 순수한 하늘의 뜻을 대표한다. 대중大中 원년(847) 당나라 선종宣宗은 즉위하면서 엄정하고 법도에 맞는 조정의 예의를 회복하고자 조령詔令을 하나 공표했다. 이 조령에서 그는 다른 혁신적 조치 외에도 황제 본인

● 한나라 때 말레이반도 쪽에서 전해졌다는 향료. 추위를 막아주는 효능이 있다고 한다.
●● 사악한 기운을 막아준다는 향료.
●●● 전설 속의 해양 동물. 이 동물의 뿔로 비녀를 만들면 먼지가 묻지 않는다고 해서 붙여진 이름이다.

이 향을 피우고 손을 씻은 뒤에야 신하들이 올린 상소문을 읽는다는 규정을 마련했다. 당나라의 제도상 규정에 따라 모든 조회 일에는 반드시 대전에 수놓은 병풍과 단상을 마련하고 향 탁자를 임금의 어좌 앞에 설치함으로써 재상은 향 탁자를 마주하고 서서 신비롭고 몽환적인 향기 속에서 국사를 처리했다. 이런 방법은 분향이 신성하고 엄숙한 조정의 정치생활 속에서 중요한 상징적 역할을 했음을 보여준다. (…) 불교와 외래의 인도 문화는 중국의 사찰에 대량의 새로운 향료를 가지고 들어왔고, 이에 따라 분향과 향료에 관련된 여러 풍습과 신앙도 중국에 전해졌다. (…) 당나라는 중국에서 불교가 전성기를 맞이한 시대였던 까닭에 분향도 매우 중요한 역할을 했던 것이다."⁵³

당나라 사람들이 향을 사랑했다고는 하나 사랑한 것은 향기 자체가 아니라 향기가 감돌며 만들어내는 속세를 초월한 분위기와 연기가 올라가는 모습이 대표하는 '초자연적 지혜' 그리고 '상징적 역할'이었던 모양이다. 셰이퍼의 분석에 따르면 정치적 원인이든 종교적 원인이든 당나라 사람들이 향을 사랑한 이유는 모두 신성불가침과 관련된 것으로 보인다. 셰이퍼의 관점에 오류가 없어서 향에 대한 당나라 사람들의 사랑이 처음에는 틀림없이 분향의 몇 가지 엄숙하고 신성한 의미에서 비롯되었다면, 투향의 유행은 당나라 사람들의 사랑이 종국에는 다시 향기 자체에 대한 사랑으로 귀결되었음을 증명한다. 왜냐하면 투향은 결코 의미를 다투는 것이 아니라 향기를 다투는 것이기 때문이다.

사실 인류가 여러 사물에 갖다 붙인 의미를 나도 이해하기 어렵다. 높은 곳에 오르면 자신의 왜소함을 깨닫고 내면적 성찰과 겸손

「죽간분향도竹澗焚香圖」, 마원, 송나라
향료의 짙은 향기와 대나무 잎의 맑은 향기가 섞여서 어떤 향기를 만들어냈을까?

함을 배우게 된다고 고집스럽게 믿는 것을 이해하기 어렵다. 천 미터가 넘는 고도에서 모든 것이 개미만 한 세상을 내려다보면 착각이 들기가 아주 쉽다. 자신이 마치 하느님처럼 세상을 움켜쥔 권력을 가졌다는 착각 말이다. 높은 곳에 서면 추락하기 쉬운 것이 몸만은 아니다. 분향이 어떻게 하늘의 뜻을 대변하고 사람의 몸과 마음을 깨끗하게 할 수 있다는 것인지도 나는 이해하기 어렵다. 향이 자욱하면 탈속적이고 환상적인 경지가 만들어질 수 있음은 인정한다. 그러나 그곳에 있는 모든 영혼이 짙고 감미로운 향기 속에서 곧장 아래로 빠져드는 것이 아니라, 가벼이 날리는 연기를 따라 올라가 천당을 향해 나아간다는 것을 어떻게 보증할 수 있는가?

북 치기는 처음에 고대의 전쟁에서 공격 신호였다가 점차 경기장에서 응원을 하고 투지를 불태우는 필수 도구가 되었다. 위세가 대단한 북소리는 마치 엄청난 양의 아드레날린처럼 경기장에 있는 모든 사람의 손에 땀을 쥐게 하고 피가 끓으며 심장이 뛰도록 만든다. 당나라 사람들의 경기장에도 "북을 두드리니 어룡희가 어지럽고, 종을 치니 씨름이 펼쳐진다"[54]에서 보듯 북 치기가 빠질 수 없었다. 경기는 리듬이 빠르고 소리가 우렁찬 북소리를 따라 열기를 더해갔다. 그러나 언제라도 경기의 상황에 처하고 걸핏하면 우열을 다투려고 하는 사람들도 정말 북을 쳐서 경기 분위기를 돋우는 일이 필요했을까? 설령 경기장이 쥐 죽은 듯 고요하다고 해도 당나라 사람들의 심장에서 들려오는 굉음을 들을 수 있을 것이다.

남은 이야기

휘황찬란한 당나라 제국 말고도 기원 전후 5000년의 세계사에는 경기를 숭상한 제국이 하나 더 있었으니 바로 고대 로마다.

"콜로세움이 우뚝 솟으면 로마는 건재할 것이고, 콜로세움이 무너지면 로마도 멸망할 것"이라는 오래된 잠언이 언제 나왔는지 찾아볼 길이 막막하나, 정곡을 찌르고 있음은 의심할 나위가 없다. 고대 로마보다 경기에 열중했던 나라나 시대는 다시없었다.

로마가 이탈리아 테베레강 하류의 좁은 지역에서 유럽, 아시아, 아프리카 세 대륙을 가로지르는 거대한 제국으로 발전한 원동력이 미소나 화환花環은 분명 아니었다. "로마란 도시에는 상업이 없었고, 또 공업도 거의 없었다. 돈을 벌어 부자가 되고 싶은 모든 사람은 약탈 말고는 다른 방법이 없었다"고 한 몽테스키외의 풍자가 상당히 매몰차지만 로마인들의 처지를 어느 정도 보여주는 것은 분명하다. 외부와 힘껏 싸우지 않으면 재산, 토지, 그리고 영예가 없었다. 그래서 로마는 작은 성에서 시작할 때부터 오랜 세월의 전쟁에 익숙해졌다. 로마는 눈물을 믿지 않았고, 로마인들은 쇳덩이와 피를 통해 세상과 부딪쳤다. 제국 밖의 세계에서 그들은 견고하기 이를 데 없는 갑옷을 입고, 더욱 견고하기 이를 데 없는 결심을 품고 정복에 나섰으며, 제국 안에서 그들은 각종 경기를 통해 분투와 투쟁에 대한 모든 이의 갈망을 충족시켰다.

로마인의 혈관에는 열광의 인자가 흘러 이름도 다양한 각양각색의 축제를 사랑했다. 때로는 승리의 전역戰役을 위해서, 때로는 그저 어떤 건축물의 완공을 위해서였다. 이름은 본래 중요하지 않았다. 중요한 것은 마음껏 열광할 수 있다는 점이었다. 아우구스투스● 시대에는 한 해의 축제일이 물경 135일에 이르렀으니, 로마인들은 삼분의일이 넘는 시간 동안 축제를 하며 보냈던 것이다.

고대 로마에서 '축제'의 또 다른 이름은 '경기'여서 축제가 있으면 경기가 있었다. 사실 정확히 말하자면 축제의 모든 내용이 거의 경기와 다를 바 없었다. 오전에는 사람과 짐승이 싸웠다. 검투사들은 손에 간단한 무기를 들고 줄에 묶이지 않은 수사자, 치타, 악마, 하마와 같은 맹수들과 결투하며 그들을 죽이거나 그들에게 죽임당했다. 오후에는 검투사끼리 대결했다. 따뜻한 피와 살이 있는 신체를 가진 두 사람이 공격을 시작하여 그 가운데 한쪽이 콜로세움의 차가운 모래밭에 쓰러져야만 마지막 호흡이 마무리되었다. 나약한 겁쟁이는 생기를 만들어낼 수 없고, 오직 가장 용감한 자라야 미천한 생명을 연장할 수 있었다.

사람과 맹수의 결투, 검투사끼리의 대결은 그저 기초적인 경기 종

● 기원전 63~서기 14. 카이사르의 유언에 의해 후계자로 지정된 옥타비아누스가 로마의 전권을 장악하고 제정 로마 시대를 여는 초대 황제가 되어 세상에서 가장 존엄한 자를 뜻하는 아우구스투스로 불렸다.

목이었고, 로마인들은 해전海戰 경기와 전차 경기를 훨씬 좋아했다. 해전 경기는 과거의 해전을 본뜬 것으로 두 팀의 '해군'이 인공 호수나 물을 댄 경기장에서 사투를 벌였다. 한쪽 '해군'이 몰살돼야만 해전이 비로소 끝났다. 경기 참가자는 다른 선택권이 없었다. 수면의 사방은 그들의 도주를 막는 군대가 꽁꽁 에워싼 까닭에 그들은 두 눈을 감고 머리를 파묻은 채 달려드는 것 말고는 자신을 구할 방법이 없었다. 전차 경기에서는 경주 선수들이 마차를 몰고 쏜살같이 경기장을 일곱 바퀴 돌아야 했다. 이런 경기는 얼핏 들으면 아주 부드러워 보이지만 당시 경주로의 조건이 그다지 뛰어나지 않아 경주 선수가 승리를 얻으려면 반드시 위험할 정도로 치명적인 속도를 내야 했다. 이야기의 결말은 곧잘 승자가 상금과 영예를 얻고 패자는 불구가 되거나 죽는 것이다.

당나라 사람들이 마구馬球를 치면서 늘 '머리가 깨지고 팔이 부러졌다' 한들 무슨 대수인가? 로마인들이 벌인 경기는 어떤 것이든 모두 죽어야 끝이 났다. 그러나 이렇게 피비린내 나는 잔혹한 종목이 로마 전체의 사랑을 받았다. 세계에 널리 알려진 고대 로마의 원형 경기장에 8만여 개의 좌석이 있고 대형 전차 경기장에는 15만 개가 넘는 좌석이 있었는데, 이렇듯 장관을 이루는 관중석에 빈자리가 있던 적이 없었다. 관중 가운데에는 종려나무 문양의 허리띠를 찬 황제도 있었고, 흰색 드레스를 입은 기녀도 있었다. 경기 종목이 지나치게 폭력적이어서 사회의 약자층을 끌어들이기는 어려웠을 거라고 생각지 마시라. 고대 로마의 크고 작은 콜로세움에서 귀청을 때리던 환호 속에는 부녀자, 소년과 노인의 함성도 결코 적지 않았으니까.

검투 경기가 벌어지기 며칠 전부터 제국의 크고 작은 거리에는 어마어마한 광고가 나붙었고, 주최 측에서는 또 전담 인력을 보내 검투사의 이름과 특기를 사방에 알렸다. 이를테면 "청동 성투사 세이야는 페가수스 유성권이 뛰어나고" "황금 성투사 샤카는 가장 신에 근접한 전사"● 같은 식이다. 입장권은 순식간에 동이 나고 주민들은 흥분 속에 잠을 설치는데, 장사 수완이 좋은 일부 상인은 이런 기회를 틈타 검투사 기념품을 판다. 이런 상인들이 나중에 모두 큰돈을 번 것은 의심할 여지가 없다. 경기 당일이 되면 아무도 지각하는 사람 없이 모든 이가 일찌감치 관중석에 앉아서 살육의 시간이 도래하기를 손꼽아 기다린다. 경기장에 첫 번째 새빨간 피가 콸콸 쏟아지면 모든 관중의 영혼도 덩달아 끓어오르고, 이런 열광적인 분위기 속에서 경기장을 벗어날 수 있는 로마인은 한 사람도 없었다.

그들이 이렇게 경기를 좋아한 까닭에 검투 공연의 습속이 장장 700년이나 지속되기에 이르렀고, 경기장이 제국 전역에 분포해 거의 이 경기장으로 로마의 영토를 확인할 수 있는 정도에 이르렀으며, 제국에서 가장 돈이 많은 사람은 언제나 검투사 학교를 세우는 데 투자하기를 원하게 되었다. 경기장에서 결투를 벌인 지 3년이 넘도록 생존해 있는 검투사를 교사로 삼아 전장이 아니라 제국의 경기장을 위해 끊임없이 용사를 배양하고자 했던 것이다. 또 검투사의 주요 구성원이 사회 최하층민인 전쟁 포로, 죄수, 노예이고 검투 공연이 대개 유혈의 죽음을 뜻하는데도 많은 수의 귀족이 검투의 멋진 자극을 흠모한 나머지 용감하게 검투사의 일원이 되기에 이르렀다. 로마의 황제와 귀족은 평민에게 경기 공연을 무료로 제공해야만 평민 손

● 청동 성투사 세이야와 황금 성투사 샤카는 일본의 만화가 구루마다 마사미車田正美의 장편 만화 『성투사 세이야』의 등장인물이다.

에 들린 소중한 한 표를 쟁취하며, 경기 공연의 격렬한 정도가 주최 측인 귀족에 대한 평민의 지지도를 직접적으로 결정하게 되었다.

경기는 로마인의 열광의 대상이었고, 열광의 대가는 목숨이었다. 고대 로마에서 70만 명이 넘는 사람이 경기를 하다 죽었고, 대형 맹수가 남유럽과 북아프리카에서 거의 자취를 감추었다. 경기장에서 운 좋게 살아남는 이는 언제나 극소수였다. 고대 로마 원형 경기장의 설계는 지금도 사람들의 감탄을 자아낸다. 경기장 가운데에는 물이 잘 흡수되는 모래가 가득 깔려 있었다. 만약 석판을 바닥재로 쓰면 어떤 수사적 표현을 쓸 필요도 없이 경기장이 선혈로 가득한 바다가 될 것이기 때문이다. 각종 경기 자원을 순조롭게 운송하기 위해 경기장에 32개의 승강기를 설치하고 길이가 1.6킬로미터에 달하는 지하도를 만들었는데, 승강기와 지하도가 어느 방향으로 통하든 검투사의 입장에서 보자면 목적지는 도살 아니면 죽음이었다.

당신이 아무리 기술이 뛰어나 한 사람, 두 사람, 수백 수천의 상대를 죽일 수 있다 해도 검투사 학교는 연중무휴로 돌아가며 당신이 과거에 다른 사람을 찔렀듯이 어느 날 당신의 몸을 누군가 찌를 때까지 더 많은 상대를 길러낸다. 항하사恒河沙●의 수처럼 많은 목숨이 검투사로서 당신의 영예를 이뤄주었고, 결국 언젠가는 당신의 목숨도 타인의 영예를 이뤄주어야 한다는 것, 이것이 모든 검투사의 숙명이다. 그리고 관중석에 앉아 있던 로마 시민은 그렇게 태연하게 한편으로는 '인자'한 제국의 도덕 준칙을 받들면서 한편으로는 경기장 안의 피비린내 나는 살육에 기립박수를 보냈다. 로마 역사상 잔혹한

● 갠지스강의 모래처럼 셀 수 없이 많음을 뜻한다.

검투 공연을 저지하려는 대규모 운동은 한 차례도 없었던 반면, 경기 입장권을 사지 못해 일어난 소란은 무수하게 많았다.

이 모든 것에 대해 로마인 스스로 논리가 있어 모든 유혈의 살육이 가치가 있음을 증명하려 했다. 로마인들은 검투가 로마 시민에 대한 좋은 교육이라고 했는데, 이에 대해 막시무스●는 이렇게 총괄적으로 이야기했다. "로마인은 전장으로 달려가기 전 전투, 사상死傷, 쇠창, 그리고 맨몸으로 맞서는 장면을 지켜보곤 했는데, 그래야만 전장에서 장비를 갖춘 적, 사상, 선혈을 맞닥뜨려도 두려워하거나 위축되지 않게 된다." 로마인은 검투가 국위를 선양하기 위한 것이고, 목숨을 걸고 싸우는 경기가 로마인이 일체의 능력과 용기를 능히 분쇄할 수 있음을 증명하며, 야수를 때려죽이게 함으로써 여러 신이 보우하는 대자연보다 로마가 더 힘이 있음을 증명하는 것이라고 말한다. 로마인은 검투가 아무리 최하층의 민중이라도 권력감을 느낄 수 있게 해주고, 그로 인해 사회에 대한 민중의 불만을 완화시킨다고 말한다. 일자무식의 아무 능력도 없는 빈민이라도 일단 관중석에 앉아 상상 속에서 도살과 경기에 참여하면 그들도 휘황찬란한 제국의 거만한 일원이 되었다. 그들의 보잘것없는 힘으로 현실을 바꿀 수는 없어도 환호와 박수로 검투의 과정을 좌지우지할 수는 있었다. 이를테면 멋진 결투 끝에 검투사가 땅에 쓰러졌을 때, 관중으로부터 '보내주라'는 고함을 들으면 목숨을 부지할 수 있었다. 검투의 관중이 되기만 하면 가장 하층의 거지라도 마치 생사여탈의 권력을 쥐기라도 한 모

● Marcus Clodius Pupienus Maximus(약 178~238). 원로원의 추대를 받아 로마의 황제가 되었으나 근위병에게 살해되었다. 여기서는 영화 「글래디에이터Gladiator」에 나오는 막시무스 장군을 가리키는 것으로 보인다.

양새다.

그러나 아무리 이유가 많다 해도 그저 이성적으로 되새김질한 결과일 뿐이다. 말하자면 대뇌가 가공 처리한 후의 결과라는 것이다. 로마인이 경기장으로 들어설 때 모든 이유는 바람 따라 사라지고 단지 피가 굳은 모래가 남고, 열광이 남고, 싸우고 죽임이 남았을 뿐이다.

나는 언제나 이런 생각이 든다. 로마인들이 죽어야 끝나는 것으로 모든 경기를 설계한 이유가 완전히 피를 좋아하는 본성 때문은 아니라고. 더 큰 이유는 목숨을 걸어야 경기 참여자의 잠재력을 최대한 끌어낼 수 있기 때문이다. 어떤 장려 수단이 모든 참가자를 전력투구하게 만들겠는가? 가장 좋은 장려책은 보물도 아니고 미인도 아니고 심지어 강산도 아니고 살아남는 것이다. 그리고 모든 경기 참가자가 전력투구해야만 세상에서 가장 재미있고 강렬한 경기가 될 수 있다. 잔인하지만 로마인은 조금도 아까워하지 않았다. 그들은 과하게 전투와 영웅, 영예와 열혈을 갈망했고, 과하게 인간 역량의 극한을 찾아내기를 갈망했다. 로마인을 두고 말하자면, 검투 경기를 취소하는 것은 어떤 야만적 행위를 그만두는 것이 아니라 민족의 생명력을 잃어버리는 것이었다.

그리스가 없으면 로마도 없다는 말처럼 로마 문화는 완전히 그리스 문화를 계승한 것이어서 그야말로 '전반적인 그리스화'였다. 경기 문화도 예외는 아니어서 로마 경기 문화는 곧 그리스 경기 문화의 업그레이드 버전이다. 그리고 로마와 그리스의 경기 문화는 정확히 중국 고대 경기 문화의 대척점에 서 있다.

널리 알려진 이야기 하나가 경기에 대한 그리스인의 애호를 잘 설명해준다. 기원전 480년의 어느 날, 페르시아가 전력을 다해 그리스 공격을 개시해왔다. 그 맹렬한 공세에 따라 그리스인이 총동원되지는 않더라도 적어도 정예부대 몇 개를 내보내 응전할 것으로 페르시아인은 예상했다. 그러나 실제로는 그저 아주 작은 규모의 스파르타 사병이 테르모필레에서 그리스를 지키고자 싸웠을 뿐, 수천수만의 신체 건장한 그리스 남성들은 도리어 천 리 밖의 올림픽 현장에서 대단할 것도 없는 레슬링 경기를 지켜보고 있었다. 페르시아인이 가장 경멸했던 것은 그 레슬링 경기의 상이 고작 올리브나무 가지로 만든 월계관이라는 사실이었다.

경기를 국토보다 더 좋아할 만큼 그리스인은 경기에 대해 평범하지 않은 치열한 정감을 가지고 있었기에 전쟁을 위해 태어난 그들이 오히려 올림픽을 위해 휴전을 했는데, 이것도 약과다. "그리스인은 연극, 도예, 연설, 시 낭송, 조각 등 어떤 분야에서도 경쟁을 즐겼다. 관광객은 작은 술집에서 먹기 경기를 했고, 의사는 외과 기술과 이론 연구에서 경쟁했다. 최초의 미인 선발 대회도 그리스인이 시작해서 참가자에 남자도 있었고 여자도 있었으며, 그들은 또 최초의 키스 대회(메가라Megara에서 열렸고, 남자아이로 제한되었다)도 열었다. 그리스인은 불가피하게 그들이 가장 아끼는 여가활동 가운데 솜씨를 겨루었다. 그리스인으로 말하자면 어떤 일도 운동회를 개최해야 할 이유가 된다. 그리스인은 달리기 경주나 경기를 하는 장소에서 결혼식도 하고 장례식도 했다. 그들은 심지어 수레에 실은 운동기구를 끌고 전장으로 가 전투를 벌이고, 여러 종교 행사에서도 시합을 벌였다."[1]

고대 중국은 전혀 달랐다. 중국에서는 조화를 귀히 여겨 공자의 "군자는 다투는 바가 없다"[2]는 한 말씀이 만대의 가르침이었다. 경쟁의 정신을 가장 잘 구현한 체육활동도 중국 조상들이 할 때는 대부분 그저 심신을 수양하거나 장수하기 위한 것이었다. 치열하게 다투는 경기는 사회 엘리트 계층으로부터 외면받았고, 또 항상 국가가 나서서 각종 경기를 금지시켰다.

진秦나라 정부는 '무예를 강습하는 예의'라는 이유로 각저角抵 경기를 금지시켰고, 진晉 무제武帝는 잡기雜技에서 사뭇 도전적인 물구나무서기와 후방 공중제비를 없앴는데, 그 이유는 이렇게 거꾸로 된 동작이 "발로 하늘을 걷고 머리로 땅을 걸으니, 천지의 순리에 반하고 위대한 상도常道를 해친다"는 것이었다. 원나라처럼 무를 숭상한 시대에도 민간의 무술 경기는 허용되지 않았고, 명나라 태조의 생각은 더욱 심해서 특별히 소요루逍遙樓란 것을 하나 지어놓고 도박을 한 사람을 누각에 가두어 거닐다가, 즉 소요逍遙하다가 모두 굶어 죽게 만들었다. 유머러스하기도 하고 잔혹하기도 하다. 고대의 통치자들이 생각이 좁아서 백성이 신체와 두뇌를 잘 단련하면 반란을 일으킬 것을 두려워한 것도 있지만, 나라 사람들이 경기를 좋아하지 않은 전통은 틀림없는 사실이었다.

통치자 본인도 항상 자신의 경기 욕망을 억눌렀다. 예를 들면 한나라 성제成帝는 여러 신하의 간언으로 적대성이 지나치게 센 축국을 그만두고 온화한 탄기彈棋*를 했다. 송나라 효종孝宗도 본래 마구 마니아여서 한번 시작하면 비바람도 아랑곳하지 않고 폭우용 기름천으로 구장을 가린 후에 여러 장수와 계속 마구 경기를 했으나, 대신들이 여러 차례 상소하여 간언한 끝에 효종도 마침내 마구를 그만두

● 바둑판 같은 것에 각각 12개의 돌을 두고 상대방 돌을 쳐서 떨어뜨리는 게임.

었고 마구 또한 "유행에서 악습으로 강등되었다."

중국은 예로부터 농업 국가로서 집집마다 자급자족하여 밖에 나다니지 않아도 너끈히 살 수 있었던 까닭에 대대로 좁은 땅을 지키고 살았다. 쌀밥이 눈앞의 땅에서 나오고 채소도 눈앞의 땅에서 나오니, 시간이 지나면서 천천히 어디가 '먼 곳'인지 잊게 되었다. 게다가 오랜 세월 동안 중국은 대부분 통일을 이루어 대다수 사람은 한평생 싸움을 해야 할 필요가 없고 창을 들어야 할 필요도 없었다. 안정되고 착실하게 생활하다보니 자연스럽게 경쟁의식의 토양이 사라졌다. 장기간의 통일은 또 개인이 좋은 것은 좋은 게 아니고 나라가 좋아야 비로소 진짜 좋은 것이라는 집단주의의 분위기를 만들어내 개인의 가치보다 집단의 이익이 위였다.

고대 그리스는 고대 중국만큼 운이 좋지 않았다. 자급자족할 수 있는 사람은 드물었고, 넓고 푸른 에게해만이 고대 그리스인에게 유일한 출로로 펼쳐졌는데, 이는 곧 외부를 향한 투쟁과 개척을 의미했다. "구불구불한 산골짜기와 만灣으로 나뉜 토지에 여러 개의 행정 구역이 나타났다. 이곳의 대륙과 섬에는 수천 개가 넘는 독립된 성이 생겼고, 각각의 성은 모두 독립적인 도시를 중심으로 자부심을 느끼는 전통을 가지며 그리스의 풍부한 자연 자원을 위해 전쟁을 벌이기를 마다하지 않았다. 국내 투쟁은 이 땅을 끝없는 전쟁으로 몰아갔고, 그것은 모든 성의 일상생활로 구체화되었다. 경쟁은 대다수 국가의 혼란한 국내 정치투쟁으로 나타났을 뿐만 아니라 시민들의 거리낌 없는 개인주의로도 나타났다. 호머가 말한 대로 그리스인은 '경쟁을 해야 남을 앞선다'는 것을 자신의 개인적 사명으로 여겼다."[3]

"남을 앞서는 것이 자신의 사명이다." 좋은 말이다. 염황자손炎黄子孫

이 '동고동락'과 '영욕을 함께'를 행위의 준칙으로 삼을 때, 모든 그리스인의 목표는 '재주를 드러내는' '군계일학'이었다. 중국의 점잖은 체하는 이들이 입만 열었다 하면 "개인은 중요하지 않다. 중요한 것은 나라와 천지의 도리"라고 할 때 여러 계층의 그리스 사람들은 정정당당하게 완전히 개인에게 속한 영광과 이익을 추구했다.

그리스는 줄곧 강자를 치켜세우는 데 인색하지 않았다. 올림픽 경기의 우승자는 전 그리스의 영웅으로서 각 성의 단체에서 그들을 위해 성대한 축하연을 마련해주었고, 신성한 신전에 그들의 고귀하고 신성한 축복을 바쳤다. 국왕은 전쟁을 할 때 그들에게 자신을 보필하여 전장으로 나아갈 것을 요청했고, 그들에게 공공 식당에서 무료로 식사할 수 있는 자격을 주었는데, 이는 고대 그리스에서 대단히 귀한 장려책이었다. 예술가들도 조각과 회화로써 그들이 승리를 쟁취하는 순간을 기록해 후세에 고정된 격식의 화면을 통해 그들의 불후한 힘과 아름다움에 찬사를 보냈다. 이처럼 사방에 퍼지는 빛과 같은 영광은 더욱더 많은 그리스인이 경기에 몸을 던지도록 고무했다. 그래서 그리스인은 경기로 심신을 수양한다는 생각을 해본 적이 없었으며, 그들이 추구한 것은 월계관, 승리, 그리고 타인의 존경이었다. 페르시아인에게 무시당했던 그 올리브 관에 그리스인이 가장 바라는 영광이 담겨 있었다.

경기는 개체 생명의 지위와 세력의 결정을 뜻한다. 강자는 경기를 통해 자신을 증명하고 경기로 인해 더욱 영예롭게 되지만, 약자에 대해서는 아무도 그들의 이름을 기억해주지 않는다. 경기장에는 언제나 강자의 자리만 있을 뿐 약자는 송곳 하나 꽂을 땅도 없었다. 강자와 약자는 국적이 같더라도 그 순간에는 우열이 분명해진다. 그래서

'영욕을 함께할 것'을 요구하는 고대 중국에서는 더욱 경기를 좋아하지 않게 되었다. 조직이 강해져야 나도 강해지는데 개인의 승패를 왜 따진단 말인가? '군계일학'을 추구한 고대 그리스는 이와 달리 경기를 생활의 중심으로 삼았다. 경기만이 개체 생명의 강약과 가치를 증명해줄 수 있기 때문이었다. 고대 중국인은 '화하華夏의 자손'인 것을 영예로 여긴 반면, 고대 그리스인은 자신만을 영예로 여겼다. "그리스인은 경기를 중시한다"는 것을 달리 표현하면 "그리스인은 개인의 영예를 무엇보다 높게 여긴다"는 말이 된다.

고대 그리스의 신화적 인물인 아킬레우스는 상관에게 여자 노예를 빼앗겼다는 이유로 나라를 위한 출전을 거부했다. 그러나 나중에 자신의 가장 친한 친구가 적에게 살해당하자 다시 출전을 원했다. 출전을 하고 말고의 이유가 모두 자기의 감정과 명예 때문이고 조국은 뒷전인 것이다. 이런 일이 고대 중국에서 벌어졌다면 아킬레우스는 틀림없이 절대 용서받을 수 없는 반동파로 몰렸을 것이다. 그러나 고대 마케도니아의 알렉산더 대왕은 동쪽 정벌을 위해 군사를 이끌고 트로이를 지날 때 일부러 그의 장병들과 아킬레우스 무덤가의 기둥 주변에서 나체로 달리기 경주를 했는데, 그 목적은 아킬레우스에 대해 경의를 표하는 것이었다. 아킬레우스는 출전할 때 이렇게 선언했다. "만약 똑같은 운명이 이미 내게 주어져 있어서 어느 날 목숨을 잃는다면 나는 조용히 누울 것이다. 그러나 지금 나는 눈부신 영광을 쟁취해야만 한다." 국가라는 말은 일언반구도 없지만 간단하게 전 그리스를 감동시켰다.

로마인은 그리스인보다 조국이라는 개념을 더 중시했고, 로마제국을 영예로 여겼다. 로마의 경기는 그리스의 경기보다 잔혹해서 그들의 콜로세움은 붉은 피로 물들었다. 그러나 그리스인과 마찬가지로 로마인은 개체 생명의 힘을 추구하고 마찬가지로 강자를 숭배했으니, 공히 '개인 영광 지상주의' 일파에 속한다. 고대 그리스와 고대 로마 공통의 좌우명을 수천 년 뒤의 니체가 이렇게 정리했다. "상관하지 말고 그들에게 가서 탄식하게 하라! 빼앗아라, 그저 빼앗기만 하면 된다!"

한 지역의 물과 흙이 그 지역 사람을 기르는 법이라 중국에서는 군자가 나오기 쉽다. 그리스와 로마는 어떨까? 그리스와 로마에서는 영웅이 나오기 쉽다. 고대 중국은 집단의 영예를 추구했고, 고대 그리스와 로마는 개인의 가치와 이익을 긍정했다. 그래서 각자의 소득도 있었다. 우리는 "공을 세워도 자기 것으로 돌리지 않는다"[4]는 대범함과 "자신을 미루어 남에게 미친다"는 인자함을 가지고 있고, 그들은 민주적 전통과 공화제를 가지고 있다.

그러나 고대 중국에는 또 다른 부류가 있었으니 그것은 바로 당나라 사람이다. 당나라 사람이 경기를 좋아한 것은 그리스인이나 로마인에 뒤지지 않았다. 앞에서 언급한 "그리스인은 (…) 어떤 분야에서도 경쟁을 즐겼다"는 단락에서 '그리스인'을 '당나라 사람'으로 바꾸고 '키스 대회'를 '향 연회'나 당나라 사람이 처음 개발한 경기로 바꾸면, 어떤 이상한 점도 거의 느끼지 못할 것이다. 그것이 바로 당나라의 모습이니 말이다.

당나라 사람이 경기에 빠져든 것이 물론 고대 중국에 일관된 집단 영예 관념과 온화, 선량, 공손, 검소, 양보의 정신적 기초를 흔들지는 못했다. 그러나 내가 볼 때 그들은 각종 경기를 애호했고, 모든 일에 높고 낮음을 비교하려 했으며, 강자와 약자를 구분하고 싶어했던 까닭에 그들 내면에는 확실히 노는 데 열중하는 심리가 있었다. 그러나 이는 당나라 사람들이 자신도 모르는 사이에 잠재의식 속에서 사람에게는 독립적인 가치가 있어 어떤 거대한 기계의 보잘것없는 나사못 하나가 아니라는 사실을 인정하기 시작했다는 증거이기도 하다.

에필로그

『롤리타』로 세상에 이름을 알린 작가 블라디미르 나보코프에게 대중이 부여한 칭호는 글과 관련이 있지만, 그 자신에 대해서 말하자면 그의 일생에서 가장 중요한 사건은 문학이 아니라 나비였다.

나보코프는 일곱 살 때부터 나비를 잡기 시작해 한 달 만에 20여 종 나비의 평균 유형을 잘 알게 되었고, 여덟 살 때는 『유럽 나비목 대백과』를 포함한 여러 서적을 연구하기 시작해 그의 고향에 잉글랜드 또는 중부 유럽에서 출현한 적이 없는 품종이 존재한다는 것을 발견했다. 또 아홉 살 때는 호프만이 알고 있던 유럽의 나비목을 완전히 장악했고, 열두 살 때는 새로 발견된 희귀한 나비 품종을 구입하기 시작하는 동시에 취미용이 아닌 전문적 곤충학 잡지를 탐욕스럽게 읽어나갔다. 그는 이렇게 말했다. "문학적 영감의 즐거움과 위로는 (현미경 아래에서) 나비의 어떤 기관을 발견하거나 이란 또는 페루의 산자락에서 아직 언급된 적이 없는 나비를 발견하는 즐거움에 비하면 아무것도 아니다."

나보코프는 진정한 의미에서 천재였다. 그는 글에 대한 지극히 세밀한 제어 능력으로 어린 나이에 나비목 곤충과 관련된 이상하고 복잡한 지식을 장악할 수 있었다. 그뿐만 아니라 그는 어린 시절에 수학 방면에서도 신기한 재능을 가지고 있었으나, "한 차례 중병(폐렴에 걸려 열이 40도까지 올랐다)에 걸렸던 1907년 초, 신동이라고 사람들이 놀라 마지않았던 수학적 천재성이 몇 달 사이에 신비롭게도 사라졌다(지금 나는 종이와 연필이 없으면 13 곱하기 17도 계산하지 못한다)." 나보코프도 아쉬움이 없었던 것은 아니었지만 아주 다행스럽게도 중병이 수학적 천재성을 빼앗아간 후에도 "나비는 요행히 살아남았다."

일단 나비목 곤충에 대해 쓰기만 하면 나보코프의 그 본래 아주 놀랄 만한 글이 사람들을 더 감동시켰다. "나에게도 박각시나방을 불러다오, 내 어린 시절의 제트 분사기! 색채는 6월의 밤에 한 차례 긴 죽음을 겪었다. 라일락이 활짝 핀 나무, 내가 채집용 그물을 손에 들고 그 앞에 서면 녀석은 어스름 속에서 한 무더기 방모사紡毛絲의 회색을 드러냈다. 자주색 유령. 축축한 초승달이 근처 풀밭의 연무 위에 걸려 있었다. (…) 녀석의 아름다운 검은색 유충을 두 달 뒤에 음습한 버드나무 숲에서 찾을 수 있었다. 이렇게 매 시간과 계절에 모두 저마다의 즐거움이 있었다." 설령 가장 침통한 순간이라도 연약한 나비의 날개에 올라타기만 하면 나보코프의 인생은 날아오를 수 있었다.

생활 곳곳에 나보코프의 폐렴보다 훨씬 더 심각한 질병이 도사리고 있다. 예를 들면 거짓말, 저주, 투쟁, 배반, 질투, 그리고 탐욕. 이런 질병으로 인해 가지고 있던 바람을 잊어버리는 까닭에 우리는 일찌감치 '마법의 문'이나 '타임머신'을 포기했다. 왜냐하면 비행기로 인해 어린 시절의 대나무 프로펠러를 무시하고, 점점 꿈을 꾸는 능력을 잃으면서 맹세, 승낙, 원칙 같은 것에 코웃음을 치게 됐기 때문이다. 이런 질병이 우리의 천진함과 동경을 데려갔다. 그러나 나는 진심으로 바란다. 현실이 아무리 냉담하더라도 우리 마음속에는 아직 얼마간의 시심詩心이 남아 있어서, 적어도 현실을 마주하고서도 여전히 그침 없이 시를 읽고 꿈을 꾸는 저 사람들을 비웃지 않기를. 나는 또 진심으로 바란다. 운명이 우리에게서 그 무엇을 빼앗아가더라도 우리가 마지막에는 나보코프처럼 자신의 인생에 대해서 한마디 감탄을 남기기를. 그러나 요행히 시가 살아남았다고.

주

프롤로그

1 『全唐詩』卷302, 王建, 「宮詞」. 玉蟬金雀三層插.

2 『全唐詩』卷494, 施肩吾, 「收妝詞」. 燈前再覽靑銅鏡, 枉插金釵十二行.

3 『全唐詩』卷854, 鄭遨, 「富貴曲」. 美人梳洗時, 滿頭間珠翠. 豈知兩片雲, 戴卻數鄉稅.

4 『全唐詩』卷442, 白居易, 「和韓侍郎苦雨」. 仍聞放朝夜, 誤出到街頭.

5 『全唐詩』卷824, 子蘭, 「夜直」. 燈明宮樹色, 茶煮禁泉香.

6 『全唐詩』卷557, 鄭畋, 「禁直和人飮酒」. 我來尙有鈞天會, 猶得金尊半日嘗.

7 『全唐詩』卷437, 白居易, 「同錢員外禁中夜直」. 宮漏三聲知半夜, 好風涼月滿松筠.

8 『全唐詩』卷334, 令狐楚, 「省中直夜對雪寄李師素侍郎」. 此時方夜直, 想望意悠哉.

9 『全唐詩』卷435, 白居易, 「簡簡吟」. 蘇家小女名簡簡, 芙蓉花腮柳葉眼. 十一把鏡學點妝, 十二抽針能繡裳. 十三行坐事調品, 不肯迷頭白地藏.

10 『全唐詩』卷435, 白居易, 「簡簡吟」. 玲瓏雲髻生花樣, 飄颻風袖薔薇香.

11 『全唐詩』卷539, 李商隱, 「無題二首」其一. 八歲偸照鏡, 長眉已能畫. 十歲去踏靑, 芙蓉作裙衩. 十二學彈箏, 銀甲不曾卸.

12 『全唐詩』卷301, 王建,「夜看揚州市」. 夜市千燈照碧雲, 高樓紅袖客紛紛.

13 『全唐詩』卷194, 韋應物,「酒肆行」. 碧疏玲瓏含春風, 銀題彩幟邀上客.

14 『全唐詩』卷747, 李中,「江邊吟」. 閃閃酒旗招醉客, 深深綠樹隱啼鶯.

15 『全唐詩』卷117, 賀朝,「贈酒店胡姬」. 胡姬春酒店, 弦管夜鏘鏘.

16 『全唐詩』卷162, 李白,「前有一樽酒行二首」其二. 琴奏龍門之綠桐, 玉壺美酒清若空.

17 『全唐詩』卷611, 皮日休,「酒中十詠·酒樓」. 舞蝶傍應酣, 啼鶯聞亦醉.

18 『全唐詩』卷418, 元稹,「估客樂」. 城中東西市, 聞客次第迎. 迎客兼說客, 多財爲勢傾.

19 『全唐詩』卷229, 杜甫,「夔州歌十絕句」其八. 憶昔咸陽都市合, 山水之圖張賣時.

20 『全唐詩』卷186, 韋應物,「雜體五首」其二. 長安貴豪家, 妖豔不可數. 裁此百日功, 唯將一朝舞. 舞罷復裁新, 豈思勞者苦.

21 『全唐詩』卷198, 岑參,「與高適薛據登慈恩寺浮圖」. 青槐夾馳道, 宮館何玲瓏.

22 『全唐詩』卷424, 白居易,「登樂遊園望」. 下視十二街, 綠槐間紅塵.

23 『全唐詩』卷386, 張籍,「贈任道人」. 長安多病無生計, 藥鋪醫人亂索錢.

24 『全唐詩』卷442, 白居易,「卜居」. 遊宦京都二十春, 貧中無處可安貧. 長羨蝸牛猶有舍, 不如碩鼠解藏身.

25 We both know what memories can bring. They bring diamonds and rust.

1장 자기 홍보

1 『全唐詩』卷47, 張九齡,「感遇十二首」. 草木有本心, 何求美人折.

2 『全唐詩』卷128, 王維,「辛夷塢」. 澗戶寂無人, 紛紛開且落.

3 古木幽篁寂寞濱, 斑斑鮮石翠含春. 自知不入時人眼, 畫與蛟溪古逸民.

4 『全唐詩』卷173, 李白,「流夜郎至西塞驛寄裴隱」. 揚帆借天風.

5 『全唐詩』卷676, 鄭谷,「送進士吳延保及第後南遊」. 勝地昔年詩板在, 清歌幾處郡筵開.

6 便是屏風樣, 何勞畫古賢.

7 『唐詩紀事』「唐球」.

8 『全唐詩』卷440, 白居易, 「答微之」. 君寫我詩盈寺壁, 我題君句滿屏風. 與君相遇知何處, 兩葉浮萍大海中.

9 『全唐詩』卷160, 孟浩然, 「望洞庭湖贈張丞相」. 端居恥聖明.

10 『全唐詩』卷50, 楊炯, 「從軍行」. 寧爲百夫長, 勝作一書生.

11 『全唐詩』卷199, 岑參, 「銀山磧西館」. 丈夫三十未富貴, 安能終日守筆硯.

12 『全唐詩』卷213, 高適, 「行路難二首」. 有才不肯學干謁, 何用年年空讀書.

13 『全唐詩』卷98, 楊重玄, 「正朝上左相張燕公」. 長籲問丞相, 東閣幾時開.

14 陶淵明, 「歸去來辭」. 富貴非吾願, 帝鄉不可期.

15 王勃, 『上劉右相書』: 眇小之一書生耳, 曾無擊鍾鼎食之榮, 非有南鄰北閣之援.

16 畫棟珠簾煙水中, 落霞孤鶩渺無蹤. 千年想見王南海, 曾借龍王一陣風.

17 『全唐詩』卷216, 杜甫, 「奉贈韋左丞丈二十二韻」. 自謂頗挺出, 立登要路津. 致君堯舜上, 再使風俗淳.

18 至如高班要津, 聽望已久. 小郡偏州, 常才爲之.

19 完顔亮, 「南征至維揚望江左」. 提兵百萬西湖上, 立馬吳山第一峯.

20 「上嚴大夫箋」. 公若帶驕貴之色, 移夙昔之眷, 自謂威足凌物, 不能禮接於人, 則公之淺深, 於是見矣.

21 王泠然, 「與御史高昌宇書」. 倘也貴人多忘, 國士難期. 使僕一朝出其不意, 與君並肩臺閣, 側眼相視, 公始悔而謝僕, 僕安能有色於君乎.

22 『全唐詩』卷169, 李白, 「憶襄陽舊遊贈馬少府巨」. 高冠佩雄劍, 長揖韓荊州.

23 『全唐詩』卷125, 王維, 「獻始興公」. 崎嶇見王侯.

24 『全唐詩』卷231, 杜甫, 「七月一日題終明府水樓二首」 其二. 楚江巫峽半雲雨, 清簟疏簾看弈棋.

25 馮贄, 『雲仙雜記』. 此山最高, 呼吸之氣想通天帝座矣, 恨不攜謝朓驚人句來搔首問靑天耳.

26 『全唐詩』卷495, 劉虛白, 「獻主文」. 不知歲月能多少, 猶著麻衣待至公.

27 『全唐詩』卷130, 崔顥,「王家少婦」. 十五嫁王昌.

28 『唐詩紀事』卷71. 隔岸水牛浮鼻渡, 傍溪沙鳥點頭行.

29 『全唐詩』卷691, 杜荀鶴,「郊居卽事投李給事」. 江湖苦吟士.

30 『太平廣記』卷68,「女仙十三 · 郭翰」. —원주

31 작자 미상,「迢迢牽牛星」. 盈盈一水間, 脈脈不得語.

32 『全唐詩』卷523, 杜牧,「題烏江亭」. 勝敗兵家事不期, 包羞忍恥是男兒. 江東
子弟多才俊, 捲土重來未可知.

33 『全唐詩』卷615, 皮日休,「汴河懷古二首」其二. 盡道隋亡爲此河, 至今千里賴
通波. 若無水殿龍舟事, 共禹論功不較多.

34 『全唐詩』卷365, 劉禹錫,「秋詞二首」其一. 自古逢秋悲寂寥, 我言秋日勝春
朝. 晴空一鶴排雲上, 便引詩情到碧霄.

35 王籍,「入若耶溪」. 蟬噪林逾靜, 鳥鳴山更幽.

36 王安石,「鍾山卽事」. 茅簷相對坐終日, 一鳥不鳴山更幽.

37 『全唐詩』卷128, 王維,「渭城曲」. 勸君更盡一杯酒, 西出陽關無故人.

38 陳剛中,「絶句」. 若知四海皆兄弟, 何處相逢非故人.

39 『全唐詩』卷230, 杜甫,「詠懷古迹五首」. 千載琵琶作胡語, 分明怨恨曲中論.

40 『全唐詩』卷505, 王睿,「解昭君怨」. 當時若不嫁胡虜, 只是宮中一舞人.

41 『全唐詩』卷226, 杜甫,「江上値水如海勢聊短述」. 語不驚人死不休.

42 狐衝官道過, 狗觸店門開.

43 栗爆燒氊破, 貓跳觸鼎翻.

44 『全唐詩』卷870, 李昌符,「婢僕詩」. 春娘愛上酒家樓, 不怕歸遲總不憂. 推道
那家娘子臥, 且留教住待梳頭.

45 『全唐詩』卷234, 杜甫,「狂歌行贈四兄」. 長安秋雨十日泥, 我曹鞴馬聽晨雞.
公卿朱門未開鎖, 我曹已到肩相齊.

46 『全唐詩』卷216, 杜甫,「奉贈韋左丞丈二十二韻」. 朝扣富兒門, 暮隨肥馬塵.

47 위의 시. 殘杯與冷炙, 到處潛悲辛.

48 世上琴聲盡說假, 不如此牛聽得眞.

49 曹丕,『典論』「論文」. 文人相輕, 自古而然.

50 『全唐詩』卷515, 朱慶餘, 「近試上張籍水部」. 妝罷低聲問夫婿, 畫眉深淺入時無.

51 『全唐詩』卷386, 張籍, 「酬朱慶餘」. 齊紈未足人間貴, 一曲菱歌敵萬金.

52 『全唐詩』卷125, 王維, 「獻始興公」. 布褐將白頭.

53 『全唐詩』卷168, 李白, 「駕去溫泉後贈楊山人」. 待吾盡節報明主, 然後相攜臥白雲.

54 故正得失, 動天地, 感鬼神, 莫近於詩. 先王以是經夫婦, 成孝敬, 厚人倫, 美教化, 移風俗.

55 『全唐詩』卷283, 李益, 「鹽州過胡兒飲馬泉」. 幾處吹笳明月夜, 何人倚劍白雲天.

56 『全唐詩』卷447, 白居易, 「泛太湖書事寄微之」. 黃夾纈林寒有葉.

57 『酉陽雜俎』에서 원래의 구는 "不是此花偏愛菊"이지만 구절의 의미가 통하지 않으니 단성식段成式이 잘못 적은 듯하며, 응당 "不是花中偏愛菊"이어야 한다고 생각한다.—원주

58 『全唐詩』卷459, 白居易, 「李留守相公見過池上泛舟擧酒話及翰林舊事 (…) 以獻之」. 移罇就菊叢.

59 『全唐詩』卷47, 張九齡, 「感遇十二首」. 何求美人折.

60 『햄릿』제2막 2장. "I could be bounded in a nutshell and count myself a king of infinite space."

2장 연리지

1 『全唐詩』卷802, 韓襄客, 「句」. 連理枝前同設誓, 丁香樹下共論心.

2 『周易』「序卦傳」下篇. 有天地然後有萬物, 有萬物然後有男女, 有男女然後有夫婦, 有夫婦然後有父子, 有父子然後有君臣, 有君臣然後有上下, 有上下然後禮儀有所錯.

3 『全唐詩』卷457, 白居易, 「閑吟贈皇甫郎中親家翁(新與皇甫結姻)」. 最喜兩家婚嫁畢, 一時抽得尙平身.

4 『全唐詩』卷427, 白居易, 「井底引銀甁-止淫奔也」. 寄言癡小人家女, 愼勿將身輕許人.

5 『全唐詩』卷665, 羅隱. 張華謾出如丹語, 不及劉侯一紙書.

6 나은과 정전의 딸 이야기는 『당재자전唐才子傳』 9권에 보인다.

7 『離騷』 第97句: 路漫漫其修遠兮, 吾將上下而求索.

8 단성식, 『유양잡조酉陽雜俎』 권1.―원주

9 拾得,「詩」. 男女爲婚嫁, 俗務是常儀. 自量其事力, 何用廣張施.

10 『全唐詩』卷86, 張說,「安樂郡主花燭行」. 鸞車鳳傳王子來, 龍樓月殿天孫出.
　　平臺火樹連上陽, 紫炬紅輪十二行. 丹爐飛鐵馳炎燄, 炎霞爍電吐明光. 綠軒
　　紺幰紛如霧, 節鼓淸笳前啓路.

11 『全唐詩』卷435, 白居易,「琵琶行」. 千呼萬喚始出來.

12 『全唐詩』卷478, 陸暢,「雲安公主下降奉詔作催妝詩」. 催鋪百子帳, 待障七
　　香車. 借問妝成未, 東方欲曉霞.

13 賈島,「友人婚楊氏催妝」. 不知今夕是何夕, 催促陽臺近鏡臺. 誰道芙蓉水中
　　種, 靑銅鏡裏一枝開.

14 『全唐詩』卷184, 李白,「代別情人」. 我悅子容艷, 子傾我文章.

15 『全唐詩』卷540, 李商隱,「代董秀才卻扇」. 莫將畫扇出帷來, 遮掩春山滯上
　　才. 若道團圓似明月, 此中須放桂花開.

16 『全唐詩』卷277, 盧綸,「王評事駙馬花燭詩」. 萬條銀燭引天人, 十月長安半夜
　　春. 步障三千隘將斷, 幾多珠翠落香塵.

17 桃之夭夭, 灼灼其華. 之子於歸, 宜其室家.

18 자오루이차이趙睿才『시대정신과 풍속화時代精神與風俗畫卷: 당시와 민속
　　唐詩與民俗』,「혼인편婚姻篇」.―원주

19 Fustel de Coulanges, *The Ancient City: A Study on the Religion, Laws, and
　　Institutions of Greece and Rome 2*, 제2장.―원주

20 『全唐詩』卷625, 陸龜蒙,「聞襲美有親迎之期因以寄賀」. 梁鴻夫婦欲雙飛,
　　細雨輕寒拂雉衣.

21 『全唐詩』卷585, 劉駕,「桑婦」. 牆下桑葉盡, 春蠶半未老. 城南路迢迢, 今日起
　　更早.

22 『全唐詩』卷599, 于濆,「苦辛吟」. 窗下抛梭女, 手織身無衣.

23 『全唐詩』卷221, 杜甫,「負薪行」. 土風坐男使女立, 應當門戶女出入. 十猶

八九負薪歸, 賣薪得錢應供給.

24 『全唐詩』卷365, 劉禹錫,「浪淘沙九首」. 日照澄洲江霧開, 淘金女伴滿江隈.

25 『全唐詩』卷174, 李白,「金陵酒肆留別」. 風吹柳花滿店香, 吳姬壓酒喚客嘗.

26 『全唐詩』卷585, 劉駕「秦娥」. 羞人夜采桑, 驚起戴勝鳥.

27 『全唐詩』卷165, 李白,「陌上桑」. 綠條映素手, 采桑向城隅.

28 장작張鷟,『조야첨재朝野僉載』.—원주

29 장작,『조야첨재』.—원주

30 『全唐詩』卷383, 張籍,「離婦」. 十載來夫家, 閨門無瑕疵. 薄命不生子, 古制有

分離.

31 『百人一首』, 明けぬれば暮るるものとは知りながらなほうらめしき 朝ぼらけか

な. 류더룬劉德潤 옮김.—원주

32 류더룬劉德潤 옮김.—원주

33 『全唐詩』卷804, 魚玄機,「贈鄰女」. 自能窺宋玉, 何必恨王昌.

34 柳葉雙眉久不描, 殘妝和淚汙紅綃. 長門盡日無梳洗, 何必珍珠慰寂寥.

3장 꽃

1 『全唐詩』卷376, 孟郊,「看花」. 家家有芍藥, 不妨至溫柔. 溫柔一同女, 紅笑

笑不休. 月娥雙雙下, 楚艶枝枝浮. 洞裏逢仙人, 綽約青宵遊.

2 『全唐詩』卷633, 司空圖,「蓮峯前軒」. 人間上壽若能添, 只向人間也不嫌. 看

著四鄰花競發, 高樓從此莫垂帘.

3 『全唐詩』卷434, 白居易,「東坡種花二首」. 巴俗不愛花, 竟春無人來.

4 『全唐詩』卷5, 武則天,「臘日宣詔幸上苑」. 明朝遊上苑, 火急報春知. 花須連

夜發, 莫待曉風吹.

5 『全唐詩』卷586, 劉滄,「及第後宴曲江」. 及第新春選勝遊, 杏園初宴曲江頭.

(…) 歸時不省花間醉, 綺陌香車似水流.

6 『全唐詩』卷643, 李山甫,「曲江二首」. 爭攀柳帶千千手, 間插花枝萬萬頭.

7 원굉도, 『병사瓶史』.—원주

8 문진형文震亨, 『장물지長物志』 권7, 「기구器具」.

9 疏影橫斜水清淺. 송나라 시인 임포林逋의 시 「산원소매山園小梅」의 한 구절이다.

10 『全唐詩』 卷86, 張說, 「過蜀道山」. 我行春三月, 山中百花開. 披林入峭茜, 攀磴陟崔嵬.

11 『全唐詩』 卷392, 李賀, 「牡丹種曲」. 歸霞帔拖蜀帳昏, 嫣紅落粉罷承恩.

12 『全唐詩』 卷707, 殷文圭, 「趙侍郎看紅白牡丹因寄楊狀頭贊圖」. 紅艷裊煙疑欲語, 素華映月只聞香.

13 『全唐詩』 卷505, 何希堯, 「海棠」. 著雨胭脂點點消, 半開時節最妖嬈.

14 『全唐詩』 卷228, 杜甫, 「絕句二首」. 遲日江山麗, 春風花草香.

15 『全唐詩』 卷001, 李世民, 「秋日卽目」. 衣碎荷疏影, 花明菊點叢.

16 『全唐詩』 卷474, 徐凝, 「寄白司馬」. 三條九陌花時節, 萬馬千車看牡丹.

17 이조李肇, 『당국사보唐國史補』.—원주

18 『全唐詩』 卷474, 徐凝, 「牡丹」. 何人不愛牡丹花, 占斷城中好物華. 疑是洛川神女作, 千嬌萬態破朝霞.

19 皮日休, 「牡丹」. 落盡殘紅始吐芳, 佳名喚作百花王. 競誇天下無雙艷, 獨立人間第一香.

20 『全唐詩』 卷803, 薛濤, 「牡丹」. 只欲欄邊安枕席, 夜深閑共說相思.

21 『全唐詩』 卷747, 李中, 「春日作」. 染水煙光媚, 催花鳥語頻.

22 『全唐詩』 卷334, 令狐楚, 「赴東都別牡丹」. 十年不見小庭花, 紫萼臨開又別家. 上馬出門回首望, 何時更得到京華.

23 『全唐詩』 卷415, 元稹, 「聞樂天授江州司馬」. 垂死病中驚坐起.

24 『全唐詩』 卷334, 韓愈, 「左遷至藍關示侄孫湘」. 雲橫秦嶺家何在, 雪擁藍關馬不前.

25 단성식, 『유양잡조』 권19.—원주

26 『全唐詩』 卷505, 王睿, 「牡丹」. 牡丹妖艷亂人心, 一國如狂不惜金. 曷若東園桃與李, 果成無語自成陰.

27 『全唐詩』卷427, 白居易, 「牡丹芳-美天子憂農也」. 我願暫求造化力, 減卻牡丹妖艷色. 少回卿士愛花心, 同似吾君憂稼穡.

28 『全唐詩』卷650, 方干, 「牡丹」. 花分淺淺胭脂臉, 葉墮殷殷膩粉腮.

29 왕인유王仁裕, 『개원천보유사開元天寶遺事』. 天寶初, 寧王日侍, 好聲樂, 風流蘊藉, 諸王弗如也. 至春時於後園中紉紅絲爲繩, 密綴金鈴, 系於花梢之上. 每有鳥鵲翔集, 則令園吏制鈴索以驚之, 蓋惜花之故也. 諸宮皆效之.—원주

30 『全唐詩』卷425, 白居易, 「買花」. 一叢深色花, 十戶中人賦.

31 『全唐詩』卷300, 王建, 「閑說」. 王侯家爲牡丹貧.

32 柳渾, 「牡丹」. 近來無奈牡丹價, 數十千錢買一棵.

33 十二銅盤照夜遙, 碧桃紗護洛城嬌. 最憐興慶池邊影, 一曲春風憶鳳簫.

34 In me the tiger sniffs the rose.

4장 도깨비불

1 『全唐詩』卷783, 蘇廣文, 「自商山宿隱居」. 醉臥白雲閑入夢.

2 『全唐詩』卷166, 李白, 「元丹丘歌」. 長周旋, 躡星虹, 身騎飛龍耳生風.

3 『全唐詩』卷199, 岑參, 「熱海行, 送崔侍御還京」. 蒸沙爍石然虜雲, 沸浪炎波煎漢月. 陰火潛燒天地爐, 何事偏烘西一隅.

4 『全唐詩』卷361, 劉禹錫, 「麻姑山」. 霜凝上界花開晚, 月冷中天果熟遲.

5 『全唐詩』卷391, 李賀, 「金銅仙人辭漢歌」. 憶君淸淚如鉛水.

6 『全唐詩』卷390, 李賀, 「秦王飮酒」. 羲和敲日玻璃聲.

7 『全唐詩』卷390, 李賀, 「天上謠」. 天河夜轉漂回星, 銀浦流雲學水聲.

8 『全唐詩』卷391, 李賀, 「南山田中行」. 石脈水流泉滴沙, 鬼燈如漆點松花.

9 『全唐詩』卷371, 呂溫, 「夜後把火看花南園招李十一兵曹不至呈座上諸公」. 應是夢中飛作蝶, 悠揚只在此花前.

10 『全唐詩』卷3, 李隆基, 「傀儡吟」. 刻木牽絲作老翁, 雞皮鶴髮與眞同.

11 『全唐詩』卷332, 羊士諤, 「齋中詠懷」. 閑臥高齋夢蝶時.

12 풍지馮贄, 『운선잡기雲仙雜記』.

13 위의 책.

14 『全唐詩』卷634, 司空圖, 「遊仙二首」其二. 月姊殷勤留不住, 碧空遺下水精釵.

15 『全唐詩』卷522, 杜牧, 「齊安郡中偶題二首」. 多少綠荷相倚恨, 一時回首背西風.

16 라프카디오 헌, 『일본 괴담집』, 김시덕 옮김, 도서출판 문, 2010, 66~69쪽.

17 량치차오, 『음빙실합집飲冰室合集』, 중화서국, 1989.—원주

18 『全唐詩』卷785, 無名氏, 「聽琴」. 古木燈靑嘯山鬼.

19 『全唐詩』卷814, 無可, 「寄題廬山二林寺」. 探奇盈夢想, 搜峭滌心胸.

20 기윤紀昀 등, 『사고전서총목제요四庫全書總目提要』「자부子部·소설가류존목小說家流存目」 2.—원주

21 『全唐詩』卷198, 岑參, 「阻戎瀘間群盜」. 願得隨琴高, 騎魚向雲煙.

22 야나기타 구니오柳田國男, 『日本の昔話』, 「이나즈마 다이조稻妻大藏」.

23 『全唐詩』卷115, 李邕, 「奉和初春幸太平公主南莊應制」. 仙人樓上鳳凰飛.

24 『全唐詩』卷177, 李白, 「宣州謝朓樓餞別校書叔雲」. 欲上靑天覽日月.

25 풍지馮贄, 『운선잡기雲仙雜記』.

26 徐志摩, 「再別康橋」. 是天上的虹, 揉碎在浮藻間, 沉澱彩虹似的夢.

27 『全唐詩』卷162, 李白, 「將進酒」. 君不見黃河之水天上來.

28 『全唐詩』卷440, 白居易, 「問劉十九」. 晚來天欲雪.

29 『全唐詩』卷440, 白居易, 「問劉十九」. 能飮一杯無.

30 『全唐詩』卷435, 白居易, 「長恨歌」. 花鈿委地無人收, 翠翹金雀玉搔頭. 君王掩面救不得, 回看血淚相和流.

31 닐 포스트먼, 『죽도록 즐기기』, 홍윤선 옮김, 굿인포메이션, 2009, 237~239쪽.

32 『全唐詩』卷785, 無名氏, 「聽琴」. 空山雨脚隨雲起, 古木燈靑嘯山鬼.

33 『全唐詩』卷53, 宋之問, 「謁二妃廟」. 江鳧嘯風雨, 山鬼泣朝昏.

34 살바도르 달리, 『나는 세계의 배꼽이다: 살바도르 달리의 이상한 자서전』, 이은진 옮김, 이마고, 2012, 323~324쪽.

5장 매화 화장

1 『戰國策』「趙策一」. 士爲知己者死, 女爲悅己者容.

2 『全唐詩』卷542, 鄭史, 「贈妓行雲詩」. 最愛鉛華薄薄妝.

3 戴望舒, 「雨巷」. 太息一般的眼光.

4 『論語』「學而」. 夫子溫良恭儉讓以得之.

5 『全唐詩』卷21, 王昌齡, 「采蓮曲三首」. 芙蓉向臉兩邊開.

6 『全唐詩』卷302, 王建, 「宮詞一百首」. 歸到院中重洗面, 金花盆裏潑銀泥.

7 『古詩十九首』其十五. 愚者愛惜費, 但爲後世嗤.

8 『全唐詩』卷442, 白居易, 「後宮詞」. 三千宮女胭脂面, 幾個春來無淚痕.

9 『全唐詩』卷234, 杜甫, 「虢國夫人」. 却嫌脂粉涴顏色, 淡掃蛾眉朝至尊.

10 張祜, 「集靈臺」. 却嫌脂粉汚顏色.

11 萬楚, 「五日觀妓」. 眉黛奪將萱草色, 紅裙妒殺石榴花.

12 韓偓, 「餘作探使以繚綾手帛子寄賀因而有詩」. 黛眉印在微微綠, 檀口消來薄薄紅.

13 『全唐詩』卷474, 徐凝, 「宮中曲二首」. 一旦新妝抛舊樣, 六宮爭畫黑煙眉.

14 春山雖小, 能起雲頭. 雙眉如許, 能載閑愁. 山若欲雨, 眉亦應語.

15 汝作煙涵, 儂作煙視. 回身見郎旋下簾, 郎欲抱, 儂若煙然.

16 夢遊高唐觀, 雲氣正當眉, 曉風吹不斷.

17 『全唐詩』卷303, 王建, 「題花子贈渭州陳判官」. 膩如雲母輕如粉, 艶勝香黃薄勝蟬. 點綠斜蒿新葉嫩, 添紅石竹晚花鮮. 鴛鴦比翼人初貼, 蛺蝶重飛樣未傳. 況復蕭郎有情思, 可憐春日鏡臺前.

18 『全唐詩』卷303, 李康成, 「采蓮曲」. 翠鈿紅袖水中央, 青荷蓮子雜衣香.

19 『全唐詩』卷891, 溫庭筠, 「南歌子」. 撲蕊添黃子, 呵花滿翠鬟.

20 『全唐詩』卷427, 白居易, 「時世妝」. 妝成盡似含悲啼.

21 庾信, 「舞媚娘」. 額角輕黃細安.

22 裵虔餘, 「柳枝詞詠篙水濺妓衣」. 滿額鵝黃金縷衣.

23 『全唐詩』卷302, 王建, 「宮詞一百首」. 悶來無處可思量, 旋下金階旋憶妝. 收得山丹紅蕊粉, 鏡前洗却麝香黃.

24 『全唐詩』卷346, 王涯, 「宮詞三十首」. 內裏松香滿殿聞, 四行階下暖氤氳. 春深欲取黃金粉, 繞樹宮娥著絳裙.

25 『全唐詩』卷578, 溫庭筠, 「偶遊」. 雲鬟幾迷芳草蝶, 額黃無限夕陽山.

26 『全唐詩』卷462, 白居易, 「江南喜逢蕭九徹因話長安舊遊戲贈五十韻」. 暗嬌妝靨笑, 私語口脂香.

27 『全唐詩』卷391, 李賀, 「惱公」. 月分蛾黛破, 花合靨朱融.

28 이 일은 『습유기拾遺記』『유양잡조』『태평광기太平廣記』에 모두 기록되어 있으며, 세세한 부분에서는 차이가 있지만 고사의 줄거리는 같다.—원주

29 歐陽炯, 「女冠子」. 薄妝桃臉, 滿面縱橫花靨.

30 『全唐詩』卷388, 盧仝, 「樓上女兒曲」. 我有嬌靨待君笑, 我有嬌蛾待君掃.

31 『全唐詩』卷666, 羅虬, 「比紅兒詩」. 一抹濃紅傍臉斜, 妝成不語獨攀花.

32 『全唐詩』卷21, 鮑溶, 「采蓮曲二首」. 夏衫短袖交斜紅, 艶歌笑鬪新芙蓉.

33 왕당王讜, 『당어림唐語林』「보유補遺」 2.—원주

34 도곡陶穀, 『청이록淸異錄』「장식妝飾」.—원주

35 『全唐詩』卷651, 方干, 「贈美人四首」. 舞袖低徊眞蛺蝶, 朱脣深淺假櫻桃.

36 『全唐詩』卷700, 韋莊, 「邊上逢薛秀才話舊」. 也有絳脣歌白雪, 更憐紅袖奪金魷.

37 『舊唐書』「白居易傳」. 櫻桃樊素口, 楊柳小蠻腰.

38 『全唐詩』卷455, 白居易, 「楊柳枝二十韻」. 口動櫻桃破, 鬟低翡翠垂.

39 이어李漁, 『한정우기閑情偶寄』「수용修容」.—원주

40 『全唐詩』卷201, 岑參, 「醉戲竇子美人」. 朱脣一點桃花殷.

41 『全唐詩』卷427, 白居易, 「時世妝-儆戎也」. 烏膏注脣脣似泥.

6장 붉은 소매

1 『全唐詩』卷523, 杜牧, 「贈別二首」 其一. 春風十里揚州路.

2 헤로도토스, 『헤로도토스 역사』, 박현태 옮김, 동서문화사, 2008, 120쪽.

3 『全唐詩』卷697, 韋莊, 「過揚州」. 處處靑樓夜夜歌.

4 歐陽炯, 『花間集敍』. 有唐以降, 率土之濱, 家家之香徑春風, 寧尋越豔. 處處之紅樓夜月, 自鎖嫦娥.

5　『全唐詩』卷454, 白居易,「楊柳枝詞八首」其七. 葉含濃露如啼眼, 枝嫋輕風
　　似舞腰.

6　『全唐詩』卷457, 白居易,「與牛家妓樂雨後合宴」. 玉管淸弦聲旖旎, 翠釵紅袖
　　坐參差.

7　낙빈왕駱賓王,「제경편帝京篇」의 앞 네 구절. 山河千里國, 城闕九重門. 不睹
　　皇居壯, 安知天子尊.―원주

8　『全唐詩』卷511, 張祜,「縱遊淮南」. 十里長街市井連, 月明橋上看神仙.

9　『全唐詩』卷687, 吳融,「風雨吟」. 姑蘇碧瓦十萬戶, 中有樓臺與歌舞.

10　『淮南子』「墜形訓」. 澤氣多女.

11　장대張岱,『도암몽억陶庵夢憶』권5.―원주

12　『全唐詩』卷301, 王建,「夜看揚州市」. 夜市千燈照碧雲, 高樓紅袖客紛紛.

13　『全唐詩』卷457, 白居易,「追歡偶作」. 追歡逐樂少閑時.

14　『全唐詩』卷19, 高適,「燕歌行」. 戰士軍前半死生, 美人帳下猶歌舞.

15　『孟子』「告子上」. 食色, 性也.

16　『全唐詩』卷446, 白居易,「西湖留別」. 綠藤陰下鋪歌席, 紅藕花中泊妓船.

17　『全唐詩』卷41, 盧照鄰,「長安古意」. 北堂夜夜人如月, 南陌朝朝騎似雲.

18　『論語』「雍也」. 一簞食, 一瓢飮, 在陋巷.

19　『全唐詩』卷736, 王仁裕,「荊南席上詠胡琴妓二首」. 二五指中句塞雁, 十三弦
　　上囀春鶯.

20　『全唐詩』卷127, 王維,「奉和聖制上巳于望春亭觀禊飮應制」. 淸歌邀落日, 妙
　　舞向春風.

21　손계孫棨,『북리지北里志』「양묘아楊妙兒」 편.―원주

22　歐陽修,「蝶戀花」. 亂紅飛過秋千去.

23　『全唐詩』卷280, 盧綸,「秋晩山中別業」. 樹老野泉淸, 幽人好獨行.

24　『全唐詩』卷802, 楊萊兒,「和趙光遠題壁」. 定知羽翼難隨鳳, 卻喜波濤未化
　　鯤.

25　『全唐詩』卷802, 平康妓,「贈斐思謙」. 從此不知蘭麝貴, 夜來新惹桂枝香.

26 『全唐詩』卷700, 韋莊, 「傷灼灼」. 桃臉曼長橫綠水, 玉肌香膩透紅紗.

27 薛濤, 「寄舊詩與元微之」. 長教碧玉藏深處, 總向紅箋寫自隨.

28 『全唐詩』卷302, 「宮詞一百首」其三十一. 十三初學擘箜篌.

29 자료의 출처는 마다오쭝馬道宗의『세계창기사世界娼妓史』다.—원주

30 『여계女戒』『내훈內訓』『여논어女論語』『여범첩록女范捷錄』.—원주

31 連城聲價舊名姬, 著紙芙蓉香粉奇.

32 經年理郡少歡娛, 爲習干戈問酒徒. 今日臨行盡交割, 分明收取媚川珠.

33 『全唐詩』卷184, 李白, 「出妓金陵子呈盧六四首」其一. 傲然攜妓出風塵.

34 Dorothy Ko, *Teachers of the Inner Chambers: Women and Culture in Seventeenth-century China*, Stanford University Press, 1994.—원주

35 『全唐詩』卷19, 喬知之, 「相和歌辭. 從軍行」. 曲房理針線, 平砧搗文練.

36 孫光憲, 「南歌子」. 舞袖頻回雪, 歌聲幾動塵.

37 『全唐詩』卷365, 劉禹錫, 「贈李司空妓」. 高髻雲鬟宮樣妝, 春風一曲杜韋娘. 司空見慣渾閑事, 斷盡蘇州刺史腸.

38 『全唐詩』卷457, 白居易, 「題謝公東山障子」. 唯有風流謝安石, 拂衣攜妓入東山.

39 忽發狂言驚四座, 兩行紅袖一時回.

40 『全唐詩』卷162, 李白, 「俠客行」. 十步殺一人, 千里不留行.

41 『全唐詩』卷870, 崔涯, 「嘲李端端」其一. 黃昏不語不知行, 鼻似煙窗耳似鐺. 獨把象牙梳插鬢, 昆侖山上月初明.

42 『全唐詩』卷870, 崔涯, 「嘲李端端」其二. 覓得黃騮鞁繡鞍, 善和坊裏取端端. 揚州近日渾成差, 一朵能行白牡丹.

43 駱賓王, 「詠鵝」. 白毛浮綠水.

44 『全唐詩』卷165, 李白, 「靜夜思」. 牀前明月光.

45 『全唐詩』卷524, 杜牧, 「遣懷」. 贏得青樓薄幸名.

46 欲壑難塡.『국어國語』「진어晉語」에 나오는 말이다.

47 왕당,『당어림唐語林』권7. 晦辭亦好色, 赴淮南, 路經常州, 李膽給事爲郡守, 晦辭於坐間與官妓朱良別, 因掩袂大哭. 膽曰: '此風聲賤人, 員外何必如此?'

─원주

48 『全唐詩』卷224, 杜甫,「陪諸貴公子丈八溝攜妓納涼晚際遇雨二首」其一. 竹
深留客處, 荷淨納涼時. 公子調冰水, 佳人雪藕絲.

49 『全唐詩』卷121, 楊炎,「贈元載歌妓」. 雪面淡眉天上女, 鳳簫鸞翅欲飛去.

50 마다오쭝의 앞의 책 번역문을 따랐다.─원주

51 풍몽룡馮夢龍, 『성세항언醒世恒言』권3,「매유랑독점화괴賣油郎獨占花
魁」.─원주

52 『全唐詩』卷727, 孫棨,「贈妓人王福娘」. 彩翠仙衣紅玉膚, 輕盈年在破瓜初.

53 『全唐詩』卷802, 王福娘,「謝棨」. 久賦恩情欲托身, 已將心事再三陳. 泥蓮旣
沒移栽分, 今日分離莫恨人.

54 『全唐詩』卷785, 杜秋娘,「金縷衣」. 勸君莫惜金縷衣, 勸君惜取少年時. 花開
堪折直須折, 莫待無花空折枝.

55 여회余懷, 『판교잡기板橋雜記』상권.─원주

56 張祜,「到廣陵」. 一年江海恣狂遊, 夜宿倡家曉上樓.

7장 구름옷

1 『全唐詩』卷302, 王建,「宮詞一白首」. 羅衫葉葉繡重重, 金鳳銀鵝各一叢.

2 『全唐詩』卷511, 張祜,「感王將軍柘枝妓歿」. 鴛鴦繡帶抛何處, 孔雀羅衫付
阿誰.

3 『全唐詩』卷160, 孟浩然,「春情」. 坐時衣帶縈纖草, 行卽裙裾掃落梅.

4 『全唐詩』卷422, 元稹,「櫻桃花」. 花磚曾立摘花人, 窣破羅裙紅似火.

5 『全唐詩』卷422, 白居易,「和殷協律琴思」. 秋水蓮冠春草裙, 依稀風調似文
君.

6 『全唐詩』卷893, 和凝,「何滿子」. 却愛藍羅裙子, 羨他長束纖腰.

7 『全唐詩』卷41, 盧照隣,「長安古意」. 娼家日暮紫羅裙, 淸歌一囀口氛氳.

8 『全唐詩』卷435, 白居易,「王夫子」. 紫綬朱紱青布衫, 顏色不同而已矣.

9 趙長卿,「臨江仙」. 冠兒輕替枕, 衫子染鵝黃.

10 黃機創,「浣溪沙」. 墨綠衫兒窄窄裁.

11 『全唐詩』卷145, 萬楚, 「五日觀妓」. 紅裙妒殺石榴花.

12 이어, 『한정우기』권3.—원주

13 『全唐詩』卷511, 張祜, 「周員外席上觀栢枝」. 金絲蹙霧紅衫薄, 銀蔓垂花紫帶長.

14 『全唐詩』卷144, 常建, 「古興」. 石榴裙裾蛺蝶飛, 見人不語蹙蛾眉.

15 류더룬 옮김.—원주

16 위의 책.—원주

17 『全唐詩』卷569, 李群玉, 「同鄭相幷歌姬小飲戲贈」. 胸前瑞雪燈斜照, 眼底桃花酒半醺.

18 『全唐詩』卷494, 施肩吾, 「觀美人」. 漆點雙眸鬢繞蟬, 長留白雪占胸前.

19 『全唐詩』卷771, 周濆, 「逢鄰女」. 慢束羅裙半露胸.

20 『全唐詩』卷455, 白居易, 「楊柳枝二十韻」. 身輕委回雪, 羅薄透凝脂.

21 『예기禮記』 「내칙內則」.—원주

22 왕부王溥, 『당회요唐會要』권31.—원주

23 이화李華, 「여외손최씨이해서與外孫崔氏二孩書」.—원주

24 『全唐詩』卷18, 李白, 「橫吹曲辭·關山月」. 明月出天山, 蒼茫雲海間.

25 『全唐詩』卷160, 孟浩然, 「望洞庭湖, 贈張丞相」. 氣蒸雲夢澤, 波撼岳陽城.

26 『全唐詩』卷896, 歐陽炯, 「南鄕子」. 二八花鈿, 胸前如雪臉如.

27 『全唐詩』卷184, 李白, 「越女詞五首」其一. 長干吳兒女, 眉目艷新月. 屐上足如霜, 不著鴉頭襪.

28 『孝經』 「開宗明義」. 身體髮膚, 受之父母, 不敢毁傷, 孝至始也.

29 『全唐詩』卷423, 元稹, 「贈劉采春」. 新妝巧樣畫雙蛾, 謾裏常州透額羅. 正面偸勻光滑笏, 緩行輕踏破紋波.

30 『全唐詩』卷449, 白居易, 「和春深二十首」其二十. 眉欺楊柳葉, 裙妒石榴花.

31 『全唐詩』卷216, 杜甫, 「哀江頭」. 輦前才人帶弓箭, 白馬嚼囓黃金勒.

32 『全唐詩』卷539, 李商隱, 「北齊二首」. 傾城最在著戎衣.

33 『全唐詩』卷216, 杜甫, 「兵車行」. 信知生男惡, 反是生女好.

34 『全唐詩』卷435, 白居易, 「長恨歌」. 遂令天下父母心, 不重生男重生女.

35 『全唐詩』卷217, 杜甫, 「垂老別」. 萬國盡征戍, 烽火被岡巒. 積屍草木腥, 流血川原丹.

36 『全唐詩』卷798, 花蕊夫人, 「宮詞」. 回鶻衣裝回鶻馬, 就中偏稱小腰身.

37 『全唐詩』卷798, 白居易, 「時世妝-儆戎也」. 妝成盡似含悲啼.

38 『全唐詩』卷216, 杜甫, 「悲陳陶」. 孟冬十郡良家子, 血作陳陶澤中水.

8장 식탐

1 『全唐詩』卷216, 杜甫, 「麗人行」. 紫駝之峯出翠釜, 水晶之盤行素鱗.

2 『全唐詩』卷220, 杜甫, 「觀打魚歌」. 饔子左右揮霜刀, 鱠飛金盤白雪高.

3 『全唐詩』卷162, 李白, 「行路難三首」 其一. 金尊淸酒斗十千, 玉盤珍羞直萬錢.

4 『全唐詩』卷540, 李商隱, 「小園獨酌」. 半展龍鬚席, 輕斟瑪瑙杯.

5 『全唐詩』卷156, 王翰, 「涼州詞二首」 其一. 葡萄美酒夜光杯, 欲飲琵琶馬上催.

6 『구당서舊唐書』 「장손무기전長孫無忌傳」.─원주

7 『全唐詩』卷629, 陸龜蒙, 「祕色越器」. 九秋風露越窯開, 奪得千峯翠色來.

8 『全唐詩』卷226, 杜甫, 「又於韋處乞大邑瓷碗」. 君家白碗勝霜雪, 急送茅齋也可憐.

9 E. H. Schafer, *The Golden Peaches of Samarkand: A Study of T'ang Exotics*, Berkeley: Los Angeles, University of California Press, 1963.

10 『全唐詩』卷444, 白居易, 「霓裳羽衣歌和微之」. 飄然轉旋回雪輕, 嫣然縱送遊龍驚.

11 『全唐詩』卷419, 元稹, 「和李校書新題樂府十二首-立部伎」. 戢戢攢槍霜雪耀, 騰騰擊鼓雲雷磨.

12 『全唐詩』卷118, 孫逖, 「正月十五日夜應制」. 舞成倉頡字, 燈作法王輪.

13 『孟子』「梁惠王下」. 獨樂樂, 不若與人樂樂, 與少樂樂, 不若與衆樂樂.

14 『全唐詩』卷224, 杜甫, 「城西陂泛舟」. 魚吹細浪搖歌扇, 燕蹴飛花落舞筵. 不有小舟能蕩槳, 百壺那送酒如泉.

15　오대五代 왕인유,『개원천보유사』.—원주

16　당나라 소악,『두양잡편』.—원주

17　『全唐詩』卷271, 竇常,「七夕」. 斜漢沒時人不寐, 幾條蛛網下風庭.

18　『全唐詩』卷702, 張蠙,「錢塘夜宴留別郡守」. 四方騷動一州安, 夜列樽罍伴客
　　歡.

19　『全唐詩』卷427, 白居易,「鹽商婦-惡幸人也」. 何況江頭魚米賤, 紅膾黃橙香
　　稻飯.

20　『全唐詩』卷441, 白居易,「寄胡餅與楊萬州」. 胡麻餅樣學京都, 麵脆油香新出
　　爐.

21　『全唐詩』卷216, 杜甫,「贈李白」. 豈無青精飯, 令我顏色好.

22　『全唐詩』卷501, 姚合,「和祕書崔少監春日遊青龍寺僧院」. 高人酒味多和藥.

23　「古詩十九首」其一五. 生年不滿百, 常懷千歲憂.

24　『全唐詩』卷217, 杜甫,「閿鄉姜七少府設膾戲贈長歌」. 無聲細下飛碎雪, 有骨
　　已剁觜春蔥.

25　청나라 조설근曹雪芹,『홍루몽紅樓夢』41회. 櫳翠庵茶品梅花雪, 怡紅院劫
　　遇母蝗蟲.—원주. 우리말 번역본은『홍루몽 3: 정월 대보름의 잔치』, 최용
　　철·고민희 옮김, 나남, 2009, 28쪽.

26　『全唐詩』卷128, 王維,「辛夷塢」. 木末芙蓉花, 山中發紅蕚. 澗戶寂無人, 紛
　　紛開且落.

27　『全唐詩』卷128, 王維,「鹿柴」. 空山不見人, 但聞人語響. 返景入深林, 復照
　　青苔上.

28　『全唐詩』卷423, 元稹,「寒食夜」. 紅染桃花雪壓梨, 玲瓏雞子鬪贏時.

29　왕당,『당어림』권6.—원주

30　『태평광기』권194 승협僧俠.—원주

31　전이錢易,『남부신서南部新書』.—원주

32　『全唐詩』卷128, 王維,「積雨輞川莊作」. 山中習靜觀朝槿, 松下淸齋折露葵.

9장 북 치기

1 『全唐詩』卷87, 張說, 「奉和聖制觀拔河俗戲應制」. 鬪力頻催鼓, 爭都更上籌.

2 『全唐詩』卷161, 李白, 「古風五十九首」其四六. 鬪雞金宮裏, 蹴鞠瑤臺邊.

3 李清照, 「點絳脣」. 蹴罷秋千, 起來慵整纖纖手. 露濃花瘦, 薄汗輕衣透.

4 『全唐詩』卷357, 劉禹錫, 「同樂天和微之深春二十首」其一六. 秋千爭次第, 牽
　　拽彩繩斜.

5 『全唐詩』卷302, 王建, 「宮詞一百首」其三十. 遙索劍南新樣錦, 東宮先釣得魚
　　多.

6 『全唐詩』卷419, 元稹, 「和李校書新題樂府十二首-西涼伎」. 前頭百戲競撩
　　亂.

7 『全唐詩』卷511, 張祜, 「熱戲樂」. 熱戲爭心劇火燒, 銅槌暗執不相饒.

8 『全唐詩』卷49, 張九齡, 「奉和聖制南郊禮畢酺宴」. 春發三條路, 酺開百戲場.

9 『全唐詩』卷88, 張說, 「東都酺宴」. 合宴千官入, 分曹百戲呈.

10 『全唐詩』卷87, 張說, 「東都酺宴四首」其三. 爭馳群鳥散, 鬪伎百花團.

11 이 이야기는 당나라 『원화기원화記』에 보인다.—원주

12 『全唐詩』卷735, 和凝, 「宮詞百首」其九十. 坐定兩軍呈百戲, 樂臣低折賀升
　　平.

13 『全唐詩』卷683, 韓偓, 「橫塘」. 越甌犀液發茶香.

14 王益柔, 「萊石茶酒器寄邵先生作詩代酒」. 呼兒烹茶酌白酒, 陶器自稱藋與
　　蔡.

15 鄭板橋, 「七言詩」. 最愛晚涼佳客至, 一壺新茗泡松蘿.

16 『全唐詩』卷198, 岑參, 「聞崔十二侍御灌口夜宿報恩寺」. 燃燈松林靜, 煮茗柴
　　門香.

17 『全唐詩』卷237, 錢起, 「過長孫宅與朗上人茶會」. 玄談兼藻思, 綠茗代榴花.

18 『全唐詩』卷884, 李郢, 「酬友人春暮寄枳花茶」. 昨日東風吹枳花, 酒醒春晚
　　一甌茶.

19 『全唐詩』卷884, 李郢, 「酬友人春暮寄枳花茶」. 金餅拍成和雨露.

20 『全唐詩』卷568, 李群玉, 「龍山人惠石廩方及團茶」. 碾成黃金粉, 輕嫩如松

花.

21 『全唐詩』卷708, 徐夤, 「尙書惠蠟面茶」. 金槽和碾沈香末, 冰碗輕涵翠縷煙.

22 『全唐詩』卷365, 劉禹錫, 「嘗茶」. 今宵更有湘江月, 照出霏霏滿碗花.

23 채양蔡襄, 『다록茶錄』. 茶少湯多則雲脚散, 湯少茶多則粥面聚.―원주

24 宋 趙佶, 『大觀茶論』. 擊拂無力, 茶不發立, 水乳未浹, 又複增湯, 色澤不盡,
英華淪散, 茶無立作矣. (…) 有隨湯擊拂, 手筅俱重, 立文泛泛, 謂之一發點.
蓋用湯已故, 指腕不圓, 粥面未凝.

25 『全唐詩』卷388, 盧仝, 「走筆謝孟諫議寄新茶」. 碧雲引風吹不斷, 白花浮光凝
碗麵.

26 疏星皎月, 燦然而生, 則茶之根本立矣.

27 色澤漸開, 珠璣磊落.

28 粟文蟹眼, 泛結雜起.

29 淸眞華彩, 旣已煥發, 雲霧漸生.

30 結浚靄, 結凝雪.

31 乳霧泃湧.

32 春景則霧鎖煙籠, 長煙引素, 水如藍染, 山色漸淸. 夏景則古木蔽天, 綠水無
波, 穿雲瀑布, 近水幽亭. 秋景則天如水色, 簇簇幽林, 雁鴻秋水, 蘆島沙汀.
冬景則借地爲雪, 樵者負薪, 漁舟倚岸, 水淺沙平.

33 素處以黙, 妙機其微, 飮之太和, 獨鶴與飛. 猶之惠風, 荏苒在衣.

34 眠琴綠陰, 上有飛瀑. 落花無言, 人淡如菊. 書之歲華, 其曰可讀.

35 園地惟山林最勝, (…) 雜樹參天, 樓閣礙雲霞而出沒, 繁花覆地, 亭臺突池沼
而參差. 絶澗安其梁, 飛岩假其棧, 閑閑卽景, 寂寂探春. (…) 松寮隱僻, 送濤
聲而鬱鬱, 起鶴舞而翩翩. 階前自掃雲, 嶺上誰鋤月.

36 『全唐詩』卷475, 李德裕, 「故人寄茶」. 碧流霞脚碎, 香泛乳花輕.

37 『全唐詩』卷436, 白居易, 「感故張僕射諸妓」. 一朝身去不相隨.

38 『全唐詩』卷125, 王維, 「楡林郡歌」. 千里万里春草色.

39 梁 宗懍, 『荊楚歲時記』. 五月五日…… 四民並蹋百草, 又有鬥百草之戲.

40 『全唐詩』卷433, 白居易, 「觀兒戲」. 撫塵復鬭草, 盡日樂嘻嘻.

41 『全唐詩』卷633, 司空圖, 「燈花三首」其二. 明朝鬪草應多喜, 剪得燈花自掃眉.

42 『全唐詩』卷674, 鄭谷, 「采桑」. 何如鬪百草, 賭取鳳凰釵.

43 『全唐詩』卷302, 王建, 「宮詞一百首」其八五. 水中芹葉土中花, 拾得還將避
衆家. 總待別人般數盡, 袖中拈出鬱金芽.

44 『全唐詩』卷735, 和凝, 「宮詞百首」其十. 寢殿香濃玉漏嚴.

45 『全唐詩』卷94, 吳少微, 「古意」. 明月白露夜已寒, 香衣錦帶空珊珊.

46 『全唐詩』卷785, 無名氏, 「白雪歌」. 五花馬踏白雲衢, 七香車碾瑤墀月.

47 『全唐詩』卷688, 盧汝弼, 「鴛鴦」. 霞侵綠渚香衾暖, 樓倚青雲殿瓦飛.

48 『全唐詩』卷658, 羅隱, 「湖州裴郎中赴闕後投簡寄友生」. 歌鬢遠山珠滴滴, 漏
催香燭淚漣漣.

49 진진晉나라 배송지裴松之의 『삼국지주三國志注』에 인용된 「강표전江表傳」에
보인다.—원주

50 송나라 구양수歐陽修의 『귀전록歸田錄』에 보인다.—원주

51 『全唐詩』卷26, 權德輿, 「雜曲歌辭·樂府」. 綠窗珠箔繡鴛鴦.

52 『全唐詩』卷41, 盧照鄰, 「長安古意」. 羅幃翠被鬱金香.

53 E. H. Schafer, *The Golden Peaches of Samarkand: A Study of T'ang Exotics*,
University of California Press, 1963, 제10장 「향료」.—원주

54 『全唐詩』卷3, 李隆基, 「春中興慶宮酺宴」. 伐鼓魚龍雜, 撞鍾角抵陳.

남은 이야기

1 Tony Perrottet, *The Naked Olympics*, 제2장 「그리스의 체육열」.

2 『論語』 「八佾」. 君子無所爭.

3 Tony Perrottet, *The Naked Olympics*, 제2장 「그리스의 체육열」.—원주

4 『老子』 제2장. 功成而弗居.

옮긴이의 말

인터넷 웹사이트 구글이 제공하는 위성 사진 프로그램으로 구글 어스라는 것이 있다. 이 위성 영상 지도 서비스를 통해 세계 여러 지역을 한눈에 볼 수 있다. 또 실제 거리를 파노라마로 촬영한 '로드뷰' 기능도 있어 교통을 비롯한 다양한 지역 정보도 확인할 수 있다. 나 역시 학술 답사나 학회 참석 등으로 낯선 지역에 가게 될 때마다 구글 어스로 먼저 그곳을 탐색해보곤 한다. 그 대상은 대개 우리의 관심 분야인 중국이다.

그런데 언제부터인가 구글 어스에 이런 기능이 더 있었으면 좋겠다는 생각을 했다. 보고 싶은 지역을 골라 지구본을 돌릴 때 시대도 함께 지정하는 기능이 있으면 어떨까 하고 말이다. 예를 들면 '우리나라 고려 시대'나 '페루의 잉카 시대'처럼 말이다. 아마도 역사학자, 고고학자, 입체영상 전문가들이 모두 나서야 하는 어려운 일일 것이다. 그래도 이것이 가능해진다면 나는 검색어에 '중국 당나라 시대'를 넣어보고 싶다.

당나라는 서기 618년부터 907년까지 300년 가까이 존속했던 중국의 왕조다. 우리나라와 중국은 인접 국가로서 역사적으로 서로 많은 영향을 주고받았는데, 이는 당나라 시대에도 예외가 아니었다. 당시 우리나라는 삼국 시대를 거쳐 통일신라 시대로 접어드는 시기였다. '당 태종의 고구려 침공'이나 '나당 연합' 등 굵직한 군사적 상황 말고도, 장보고와 최치원으로 대변되는 경제와 문화 방면의 우호적 교류도 활발히 이루어지던 때였다.

그 후로 1000년의 세월이 흘러 우리나라와 중국은 국제사회에서 다시 가까운 이웃이 되었다. 중국과의 오랜 적대관계를 청산하고 수교한 지도 어언 20여 년이 흐른 지금, 우리나라와 중국의 관계는 1000년 전 그때와 묘하게 일치한다. 경제와 문화 방면에서는 교류가 날로 빈번해지는 한편, 정치와 군사 방면에서는 더러 이해를 달리하기도 하기 때문이다. 이런 상황에서 우리와 중국의 과거를 돌아본다면 그건 통일신라와 그 이웃이었던 당나라여야 하지 않을까 싶다.

당나라에 대한 관심은 우리뿐 아니라 중국에서도 마찬가지다. 중국은 최근 급속도의 경제 발전을 이루어 미국과 어깨를 나란히 할 만한 강대국의 면모를 보이고 있다. 미국과 중국을 두고 세계에 영향력을 행사할 만한 두 나라라는 뜻으로 'G2'라는 용어가 흔히 쓰이는 것만 봐도 그렇다. 중국이 이렇게 국제 무대의 주역으로 발돋움하는 과정에서 과거 역사의 경험으로부터 추후 행보의 전략을 마련하려는 것은 대단히 자연스러운 현상이다. 중국만큼 역사가 깊고 그 유장한 역사를 잘 기록한 나라도 드문 까닭이다. 역사에서 현대 중국의 미래를 내다보려 한다면 그것은 어느 시대일까? 당나라가 거의 유일한 해답이 아닌가 한다.

그렇다면 왜일까? 당나라 시대의 중국은 다음 몇 가지 점에서 특기할 만하다. 우선 남과 북으로 분열되었던 중국을 하나로 통합하고 민족적으로도 융합을 이루었다. 영토를 통일한 것은 수나라였지만 30여 년의 단명한 왕조로 끝나고 말았고, 그 뒤를 이어 꽃을 피운 것이 당나라였다. 다음으로 경제적 번영을 이룩했다. 현재 세계에서 GDP가 가장 높은 세 나라는 미국, 중국, 일본인데 당나라 전성기 때의 GDP가 전 세계에서 차지하는 비중이 이들 세 나라를 합친 것보다 많았다는 연구 결과가 있다. 또 사상적으로 크게 자유로웠다. 당나라 왕실이 도교를 숭상했다고는 하나 그렇다고 유교와 불교를 배척하지 않았고, 이슬람교나 네스토리우스교에 대해서도 관대한 입장을 보였다. 이에 더하여 대외적으로 개방 정책을 펼쳤다. 수십 개 나라와 국교를 맺고 그 나라들에게 비교적 자유로운 활동을 보장했다.

물론 당나라에도 여러 문제가 없었던 것은 아니나, 국제사회에서 강대국이 어떤 모습을 보여야 하는가에 대한 해답을 충분히 제공하고 있음은 틀림없는 사실이다. 최근 중국이 '일대일로一帶一路'라 하여 신新실크로드 구상을 내놓은 것도 당나라와 무관하지 않다. 육상과 해상 실크로드를 중심으로 주변 60여 개국을 포함한 거대 경제권을 형성하고 중국이 그 허브로 나서겠다는 것인데, 이는 당나라의 모습을 오늘날 재현하겠다는 것에 다름 아니다. 특히 육상 실크로드의 출발점을 시안, 즉 당나라의 수도 장안으로 삼고 있다는 점에서 더욱 그러하다.

그런데 당나라의 실제 모습은 어땠는가라는 질문에 답변이 궁해지는 것이 사실이다. 중국이 역사 기록을 중시했던 것은 분명하지만, 정사正史는 여전히 왕실 중심이어서 한계가 있다. 조금 더 당나라와 이 시대를 살아가던 사람들의 실생활을 들여다볼 수는 없을까? 구글 어스에 '시대'를 지정하는 기능이 있었으면 하는 것도 이 때문이다. 딱딱한 역사책 말고 당나라 사람들이 만든 SNS 같은 것은 없을까? 어떤 개인이 그가 오늘 겪었던 일을 아주 사적으로 올리는 공간 말이다.

이러한 의문에 희망의 빛을 던져주는 것이 있다. 바로 당시唐詩다. 당나라 사람들이 그들의 시대를 살아가며 얻은 견문, 생각, 느낌을 진솔하게 담아낸 '일기장'이 바로 당시다. 2000명이 넘는 사용자가 남긴 블로그가 '전당시全唐詩'라는 포털 사이트에 5만 건 넘게 올라와 있다. 사용자의 계층은 임금부터 하층민까지 다양하고, 시詩라는 형식을 썼다 하여 문학작품만 있는 것이 아니라 정식 공공 문서부터 간단한 메모까지 온갖 내용이 다 포함되어 있다. 이 블로그들을 잘 정리해보면 당나라의 생생한 모습이 드러날 것도 같은데, 그 방대한 자료를 누가 어떻게 일목요연하게 간추린단 말인가?

아무도 선뜻 나서지 않던 이 엄청난 작업을 이 책의 저자 마오샤오원이 떠맡았다. 저자는 역사책에 실릴 만한 국가의 중대사나 영웅적 인물보다 당나라 시대 어느 거리를 오가던 사람들의 일상생활에 주목했다. 『전당시』에 실린 5만 수의 시에서 찬찬히 자료를 수집해 그것을 9개 주제로 분류했다. 문인들의 자기 홍보, 결혼 풍습, 꽃에 대한 애호, 창의적 발상, 화장의 종류와 유행, 기녀의 일생, 패션 감각, 음식, 경쟁심 등이다. 아주 거창하지도, 그렇다고 아주 소소하지도 않은 주제를 골라 당나라 사람들의 일상생활을 재구성했다.

저자는 엄밀하게 말해서 당시를 전문적으로 연구하는 학자는 아니다. 그러나 중국 고전문학에 깊은 조예가 있다는 사실은 이 책에 앞서 쑤잉蘇纓과 함께 지은 『당시의 유미주의』『이상은 평전李商隱詩傳』 등으로 충분히 검증된 바 있다. 여기에 작가로서의 풍부한 상상력과 유려한 필치가 더해져 심도 있는 자료를 다루면서도 이야기를 편하게 이끌어가는 재능이 유감없이 발휘되었다.

이 책에서 찾아볼 수 있는 저자의 장점은 이뿐만이 아니다. 『전당시』를 중심으로 자료를 섭렵하면서 서양이나 일본에서 나온 책도 두루 인용해 당나라와 당시를 이해하는 폭을 넓혀주었다. 여기에 화장이나 패션 등에 대한 여성 작가 특유의 섬세한 감각, 그리고 같은 여성의 입장에서 당나라 여성을 바라보는 관점 등이 곁들여져 다채로움을 더했다. 특히 인상 깊었던 것은 저자의 객관적인 시각이었다. 당나라의 일상생활을 열정적으로 소개하면서도 일방적인 찬양이나 비난을 자제하는 가운데, 현대 중국이 계승하기를 바라는 유익한 점과 그렇지 않은 점을 냉정하게 지적했다.

위와 같은 저자의 솜씨는 당나라를 구글 어스로 보고 싶어하는 내 소망을 얼마간 해소해주기에 충분했다. 5만 수에서 가려 뽑은 당시가 구절마다 당나라를 눈앞에 옮겨놓았기 때문이다. 자유롭고 개방적인 사회 분위기에서 필화筆禍의 두려움 없이 붓을 휘두른 시인들의 시 구절 속에서 당나라가 꿈틀꿈틀 움직이는 것이 보였다. 이 것만으로 부족하다는 듯 이 책은 100점에 가까운 삽화를 넣어 독자의 이해를 돕고자 했다. 비록 이 그림들이 모두 당나라 때 나온 것은 아니어도, 저자가 풀어나가는 내용을 이해하는 데 큰 보탬이 된다.

그런데 내 입장에서 원서에 장점이 많다는 것은 그만큼 우리말로 옮기기가 어렵다는 뜻이나 매한가지다. 우선 『전당시』 5만 수 가운데서 예고 없이 튀어나오는 시들을 정확히 옮기기란 쉽지 않았다. 가능한 한 많은 참고문헌의 도움을 받았지만 완전무결하다고 자신할 수는 없다. 동서고금을 아우르는 저자의 발걸음을 따라가기도 쉽지 않았다. 그리스 로마 신화부터 일본의 괴담까지 종횡무진 펼쳐지는 이야기보따리들에 부담을 느낄 때가 한두 번이 아니었다. 최선을 다하고자 했으나 역량의 한계에서 비롯된 오류가 있다면 그것은 전적으로 내 책임이다.

원서는 중국 독자들에게도 많은 호평을 받았는데, 인용한 당시의 작자와 제목을 제대로 밝히지 않은 것을 옥에 티로 지적하는 독자도 더러 있었다. 그래서 나는 이 책에 인용된 300수가량의 당시를 모두 『전당시』에서 찾아 그 출처를 밝혔다. 다소 품이 들기는 했으나, 이 책을 조금 더 편안히 읽는 데 도움이 되지 않을까 한다. 또 저자가 쓴 용어 중에서 어려운 것이 있으면 각주를 붙여 이해를 돕고자 했다. 사족이 아니기를 빌 따름이다.

우리말로 옮기게 되기 전까지 이 책의 존재를 몰랐다면 당시 연구자입네 하는 사람으로서 체면이 말이 아니지만 사실이 그러하다. 다행히 더 늦지 않게 외서 출판 기획 분야의 달인으로 통하는 노만수 선생님이 이 책을 소개해주어 글항아리 출판사와도 인연이 닿게 되었다. 글항아리 강성민 대표님을 비롯한 출판사 관계자 여러분께 심심한 감사를 표한다.

2017년 12월

김준연·하주연

당나라
뒷골목을 읊다

당나라 뒷골목을 읊다

1판 1쇄	2018년 2월 2일
1판 2쇄	2019년 3월 28일
지은이	마오샤오원
옮긴이	김준연 하주연
펴낸이	강성민
편집장	이은혜
기획	노만수
마케팅	정민호 정현민 김도윤
홍보	김희숙 김상만 이천희
독자모니터링	황치영

펴낸곳 (주)글항아리 | **출판등록** 2009년 1월 19일 제406-2009-000002호

주소	10881 경기도 파주시 회동길 210
전자우편	bookpot@hanmail.net
전화번호	031-955-2670(편집부) 031-955-8891(마케팅)
팩스	031-955-2557

ISBN 978-89-6735-479-4 03910

이 도서의 국립중앙도서관 출판예정도서목록(CIP)은 서지정보유통지원시스템
홈페이지(http://seoji.nl.go.kr)와 국가자료공동목록시스템(http://www.nl.go.kr/
kolisnet)에서 이용하실 수 있습니다. (CIP제어번호 : CIP 2018001750)